中国人民大学“十三五”规划教材-特色教材

新编21世纪史学系列教材

西方文明史

孟广林　许海云　王大庆　著

A History of
the Western Civilization

中国人民大学出版社
·北京·

本成果受到中国人民大学2020年度
“中央高校建设世界一流大学（学科）和特色发展引导专项资金”支持

内容简介

《西方文明史》一书以马克思主义唯物史观为理论指南，力求清晰地梳理西方文明起源、流变的历史脉络，客观地诠释古希腊罗马、中世纪西欧与近现代欧美国家各类文明的基本特质与时代特征，涵盖了物质文明、精神文明的范畴。通过对西方各社会发展阶段的历史地理、政治制度、经济形式、地区冲突与战争、宗教、思想观念、文化艺术、社会生活等内容的叙事，多层次、广角度地揭示西方文明发展、演进与更新的历史规律。同时，本教材还突破"西方中心"论的樊篱，以整个人类文明发展为参照，对西方各阶段的文明做出准确的历史定位，既肯定了它在人类历史发展中的各种进步，也剖析了其所存在的各种历史局限与缺陷，为人类"文明互鉴"提供了可资参考的历史图景。

作者简介

孟广林 中国人民大学历史学院教授、博士生导师。中国英国史研究会副会长，中国社会科学院世界历史研究所学术委员会委员。主要从事西欧封建政治史与中西历史的比较研究，先后在《中国社会科学》《历史研究》《世界历史》等刊物上发表论文多篇，撰有多部学术专著及教材。曾赴英国、美国等地访学与讲学。

许海云 中国人民大学历史学院教授、博士生导师，南开大学美国史研究中心兼职研究员。主要从事国际关系史、北约史的研究。先后在《世界历史》《现代国际关系》《中国人民大学学报》等刊物发表论文多篇，撰有多部学术著作及教材。曾赴美国、德国、以色列等地学术交流。

王大庆 中国人民大学历史学院教授、博士生导师，世界古代中世纪史教研室主任。主要从事古希腊罗马史和中外古史的比较研究。先后在《世界历史》《史学理论研究》等刊物上发表学术论文多篇，出版过多部学术著作、译著及教材。曾赴英国、意大利、希腊等地短期学术交流。

目录

导　论

作为人类文明史的重要组成部分，西方文明史涵盖了自古至今西方地区文明缘起、发展与演进的历史。

“文明”（civilization）一词是文学、哲学、历史学、考古学、人类学、经济学、社会学和国际政治学等人文社会科学领域的核心术语，也是对社会生活中的观念取向与行为模式做价值判断的日常用语。不过在学术研究中，“文明”一词的含义可谓众说纷纭，莫衷一是，有必要对它的意蕴与概念做一厘清与界定。有关“文明”的概念，其东西方的原初含义及其流变与近代以来的形塑、建构，经历了一个漫长的过程。

如果从词源学和语义学的角度来追溯就不难发现，在不同的时期和不同的语境下，“文明”具有其特定的含义。

在中国古代金文中，“文”最初的两个基本含义为“文字”和“文身”，含有引申义“修饰”之意。“文”也特指色彩交错的纹理，引申为条理、秩序。“明”则有明亮、彰明的含义。《甲骨文合集》解释“明”，以夜间月光射入室内会意为明，又被引申为公平、正确。而“文”与“明”两字结合为一词，则有了丰富的含义。在儒家的思想传统中，“文明”一词其实有着浓厚的伦理教化和社会进步的意义。《周易·贲卦·彖传》云：“观乎天文，以察时变；观乎人文，以化成天下”。此即是说，观察天道运行规律，以认知时节的变化；注重人事伦理道德，使天下归于教化。在这里，“人文”区别于自然，有人伦之意；区别于神理，有精神教化之义；区别于质朴、野蛮，有文明、文雅之义。综合观之，“人文”实际上包含了借指由社会发展而形成的能实现社会通达与和谐的道德、伦理、风俗、典章、制度等等。

而在西方，“文明”一词的原初含义有所不同，并经历了一个不断演进的过程。英文（civilization）和法文（civilisation）中“文明”的现代词义确立于18世纪中叶，它同“文化”（culture）一词的词义和演化相生相伴。词源上，civilization源自古拉丁文civis（公民）、civitas（城邦国家）以及civilitas（“公民资格”和“彬彬有礼”）。在16和17世纪的法文中，已广泛使用“使文明”（to civilisé）和“文明的”（civilized）这些用语。到了18世纪，“文明”术语被引申为一种社会、文化与道德的发展状态与进步趋势，以及达到这一状态的过程，其涉及的领域广泛，包括民族意识、技术水准、礼仪规范、宗教思想、风俗习惯以及科学知识的发展等等。随着“西力东渐”与“西学东渐”浪潮的涌动，西方人在此基础上建构了具有近代性的“文明”概念，意指西方资本主义的工业社会、政治制度和价值观念，以此来针对殖民地、半殖民地的所谓“野蛮”、粗陋、落后的社会状态，借以鼓吹“西方文明优越”论或“西方中心”论。

上述西方的近代性“文明”概念，在19世纪中期以后，在特定的形势和语境下逐渐被移植到中国。本来，基于儒家的“文明”概念，中国古代的封建君主和士大夫阶层长期盛行“中国文明优越”的观念形态，即把“华夏”视为礼仪之邦、文化中心，而把中原地区周边的少数民族乃至域外的藩属视为不懂礼仪廉耻、没有开化的边缘“蛮夷”。即便是到了近代，当科技文明较为发达的西方人不断逼近时，他们还在大弹“华夷之辨”的老调。同时，面对着西方“坚船利炮”所带来的“瓜分豆剖”的民族危机，在“西学东渐”浪潮的洗礼下，一批先进的知识分子逐渐冲破“华夷之辨”的思想禁锢，从“技艺”“制度”“观念”三个层次的学习上层层推进，最终认同了西方资本主义的优势，接受了西方近代性的“文明”概念。

在西方，从19世纪后期开始，随着考古学、社会学和人类学的兴起与确立，“文明”逐渐被作为科学研究的重要对象与领域，这也导致了对“文明”的解读产生了许多内涵相重叠的定义。达尔文的《物种起源》使学术界对“进化”的观念十分感兴趣。受此影响，英国哲学家斯宾塞和美国人类学家路易斯·摩尔根等人都认为，世界各地区可以按照一个发展标准划分为从“落后”“野蛮”形态到“先进”“文明”形态的不同序列，而一系列与“文明”相联系的特征如文字、有组织的农业、钱币的使用和大城市的出现等，就被作为判断是否处于文明阶段的标尺。

相比之下，一些历史学家并不拘泥于上述有关界定“文明”的严格标准，而习惯于以松散的“文明”定义，把“文明”理解为人类历史上地区、民族历史演进中可以识别的最完整的单元，以此来构建自己的社会发展理论模式。由此，在20世纪上半叶出现了斯宾格勒和汤因比的文明史理论。受此影响，一批学者写出了一些通俗性的历史读物。第二次世界大战后，在考古学、人类学和社会学等学术领域中，“文化”和“文明”几乎是同义词。但在历史学中，“文明”一般是指社会进化到一个较高级阶段后所形成的那些精神和物质生活形态，“文化”更多地突出各个社会的价值观念。“文明”的词义包含了“文化”的含义，但它总体上是指发展到较高阶段（文明阶段）后各个社会都形成的那些物质的、精神的和制度上的共有的表象特征。概而言之，“文化”与“文明”是两个内涵不同、外延有异的概念。“文明”的含义比“文化”广泛得多。

马克思主义唯物史观创立后，对“文明”的含义做了系统而辩证的诠释。在唯物史观看来，一方面，作为人类改造世界之物质生产生活实践活动的成果，文明应当包括物质、制度和精神三个层面。这里的“成果”不是终结物，而是一个有机体，显示了社会过去发展所达到的和今后发展所借以起步的一个生生不息的演进过程。另一方面，“文明”也是作为相对于客观世界之能动主体的人自身的文明化过程。作为社会文明的创造者和载体，人在改造客观世界的同时也在不断改造作为主观世界的自身，由此而使得人的物质实践力量和精神实践力量日益增长和拓展，最终从“必然王国”走向“自由王国”。同时，唯物史观始终将人类文明所经历的缘起、发展和流变，与人类社会的历史形态及其更新交融一体，阐明每一个历史时代特定的生产生活方式、政治制度与思想观念，赋予不同时期的人类文明以不同的历史内涵。正是在这个意义上，我们可以将文明史划分为诸种历史形态，即原始社会文明、古代奴隶制文明、中世纪封建制文明、近现代资本主义文明、社会主义文明等。

对西方文明史的探讨与叙述，必然要涉及如何界定“西方”的问题。作为地理方位概念的“西方”，一般是指某个参照坐标的西边的某个地点、某个区域。然而，作为文明史上的“西方”（the West）概念，则有着丰厚的内涵与宽泛的外延，不仅界定了特定的地理方位，而且涵盖了人类不同的族群、制度、文化与生活方式，及其随着空间拓展与时间推移而日益扩大的形塑与演化的态势。现代学术史常常将人类文明史进行“西方文明”与“东方文明”的划分，并且认为希腊是西方文明的源头，认定古希腊属于“西方”。不过，古希腊人并没有东、西方文明的概念，甚至没有东、西方的地理方位概念。从地理上说，古代希腊不只是现在的希腊半岛，而是以爱琴海为中心、横跨欧亚两洲的一片区域。而希腊人使用的欧罗巴和亚细亚这两个地理名词，和现在的欧洲、亚洲的意义完全不同。此外，这一区域的人自称是希腊人（Hellas），将区域之外的人称之为“蛮族人”（barbarians），不过这一名词起初并没有我国古代“蛮夷”称谓那样的贬义，只是把希腊人和非希腊人区别开来。而古希腊人对后来被称为东方代表的波斯，最初并没有什么恶意和贬损，只是到了亚里士多德那里才开始出现变化。在《政治学》一著中，亚氏不仅对欧罗巴人的“自由”和合理政体予以夸耀，而且对“蛮族人”的“奴性”及其国王的“全都类似于僭主的权力”加以针砭。这些说法反映了希腊人经过与波斯的战争而有了相对于东方（以波斯为代表）的自我优越感。

作为地理方位之概念的“西方”（the Occident）这一术语，其实最初产生于古罗马时期，源于拉丁文 occidens，意指“日落之地”，与之相对应的则是“东方”（the Orient）概念，这一概念也源自拉丁文 oriens，意即“日出之地”，由此逐渐有了用 oriental 和 occidental 指东、西方的说法。罗马帝国建立后，形成以首都罗马乃至整个意大利为中心的观念，用“西方”和“东方”来指罗马西部和东部的行省。由此，伊比利亚半岛、法国高卢地区、北非地中海沿岸（突尼斯、阿尔及利亚、摩洛哥）和不列颠尼亚（Britannia）组成了“西方”，而希腊、塞浦路斯、安纳托利亚（Anatolia）、黎巴嫩、叙利亚、以色列、巴勒斯坦、埃及、利比亚则被归为“东方”范畴，这与后来的东西方概念不同，此时的亚细亚则是罗马帝国的一个行省①。公元 395 年，罗马帝国分裂为东西两部分，“西方”就特指讲拉丁语的西罗马帝国，而“东方”是讲希腊语的东罗马帝国（拜占庭帝国）。

实际上，仅从地理方位上来审视，这两个相对而言的“地区”方位并无多大的意义。这是因为“日落之地”的“西方”与“日出之地”的“东方”，在圆形的地球上总是随着地球经度的变化而移动，如果没有特定文明形态来显示差异，对之进行区分必定是相对的。只是随着地域空间的拓展，随着作为地理方位的“西方”概念逐渐与不同时期的社会族群、制度、文化与生活方式相结合，并呈现承前启后、接续不断的历史联系，“西方”才被赋予了特定文明的标识，才日益彰显“西方世界”的文化含义。也正因为如此，一般都将古希腊视为“西方文明”的源头与起点。

如果将“西方”视为特定文明的标识即可看出，作为人类一大文明类型的“西方”，不仅在空间上经历了一个从“单元”文明向“区域”文明拓展的过程，而且在时间上也经历了不同文明之历史形态的演进。最初的“西方”，是指希腊文明酝酿与发展的地中海沿岸，包括希腊半岛、爱琴海诸岛和小亚细亚的西部沿海地区。此后的罗马文明，则进一步将空间迅速扩展到地中海沿岸，形成了一个以意大利半岛为核心的涵盖西亚西部、北非的文明生成带。正是在这一环地中海区域的原始社会中，逐渐生成了特定的相互衔接的西方古典文明。

到了中世纪，随着日耳曼“蛮族”的大规模南迁、西罗马帝国的灭亡与诸“蛮族”国家的建立，“西方”文明的区域从地中海沿岸扩展到阿尔卑斯山以北的西欧广大地区。这一时期，封建制的普遍建构与基督教的流播构成西方文明鲜明的时代特征。同时，神权制约下的欧洲以基督教指西方（西欧）、东正教指东方（拜占庭帝国），更赋予了西方宗教上的文化意蕴。这一时期，阿拉伯帝国的建立，涵盖中近东、两河流域、埃及并扩展到印度的伊斯兰文明日益兴盛，与西方基督教世界时有冲突。由此，西方人在十字军东征期间，也常以“东方人”来泛指敌对的穆斯林，宣示“西方”宗教上的优越性。此外，对遥远的以中国为核心并辐射到日本、朝鲜、东南亚部分地区的“东方文明”，西方人尚为陌生，并未予以足够关注。在社会生产力欠发达的情况下，尽管东、西方不乏某种经济、文化上的联系，伊斯兰文明对西

---

① 马克垚：《古代专制制度考察》，北京大学出版社，2017，第 2-3 页。

方更有不少影响，但总体上说，“西方”与“东方”乃至其他未知地区间的文明仍旧处于相互隔绝、封闭的状态。在此情况下，“西方”仍旧局限在欧洲（主要是西欧），只是欧洲（西欧）文明的代名词而已，虽然蒙上了基督教的宗教色彩，但地缘或区位的“界标”仍旧明显。

14至17世纪，随着从中世纪封建制度向近代资本主义的历史过渡，西欧社会发展明显提速。这一时期的西欧，资本主义萌芽破土成长，英、法、西、葡等民族国家逐渐形成并建构了君主集权制度，文艺复兴与宗教改革运动相继爆发，对迅速崛起的伊斯兰教的奥斯曼帝国的对抗尤其是新航路的开辟，引发了对外殖民主义运动的“西力东渐”浪潮。在这一历史大变革中，西欧人继承了古典和中世纪时代对“东方”的歧视看法，在对“东方”这一“他者”充满偏见的参照中，逐渐强化了其优越的“身份”意识与自我认同。

从18世纪开始，作为文明形态的“西方”，开始突破西欧“洲际”范围的界限，向全球各地传播蔓延，具有了更为宽泛的空间意义与独具特点的时代含义。一方面，资产阶级革命与改革的不断爆发，最终颠覆了欧洲旧有的政治秩序，率先在西欧乃至北美建构起近代的民主宪政体制。另一方面，经过工业革命洗礼的西欧，以大工业生产为基础的坚船利炮，把东方乃至非洲、美洲都纳入了自己的殖民势力范围，拥有了对这些地区的实力霸权与话语霸权。在此情况下，欧洲的启蒙运动相继展开，建构起“西欧中心”论或“西方文明中心”论。有史家就指出，“以启蒙运动为标志，欧洲人完成了自我认识的最后目标，给出了自造的谱系，即西方经历了希腊罗马、中世纪、文艺复兴、启蒙运动、工业革命、政治民主制的进步过程，而其他民族都是落后、愚昧的”，只有接受西方人的教化和训导，才能获得发展①。从此，作为文明标识的“西方”，其空间范围从西欧一直拓展到北美洲与大洋洲，而且彰显了资本主义世界的“现代性”。对此，有西方学者用西方学界的主流观点解释说，要回答什么是“西方”的问题，从文明的角度看，应该洞察到“具有比其地缘政治划分更深的一致性”。而这种一致性显示，“它具有一些共同的价值和制度”，这使得它成为一个区别于亚洲、非洲、东欧与拉丁美洲的一个“唯一相同的世界”。因此，“西方文明首先可以近似定义为法治国家、民主、精神自由、理性批判、科学和以私有制为基础的自由经济”。而这一切，是自希腊城邦以来“一段漫长的历史建设的成果”②。西方人的这一解释模式，近年来不断遭到西方学者的质疑与反驳。英国学者约翰·霍布森就强调，18、19世纪，在西方日益崛起的过程中，欧洲人就开始塑造刻意贬低东方之“他者”的“自我”优越的想象。在丑化“东方”的同时，“西方被想象成天然具有独一无二的美德、理性、勤勉、高效、节俭、具有牺牲精神、自由、

① 马克垚：《古代专制制度考察》，第7页。

② 菲利普·尼摩：《什么是西方：西方文明的五大来源》，阎雪梅译，广西师范大学出版社，2009，第2-3页。

民主、诚实、成熟、先进、富有独创性、积极向上、独立自主、进步和充满活力”，而且这一“优越”可以溯源至古希腊。这种“先进的特性”，最终“将欧洲推向工业化和近代资本主义”。然而，这种“帝国主义和征服东方的一种合乎情理的理念”，无疑是一种“严重扭曲的西方兴起论”①。

进入20世纪，作为文明标识的“西方”在继续流溢其作为一种独一无二的“文明单元”或“文明世界”之意涵的同时，更由于世界格局的深刻变化而被西方人赋予了一种色彩斑斓的政治意识形态的标签。尤其在“冷战”时期，欧美地区和国家的人热衷于“把西欧和北美统称为‘西方’，即资本主义和民主国家阵营”或“自由世界”，以之区别于他们所谓的落后、独裁的“非西方世界”。这一充分政治化的“西方”概念，成为理性认识西方文明的一大思想障碍。

事实上，早在古代中世纪，西方文明既非“中心”，也并不显得“优越”。德国学者雅斯贝尔斯通过研究，就承认古代东西方曾经存在包括希腊、印度、中国等诸个“文明”中心在内的“轴心时代”。同时，西方人也看到，在其缘起、发展与演进的过程中，西方文明一直都受到外来文明的影响。美国史家凯什岚斯基等人在编著有关西方文明史的教材时指出，西方文明涵盖的地域经历了一个从中希腊地区逐步向欧洲拓展的过程，而且它的起源也与东方密不可分。“西方式”的城市最初是在“西方”之外出现的，西亚两河流域的城市传统的遗产，就为西方古代的城市所继承。此外，作者也叙述了那些与西方文明有着密切关系的其他地区的文明，如拜占庭文明、阿拉伯的伊斯兰文明等。作者还特地指出，欧亚大陆本无明确的地理分界线，西方文明与东方文明在孕育成长的过程中，其实并无多大的先进与落后之分。只是到了16世纪，大陆西端才成为一个不同于近东的文化与知识传统的“熔炉”，将地中海地区、北欧和西欧融合成一体，然后才向海外扩张，成为一种领先发展的文明，并在经济形式、政治制度和艺术风格上对非西方的地区产生决定性的影响②。近代以来，尽管随着西方现代化进程的启动与海道大通，西方文明借助“西力东渐”浪潮对相对滞后的非西方国家、地区文明形成有力冲击，一度显示出强劲的输出的态势，但正是在文明的挑战、回应与交融中，非西方地区、国家都纷纷探寻摆脱西方霸权制约、建构自身特色文明的道路。

事实表明，西方文明史即是从古至今不断拓展边界的“西方”世界各个民族、各个地区物质文明、制度文明和精神文明发展的历史。它既包括希腊罗马的奴隶制古典文明、中世纪的基督教-封建文明，也包括近代与现代的资本主义文明乃至“脱亚入欧”的日本。从更大的时段划分，它也可以分为传统、现代与后现代诸文明形态。西方文明的缘起、发展与演进，并不是独立展开的，它也受到各种非西方文

---

① 约翰·霍布森：《西方文明的东方起源》，孙建党译，山东画报出版社，2009，第5-9页。

② 马克·凯什岚斯基、帕特里克·吉尔里、帕特里夏·奥布赖恩：《西方文明史：延续不断的遗产（第5版）》，孟广林等译，中国人民大学出版社，2014，“导论”。

明的影响。西方文明固然是人类文明的重要组成部分，在近代以来一直处于强力扩张的态势，但它从来都不是、也不应该是“文明中心”。随着现代化进程的不断推进与“全球化”浪潮的日益涌动，“非西方世界”的现代文明接踵崛起，使整个人类文明不断彰显出一体性与多元化的辩证发展的历史趋势。西方人习惯于借助现代西方文明倡导现代性的“普世主义”，借以获得对“非西方世界”的制度优势与话语霸权，这无疑是行不通的。“非西方世界”固然要吸取西方现代化的经验，但必定要依据自身的文化传统与国情需要建构各自的现代文明。现代文明并非等同于西方文明，现代化也绝非西方化，现代化进程并不是一元文明的形塑过程，相反是多元文明的复苏与兴盛。在现代化的进程中，为了应对全球化带来的各种挑战，西方文明只有在多元文明的交流与互鉴中，才能获得持续发展的前景。

基于上述认知，我们在学习与探究西方文明史时，必须以马克思主义唯物史观为理论、方法指南，既要借鉴西方文明的有价值的成果，也要抵制、批判“西方中心论”“西方文明优越论”。由此，从西方人的物质生产生活实践活动及其所引发的生产力发展、阶级分野、社会交往、制度建构、战争冲突、对外扩张与生活方式、思想观念的流变中，去解读西方各个历史阶段中的文明形态的属性、特征与走向，进而科学地总结西方文明史发展、演进与更新的客观历史规律，从中透显在“人类命运共同体”的框架下当今西方文明的合理定位与拓展远景。

第一章

西方文明的摇篮——古希腊文明

第一节　古希腊文明的起源

一、古希腊文明的东方渊源

我们现在常说的“西方文明”，从源头上讲，有两条主要的根脉，即被称为“两希文明”的古希腊文明和古希伯来文明。作为西方文明的发祥地之一的古希腊文明，以及紧随其后的古罗马文明，共同向后来的西方文明贡献了科学精神、民主制度、共和政体、法律体系以及哲学、艺术、建筑等方面的文化成就，从而奠定了西方文明在物质、制度和精神等诸多领域的基础。因此，古希腊和罗马文明对后来的西方文明在成长和定型过程中所发挥的巨大作用，无论怎样夸大也不为过。作为西方文明另外一条根脉的古代犹太人创造的希伯来文明，对西方文明的贡献主要在宗教生活上。在罗马帝国初期，作为一种新宗教的基督教从古代犹太人的民族宗教犹太教中脱胎形成，而基督教及其附属的经书、教义和伦理体系，在后来的西方文明中成为最主要的宗教信仰。换句话说，如果古希腊人对西方文明一个最大的贡献是科学精神的话，那么，古希伯来文明对西方文明最大的贡献则是基督教信仰，而这两者无疑构成西方文明最基本的两大元素。

谈及古代希腊文明的起源，不能不说到它的东方渊源。首先需要说明的是，在现代的语境中，“东方”和“西方”并不是一个自然形成的简单的地理概念，而是被近代的西方人建构起来并带有诸多不言自明的潜台词的文化概念。在地理范围上，一般来说，现代所说的“西方”大体上包括西欧和北美在内的发达国家，而“东方”则泛指整个欧亚大陆欧洲以东的地区，甚至涵盖了“西方”发达国家以外的实际上几乎所有不发达地区。于是，在“西方”和“东方”这两个产生于现代且站在现代西方的角度提出的概念，从它们诞生的第一天起就被赋予了很多人为设定的成见和偏见，比如：“西方”发达，“东方”落后；“西方”是海洋文明和商业文明，“东方”是农耕文明和农业文明；“西方”崇尚民主与科学，“东方”则处于专制和迷信的状态……诸如此类，不一而足。值得注意的是，这些现代的概念还被投射和运用到了古代文明的地理分界上，因此，作为现代西方文明发源地的古希腊和罗马文明，就自然被贴上了“古代西方”的标签，而包括西亚、北非以及远离地中海地区的欧亚大陆的中部以及东部地区就都被划入到“古代东方”的范围内。因此，我们在这里使用“东方”这一概念的时候，一定要对这一概念的来源和含义有明确的认识，克服其中所带有的“西方中心论”色彩的偏见和错误。唯有如此，才能贴近历史实际，厘清古希腊文明的东方渊源问题。

在文明起源问题上，一般把四个产生时间最早且独立起源的古代文明并称为“四大文明”，即古代西亚文明、古代埃及文明、古代印度文明和古代中国文明。而从古希腊文明的最初发端来看，不仅在时间上晚于上述四个古代文明，而且也不能够归入到“独立起源”的古代文明的行列中。因为就其所在的地中海地区而言，发源于两河流域的古代西亚文明和诞生于尼罗河流域的古代埃及文明，早在希腊最古老的克里特岛文明产生的一两千年之前，就已经进入到文明期，不仅形成了自身独特的文明样式，而且创造出灿烂的古代文化。在近代以前，西方学界曾经长期认为古希腊文明是一个独立起源的文明，甚至是一个“天才”的文明。自 19 世纪初开始，随着古代西亚楔形文字和古代埃及象形文献先后被释读，亚述学和埃及学相继创立，古代语言和文字的研究从此蔚然成风。同时，由于科学的考古学方法的诞生，大量的古代遗存和遗址得到了全面的发掘和深入的研究。所有这些都极大地推动了学界对文明起源的认识。正是在这些新兴学科的助力下，对古代文明的一系列固有认知不断受到修正甚至颠覆，西方人的希腊文明独立起源的传统说法也逐渐消解，不论是古代语言、文字的谱系和关系的研究，还是对包括遗址和文物在内的各种考古和实物资料的考察，以及对古代的神话、传说、宗教、科技与文化等方面的重新解读，都提供了大量的历史证据，充分表明古希腊文明不仅在文明产生的初期，而且在此后相当长的历史时期，都一直在吸收和借鉴包括古代西亚和古代埃及文明在内的各种文明成果。换句话说，古希腊文明之所以能够产生和成长，完全得益于早期文明的影响，或是在古代西亚文明和古代埃及文明共同滋养和孕育下诞生的一个次生的古代文明。进入 20 世纪之后，时至今日，虽然在一些具体问题研究上还存在诸多分歧，但对于古希腊文明拥有一种东方渊源的这种基本认识，不仅得到了学术界的普遍认可，而且随着更多论据的出现也越来越成为一种共识。

其实，褪去古希腊文明虚幻的“天才”的光环，把她视为一个具有“东方渊源”的次生文明，丝毫不会减损其文化的伟大性和独创性，因为在文明产生初期，独立起源的文明毕竟数量很少，况且它们相互之间也都存在着文化的交流与影响。实际上，世界上大多数的早期文明，都是在学习和借鉴早期文明已有成果的基础上生成和成长的，古希腊文明走过的就是这样一条更具有普遍性的文明起源和发展的道路。

由于希腊人的居民点大多地处位于地中海东部的爱琴海周边地区，海上航行的便利条件使他们的生活很早就与海洋结下了不解之缘，除了进行农业生产之外，海外的旅行、经商和殖民活动可以说贯穿了希腊文明的始终。其中，位于地中海南岸的埃及和地中海东岸的西亚诸国自然成为希腊人最经常到访的地区。在希腊文明产生初期，不论是克里特文明，还是迈锡尼文明，与那些早期的文明中心都存在着政治上的某种关联和经常性的贸易往来，在政治制度和社会组织、建筑、文化与艺术风格上，也呈现出诸多明显的东方特征。种种迹象表明，这一时期的希腊文化显然处于明显的模仿和接受阶段，尚未形成自身的特色。只是经过“荷马时代”的过渡，进入到“古风时代”之后，城邦才如雨后春笋般出现在希腊本土、爱琴海和小亚细亚的西岸地区，城邦文明的建构才由此开启。在这个古希腊人开始确立起自身的文明样式的关键时代，对外的交流和学习活动不但没有终止，反而呈现出一种更为活跃的态势。更大范围的和持续时间更长的海外殖民活动，一方面扩大了希腊人定居和生活的范围，另一方面也极大地开阔了他们的视野，善于学习的希腊人由此把更多的东方文化成就从海外引入到本土。可以说，古风时代既是希腊城邦文明的形成期，也是引进东方文化的高潮期，由此，著名的希腊宗教史家伯克特甚至把古风时代命名为“东方化时期”。

那么，古希腊文明早期的“东方元素”有哪些呢？对此，除了希腊人本身的记载之外，近代以来古典学家、考古学家、历史学家通过对旧史料的重新研究和新材料的发掘，对此提供了诸多可信的历史证据。在文字书写上，希腊字母来源于地中海东岸的古代腓尼基人创造的腓尼基字母；在宗教崇拜上，希腊的多神教信仰与古代埃及、两河流域的宗教有着十分密切的渊源关系；在科学技术上，希腊人从埃及人那里学到了几何学和石头建筑的技术，从两河流域引进了最早的天文学和数学方面的知识；在经济和社会生活上，希腊人从小亚细亚的吕底亚王国学到了金属铸造钱币的技术，并引进了最早的音乐……这些都说明，全方位地引进和吸纳早期东方文明的既有成果，无疑构成了创始时期希腊文明得以产生的前提条件和重要基础。

不过，对于古代东方文明，古希腊人既有模仿、借鉴的“拿来主义”的一面，也有加以改造、提升的再创造的一面。正是通过这种继承与发扬的有机结合，在经历了一个“东方化”的学习阶段之后，古希腊人充分运用自己的聪明才智和天才的创造力，在借鉴的基础上塑造出了属于自己的独特的文化样式，其中有很多核心的理念与精神，成为后来西方文明得以延续和发展的文化基因。举例来说，如果说古代埃及人在农业生产，尤其是丈量土地的实际需要中出现了最原始的几何学知识的话，那么，古代希腊人则使这种知识从经验的和实用的活动中脱离出来，提升到一个抽象的和理论的层面，从而创立了一门独立的科学——几何学，而几何学也构成了包括哲学和物理学在内的其他众多古老学科的基础，为希腊科学精神的诞生创造了前提条件。

总之，作为西方文明的重要发祥地，古希腊文明绝不是凭空产生的，而是有着不容否认的“东方渊源”，这种认识既符合文明产生的一般规律，也得到了充分的历史证明。承认这一点，不但不会损害希腊文明的“天才”形象，而且还有助于更好地理解古希腊人的创造性及其产生的基础。正如科学史家萨顿所言：“希腊科学的基础完全是东方的，不论希腊的天才多么深刻，没有这些基础，它并不一定能够创立任何可与其实际成就相比的东西……我们没有权利无视希腊天才的埃及父亲和美索不达米亚母亲”①。

二、克里特文明

古希腊文明的第一个历史时期统称为“爱琴文明”（约公元前 20—前 12 世纪）。此时在爱琴海地区的众多岛屿上出现了最初的奴隶制国家，进入到青铜时代。以大约公元前 14 世纪为分界，先后形成了爱琴海上的克里特岛和希腊本土的迈锡尼两个文明中心，所以爱琴文明又被称为“克里特-迈锡尼文明”。

爱琴文明时代既是古希腊文明的发端时期，也是欧洲地区最古老的文明。换言之，当欧洲大陆还处于蛮荒的黑暗时代之际，希腊的爱琴海地区展现出欧洲文明的第一道曙光。这种情况的出现绝非偶然，因为这个区域与埃及和两河流域这个两个早期的文明中心不仅在地理上十分接近，而且海上交通也很便利。正是这种得天独厚的地理位置，使这一地区易于接受早期文明的成果，酝酿出自身的文明。

19 世纪中叶之前，欧洲人对爱琴文明几乎一无所知，英国学者乔治·格罗特（1794—1871 年）的多卷本《希腊史》就是从古风时代讲起，因为在他看来，除了一些神话传说之外，前城邦时代无信史可言。随着 19 世纪下半叶德国商人海因里希·施里曼（1822—1890 年）对特洛伊古城等《荷马史诗》中描述的古代遗址的考古发掘，以及 20 世纪初英国学者亚瑟·伊文思（1851—1941 年）在克里特发现克诺索斯王宫，爱琴文明遂得以重见天日。这些考古发现不仅把古希腊的历史上溯了近千年，而且彻底改变了人们传统上对古希腊文明起源的认识。与此同时，包括《荷马史诗》在内的古代神话传说也得到了重新的研究和解读，人们发现，在这些年

① 乔治·萨顿：《科学史和新人文主义》，陈恒六、刘兵、仲维光译，华夏出版社，1989，第 64 页。

代久远的资料中，不仅包含了一些真实的历史记忆，而且也蕴含了很多关于希腊文明起源阶段的珍贵历史信息。

克里特岛是一个狭长的岛屿，位于爱琴海南部地区，是爱琴海上的第一大岛。克里特岛不仅土壤肥沃，气候温暖，自古以来就以自然条件的优越而著称，而且在地理位置上也拥有天然的优势，与希腊本土、北非和地中海东岸的距离大体相当，处于地中海东部海域的中心位置。在希腊人的神话传说中，有很多故事都发生在这座美丽的岛屿上，其中最为著名的当属米诺斯王的故事。

据说在古代的克里特岛曾经有很多王国，其中最有名的就是国王米诺斯统治下的诺索斯王国。在他统治时期，诺索斯王国依靠强盛的国力和强大的海军力量而成为地区霸主。但后来，由于米诺斯王过于自傲而触怒了众神，于是，众神就施魔法让米诺斯王的妻子生下了一个牛头人身的怪胎即“米诺牛”以示警告。为了掩盖这桩丑闻，米诺斯斥重金邀请天下的能工巧匠，修建了一座极其宏伟和复杂的宫殿。由于这座宫殿拥有无数的厅堂和纵横曲折的通道，故而号称“迷宫”。完工后，米诺牛就被隐藏在迷宫的深处。据说这个牛头人身的怪物有一种吃小孩儿的怪癖，为了满足他的欲望，米诺斯王就让那些俯首听命于他的属下王国每隔九年就要贡献七对童男童女，当时的小国雅典就位列其中。雅典国王爱琴老来得子，就是后来的英雄提修斯，他长大成人得知这桩罪行后，就主动请缨要赶赴克里特岛为民除害。他十分坚决，出于无奈，爱琴只得答应了提修斯的请求。于是，提修斯混在进贡的童男童女中扬起黑帆来到了克里特岛，在米诺斯王的公主阿里阿德涅的大力帮助下，进入到迷宫深处，杀死了米诺牛，二人扬帆回国。由于沉浸在胜利的喜悦中，提修斯忘记了事先与父亲的约定，换成白颜色的船帆，老国王爱琴远远地望见黑色的归船后悲痛欲绝，投海自尽，从此人们就把这片海域命名为“爱琴海”。

在希腊城邦时代，提修斯杀死公牛怪的故事可谓家喻户晓，但从未有人把它当作真实的历史来看待。1900 年，英国考古学家伊文思来到了克里特岛，在距离克里特岛北岸不远的地方发现了一处规模相当大的古代宫殿遗址，即“克诺索斯王宫”，竟然与神话传说中的米诺斯王的“迷宫”有诸多惊人的相似之处。从此，克诺索斯王宫的发现揭开了古代克里特文明的面纱。

从这座王宫的布局来看，是一个由大大小小的房间连成一片且平铺开来的建筑群，总建筑面积在 22 000 平方米左右，下石上砖，地上部分有 2～3 层，还有地下室，房间总数在 1 500 间以上，由柱廊和阶梯连通，所有建筑都围绕着一个巨大的中央庭院，呈“回”字形展开。虽然在今天很少有保存完好的房间，大多是残垣断壁，但房间内部的情况依稀可见。在一些较大厅堂的屋顶上有用于采光和通风的“光井”，殿内雕梁画柱，四壁布满了色彩鲜艳的壁画。从功能的划分来看，除了国王的议事厅、会客厅等公共活动的场所，还有王室成员的起居室、手工作坊、储藏室等用房。据估算，当时至少有数千人居住在这座宫殿中，饮用水来自山上的泉眼，用陶制的管道引入宫中，地下部分还建有“下水道”，用于排污，宫中还发现了一些类似于浴缸和抽水马桶等十分现代的盥洗设备，引发了游客的无数惊叹。

除了建筑本身，王宫中还出土了大量精美的手工艺品，包括带有精美的彩色图案和花纹的陶器、小型的神像、青铜和黄金制品等等。王宫中遗存的大量壁画尤其引发了考古学家和历史学家的兴趣，其题材大多与现实生活相关，除了各种动物（包括虚构的神兽和真实的海豚）和植物图案，还有很多绘画展示了克里特人的生活场景，但几乎没有战争场面的描绘，在一定程度上说明了克里特文明时期很少发生战争，或受到外来民族的攻击，与传说中的米诺斯王依靠一支海军来维护国家安全的情况基本吻合。衣着华丽、涂脂抹粉的女子画像，展示出一派热爱生活、悠然自得的和平景象，而多幅以斗牛运动为题材的壁画，更展示出克里特人生动逼真的画风和高超的绘画技巧。这些壁画的内容和“侧头正胸”的展现方式，都带有很多十分明显的古埃及风格或者元素，宫中出土的并非产自本地的原料或者物品，也都说明了王宫的主人与早期的文明中心存在着密切的经济、政治和文化上的交流和往来。

虽然类似的王宫建筑在克里特的法埃斯特、费斯托斯等地也有发现，但大都规模有限，加之克诺索斯王宫以外的附属建筑和普通民居很少发现，因此，克诺索斯王宫也就成为学界了解克里特文明最主要的依据。需要指出的是，学术界对王宫的性质和功能还存在着一些争议，有人认为它更像是一处由王室和贵族家庭及其附属的服务人员集中居住的祭祀中心和举办各种公共活动的场所。但有一点是可以肯定的，那就是克诺索斯王宫是当时存在的一个拥有数万人口和相当大的统辖区域的王国的公共权力的中心，而且在物质生产、社会组织、建筑技术等方面达到了很高的文明程度，是希腊爱琴海地区率先进入最初的奴隶制王国阶段的标志。

从王宫建筑的时间来看，始建于公元前 1900 年左右，大约在公元前 1700 年受到大规模的破坏，王宫几乎完全被毁。今天看到的建筑大多是在公元前 1700 年前后重建的，最终遭到毁灭性的破坏和完全废弃大约在公元前 1400 年。由于克里特文明时期使用的被统称为“线形文字 A”的文字至今尚未被识读，所以从语言上还不能认定克里特文明的创造者的民族来源。与克里特文明创造者的身份问题相仿，以克诺索斯王宫为中心的克里特文明的衰亡的原因，至今也仍旧是一个未解之谜。对于这个问题，大体上有两种猜测，一是王宫的破坏和遭到废弃，源于突发的自然灾害和生态环境的极度恶化，克里特岛处于地壳板块的连接处，自古以来火山、地震等自然灾害频发，导致克里特文明中断。另一种说法是克里特的米诺斯王国遭到致命的外敌入侵，在王宫遗址的发掘中，也的确存在一些受到突发性的人为破坏的证据，有人认为入侵者很可能就是这一时期开始大量涌入并且能征善战的迈锡尼人。不论这种说法能否成立，迈锡尼人的入主希腊开启了一个新的历史时代，文明中心也由克里特岛转移到了希腊本土的迈锡尼。

三、迈锡尼文明

迈锡尼文明形成于大约公元前 1500 年前后，持续到公元前 12 世纪晚期，以希腊本土靠近伯罗奔尼撒半岛东岸的迈锡尼为中心。与克里特文明相比，迈锡尼时代既保持着某些历史的延续性，又存在着十分明显的不同，其基本的特征可以概括如下：第一，当时的希腊本土兴起了众多的奴隶制王国。考古发掘的遗址证明，这些国家的布局仍以王宫建筑为中心，实行君主政体，遗址和王室墓葬中出土的文物既有来自遥远地区的贵金属和奢侈品，也不乏精美的陶器、壁画和手工制品，在制作工艺和风格上也与克里特时代颇为接近。第二，除了海外贸易与交流，迈锡尼时代的农业生产水平有所提高，与克里特时代相比，对土地的依赖性也进一步加强，土地占有方式既有公有地，也有私有地，呈现出公私并存的状态。第三，迈锡尼文明的文字被统称为“线性文字 B”，1952 年被英国学者文特里斯和柴德威克破译，最终被认定为是一种早期的古希腊文，这一突破性进展使迈锡尼文明的归属得以确认，在这个意义上，可以把迈锡尼文明视为希腊文明的真正发轫期。第四，迈锡尼文明与此前的克里特文明之间最大和最为明显的不同就是，克里特文明长期处于和平状态，克诺索斯王宫至今也尚未发现大型的防御设施，然而，在迈锡尼时代，众多的王国之间则经常兵戎相见，为争夺土地、人口以及霸主地位而展开战争，作为政治统治中心的王城周围大多拥有用巨大的砖石修建起来的围墙和坚固无比的防御工事，还有青铜武器的大量出土，这些都昭示出迈锡尼文明具有十分明显的尚武与好战的特征，这种特征也被延续到后来的希腊城邦时代。

对于迈锡尼时代发生的战争，规模最大、记载最为丰富和详备的当属发生在大约公元前 12 世纪晚期的特洛伊战争。相传这场战争是由一位美丽的希腊女子海伦引发。位于小亚细亚西北沿岸的王国特洛伊的王子帕里斯，利用到访斯巴达之机，诱拐了号称希腊最美女人、斯巴达王墨涅劳斯的妻子海伦。于是，墨涅劳斯向他的兄长迈锡尼国王阿伽门农求助，出兵特洛伊，帮助他夺回海伦。当时的迈锡尼国力强盛，居于希腊本土众多王国的霸主地位，而阿伽门农更是如日中天，号称“万王之王”，他随即答应了墨涅劳斯的请求，集结了属下王国的军队和将领，兴师问罪，讨伐特洛伊，由此引发了一场几乎波及整个迈锡尼时代王国的战争。实际上，阿伽门农之所以发动这场战争，可以说“醉翁之意不在酒”，相传位于小亚细亚的特洛伊王国十分富有，盛产黄金，且不在迈锡尼王国的掌控之下，阿伽门农只不过想借此机会征服特洛伊，并获取其巨大的财富。据说这场围城之战打了十年时间，特洛伊不仅兵精粮足，而且同仇敌忾，誓死守卫，但最终还是惨遭屠城，被夷为平地。

后来，讲述这场战争的故事流传下来，其中的两个片段就成为希腊人最早的文学作品《荷马史诗》的主要内容。对于特洛伊战争的故事，生活在城邦时代的希腊人不仅耳熟能详，而且还常常将其改写搬上悲剧舞台。但由于年代久远，希腊的历史也经历了“荷马时代”的中断，加上其中夹杂着大量的神话和传说，所以没有人把它当作信史来看待。19 世纪下半叶，德国商人兼业余考古学家施里曼突发奇想，不但在今天的土耳其西岸发现了特洛伊古城的遗址，而且还通过在希腊本土的一系列发掘活动，彻底改变了人们对于《荷马史诗》和特洛伊战争的传统上的认识，也使迈锡尼时代的文明史得以重见天日。

施里曼掌握很多种古今语言，其中就包括他所钟爱的古希腊语，46 岁时他宣布退出商界，按照《荷马史诗》的指引，在 1870 年雇佣了数十名工人开始在土耳其进行发掘，两年之后发掘到了特洛伊古城的遗址。虽然他在埋藏层和文物年代的判断和认定上有重大失误，但这一发现还是逐渐得到学界认可。不久施里曼又转战希腊本土，在迈锡尼、派罗斯、梯林斯等《荷马史诗》描述过的诸多王国的古城继续进行发掘，同样收获颇丰，其中，在迈锡尼古城圈的内外，打开了五座王室的墓葬，这里出土了大量精美的陶器、金器和青铜器，最为著名的就是所谓的“阿伽门农的黄金面具”。

由于没有受过正规的考古学训练，施里曼在考古发掘过程中并未遵循科学的方法，造成了很多不可挽回的损失，加之他在遗址和出土文物的年代判断上错误百出，因而成为考古学史上颇具争议的人物。尽管如此，施里曼的考古发掘工作，不仅揭开了古代迈锡尼文明的面纱，而且引发了西方学界重新研究《荷马史诗》的热潮，客观上极大地推动了 20 世纪对古希腊文明起源问题的研究。

学界一般认为，迈锡尼文明的最终衰亡也与这场特洛伊战争存在密切的关联。特洛伊虽然最终陷落，但阿伽门农统率的希腊联军同样损兵折将，代价惨重。长期的战争不仅耗费了巨大的人力、物力和财力，更导致了各个国家内部社会矛盾的加剧和自卫能力的严重下降。正是在这样的一种虚弱状态下，来自北方的另外一支希腊人即多利亚人，在特洛伊战争之后不久便乘虚而入，大举进犯，成为终结迈锡尼文明的毁灭者，希腊历史进入到下一个历史阶段，即“荷马时代”。

第二节　城邦文明时代

一、《荷马史诗》与“荷马时代”

在爱琴文明衰亡之后，希腊的历史经历了一次十分明显的断裂过程。继迈锡尼人之后横扫希腊本土的多利亚人，总体上正处于从原始社会向国家和文明社会过渡的军事民主制阶段，经济和文化发展水平较低，因而在文明程度较高的爱琴文明遭到毁灭性破坏后，社会状况仿佛又回到初始性的阶段。考古资料证明，在这一时期，不但宏伟的王宫建筑和城池、巨大的墓葬及其丰富而豪华的随葬品都踪影皆无，甚至连像样的手工业作坊也少有发现，一起消失的还有文字和贵金属。同时，从政治制度和社会组织来看，爱琴文明时代与接下来的历史阶段更是存在着根本性的差异。如果说在爱琴文明时代的希腊，君主制王国是一种普遍的政治形态的话，这种形态与周边大多数早期的东方国家基本上属于同一种类型，那么，在此后的希腊半岛、爱琴海诸岛以及小亚细亚西岸，则开始出现一种全新的政治组织形式，即城邦，它们就像“池塘边的青蛙”，纷纷出现在希腊人生活的沿海和内陆地区。从此以后，希腊文明进入到了城邦时代，城邦政治形态不仅贯穿了整个希腊文明的始终，也成为把希腊人与周边的民族区分开来的重要标志。在爱琴文明被重新发现之前，一般而言，古希腊文明指的就是这种城邦文明。不过，这种文明的断裂也并不是绝对的，因为城邦文明时代和前城邦的爱琴文明时代毕竟也存在着很多“剪不断”的延续性，这种历史的连续性与其说是政治上的，不如说是文化上的，爱琴文明时代的宗教观念、历史记忆和艺术样式，不仅通过神话和传说的形式流传到城邦时代，甚至成为希腊文化之精神得以产生的沃土与母体。

所谓“荷马时代”（约公元前 11—前 9 世纪），指的就是迈锡尼文明中断之后，到古风时代（公元前 8—前 6 世纪）之间的大约三百年的历史过渡时期。由于历史资料十分有限，人们对荷马时代社会性质有很多不同的看法。不过，作为一个承上启下的历史时期，荷马时代不仅与迈锡尼文明时代存在着极为密切的关联，同时也是希腊城邦文明最早的发轫期。

由于考古和实物资料的缺乏，对这三百年希腊历史发展和社会状况，主要是通过形成于这一时期的《荷马史诗》来了解的，故将这一时期称之为“荷马时代”。不过，需要指出的是，把《荷马史诗》用于“荷马时代”的研究，一方面具有其合理性，因为诗人在创作这部史诗作品的过程中，有意或无意地把大量自己生活时代的经济生活方式、政治制度、社会组织、风俗习惯以及思想观念等记录或夹叙在特洛伊战争的故事中，其中的很多史事还得到了有限考古材料的证明。但另一方面必须看到，这部史诗中充斥着对迈锡尼时代带有诗人夸张和历史想象成分的描述，并且经过了数百年的传唱和口口相传，到了古风时代才有了最初的文本，其中必然注入了不少并不属于荷马时代的内容。所有这些都极大地增加了运用这部史诗来研究“荷马时代”的难度。

今天看到的《荷马史诗》分为两个部分，分别为《伊利亚特》和《奥德赛》，讲述的是特洛伊战争的后期和战争结束之后发生的两段故事。《伊利亚特》分为 24 卷，15 693 行，讲的是特洛伊战争的第十年，特洛伊最终被攻陷之前四十多天里发生的一些事情。一开篇，希腊联军中最勇武的大将阿喀琉斯，因为受到联军统帅即迈锡尼的阿伽门农国王不公平的待遇倍感屈辱而愤然出走，离开战场，从此，“阿喀琉斯的愤怒”成为贯穿全诗的一条主线。阿喀琉斯离开后，希腊联军开始节节败退，为了挽回局面，阿伽门农不得不向阿喀琉斯低头示弱，恳求他能够回心转意，但屡遭拒绝，因为他的愤怒尚未平息。后来，转机的出现是阿喀琉斯的好友帕特洛克罗斯因为好胜心切，借了阿喀琉斯的盔甲和盾牌挺身上阵，战场上的特洛伊人以为阿喀琉斯回来了，闻风丧胆，开始败退。不过，帕特洛克罗斯由于得意忘形而忘记了阿喀琉斯的忠告，追击敌人直至城下而中了埋伏，最终死于特洛伊主将也是帕里斯的兄长赫克托尔的剑下。好友的突然去世，不仅使阿喀琉斯悲痛欲绝，而且也使他下定决心重回战场，为好友报仇。史诗的高潮部分就是在特洛伊城下，阿喀琉斯和赫克托尔这两位武艺最高强的战士一决高下，最终赫克托尔被阿喀琉斯所杀。面对长子的去世，特洛伊老国王普里阿摩斯在巨大的悲痛中冒险潜入希腊联军的阵营中，通过苦苦哀求而从阿喀琉斯手中要回了儿子的尸体。史诗的最后一幕就是特洛伊人为赫克托尔举行隆重的葬礼，全城陷入一片绝望的哭嚎当中，预示着特洛伊的陷落已经为时不远。

在《伊利亚特》讲述的这段故事之后，传说中还有一系列后续的故事情节，特洛伊的主将虽然惨遭杀害，但特洛伊人仍然誓死守卫，希腊人仍旧不能得逞。在这种僵局之下，希腊联军中的另外一员大将，即以聪明智慧而著称的奥德修斯献上了“木马计”，希腊人里应外合，终于在一个深夜使特洛伊陷落，惨遭屠城。此后，希腊人开始陆续返回家乡，《荷马史诗》的另一部《奥德赛》讲述的就是奥德修斯返乡的故事。

《奥德赛》也分为 24 卷，共 12 110 行，故事情节沿着两条基本的线索而展开。一条发生在奥德修斯家中，作为伊大卡国王的他被阿伽门农征召前往特洛伊之后，家中只剩下他的妻子佩涅罗珀和年幼的儿子特勒马库斯等老小和仆人，一去十年毫无音讯，而前方又不断传来奥德修斯已经战死的传闻，于是，很多当地的贵族纨绔子弟就开始前来向美丽而贤淑的佩涅罗珀求婚，然而，佩涅罗珀一直确信丈夫仍然活着，并坚信一家人终有团圆之日。面对众多求婚人的无理纠缠，孤儿寡母又显得势单力薄，佩涅罗珀想出种种办法尽力拖延。在特勒马库斯长大成人后，佩涅罗珀决定派他外出探寻父亲的音讯。史诗的另外一条线索就是在特洛伊被攻陷之后，奥德修斯开始在神灵的操控下踏上了返乡之路。但这条道路却并不平坦，而是充满了各种艰难险阻，所以，奥德修斯从特洛伊出发，回到伊大卡岛，又用了整整十年时间，路途中充满了一个接一个的挑战和障碍，其中有诸如遭遇风暴和沉船这样的自然灾难，更多的是各种海上的神怪和途经的国家人为设置的致命的诱惑和陷阱。奥德修斯充分运用了自己的勇敢和智慧，尤其是一定要回家与妻儿团聚的强大而执着的信念，使他最终能够化险为夷，战胜这些困难。当他终于踏上了伊大卡岛的土地，儿子特勒马库斯也回来了，父子相认后一起回家设计报复了那些求婚人，完成了团圆梦。

据学者推测，当时的游吟诗人所吟唱的可能是一个关于特洛伊战争的完整的故事，但只有这两个片段后来被写成文本，并流传至今。至于史诗的创作者，古希腊人一直笃信是开俄斯岛的盲诗人荷马，但在近代以后，这种传统说法开始受到普遍的怀疑，由此产生了争论多年的“荷马问题”。进入 20 世纪，美国学者米尔曼·帕里通过对这两部史诗本身的语言分析，发现史诗是由大量重复使用的词组、诗句和句组所构成的，从而充分证明了这部史诗曾经长期处于口头文学的形态，是经过很多代游吟诗人长期的即兴传唱、加工整理而成，由此，“荷马问题”得到了基本的解决。现在可以认定的是，这部史诗的主要创作期是在“荷马时代”，经过数百年的口头传颂，到了古风时代开始写成各种文本，最终的分卷和统一定本是由希腊化时代亚历山大里亚的学者完成的。

随着“荷马问题”的解决，尤其是荷马时代考古学的产生和发展，《荷马史诗》所反映的荷马社会的总体状况也日渐清晰。在经济上，荷马时代虽然出现了明显的倒退，甚至曾经被称为“黑暗时代”，但这种衰退并不是绝对的。不论是史诗中的描述还是考古和实物资料都显示，这一时期的土地开垦和农业生产都取得了明显的进步，不仅出现了牛耕，还出现了最初的冶铁技术，铁制生产工具第一次被用在农业和手工业领域，对于希腊这样的土地贫瘠、山石纵横的地理环境来说，这些新技术的出现显得尤为重要，为后来城邦时代经济繁荣的孕育提供了必要条件，正如恩格斯所指出的那样，“铁使更大面积的田野耕作，广阔的森林地区的开垦，成为可能；它给手工业工人提供了一种其坚硬和锐利非石头或当时所知道的其他金属所能抵挡的工具。”① 在政治上，“荷马时代”最显著的特点是王权的普遍衰落和贵族权力的明显上升。在当时的各个王国中，除了国王之外，均设有氏族贵族组成的议事会和全体成年男子组成的民众大会或士兵大会，对王权发展起到了抑制作用。在这种贵族政治压倒王政的趋势中，不仅可以看到后来发展起来的城邦制度的最初萌芽，而且随着王权的衰落，希腊从君主制演进到贵族政治，后者成为日后城邦民主制发展的一个不可缺少且极为重要的中间环节和过渡阶段。

二、城邦兴起与斯巴达、雅典

公元前 8 到前 6 世纪即“古风时代”，是希腊城邦制度的主要形成时期。这一方面表现为希腊城邦开始呈现出一些有别于早期古代东方的城市国家的特点，并拥有了基本的民族认同感，以公元前 776 年第一届奥林匹亚赛会为标志，共同的语言、神灵和崇拜活动把散居在各自城邦中的希腊人联系在一起，从而使希腊文明得以在地中海东岸地区脱颖而出，真正登上历史舞台。另一方面，这种新产生的城邦组织，在这一时期还通过希腊人的海外经商和殖民活动，在数量上迅速增加，在空间上得

① 《马克思恩格斯选集》第 4 卷，人民出版社，2012，第 179 页。

到极大扩展，遍及了从地中海周边区域到黑海沿岸的广阔区域。由此，海外殖民也成为希腊城邦的一种重要形成途径。

“古风时代”和紧随其后的“古典时代”的名称，最初来源于艺术史的用语，原因在于，这种在希腊艺术中呈现出的从古朴的实验期到优秀的完备期的阶段划分，同样也适用于希腊城邦制度的发展历史。在经历了“古风时代”的创始时期之后，希腊城邦在“古典时期”进入到一个全盛时期，而“古典时代”之后的“希腊化时代”，希腊城邦制度则进入到全面的危机和最后的衰亡时期。因此，“城邦”无疑是希腊文明史的一个核心概念，只有理解了希腊城邦是什么，才能真正理解古希腊文明。

在古代希腊人的语境中，城邦（polis）一词不仅很早出现，而且其含义随着时间的推移也越来越丰富。大致说来，城邦有两个基本的含义，polis 最初指的是以卫城为中心的城寨或城圈，即公民进行各种公共活动的城市中心区域，除了神庙、议事场所、剧院等建筑外，还具有一定的防御功能，围绕在城市周边的乡村地区则是公民的家庭和农业生活区域。除了这种地理或空间范围上的含义之外，这个词还有另外一个意思，即用来指称构成城邦的人，具体来讲就是由全权公民组成的人的联合体。可以说，与前一种意思相比，这种公民团体的含义更能够体现出“城邦”一词的本质特征，因为在希腊城邦中，拥有像雅典那样的宏伟的卫城的城邦并不多见，包括斯巴达在内的很多城邦基本上是由大大小小的村落所构成。因此，实行一种集体治权的公民团体的存在，既是希腊城邦的共同特征，也是其与早期古代文明普遍出现的城市国家相区别的特性所在。

从外部形态上讲，希腊城邦都呈现出小国寡民的状态，规模小，数量多。从人口上看，最大的城邦雅典和斯巴达总人口都在三四十万人，而全权公民不过三四万人，大多数城邦的总人口只有几万人。城邦的国土面积也十分有限，很少有超过 1 000 平方公里的城邦。据最新研究，希腊城邦的数量可能达到 1 000 个以上，分布在范围广阔但陆地面积十分有限的希腊人生活的地区。在希腊人看来，城邦制度的维持和运作必须以有限的公民人数为前提条件，所以这种小国寡民的形态，既是一种理想，也成为一种现实。除了规模小和数量多，希腊各城邦一直恪守着独立自主、各自为政的基本政治原则，所以小国林立的状态贯穿了希腊古典文明的始终。这种“城邦本位主义”的思想观念，使希腊不具备通过征服与合并形成地区性统一国家的前提。早期国家大多经历了从众多的小国发展为地区性的王国，最终又走向统一帝国的普遍路径，从一定意义上讲，这在古希腊不可能出现。

由于希腊城邦普遍崇尚独立和自主，不存在政治“大一统”的观念与路径，因而不但形成各自的政治制度和文化传统，而且在生活方式和社会习俗上也是千差万别的。不过，它们还是存在一些明显的共同特征，其中最根本的特性就是，在所有的城邦中，居民都被划分为拥有公民权的公民和没有公民权的非公民两个部分，二者之间不仅在身份上泾渭分明，固定不变，而且在权利和义务上也有着十分明确的规定。总体而言，公民拥有包括政治、经济、文化和宗教在内的几乎所有的社会权利，而没有公民权的人则被完全排除在这些权利之外。这个由全权公民组成的团体实行一种集体治权，成为城邦得以存在和延续的权力主体，在这个意义上，公民团体可以说就是城邦的化身和代名词。非公民一般包括两个部分，一是定居在本邦、身份自由但没有公民权的外邦人，主要从事一些农业之外的手工业和商业活动，需要纳税；二是人数众多、生活在社会最底层的奴隶，他们不但完全没有人身自由，承担着最繁重的生产活动，而且没有任何权利可言，被视为奴隶主的私人财产，可以任意处置。

在经济上，只有公民才能够占有或拥有土地，外邦人即使十分富有也不能够购买地产，因此，占有或拥有一份土地，既是公民最重要的经济权利，也成为维持公民权的最重要的保障，失去土地就有可能沦为债务奴隶从而丧失公民权。因此，城邦的土地占有状况直接关系到公民团队的稳定和城邦的稳固，维持土地占有现状和防止出现土地兼并与集中，也就成为城邦执政者长期实行的一种国策。在政治上，所有公民都可以参加城邦公民大会，城邦不但都拥有定期召开的公民大会，而且在法理上公民大会拥有最高的行政权和最后的决议权，换句话说，希腊各邦不同政体的划分并不在于公民大会的有无，而在于为公民大会准备提案的是一个人（君主制）、少数人（贵族制）还是多数人（共和制），由这三种正宗的政体又会产生出三种退化的政体，即僭主制、寡头制和民主制。总之，城邦的所有国家大事，包括高级官员的选举，战争与媾和的决策等等，都要在公民大会的最终表决通过之后才能生效。而且，除了一些特殊的官职，城邦的大多数公职人员都是通过公民大会的直接选举和表决产生的，不但任期有限，而且直接对公民大会负责，受到全体公民的监督。在这样的一种制度设计下，一般来说，既没有职业官僚，也没有官员的世袭制度，城邦的公职人员均通过选举或抽签产生，轮番任职。所有公民不但可以参加公民大会的投票表决，而且在理论上，一生都有担任各种公职的机会和可能性。除了参加包括公民大会在内的各种政治活动，公民权还体现在只有公民才能够当兵，成为军队的一员，因为在希腊城邦中普遍实行一种公民兵制度，所有公民根据财产等级自备武装，平时参加生产劳动或公共活动，战时就要全部集结起来，奔赴前线，保家卫国。正是由于参军打仗是公民才能拥有的一种权利，所以，也只有公民才能分享包括土地、奴隶在内的战利品。同时，能否在战争中抵挡住外敌的入侵，不但事关城邦的存亡，而且与自身公民权的维持直接相关。为了避免因战败而沦为奴隶的悲惨命运，由公民组成的军队在战争中大多英勇无畏，不怕牺牲，誓死捍卫城邦的独立和自身的自由，表现出很强的凝聚力和战斗力。除了上述的经济、政治和军事等方面的权利之外，公民在诸如参加各种祭神活动和体育赛会、观看戏剧演出等宗教、社会和文化活动中也拥有着十分广泛的权利。当然，这些权利绝大多数被限定在成年男性公民的狭小范围内，包括女性和未成年人在内的公民家庭中的其他成员，则不能参加这些活动，或者受到很大的限制。

作为古希腊两个最大的城邦，斯巴达和雅典不仅在很多方面代表了希腊城邦的政治制度及社会风尚的两个最重要的类型，而且这两者在希腊世界中势力与地位的此消彼长，尤其是它们之间的恩怨和博弈，构成了整个希腊城邦时代历史的一条主线。

斯巴达位于伯罗奔尼撒半岛南部的拉哥尼亚平原地区，地处内陆，农业生产条件较好。通过对周边地区的征服活动，斯巴达不仅拥有了广阔的土地，众多的人口，而且也形成了一套独特的社会等级制度、政治体制与社会风尚。斯巴达社会分成三个等级，第一个等级斯巴达人是全权公民，大约有 9 000 户，4 万多人，每家都分到一份土地，大小相当，所以斯巴达人自称为“平等人公社”。第二等级为皮里阿西人，来自被征服地区，大约 10 万人，是没有公民权的自由人，主要从事手工业和商业活动，需要纳税。第三个等级人数最多，统称为“黑劳士”，达到 20 万～30 万人，均为斯巴达人在征服美塞尼亚之后的俘虏转变而成的国有奴隶，平均分配给斯巴达家庭来使用，主要承担农业生产。这样一种人口分布和社会等级制度，一方面使斯巴达人可以完全脱离生产活动，专门从事政治和军事活动；另一方面，面对数量大约是斯巴达人七倍之多，聚族而居且充满反抗性的黑劳士，斯巴达人也不再能够从事其他的生产活动了。除了参加各种军事训练和打仗之外，斯巴达人最重要的任务就是监督和奴役黑劳士进行劳动，镇压他们的反抗。斯巴达人从小到大最主要的教育内容就是参加各种严酷的军事训练，成年之后，即便结婚成家，也很少有正常的家庭生活，长期在外训练和打仗。这种完全围绕军事生活而运作的生活方式，既使之成为希腊头号的军事强国，培养出最勇武的军人，也压抑了其他精神文化方面的创造活动，使之成为一个军国主义的国家。除了高强度和贯穿终身的军旅生活，斯巴达人还实行一种公餐制度，所有家产的农副产品都要统一交到公共食堂，平均分配，以此来消除贫富差别，体现出一种原始共产主义的财富观念。

斯巴达还有一套颇有特色的“贵族寡头制”，传说这套政治制度是由一位古代的立法者来库古通过改革建立起来的，由几个部分所构成：居于政治权力顶端的是两位世袭的国王，分别来自两个王族家庭，兼任大祭司、大将军和行政首脑等要职，特权有限，但责任重大，且受到其他行政机构的监督和制约。国王之下是由氏族贵族首领组成的贵族元老议事会，其 30 名成员由胞族提名，公民大会选出，并负责为公民大会准备提案，成为政治权力的核心部门。监察官会议的 5 位成员主要从平民中选出，任期一年，职责是监督国王和贵族元老议事会是否存在违规和侵害平民利益的举措，起初权力有限，后来作用日增。位于权力金字塔底部的是由 30 岁以上的所有男子组成的公民大会，名义上是国家的最高权力机关，拥有最终的表决权。这种被称为“贵族寡头制”的政体混合了君主制、贵族制和共和制等多种因素，使代表国王、贵族和平民的各种权力之间形成了一种相互监督和制衡的良性机制，因而在当时就受到很多人的肯定和推崇。

雅典地处阿提卡半岛，距离海洋不远。土地比较贫瘠，山石纵横，农业生产条件较差，但拥有大理石、白银、优质的陶土等资源，有利于发展工商业。雅典早期的政治史十分模糊，直到19世纪末在草纸文献中发现了据说是亚里士多德执笔撰写的《雅典政制》，其中比较清晰地勾勒出了雅典的直接民主制度形成的基本过程。

雅典政治史的起点是大约公元前9—前8世纪的传说中的“提修斯改革”。这次改革建立起以雅典为中心的中央议事会和行政机构，同时形成了贵族、平民和手工业者三个基本的社会等级，其中只有贵族才能够担任公职，从而建立起以“巴塞勒斯”（王）为首的贵族政制。自公元前8世纪末以降，随着王权的式微，逐步建立起遴选贵族充任的执政官制度，执政官的人数从3人增加到9人，任职年限也从最初的终身制缩短到10年，到公元前683年改为任期1年。贵族成为政治权力的垄断者，由贵族组成的战神山议事会掌握了行政、司法等大权。

公元前6世纪初，由于平民大量失去土地，债务奴隶制盛行，平民和贵族之间的矛盾迅速激化。公元前594年，出身贵族但对平民生活的恶化抱以同情态度的梭伦（约公元前640—前558年）临危授命，被推举为执政官，颁布了一系列新的法案，史称“梭伦改革”，主要内容包括：免除平民的一切公私债务，禁止人身抵押；按照财产多少重新划分等级，并规定相应的权利和义务；设立民选的四百人议事会，负责为公民大会准备提案，并建立起由从公民中抽签产生的陪审员组成的陪审法庭，负责大部分司法审判；鼓励公民从事工商业活动等经济措施。梭伦改革意义重大，一方面废除了债务奴隶制，稳定了公民团体；另一方面，通过财产等级制度和建立新的民选行政和司法机构，打破了贵族对政治权力的垄断状态，使平民的政治地位迅速提高。梭伦改革走出了雅典民主政治得以建立的第一步，但并不彻底，既没有从根本上剥夺贵族的权力，也没有改变土地占有的现状，因而法案出台后，平民和贵族都感到不满，矛盾再次激化。梭伦的好友庇西特拉图趁机以武力夺取政权，建立个人独裁的“僭主政治”。不过他成功地在贵族、平民和工商业者之间保持了平衡，缓和了冲突，从而使梭伦改革的成果得以保留。

雅典民主政治的最终确立于公元前509年的克里斯提尼（约公元前570—？年）改革。这一改革的主要内容包括：彻底打破雅典原有的血缘组织，按照地域重新划分部落；设立由新部落的民选代表组成的五百人议事会，取代了之前的四百人议事会；创立十将军委员会，通过选举产生，一年一任；创立陶片放逐法，以防止专权的出现，维护民主制度。克里斯提尼改革解决了梭伦改革遗留下的最大的问题，通过割断公民基层组织与血缘氏族族籍之间的固有联系，从根本上削弱了氏族贵族的天然的势力与影响力，使雅典完成了从贵族共和制向民主共和制的过渡，不仅基本上完成了雅典的民主制度的创建过程，也为其进一步拓展铺平了道路。

三、古典时代希腊城邦文明的鼎盛及转衰

所谓“古典时代”，一般是指从公元前5世纪初到公元前4世纪中叶希腊城邦文明处于全盛时期的这段历史。在这短暂的一个半世纪中，希腊的城邦制度不仅进入到一个成熟和完善的阶段，而且奴隶制经济也呈现出繁荣的局面，文化上更是一个生机勃发、群星灿烂的时代。不过，在古典时代的大部分时间中，希腊城邦都处于战争状态，其中发生在公元前5世纪上半叶的希波战争堪称希腊古典时代影响最为重大的历史事件。

波斯帝国向西拓展势力无疑是希波战争的主要根源。公元前6世纪波斯在伊朗高原崛起后，通过强大的军事征服取代了两河流域的新巴比伦王国，成为古代西亚地区新的主人，进而将势力范围和统治区域扩大到北非的古老国家埃及等地中海周边地区。在波斯人继续西进的过程中，随着小亚细亚沦为波斯帝国的属地，必然要与希腊人发生冲突。位于小亚细亚西岸的希腊城邦米利都，因不堪忍受波斯人的奴役而爆发起义，波斯人出兵进行镇压，米利都人向位于本土的希腊城邦求援，但只有雅典和一个小邦埃勒特里亚出兵相助，最终寡不敌众，再次陷落而惨遭屠城。波斯人进而以报复雅典为借口进犯希腊本土。从公元前492年起，波斯大军数次分海、陆两路进犯希腊，雅典、斯巴达坚决抵抗。公元前490年，雅典人在马拉松平原迎战波斯大军，以少胜多，赢得首胜。公元前480年，波斯大军再次进犯希腊，斯巴达国王率300勇士在温泉关阻击敌人，全部战死。同年，雅典在萨拉米斯湾海战中重创波斯海军，次年，斯巴达率领的希腊联军又在普拉提亚彻底击败波斯陆军。此后希腊人开始由战略防御转为战略进攻，逐步把握了战争主动权。公元前478年冬，雅典人组建海上军事同盟。大约200个主张与波斯人继续作战的希腊城邦正式结盟，入盟各邦或者提供战船，或者定期缴纳贡金用于海军建设，由于同盟的金库设在提洛岛，故称“提洛同盟”。随着雅典在同盟中的领导地位愈发稳固，权力与影响也随之日益增大，雅典遂开始利用同盟扩展自己的控制范围，甚至插手盟邦的内部事务，使之沦为其称霸希腊的工具。

希波战争以希腊人的最终胜利而告终。这场战争后，波斯帝国由盛转衰，而希腊的奴隶制经济则迅速崛起，日益繁荣。同时，经过战争，希腊的政治格局发生巨大变化，雅典从二流城邦一跃成为新的霸主。由于雅典的第四等级公民是海军的主体，其政治权利与地位也迅速提高，推动了雅典民主政治的进一步深化。

希波战争结束后，希腊进入短暂的和平年代。由于没有了战乱的困扰，海上交通通畅无阻，城邦逐渐复苏、繁荣，希腊古典文明达到鼎盛。

各城邦的手工业和商业取得较大发展。手工业劳动分工日渐精细，作坊规模也有所扩大，在制陶业、武器制造业、冶铁业等行业表现得尤为明显。雅典出现了拥

有上百名奴隶工匠的制作盾牌的作坊，银矿开采业更使用成千上万的奴隶。商业交换和对外贸易也随之勃兴。在阿里斯托芬的喜剧中，就描述了雅典的市场商品琳琅满目，种类繁多，不仅有本地出产的各种生活用品，还不乏来自周边城邦甚至出产于遥远的异国他乡的各种奢侈品和特产。与之相应，雅典市场上还出现了专门经营钱币兑换业务的人，这些人被称为“坐在桌边的人”，不仅从事货币兑换，还经营一些钱贷业务，可以被认为是西方历史上最早的金融家。

奴隶制发展则是城邦繁荣的又一标志。古希腊人很早就开始使用奴隶进行各种生产活动，由此使得作为奴隶主的自由公民们有闲暇从事各种政治和文化活动，奴隶制经济无疑构成了希腊社会经济的基础。奴隶的主要来源是战争中的俘虏，还有通过劫掠和买卖从落后地区获得的人口。希波战争之后，经过长期的战乱，加之人口贩卖活动的盛行，奴隶价格也大幅下降，奴隶来源充足，雅典的奴隶人数出现较大幅度的增长，拥有奴隶的公民家庭在城邦中的比重大为提升。奴隶不仅被用于包括农业生产在内的各种家庭内部的劳动，或充任仆人，有文化的奴隶还可以担任管家和家庭教师。此外，奴隶还大量地被用于手工业、商业等家庭外部的经济活动，几乎涵盖了城邦的所有行业和生产部门。

城邦的繁荣还表现在民主政治的发展上。作为典型的雅典，其民主制度迅速发展，在伯利克里时代迎来了其“黄金时代”。公元前 487 年，执政官的选举方法由投票改为抽签，当选资格也下移到了第二等级公民。公元前 461 年，激进民主派的领袖厄菲阿尔特提出的民主改革法案在公民大会获得通过，几乎剥夺了贵族议事会的参政职能，只保留了谋杀案的审判权等少许的司法职能。由于贵族的忌恨，厄菲阿尔特遭到暗杀，但法案还是存留了下来。

公元前 457 年，在新一代民主派领袖伯利克里（约公元前 495—前 429 年）的倡导和推动下，继执政官之后，城邦中的绝大部分公职人员的财产等级资格继续下移到了第三和第四等级，实际上已经取消了担任公职的财产资格限制，同时，抽签选官的方式也被扩大到除了十将军委员会之外的所有行政机构。从公元前 443 年至前 429 年，伯利克里连续 15 年被选为十将军之一，雅典进入繁荣、鼎盛的“伯利克里时代”。对于这个时代，马克思曾给予很高的评价：“希腊的内部极盛时期是伯利克里时代”①。伯利克里出身名门，从小受过良好教育，知识广博，拥有雄辩的口才和丰富的行政和军事经验，担任公职以来，廉洁奉公，成就卓著，一生致力于雅典富强，是这个时代的见证者与塑造者。经过几代人的努力，雅典的民主制度在伯利克里时代进入到一个最为完备和稳固的历史时期，极大地调动起公民群体参政议政的积极性与创造物质与精神文化财富的热情，使雅典发展成为全希腊的政治、经济和文化教育中心。

---

① 《马克思恩格斯全集》第 1 卷，人民出版社，1956，第 113 页。

在古希腊语中，“民主”（democratia）一词的意思是“人民主权”。就伯利克里时代的政治组织和国家机构而言，公民大会成为真正意义上的国家最高权力机构，行使立法、司法和行政等多种职能。从公民中抽签产生的五百人议事会是公民大会的常设机构，负责主持和处理国家的日常事务，不仅十个部落产生出的十个主席团在一年中大约十分之一的时间里轮流执政，而且每天都通过抽签产生一位主席来负责具体的工作。绝大部分民事和刑事案件的审理工作，主要由从全体公民中抽签产生出来的陪审员组成的多个陪审法庭来负责，审判的结果也是以陪审员投票表决的方式来决定。十将军委员会负责公民兵的训练和作战任务，由于战争频发，该委员会的地位不断提升，尤其是战争状态下一度成为城邦的最高决策机构。除了这几个最重要的职能部分，城邦还设有很多其他的公职岗位，比如司库官、市场监管和港口监管等等，也都从公民大会中抽签产生，任期有限，但责任重大，直接对公民大会负责，任职期间受到公民大会的监管。

雅典在伯利克里时代发展完备的这种直接民主制度，既有明显的制度优越性，也难免具有时代与历史的局限性。首先，它是一种少数人的民主，除了在城邦人口中仅仅占到很小一部分的成年男性公民拥有全部的公民权利之外，占人口绝大多数的妇女、未成年男性、外邦人及奴隶完全没有任何权利可言，被排除在政治生活之外。其次，这种轮番而治的直接民主制只能在小国寡民和公民人数十分有限的条件和状态下实施和维持，这既是雅典直接民主制度的局限性，也是整个希腊城邦制度的局限性。同时，虽然取消了财产资格上的限制，普遍采取了抽签选官的方式，但在实际生活中，公民大会、陪审法庭和各类公职还是基本上掌握在比较富有的中上层奴隶主手中，从中产生出来的民众领袖往往通过其个人的能力和影响力操控着决策的主导权，尤其是十将军等重要官职没有任何薪水，贫穷的普通公民望尘莫及。此外，雅典民主制度适用范围的狭小不仅表现在本邦，也表现对待其他城邦的态度上，雅典对外邦和盟邦不仅毫无民主可言，而且还公开推行一种霸权主义的政策，这一点在提洛同盟沦为其称霸的工具上表现得尤为明显，雅典不仅把属于全体盟邦的贡金据为己有，还用它来大兴土木，装点自己的民主。最后，抽签选官的制度虽然在表面上实现了绝对公平，但难免效率低下；轮番而治的极端做法，也不能保证政策的稳定性和连续性，从而引发了各种社会问题与弊端，其所潜在的隐患，在接下来的伯罗奔尼撒战争以及战后的城邦危机中逐渐暴露出来。

伯罗奔尼撒战争开始于公元前 431 年，结束于公元前 404 年。这场战争是在以雅典为首的提洛同盟和以斯巴达为首的伯罗奔尼撒同盟两大军事同盟之间展开的，几乎波及了所有的希腊城邦。战争之初，雅典遭受瘟疫，随后双方展开拉锯战，互有胜负。战争后期，雅典对西西里发动远征，全军覆没。斯巴达人最终在波斯支持下组建起一支海上舰队，于公元前 405 年的羊河海战中，一举歼灭雅典海军。次年迫使雅典宣布投降。

伯罗奔尼撒战争使参战双方均损失惨重，没有胜利者可言。正如修昔底德所说："伯罗奔尼撒战争不仅继续了很长的时间，并且在整个过程中给希腊带来了空前的痛苦，过去从来没有这么多城市被攻陷，被破坏……从来没有这么多的流亡者，从来没有这么多生命的丧失。"雅典在这场战争中的惨败，使蓬勃上升的希腊古典文明遭受重大挫折。作为获胜一方的保守的斯巴达，既没有能力领导希腊城邦走向更大规模的联合，也不能结束城邦之间的混战局面。由此，希腊城邦内部陷入长期的战乱和破坏，普遍出现了土地的集中和兼并现象，小农经济纷纷破产，贫富差别迅速扩大，不仅加剧了各邦的社会矛盾，而且从根本上动摇了城邦制度得以维持和存在的经济基础。从此，希腊古典文明开始由盛转衰，并陷入长期深重的危机。

四、希腊古典文化

希腊古典文化有着十分明显的东方渊源，它是由古代埃及与两河流域在内的早期文明共同孕育的。同时也要看到，古希腊人在充分借鉴域外文化成就的同时，并没有停留在机械模仿的层面上，而是以其生产生活的实践为基础，通过继承与发展，创造出了自身独具特色的的文化样式，在文学、艺术、建筑、哲学、科学、史学等领域都取得了丰硕成果，创造出光辉灿烂的古典文化。由此，它不仅成为西方哲学的发源地，也成为科学精神的摇篮；不仅为整个西方文明后来的发展奠定了基础，也为全人类的进步做出了自己的贡献。

在文学上，与世界上绝大多数民族一样，希腊最早的文学作品也脱胎于长期流传的口头文学，内容大多为在民间流传已久的神话和传说，其中以讲述特洛伊战争的故事为主要题材的《荷马史诗》为代表。经过了数百年游吟诗人的口头创作与传唱，大约在古风时代晚期开始出现用古希腊文写成的史诗文本。在古典时代，《荷马史诗》得到了进一步的加工和整理，成为城邦时代希腊人最为熟悉的文学经典而广为传颂，其生动有趣的故事情节、栩栩如生的人物形象、千锤百炼的语言艺术和深刻丰富的思想内涵，使之成为世界文学宝库中的瑰宝。此外，这部史诗还激发出人们更大的创作灵感，成为孕育和产生出众多其他门类的艺术作品的一块沃土。它所崇尚和蕴含的诸如勇敢、智慧、节制和公正等美德，更成为城邦时代公民的伦理和道德观念的基础。在这个意义上，《荷马史诗》不仅是希腊文明形成时期最为重要的文化遗产，而且也是古希腊文明的一部百科全书，堪称"古希腊人的圣经"。

继《荷马史诗》之后，大约在公元前 8 世纪，彼奥提亚的小农赫西俄德创作出了《工作与时日》和《神谱》两部史诗作品。与荷马史诗取材于神话传说不同的是，《工作与时日》的内容完全来自现实生活，其写作的目的是劝诫自己的兄弟应该按照农时的需要，勤勉劳作，只有这样才能获得好的收成。这部作品不仅真实地记录了古风时代农业生产的状况，而且还对当时出现的贵族对小农的残酷压榨表达了愤慨之情，是研究古风时代经济生活和政治状况的重要史料。《神谱》则讲述了世界的缘起和诸神的谱系，是希腊神话的汇编，呈现出诗人对复杂错乱的神话谱系进行系统化整理的尝试和努力，是研究希腊神话的珍贵资料。

除了赫西俄德的史诗作品，古风时代还是一个诗歌和散文创作十分活跃的历史时期。诗歌创作形式多样，主要包括抒情诗、哀歌诗、长短格诗等，还用竖琴或长笛伴奏，韵律优美，朗朗上口。内容丰富多彩，既有以雅典诗人兼政治改革家梭伦为代表创作的政治诗，也有以莱斯博斯岛女诗人萨福为代表创作的爱情诗，还有以波提狄亚诗人品达为代表的专门为各大体育赛会的优胜者撰写的凯歌诗。这一时期还产生了希腊历史上最早的散文作品，内容涉及历史、地理、神话传说、风土人情等，其中最著名的《伊索寓言》，是一部寓言故事的汇编，据说创作者是一位名叫伊索的奴隶，所叙故事大多生动有趣，寓意深刻，其中《农夫和蛇》的故事更是脍炙人口，因而能千古流传，是近代以来最早被翻译成中文的古希腊作品。

就文学的体裁而言，古风时代是以抒发个人情感为主要目的的抒情诗为代表。到了古典时代，更具有代表性的文学形式则是反映城邦的群体生活状况的戏剧。较早形成的是希腊的悲剧，最初起源于酒神狄俄尼索斯的崇拜活动中的合唱队表演，合唱队指挥不时与队员讲话，造成了某种戏剧的效果。后来，悲剧诗人埃斯库罗斯（公元前525—前456年）增加了第二位演员，还配上了服装和布景，悲剧从此形成，埃斯库罗斯因而被誉为“悲剧之父”。与后来发展起来的喜剧大多取材于现实生活不同的是，希腊的悲剧大多取材于希腊神话，尤其是《荷马史诗》中的情节，主题严肃，气氛庄严，台词简洁优美，朗朗上口，富有哲理，大多通过戏剧冲突揭示人性的高贵和人与神之间的关系。演员一般不超过三个，由12～15人组成的合唱队起到穿插情节和交代背景等方面的作用。埃斯库罗斯一生创作过70多部悲剧，现存7部，最有名的是《被缚的普罗米修斯》《波斯人》等。继埃斯库罗斯之后，最著名的悲剧作家是索福克勒斯（公元前496—前406年）和欧里庇得斯（公元前485—前406年）。索福克勒斯写过130多部悲剧，传世7部，代表作是《俄狄浦斯王》，描写了主人公俄狄浦斯试图摆脱命运的安排，但最终还是以失败而告终，寓意深刻。欧里庇得斯的悲剧则擅长于刻画个人的情感体验，最有名的作品是《美狄亚》，描写了深爱着丈夫的美狄亚，面对爱人另谋新欢的情感背叛，最终由爱生恨，不仅毒死了情敌，还亲手杀死了与丈夫生下的两个孩子，整个情节扣人心弦。古希腊的悲剧作品深刻地揭示出人性的复杂和命运的多变，是研究古希腊人的思想观念的重要史料，对后世的戏剧创作产生了巨大而深远的影响。

在喜剧创作上，成就最高的是阿里斯托芬（约公元前445—前385年）。他生活的时代正值伯罗奔尼撒战争前后，内容大多取材于现实生活，在其作品中可以看到包括政治家、哲学家、农民、手工业者、商人乃至奴隶、乞丐和妓女在内的各色人等。他不仅能够直面当时的种种社会问题，而且还犀利和深刻地揭露出这些问题背后所存在的社会矛盾的根源，并通过幽默风趣的语言和嬉笑怒骂的方式予以无情的批判。他一生共创作了44部喜剧，现存11部，包括《阿卡奈人》《骑士》《云》《蛙》等。作为“现实生活的戏剧”（色诺芬语），古希腊的喜剧作品是可以直接加以使用的珍贵史料。

除了文学创作外，希腊城邦时代在造型和视觉艺术的发展上也日趋成熟，形成了独特的风格和式样，其中主要以建筑、雕塑和瓶画等艺术为代表。在古希腊多山多石的自然环境下，不仅很早就开始了石料的开采，石头也成为最重要的建筑和雕塑的材料。经过早期向埃及人学习的阶段后，城邦时代的希腊人通过几何学计算发现带有普遍性的“美的比例”，即“黄金分割率”（1∶0.618），并把这种比例大量地运用在建筑和雕塑艺术上，从而创造出属于自己的希腊风格的建筑形式和雕塑艺术。其中，最具代表性的是柱廊式建筑，普遍被运用到神庙修建上。希腊式神庙的基底大多呈长方形，中间有内殿，用于安放神像，四周由多少不等的圆形立柱所包围，神庙顶部有三角形山墙和中楣，配有大量浮雕和雕塑。根据立柱顶部的式样，希腊神庙分为多里亚式、爱奥尼亚式和科林斯式三种类型，雅典卫城的帕特农神庙就是多里亚式的杰出代表。这种简洁而和谐、通透而优雅的神庙建筑，不仅给人以美的享受，也反映出古希腊人对神人关系的认识和看法。

希腊雕塑通常附属于建筑，材质一般使用青铜和大理石。早期的雕塑一般以神像为主，古风时代带有埃及风格的呆板和静态特征，进入古典时代后，开始呈现出自身的风格与式样，不但一般采取裸体的形式，而且朝着写实和动感的方向迈进，大多体态优美，比例和谐，神态自然，表现出古希腊人的“神不过就是完美的人”的人本理念。在古典时代，除了神像，还出现了以现实中的人为创作对象的雕塑作品，大多是在泛希腊体育赛会中获得优胜的运动员，其中以雕塑家米隆创作的“掷铁饼者”为代表，它既完美地再现了运动员掷出铁饼的瞬间的姿态，也保持了整个雕像的平衡状态和肃穆理想，成为运动中人体雕塑的一件杰作。此外，建筑家和雕塑家菲迪亚斯是雅典帕特农神庙的设计者。他为帕特农神庙创作的雅典娜雕像和为奥林匹亚的宙斯神庙创作的巨型宙斯神像，堪称这个时代希腊雕塑艺术的代表作品，后者还位列古代世界七大奇迹之一。

除了建筑和雕塑外，古希腊的陶器绘画也颇具自己的艺术特色。希腊的陶器制造业十分兴盛，希腊人从很早就开始制作陶器，并在大大小小的陶器上绘制各种精美的图画，大致上经历了从早期的几何纹样到红底黑线条的“黑绘陶器”、再到后来的黑底红点条的“红绘陶器”这几个发展阶段。黑绘和红绘陶器上的瓶画，内容和题材十分广泛，早期大多取材古代的神话传说，到了古典时代则更多地描绘普通人的社会活动和日常生活，大多线条优美，写实逼真，生动形象，再现了生产活动、宗教崇拜、婚丧嫁娶、运动比赛等社会生活的真实场景。可以说，古希腊瓶画构成了一幅包罗万象的风俗长卷，堪称希腊人生活的“万花筒”。一方面，瓶画艺术使希腊的陶瓶成为上乘的艺术品，为世界各大博物馆竞相收藏，是古希腊绘画艺术的重要载体。另一方面，瓶画上所描绘的各种社会习俗和日常生活也可以在很大程度上弥补文献资料记述的语焉不详和严重缺失，为历史学家提供了极为珍贵的以“图像证史”的历史资料。

古希腊人盛行的是“多神教”的神灵崇拜，这一崇拜起源于氏族部落时代，也是外向、开放的地理环境和城邦“多中心”格局在宗教观念上的反映。古希腊的宗教信仰有着自己的特点。它没有形成一个教会组织与教士阶层，大型的神庙由城邦修建并派人管理。尽管神庙中也有少数男女祭司负责照看圣火、传递“神谕”、接待朝拜者等事宜，且受到世人的尊重，但他们对社会政治生活与文化活动却没有多大的干预权。然而，宗教思想对城邦意识形态却有着相当大的影响，人们都信奉各种神特别是本城邦的保护神，亵渎神灵被视为严重的罪过，会遭到城邦政府与民众的惩罚乃至被判处死刑。当然，受商品经济的影响与古典“人文”精神的熏陶，希腊人并没有将人与神做一截然的划分，将二者对立起来，其宗教信仰与神学蒙昧主义、禁欲主义还有一段较大的距离，对人的价值与人的欲望给予了较多的认同。

希腊宗教观念的起源十分久远。早在远古时代的希腊神话中，希腊人就勾勒出一幅世界起源与诸神统治的景象。自“荷马时代”开始，古希腊人形成了对“奥林匹斯诸神”的宗教信仰。他们认为，希腊北部奥林匹斯山上有一个“奥林匹斯诸神”的世界。宙斯是众神之王，掌管天地万物。宙斯的妻子赫拉是掌管天空的女神，宙斯的弟弟波塞冬是海神。宙斯之子阿波罗最为有名，他兼管文艺、医药、预言、航海与保护正义等，被视为太阳神。古希腊盛行对阿波罗的崇拜，有关他的神话很多，在不少城邦都修建有阿波罗神庙，其中德尔斐的阿波罗神庙的影响十分巨大，许多城邦政府与个人都常常要在这里向庙中的祭司乞求所谓的“神谕”。宙斯的女儿雅典娜女神也很有名，她被视为智慧女神。按照神话传说，雅典娜以自己的非凡智慧，向希腊人传授了纺织、冶铸、车船与农具制造、家畜饲养乃至雕刻等各种技艺，受到人们的极大崇敬。雅典更将她看作是本城邦的保护神，在雅典卫城的山上为她建有壮丽辉煌的神庙。此外，还有战神阿瑞斯、月亮女神阿尔忒弥斯、爱神与美神阿芙洛狄忒、酒神狄俄尼索斯等许多神。

受城邦古典“人文”精神的熏陶，古希腊宗教信仰带有其独特的“神人同形同性”的特征。在他们看来，神与人的区别在于神能长生不死、最有威力、最具智慧、最为健美。除此之外，神不仅与人的形体外貌相同，而且在生活方式与思想情感上都与人无异。神也有七情六欲，神也结婚生子，神也具有人的个性、优点与缺陷。“神人同形同性”的宗教信仰，一方面使得希腊诸神的形象富有人的气质与人的韵味，因而留下了许多美丽动人的具有浪漫主义与现实主义色彩的神话传说，为文学艺术的创造提供了丰富的形象思维与文化资源。另一方面，这也使希腊人比较少地受到宗教蒙昧禁欲主义枷锁的桎梏，能以饱满的人文情感与创作激情去从事各种文化活动。

“神人同形同性”信仰熏陶了城邦的社会生活。对神的赞颂与对人本身的美化常常结合为一体，宗教祭祀则与更多地满足人的现实生活的需要相联系。因此，在古希腊，城邦组织的各种宗教节日庆典层出不穷。一些重要庆典中还要举行大型的体育竞技活动。著名的奥林匹克运动会的发端就是一个典型。当时，希腊的奥林匹亚是宙斯神庙的所在地，公元前776年举行的奥林匹克运动会，实际上也是希腊诸城邦祭祀奥林匹斯诸神的一次盛大的宗教节日庆典。这一盛会此后每4年举行一次，在当年的7月进行，会期最初为1天，后来逐渐定为5天。在比赛开始前，要举行隆重的开幕仪式，与会者都要瞻仰神庙，祭祀神灵，并进行宣誓。比赛的项目较多，有赛跑、赛马、赛车、跳远、摔跤、掷铁饼、投标枪、格斗等等，比赛结束后要举行闭幕式，向优胜者颁发奖品。这一盛会还定出全希腊各城邦都必须遵守的共同的和平宗旨，规定盛会期间实行“神圣休战”，禁止各邦之间进行战争，任何城邦都不得侵犯奥林匹亚这一圣地，所有参加盛会人员都受到“神”的庇护，享有人身不可侵犯的权利。在运动会期间，还举行诗歌、演讲比赛与商品交易。奥林匹克运动会是希腊民族密切联系的重要文化纽带之一，它有力地促进了各城邦之间的经济联系与文化交流，促进了各个城邦的公民体质的提高与竞争精神的培养。

古希腊是西方哲学的故乡，其哲学在当时与其他学科交织在一起，被称为统摄群学的学问，哲学家往往同时也是自然科学家或其他学问家。当时的学者在探讨“宇宙本体”或“世界本原”时，或着力于对客观事物现象的解析与对事物发展变化的互动性论证，或注重对客观世界背后的所谓“精神世界”的探讨，不仅建构了诸多的哲学范畴、概念体系，而且也创造出一套归纳、演绎与逻辑推理的哲学方法。所有这些，都表明古希腊人的认知能力与思维能力已经达到了一个相当高的层次，对西方后来的思想文化产生了深远的影响。

大约在公元前7世纪末到公元前6世纪中期，在小亚细亚西岸富庶的希腊城邦米利都诞生了希腊历史上第一批自然哲学家，史称“米利都学派”。这一学派的开创者是泰勒斯（约公元前624—前547年），他曾经四处游历，博学多才，与梭伦等人并列为“希腊七贤”之一。经过长期的观察，他提出水是万物的本原，一切来源于水，并复归于水。这种用自然物质来解释世界缘起的做法是对传统的神造世界说的一次革命，泰勒斯因此被誉为“哲学之父”。这些自然哲学家对世界本原的探讨，标志着希腊的科学思维和科学精神的滥觞。

在泰勒斯之后，他的学生阿纳克西曼德（约公元前610—前546年）又提出新的说法，主张万物起源于“无限”，无限在运动中产生了二元对立，如冷和热，干与湿，由此生成万物。由于他把万物的本原归之于一个抽象的概念，而不是一个具体的物质，阿纳克西曼德比他的老师又前进了一步。第三位米利都学派的哲学家是阿纳克西曼德的学生阿纳克西米尼（约公元前588—前524年），主张世界的本原是无限的空气，正是空气的膨胀与收缩、聚集与稀释造成了万物的运动和生灭。

米利都学派的自然哲学研究拉开了古希腊哲学的序幕。随后产生了毕达哥拉斯学派，其创始人毕达哥拉斯（约公元前580—前500年）不但提出了一套万物起源于数字的独特理论，就目前所知，他还是第一个使用“哲学”一词的人，这个词在古希腊文中的意思是“热爱智慧”，从中体现出的意思是，所谓的哲学家，就是出于对智慧的热爱而不懈追求它的人。毕达哥拉斯出生于萨摩斯岛，后来移民到意大利，在那里创建了他的学派。作为一位数学家，他提出万物的本原是一种既具体又抽象的东西，即数字，这样一来，不仅具体的事物可以得到量化，而且抽象的概念也可用数字来表达，比如“1”代表了秩序，“4”代表了正义，“10”则代表了完全，同时他还发展了米利都学派的思想中所蕴含的朴素的辩证思维，认为对立面的和谐统一就是数的和谐统一，并用这种理论来解释音乐之美的产生。

稍晚于毕达哥拉斯的另一位重要的哲学家是赫拉克利特（约公元前530—前470年），他认为万物的本原是一种更富于变化且有规律可循的物质——更加生动、更善于变化的火，由火变成万物，再由万物变成火。他还把这种带有普遍性的变化规律称为“逻各斯”，而人的智慧就表现在对隐藏于事物背后的“逻各斯”的寻求上。赫拉克利特的哲学十分关注世界的运动和变化，明确提出事物内部的矛盾斗争导致了事物的不断变化——“一切皆流，一切皆变”，“人不能两次踏进同一条河流”。正是基于这些观点的特征，列宁认为“赫拉克利特是辩证法哲学的奠基人之一”①。

到了古典时代，最重要的唯物论哲学家当属德谟克利特（约公元前460—前370年）。他独创的原子论认为，宇宙与万物的本原是原子和虚空，原子是所有物质“不可再分”的最小单位，原子之间只有数量的多少，而无本质上的差别。原子排列方式上的不同，原子之间存在着虚空，构成物质存在的条件。德谟克利特的学说，既把世界的本原归之于一种抽象的物质单位，也可以解释万物的运动和生灭，从而把自然哲学家开始的对世界的物质本原的探究推向了一个新的阶段。

进入古典时代，随着希腊本土奴隶制城邦的发展繁荣与城邦内部社会矛盾的逐渐显现，希腊哲学家除了继续从自然哲学的理路来阐发有关学说外，还注重从人的主观世界的角度来探讨客观世界的本原及其变化，这种哲学研究的转型是由哲学家苏格拉底（公元前469—前399年）开启的。苏格拉底是雅典一个石匠的儿子，他好学深思，早期曾经受到自然哲学家的影响，但后来他发现，人是没有能力认识自然的本质的，人能够认识的是他自己以及由人组成的社会。于是，他把哲学研究的对象从自然转向人间，探讨人的灵魂和美德成为他一生追求的目标。当时的一些所谓“智者”（即收取钱财而教授人们所需的各种实用技能尤其是诡辩术的人）提出的一切伦理和道德都是约定俗成的产物，因而不存在对善恶是非的标准的看法。针对

① 《列宁全集》第38卷，人民出版社，1959，第390页。

这一观点，苏格拉底反其道而行之，不但认为人世间存在着真善美的标准，而且可以通过哲学探究得到这些方面的确定的知识，并以此作为人们行动的指南。为了达到这个目的，苏格拉底不但四处与人讨论问题，开创了问答式的哲学研习方法，而且还在诸如“什么是勇敢”“什么是节制”等问题的讨论过程中发明了定义方法。不过，苏格拉底一生述而不作，他的哲学思想是通过其弟子柏拉图和色诺芬等人的著作得以传世的。

柏拉图（公元前 428—前 348 年）出身于雅典贵族家庭，青年时就跟随苏格拉底学习哲学，曾到各地游历，多次到访过意大利南部，并试图在西西里岛的叙拉古王国推行他的政治学说，失败后在雅典开办了一所学校，史称“学园”，广收门徒，从此专门从事哲学研究和著述活动。柏拉图的哲学，一方面继承了苏格拉底的基本思想与方法，其著作大多用对话体写成，把哲学探究的重点也放在人的灵魂、美德及优良的城邦制度的建构上。另一方面，他探讨的问题远远超出了苏格拉底所关注的范围，涉及伦理、政治、美学、教育、宇宙论等众多话题，同时也建立起第一个较为系统的哲学体系，其核心就是“理念论”。柏拉图认为，世界可以分为可以感知的物质世界和超越经验的理念世界两个部分，物质世界是变化无常和虚幻的，因而是不真实的，不能作为知识的来源和哲学研究的主要对象，而理念世界才是永恒的和真实的存在，是世界的本原；物质世界只不过是理念世界的不完全的反映或者说“摹本”而已；追寻和发现物质世界背后的理念，尤其是统摄万物的善的理念，是哲学研究的终极目标。他还指出，由于理念原本就存在于人的灵魂之中，所以认识理念无须通过现实的实践活动，而是通过“回忆”来获取知识。柏拉图的这种本末倒置的唯心论成为后世西方所有的唯心主义哲学思想的开端。

柏拉图的学生亚里士多德（公元前 384—前 322 年）是古典时代希腊哲学的集大成者。他出生于爱琴海北岸加尔西迪斯半岛上的斯塔基拉，父亲是马其顿的宫廷御医，他自己也曾经充任过王子亚历山大的家庭教师。他青年时代客居雅典，师从柏拉图学习哲学达 20 多年之久。柏拉图去世后，他在雅典西郊的吕克昂开办了自己的学校。亚里士多德一生的研究领域极为广阔，著述达到上千卷之多，但只有很小的一部分流传至今，内容涉及政治、经济、伦理、修辞、自然等几乎当时所有的知识门类，不仅是动物学、植物学和物理学等自然科学的开创者，而且还使政治学、伦理学、逻辑学等社会科学成为独立的学科门类，他撰写的《形而上学》被誉为世界第一部哲学教科书，在哲学史上具有重要地位。与柏拉图不同，亚里士多德认为自然界是真实存在的，人们对客观世界的认识首先来自人的感觉和经验，以此为基础，亚里士多德提出了重要的“形式与质料”说，认为一切事物都是由形式和质料组成的，而在两者之中，由于形式赋予质料以确定性和现实性，所以是质料的决定者。不过，同理念相似，形式也属于精神的范畴，从中可以看出，亚里士多德对柏拉图的哲学思想既有继承又有发展。

古希腊哲学以对自然的探究作为开端，从一开始就与自然科学结下了不解之缘，早期的哲学家都是自然科学家，科学也是从哲学中分化出来的。不过与现代科学不同的是，古希腊的科学研究始终没有脱离抽象思辨的阶段，普遍轻视经验科学和实验科学，因而形成科学与技术相分离的特点。在天文学上，泰勒斯曾经预测过日蚀的发生，计算出一年为 365 天。阿纳克西曼德提出月光是太阳的反射的看法。毕达哥拉斯认为，宇宙是一个包括各种天体的大圆球，大地和太阳围绕着中心的火球运转。古典时代的天文学家欧多克索斯（约公元前 408—前 355 年）根据实际观测和几何原理，尝试构想宇宙的模型，并试图发现天体的运行规律。在数学和几何学上，在毕达哥拉斯提出著名的毕达哥拉斯定理之后，古典时代的几何学家又在三角形、多边形、球体等方面提出了很多的原理。开俄斯岛的希波克拉底（约公元前 470—前 400 年）解决了化方为圆的几何难题，美尼克穆斯（约公元前 375—前 325 年）推进了圆锥曲线的研究。在物理学上，以亚里士多德的《物理学》为代表，古典时代开始对早期的各种学说进行总结，并进入到探讨物体运动规律的阶段。医学上的代表人物是被誉为“医学之父”的希波克拉底（约公元前 460—前 377 年），他不仅医术高明，而且还写出了很多理论著作，奠定了西方医学作为一门独立学科的基础。

古希腊也成为西方历史学的发源地。历史学在当时虽然没有形成一个独立的学科，但古希腊人不仅较早地萌生了历史记录的意识，而且留下了大量史学作品。古风时代，希腊曾经出现过大量由散文记事家创作的带有编年史特征的作品。进入古典时代，希腊的历史写作开始进入到一个较为成熟的阶段，最具有代表性的是三位前后相继的历史学家，即希罗多德（约公元前 484—前 425 年）、修昔底德（约公元前 460—前 396 年）和色诺芬（公元前 430—前 354 年），他们创作的历史著作从时间上基本上涵盖了古典时代的大部分时期。

希罗多德被誉为“历史之父”，出生在小亚西岸的哈利卡纳苏斯。他的传世之作《历史》是西方历史上第一部历史学著作，记述了希波战争的缘起和发展过程。全书共分九卷，大约有一半的篇幅介绍了他在埃及、巴比伦、波斯以及北方草原地带游历过程中的所见所闻，战事的记载从战争开始一直写到公元前 478 年为止。这部著作内容丰富，描写生动，且视野十分开阔，几乎涵盖当时希腊人知道的整个地中海周边区域，不仅记载了战争，还包含了大量古代各地的经济、文化、宗教和社会习俗等方面的珍贵史料，但缺点也十分明显，作者基本上有闻必录，很少对材料的真伪做出甄别与判断。

修昔底德出身雅典名门，曾经担任雅典的将军，亲身经历了伯罗奔尼撒战争，战后创作出了不朽的名著《伯罗奔尼撒战争史》。该书分为八卷，以编年的形式详细记述了战争的起源和主要的战役，中断于公元前 411 年，是一本最终没有完成的史著。与希罗多德不同的是，修昔底德始终秉持求真的著述原则，不仅对所有史料和记述的内容严格筛选，去伪存真，而且还力图站在一个客观公正的立场上对史事做出评判。全书文笔简洁有力，叙事准确严谨，且主题更为明确，深入分析和探究了战争和党争背后不变的人性因素，具有十分深刻的思想内涵。修昔底德的《伯罗奔尼撒战争史》被认为是西方历史上第一部客观主义的史学作品，不仅是希腊古典史学的巅峰之作，也对罗马以及后世的西方史学产生了极为深远的影响。

色诺芬虽然出生在雅典，但后来遭到放逐，长期生活在其他城邦，见多识广，经历丰富，是一位十分多产的作家，以历史为题材的代表作《希腊史》接续修昔底德的未完成之作，从公元前411年写到公元前4世纪中叶，记载了伯罗奔尼撒战争后期到马其顿人入主希腊之间几十年发生的重大事件，具有珍贵的史料价值。他的另一部力作《远征记》则是一本回忆录，记载了他率领希腊雇佣军在波斯征战及返乡的过程。色诺芬的著作在语言风格上朴素平实，内容大多记录的是自己的亲身经历，虽然缺乏深刻的思想，但拥有较高的可信度，近代以来越来越受到历史学家们的重视。

第三节　希腊城邦的衰落与马其顿人的崛起

一、城邦危机

古希腊城邦危机在公元前5世纪后半叶发生的伯罗奔尼撒战争中就已初见端倪。在希腊城邦制度日渐完备的同时，城邦一盘散沙、各自为政的致命弱点也越来越充分暴露。在战争后期，斯巴达及伯罗奔尼撒同盟为了彻底击败雅典统领的提洛同盟，不惜与曾经入侵希腊的波斯人相互勾结，正是在波斯人的大力资助和借机插手下，雅典海军战败，丧失了最后的抵抗力。然而，斯巴达及伯罗奔尼撒同盟的获胜，并不能从根本上遏制和终止希腊城邦之间的混战局面。斯巴达内部的各种社会危机在战争之后的全面爆发，其城邦的领导地位也受到了新崛起的其他城邦的挑战，这些都注定了其走向衰败的历史命运。在战后，失败的雅典更是一蹶不振，同样面临着诸多内部的社会冲突与矛盾，试图恢复海上领导地位的努力也终告失败。随着这两个曾经在希腊称雄一时的强大城邦日益沉沦，进入到公元前4世纪之后，希腊城邦日益陷入更为严重和不能自拔的城邦混战的局面，成为公元前4世纪上半叶被统称为“城邦危机”的最重要的外在表现。这场危机不仅持续了数十年的时间，而且也是普遍性的和全方位的，不仅预示着希腊城邦制度的最终衰亡，也为马其顿的崛起和入主希腊创造了前提条件。

总体上看，希腊城邦的危机呈现出一些共同的和普遍的特征：第一，由于长期的混战，奴隶人数继续增长，奴隶市场呈现出繁荣的局面，但在这种“繁荣”的背后，却蕴藏着更为深刻的社会危机：一方面，奴隶和奴隶主之间的矛盾日趋激化，奴隶的逃亡和暴动撼动着城邦的经济基础；另一方面，由于奴隶承担了主要的生产活动，使得自由民中普遍出现了一种轻视甚至厌恶劳动的思想观念，这种观念不但严重阻碍着劳动积极性的提高和社会经济的发展，而且成为技术进步与革新的巨大障碍。第二，长期的战乱导致贫富分化的不断加剧，土地兼并与集中现象越演越烈，大地产越来越多地出现，小农经济纷纷破产，这就从根本上动摇了城邦制度得以维持的基础。第三，在政治上，由于贫富的分化和社会矛盾的加剧，平民与贵族之间的冲突再次成为一种普遍现象。这种状况为城邦中一些充满野心的政客或民众领袖提供了夺取权力的大好机会，僭主制再次盛行。由于这些通过武力手段夺取政权的人大多贪恋权力，以公谋私，所以，早期还是一个中性概念的"僭主"一词变得日趋负面化，可以说，僭主制的再次回潮是城邦政治危机的集中体现。第四，在军事上，公民兵制受到了严重的削弱和破坏，以至于难以为继，逐步为雇佣兵制所取代，城邦的凝聚力和战斗力严重下降，自卫能力日渐虚弱，为强大外敌的入侵提供了可乘之机。

公元前 4 世纪的希腊城邦危机在各邦的表现形式也不尽相同。在斯巴达，这主要表现在土地的迅速集中和贫富分化的严重加剧。伯罗奔尼撒战争极大激发了斯巴达人对财富的渴望，来山德等将领带头利用战争大发横财，侵吞战争赔款。战后出现了土地兼并和买卖的风潮，由于土地迅速集中在少数人手里，很多公民因为失去土地而丧失了公民权，斯巴达的公民人数从最初的 4 万人急剧下降，到公元前 4 世纪初竟然只剩下 1 000 人左右。城邦的基础遭到了根本性的破坏，失去土地的穷人们剑拔弩张，在基那敦等人的串通下，准备联合皮里阿西人和黑劳士发动起义。虽然由于计划泄露而遭到镇压，但这表明斯巴达社会已经陷入深重危机。

在雅典，伯罗奔尼撒战争后公民人数大幅下降，贫富分化现象浮现，不过土地占有状况并未发生根本性的改变。经过一段时间的休养生息，农工商业逐步得到了恢复，基本上保持了经济稳定和繁荣。在政治上，虽然战后曾经出现过贵族势力抬头，甚至一度推翻民主制度，经历了三十寡头执政时期，但很快就恢复了公民大会的主导权。所以，与斯巴达的危机不同，雅典的危机主要表现在公民的思想观念和政治意识上，这一时期出现了一股强劲的个人主义的社会思潮，公民们不再像从前那样热心于公共活动和积极参与城邦的管理，公民兵组织也日益涣散，甚至难以为继，被雇佣兵制度所取代。

进入公元前 4 世纪后，整个希腊世界的邦际关系上也呈现出更加复杂多变的局面。一方面，以斯巴达和雅典为首的老牌强国虽然不断试图重振雄风，东山再起，但迫于国内的矛盾和冲突，自顾不暇，都以失败而告终；另一方面，以底比斯为代表的新兴的城邦跃跃欲试，甚至曾经称霸一方，但大多昙花一现，既不能成为左右整个城邦世界政局的力量，更无力结束内战，带领希腊人走向联合与统一。

伯罗奔尼撒战争后，获胜的斯巴达继续向希腊各邦推行其政治理念，并向属邦征收沉重的贡赋，引发强烈不满。公元前 399—前 394 年，斯巴达企图控制小亚的希腊城邦，与波斯发生了战争，雅典、底比斯等城邦借机组成联盟抗击斯巴达，因为主战场在科林斯，故史称“科林斯战争”（公元前 395—前 387 年）。在这场战争中，雅典得到了波斯战舰的大力帮助，斯巴达海军被击败，雅典随即再建海军。有鉴于此，疲于应对的斯巴达于公元前 387 年鼓动希腊各邦与波斯签订和约，以小亚各邦和塞浦路斯纳入波斯版图为条件，结束了科林斯战争，借以维持自己的霸主地位。对此，底比斯等城邦激烈反对。不久，斯巴达出兵底比斯，建立起寡头政权。随后在流亡雅典的民主派人士的策划下，底比斯的寡头政权不仅被推翻，而且重新建立起被斯巴达解散的彼奥提亚同盟，从此底比斯的国力日渐强盛。

公元前 378 年，雅典成功地组织起第二次海上同盟，虽然入盟城邦数量远不及从前的提洛同盟，但一改从前的霸权政策，在次年海战中一举击败了斯巴达海军。面对底比斯的崛起和雅典的复兴，斯巴达在公元前 371 年召集所有希腊城邦开会，宣布立即解散除伯罗奔尼撒同盟之外的所有军事同盟。在遭到底比斯的拒绝后，双方在留克特拉展开决战，虽然底比斯在人数上处于劣势，但其名将伊帕密农达巧布“底比斯方阵”，最终大获全胜，直逼斯巴达城下。斯巴达人虽保住城池，但美塞尼亚的黑劳士由此获得了解放，遭到致命打击的斯巴达从此一蹶不振。

底比斯的扩张也引起了雅典的不安，转而与斯巴达结盟共同对抗底比斯。公元前 362 年，雅典、斯巴达等国联军在曼丁尼亚与底比斯人展开会战，底比斯虽然获胜，但遭遇重创，伊帕密农达战死，双方签订和约，底比斯的短暂霸权宣告终结。底比斯衰落后，雅典试图恢复提洛同盟昔日的雄风，但困难重重。在同盟战争（公元前 357—前 355 年）中，雅典战败，第二次海上同盟瓦解。此后，混战继续，希腊城邦在内耗中走向衰亡，这为马其顿人的征服准备了条件。

二、马其顿亚历山大帝国的建立

马其顿位于希腊北部边陲，分为上马其顿和下马其顿两个部分，西部是上马其顿，山脉纵横，适合畜牧业，东部是下马其顿，以平原为主，适合农业生产。马其顿人的来源不清，民族混杂，长期处于封闭和落后的状态。关于马其顿人是否属于希腊人，一直存在争议。不过，从语言和种族看，马其顿人说的是一种偏远地区的希腊语，可以视为一种方言。马其顿人自己认为与希腊人有着共同的祖先，也崇拜共同的神灵。由于缺乏记载，马其顿早期的历史十分模糊。大约在公元前 6 世纪，马其顿形成了统一国家，实行君主制，同时也有贵族议事会和公民大会等机构。希波战争中，马其顿被波斯人征服，被迫加入波斯军队，但在暗中曾为希腊城邦通风报信。

马其顿的崛起开始于国王腓力二世（公元前 359—前 336 年在位）。他年幼时曾在底比斯充当人质，长期住在底比斯名将伊帕密农达家中，不仅熟悉希腊文化，还学到很多战争知识，同时深谙希腊城邦的优势和弱点。公元前359年，马其顿前国王的幼子继位，腓力起初以王叔身份摄政，不久，在众人拥护下凭借卓越领导才能自立为王，称腓力二世。上台之后，他颁布了一系列法令加强统治，史称“腓力二世改革”。在政治上，大力加强王权，削弱贵族议事会和公民大会的权力。在军事上，为了提高军队的战斗力，以“底比斯方阵”为蓝本创立了更为密集和高效的“马其顿方阵”。在经济上，推行币制改革，采用金银复本位制，鼓励对外贸易，促进马其顿经济的发展。腓力二世的改革取得巨大成功，马其顿一改从前默默无闻的状态，很快跃居为一个军事强国，并加快了对外扩张的步伐，首要的目标当然就是处于混战当中的希腊城邦。

公元前355年，借助中希腊城邦发生混战，腓力开始正式插手希腊事务。其时，福西斯不堪忍受底比斯人的高压政策，用武力洗劫了底比斯人控制下的德尔斐，于是底比斯把中希腊的城邦组织起来向福西斯宣战，马其顿也参与其中。福西斯战败后，马其顿的势力也就扩大到希腊中部地区。面对马其顿的崛起和迅速南下，希腊城邦内部出现分裂，在雅典就形成了亲马其顿派和反马其顿派两股力量。不久，在占据上风的反马其顿派首领、演说家德摩斯提尼的倡导下，雅典联合各邦主战派组建了反马其顿联盟，集中财力打造战舰，准备武力对抗。随后，雅典的亲马其顿派首领、演说家伊索克拉底提出联合马其顿进攻波斯的主张。公元前338年，以雅典和底比斯为首的反马其顿联军在中希腊的喀罗尼亚与马其顿的大军展开决战，遭到惨败，由此决定了希腊城邦被征服的命运。次年，腓力召集希腊城邦的代表在科林斯召开大会，除了斯巴达拒绝参会外，几乎所有城邦都与马其顿签署了永久性的攻守同盟条约，标志着马其顿正式成为了希腊城邦新的霸主。科林斯大会的召开与条约的签订，不仅结束了希腊城邦之间旷日持久的内战局面，从此禁止邦际的征伐，而且为缓和城邦内部矛盾与冲突，联合起来共同征伐波斯，从而把城邦内部的危机转嫁到外部。在科林斯大会上，腓力提出向波斯宣战和发动东征的主张，得到所有希腊城邦的一致赞成，“把战争引向亚洲，把财富带回希腊”的口号，更使这一动议的根本目的昭然若揭。不过，腓力本人并没有能够亲自率军完成这一计划。他在女儿的婚宴上突然遇刺身亡，年仅20岁的王子亚历山大（公元前356—前323年）在匆忙中继位，不久开始实施其父提出的东征计划。

亚历山大自幼接受过系统的希腊文化教育，亚里士多德曾经长期担任他的家庭教师。他坚毅果敢，雄心勃勃，16岁就开始随父亲出征，南征北战。即位之初，他就毫不留情地镇压了希腊城邦的反对派，稳固了自己的权力。随即又组建起一支由3万名步兵、5 000名骑兵和160艘战舰构成的希腊联军，公元前334年渡过赫勒斯滂海峡，在小亚细亚的格拉尼库斯河畔首次战败波斯军队，用了不到半年时间，将小亚各邦收复。波斯皇帝大流士三世迅速调集并亲自率领10万军队，于公元前333

年在叙利亚的伊苏斯平原与亚历山大的军队再次展开会战，波斯大军全军覆没，大流士临阵脱逃，包括大流士的母亲、妻子和两个女儿在内的众多王室成员沦为阶下囚。接着，为了稳固后方，全力做好东进准备，亚历山大的军队在攻占腓尼基和巴勒斯坦等地后，又兵不血刃地征服了埃及。在那里，亚历山大摆出一种宗教宽容的姿态，前往拜谒了阿蒙神庙，阿蒙神庙的祭司也即刻宣布亚历山大为阿蒙神之子，成为法老的继承人。为了将来统治的需要，亚历山大在尼罗河口还亲自选址建立新城亚历山大里亚。

公元前331春天，亚历山大继续率军挺进到两河流域北部地区。10月在亚述都城尼尼微附近的高加美拉与大流士统率的号称百万的部队进行决战。此时的大流士感到了事态的严重性，于是先派出使者表示愿意交出波斯帝国的西部地区来结束战事，但遭到了亚历山大的严词拒绝。波斯军队人数上虽然占据优势，但在士气和战斗力上远远不能与希腊军队相抗衡，加上亚历山大指挥有方，充分发挥马其顿方阵的巨大冲击力，经过激烈的搏杀，波斯军队损兵折将，溃不成军，大流士三世再次落荒而逃。高加美拉战役之后，希腊远征军以势如破竹之势相继攻占巴比伦和苏萨等地，公元前330年，直捣波斯都城波斯波利斯，烧毁了波斯王宫，劫获了大量金银财宝，波斯帝国灭亡。接着，东征军以追赶大流士为名，进入到帕提亚和巴克特里亚，其间虽然获悉大流士三世被其部下所杀，但军队仍旧继续前进，公元前329年穿越了兴都库什山，进入到中亚一带。公元前327年，抵达印度河上游地区，此时，军队备感疲惫，且进入到一个完全陌生的地区，思乡心切，亚历山大继续东进的主张遭到强烈反对，只得收兵返回。公元前324年，军队返回到巴比伦的时候，亚历山大决定在此定都，十年东征宣告结束。

经过多年的征战，马其顿不仅征服了希腊，完成了希腊的统一，而且通过东征接管了波斯帝国的统治，建立起一个地跨欧亚非三洲的庞大帝国。亚历山大东征打着报复波斯人和解放希腊的旗号，实质上是一场非正义的侵略战争，给被征服地区和东方各国的人民带来了深重灾难。为了巩固对被征服地区的统治，亚历山大采用总督制的统治方式，每占领一个地区，就留下一批军队，并委任希腊人担任当地的总督，接管已经存在的统治机构。同时，他对这些地区原有的宗教信仰和风俗习惯采取一种较为宽容的政策，大力倡导希腊人与当地人通婚，推动民族融合。定都巴比伦之后，亚历山大也完全接受了当地传统的宫廷礼仪，俨然成为了一位东方式的君主。

公元前323年，就在准确实施征服阿拉伯半岛的军事计划之前，亚历山大突发疟疾而离开人世。由于尚未指定明确的继承人，他的部下为争夺权力和势力范围开始长期混战，帝国的中央权力也迅速瓦解。这种动荡不安的局势延续了二十多年时间。公元前301年，帝国分裂，其中，统辖区域最大的是亚历山大最有实力的三位部下建立起来的三个王国，即埃及的托勒密王国、西亚的塞琉古王国和希腊本土的马其顿王国。从此，古希腊历史进入到一个新的历史时期，即希腊化时代。

三、希腊化时代的特点

在 19 世纪中叶以前，欧洲学者们撰写的古代希腊史，都是以马其顿人入主希腊和亚历山大东征建立起亚历山大帝国作为结束。但随着研究的深入，这种传统认识开始受到质疑和挑战。一方面，不断的新研究表明，马其顿人虽然生活在偏远的希腊北部地区，但从种族、语言和宗教等方面来看，还是属于希腊人大家庭的一员，正是由于这支新生力量的崛起和征服活动，才从根本上把固守城邦本位主义的希腊城邦从深重的危机中解放出来，并完成了真正意义上的联合与统一。应该说，这是符合早期国家从小国到王国再到帝国的历史发展的普遍规律的，是一种带有必然性的总趋势，古希腊也并不例外，只不过统一的完成者不是斯巴达和雅典，而是马其顿。另一方面，在亚历山大帝国建立之后，虽然希腊城邦制度面临根本性的变革，但希腊人的文化和生活方式不但没有立即消亡，反而随着马其顿人的征服活动，有史以来第一次开始大范围地传播到包括埃及和西亚在内的极为广阔的东方地区。正是基于这些新的认识，以德国学者德罗伊森（1808—1884 年）在 1877—1878 年间出版了由他早期著作修订而成的多卷本《希腊化史》为标志，不仅正式提出了“希腊化时代”的概念，而且开启了一个新的研究领域。从此，希腊化时代成为古希腊文明历史发展的最后一个阶段，在这一阶段，通过希腊文化与非希腊文化的碰撞和交融创造一种新的文化，同时，希腊化时代也被认为是连接古希腊文明和古罗马文明的一座不可或缺的桥梁，是一个极为重要的承上启下的历史时代。

不过，需要注意的是，“希腊化”概念的提出带有强烈的主观性和偏向性，具有十分明显的“希腊中心主义”色彩，这种认识上的偏见不仅给带有侵略实质的亚历山大东征披上了神圣与合法的外衣，也不能客观反映出希腊化时代的特点，因为在这一时期，不仅有希腊文化向非希腊地区的传播，而且非希腊地区的文化也被大量引进到希腊地区，换言之，希腊化时代的东西方文化交流绝不是单向的。

一般认为，希腊化时代开端于公元前 4 世纪上半叶亚历山大帝国的分裂，结束于公元前 1 世纪晚期罗马人征服希腊化时代最后一个王国即托勒密王国。亚历山大去世后，为争夺统治权，其亲属和部下开始明争暗斗，宫廷内部的继位之争很快就演变为公开的战争，史称“继承者战争”。进过多年征战，到公元前 301 年，局势逐步趋于明朗化，整个帝国被瓜分为几个强大的王国，主要包括“独眼龙”安提柯和他的儿子狄米特里乌斯控制下的马其顿王国，“救世主”托勒密一世以埃及为中心创立的托勒密王国，“征服者”塞琉古一世在叙利亚和两河流域地区建立起的塞琉古王国。其中，马其顿王国和托勒密王国的民族状况相对单一，在文化和宗教等方面也大多继承了从前的传统，所以统治相对稳定，存在的时间也比较长，而塞琉古王国在几个王国中地域最为广阔，但其内部民族和地区的差异也最大，统一王国持续的时间相对较短。从公元前 3 世纪初开始，帕加马、巴克特里亚、帕提亚、本都等国家相继从塞琉古王国中独立出来。因此在希腊化时代，除了三个最大的王国之外，实际上还存在着大大小小数十个独立的王国。

在马其顿，亚历山大去世后，经过几十年的混战，王位几经转手，最终安提柯的儿子狄米特里乌斯取得王位，但他不久在出征小亚的时候战死，其子安提柯·贡那特于公元前 276 建立了延续百余年的安提柯王朝（公元前 276—前 168 年）。在安提柯王朝统治期间，希腊各城邦仍然保持相当程度上的自治传统。为了与王朝的统治相对抗，在原先比较落后的地区先后建立起两个新兴的城邦同盟，即中希腊的埃托利亚同盟和伯罗奔尼撒半岛西部的阿卡亚同盟，这些同盟遵循一律平等和联合对外的原则，不断展开与马其顿的斗争，在很大程度上维护了同盟各邦的经济利益和政治独立。总体来讲，马其顿王朝基本上延续了腓力和亚历山大时期的政治机构和统治方式，力图使自己成为全体希腊人的保护者。

罗马崛起之后，兵锋首先直指以希腊人为主体的马其顿王国，分别于公元前 214 年、公元前 200 年和公元前 171 年，打着把希腊人从马其顿人的统治和奴役中解放出来的旗号，发动了三次马其顿战争。公元前 168 年，在希腊北部的皮德纳彻底击溃了马其顿军队。之后，希腊人仍继续顽强抵抗，直到公元前 146 年第三次马其顿战争结束为止。在这一年，坚持到最后的希腊城邦科林斯遭到了罗马人彻底的毁灭，标志着希腊地区落入到罗马人的统治范围。

塞琉古王国由亚历山大的部将塞琉古一世于公元前 312 年创建，其最大特点就是统治区域的广阔和民族与文化的多样性，国王必须借助他的官僚机构和军队来维持和强化对各个地区不同族群的统治。此外，为了增强国家的认同感，除了大力宣扬王权神授的观念外，塞琉古王朝还在统治区域中广泛建立希腊城市，组织和开展大量的军事殖民活动，由此在这个地区形成了很多新的自治城市，希腊人的语言、习俗和生活方式被带到了遥远的亚洲腹地。塞琉古国王也从马其顿人中任命高级官吏在中央和地方任职，同时，为了统治的需要，王朝的统治者也对原住民采取了一定程度上的宗教和文化宽容政策，并从他们中选拔人担任要职。公元前 192—前 188 年，罗马人发动了针对塞琉古王朝的军事行动，将之征服。从此，罗马人的势力扩展到了亚州西部地区。公元前 133 年，罗马人征服了帕加马王国。公元前 1 世纪前期，罗马征服小亚的本都王国。到了公元前 1 世纪后期，希腊化时代的王国大部分被罗马人所征服，仅剩下埃及的托勒密王国苟延残喘。

托勒密王国是由亚历山大的部将托勒密一世于公元前 305 年所建。王国延续了法老的统治，实行中央集权的专制制度，在统治区域和政治机构上都与法老时代的埃及存在着明显的连续性。国王以神自居，国王之下的官僚系统掌控着所有的政治和经济部门，省长是地方的最高统治者，其权力逐步转移到希腊驻军首领手中，他们成为各省的实际掌权者。由于埃及的富有和地理位置的独特，亚历山大里亚取代了城邦时代的雅典，成为希腊化时代最为繁荣的经济和文化中心，也是一座国际化的大都市。不过，尽管希腊人成为上层统治者，希腊语也成为官方语言，但在托勒密王朝统治下的广大乡村地区，仍保留着传统的语言、生活方式和社会组织，马其顿人和希腊人与当地人的融合程度十分有限。

托勒密王朝最后的统治者就是著名的“埃及艳后”克里奥帕特拉七世，她利用自己的个人魅力和外交手段，先后使罗马大将恺撒和安东尼拜倒在石榴裙下，从而在一段时间内保持了王朝的统治和繁荣。公元前 30 年，在屋大维的动议下，罗马发动了对埃及的进攻，战败的安东尼和克里奥帕特拉先后自杀，托勒密王朝统治下的埃及最终并入罗马版图，也标志着希腊化时代的结束。

虽然希腊化时代与此前的希腊城邦时代在历史发展上存在着明显的连续性，但由于城邦制度的衰亡以及希腊文明在地理空间上的扩展，从总体上看，希腊化时代呈现出诸多与城邦时代十分不同的特征，这些特征既显示出古希腊文明正在经历一次全面和巨大的社会转型，也充分说明了这个时代是一个重要的历史过渡时期。接下来迅速崛起的古代罗马文明，在其早期的历史发展中，直接接触并受到希腊化时代的文明的重要影响。

从政治上看，希腊化时代的王国，不论是政治机构还是从统治政策都呈现一种东方化的趋势，与城邦时代的政治制度和政治理念渐行渐远。实际上，这种政治趋势在亚历山大东征过程中就已开始显现，尤其在征服埃及和西亚地区之后，亚历山大不仅完好地保留了当地的宗教信仰和风俗习惯，而且还使此前波斯帝国时代或更早建立起来的地方行政机构和官僚系统继续发挥作用，对被征服地区的统治主要通过派驻总督、安置驻军、建立新的城市和军事殖民、促进民族融合等方式来实现。亚历山大的后继者也基本如此。虽然在马其顿王国统治的地区还一定程度保留了城邦制度的形式和传统，但在内容和实质上已经发生根本性的变化，希腊化时代的王国普遍建立起中央集权的君主专制制度，国王集政治、军事和经济等大权于一身，并宣扬王权神授。不过，由于传统和文化的差异，在中央王权与地方管理机构的关系、军事和行政的运行方式上，希腊化时代的王国也存在着明显的地区性的差异。

随着政治上走向区域一体化，希腊化时代在经济上最大的特点，就是地中海周边各地原来相对封闭和割裂的状态被彻底打破，经济活动出现了前所未有的从分散走向整体的区域经济一体化的趋向。这一时期，各个地区和国家之间的商贸活动和地方交易呈现出极为活跃和繁盛的局面，在地中海周边地区的历史上第一次显露出“统一的经济共同体”，各个地区之间在原料、商品和市场上的联系日益加强，竞争也日趋激烈。与此同时，与中央集权的政治制度相契合，国家对经济生活的控制不但没有减弱，反而有强化的趋势，各个王朝纷纷通过对资源和产品的管控和增加税收，甚至对重要产品实行国家的垄断和专卖制度加强管控，来积聚财富。

在政治区域一体化和经济交流活动日益频繁的推动下，希腊化时代的文化创造活动也呈现出空前的繁荣局面。古希腊的建筑、戏剧、体育赛会等文化和习俗，通过在东方地区大量建立新的城市和军事殖民活动传播到了非希腊人生活的广大区域，东方地区的宗教、艺术、科学技术等各个方面的文化成就也被大量引进到希腊人的社会生活中。正是在这个过程中，通过各种文化之间的交流、碰撞和融合，共同孕育和创造出一种色彩纷呈、兼容并蓄和独具特色的希腊化时代的文化。

四、古典文化重心的东移

希腊化时代是希腊文化重心东移的时代。由亚历山大建立的托勒密王朝的都城亚历山大里亚，则取代了雅典成为希腊化时代的文化中心。

古代埃及是世界上最为古老的文明古国之一，不仅历史极为悠久，而且很早就形成了一套独特的文明样式，早期的希腊人经常到访埃及并受益良多。不过，古埃及人的生活一直以农业生产为中心，早期的城市基本上是宗教和政治中心，城市和城市生活相对落后。可以说，希腊化时代建立的亚历山大里亚是埃及历史上第一座真正意义上的城市，开启了埃及的城市化进程。同时，它凭借得天独厚的地理位置和便利的海上交通，依托埃及丰富的农业资源和深厚的文化传统，在希腊化时代很快发展成为一座经济繁荣、文化兴盛、在政治上也颇具影响力的国际化大都市。这既是希腊化时代的一个伟大的传奇和成就，也是这一时期希腊古典文化重心东移的标志与缩影。

亚历山大去世后不久，公元前 320 年，托勒密一世就把埃及都城从孟斐斯移到了亚历山大里亚。不过，在公元前 300 年左右，亚历山大里亚的规模还十分有限，居民总数不到 5 万人。到公元前 3 世纪晚期，亚历山大里亚的人口迅速增加到 40 万人，到公元前 1 世纪末的鼎盛时期，人口则突破了百万，其中希腊人达到了 15 万人左右，跃居为希腊化时代的第一大城市。在城市规划和建设上，亚历山大里亚不仅拥有完备的希腊城市的所有要素，体育馆、剧院、神庙和市政广场等公共建筑一应俱全，而且还拥有整齐的街道和各种商业、休闲和娱乐设施，在主要的干道上还配有夜间的照明设备，这在古代十分罕见。除了这些宏伟和壮观的城市建筑之外，该城最著名的标志性建筑就是建于港口附近的法洛斯小岛的灯塔，它由当时著名的建筑师索斯特拉图斯设计，大约在公元前 300—前 280 年间建成，塔高 130 米，分为塔基、塔楼和塔顶灯座三个部分，用巨大的石料砌成，内部铺有沥青，以防止海水侵蚀。塔楼内部有人力驱动的升降机，顶部的灯座内烧木材，四面透光，火光可以达到数十米外的海面上，还可能使用了凸镜来聚光。这座旨在引导出入港口大量船舶航行的灯塔，成为希腊化时代最伟大的建筑之一，也被誉为世界七大奇观之一，其使用的时间达到 1 600 年之久，到 1373 年才毁于地震。

亚历山大里亚还是地中海地区各个民族、宗教和文化之间相互交往、交流和学习的一座大熔炉，除了希腊人之外，大部分人口由本地的埃及人以及来自亚洲各地的叙利亚人、腓尼基人、犹太人等构成。在城市大大小小的市场上，可以买到来自本土和希腊化时代各个地方的农副产品、土特品、奢侈品和手工业品，各种商品琳琅满目，美不胜收。作为希腊化时代主要的经济中心和外贸港口，每天都有大量的货物在亚历山大港吞吐和交易，使该城成为希腊化时代最大的商品集散地和卖场，被希腊著名的地理学家斯特拉波誉为“已知人类世界最大的百货商店”①。

随着希腊城邦陷入长期混战和社会危机，大量希腊本土的哲学家、修辞学家、艺术家和科学家等也纷纷来到了更为稳定、富足和繁荣的托勒密王国，云集亚历山大里亚，从而使它成为希腊化时代最重要的哲学和科学研究的学术中心。

这一时期的学术研究得到了王朝统治者的大力支持和资助。公元前 290 年托勒密一世就主持修建了一座专门供学者们从事研究和教学活动的中心，这座以希腊的文艺女神而得名的“缪斯宫”（即今天西文中的“博物馆”一词），成为来自各地的诗人、哲学家、科学家、地理学家工作和休息的场所，其中包含的古代世界最大的图书馆，藏书量达到 70 万册之多。正是在这里，大量的古代文献得到了抄录、整理和修订，其中就包括《荷马史诗》的分卷工作和最终定本的完成。

亚历山大里亚最为突出的贡献主要是在科学研究上，包括数学、物理学、天文学、地理学和医学在内的众多学科都在这里取得很大发展，有人甚至把出现在这里的一支水平很高而且成果丰硕的科学家团体称为“亚历山大里亚科学学派”。亚里斯托库斯（公元前 310—前 230 年）在原城邦时代众多学说的基础上，正式提出太阳中心说，比哥白尼早了一千多年。西帕库斯（公元前 190—前 125 年）在天文学上也颇有建树，不但发展了天体运行学说，还编制出古代世界最详尽的星表，发现了“岁差”。在地理学上的代表人物是埃拉托色尼（公元前 275—前 195 年），他著有《地理学》一书，把地球划分为五个地带，不但建立起地理学的完整体系，还开创性地提出了“地圆学说”。在数学上成就最高的是欧几里得（约公元前 330—前 275 年）。欧几里得不仅在亚历山大里亚建立起几何学的研究中心，培养出很多优秀的数学家，而且还撰写出《几何原本》这一几何学理论体系的奠基之作，影响深远，直到近代它一直作为几何学的主要教材和入门书。与欧几里得齐名的另一位大科学家是来自叙利亚的阿基米德（公元前 287—前 212 年），他也长期在亚历山大里亚从事科学研究，在数学上取得重要成就。他计算出圆周率的数值，精确到小数点后三位，还正确地推导出了球体和圆柱体的表面积和体积的计算公式。在物理学上，他是杠杆、滑轮、浮力、比重等物理学基本原理的发现者，同时他还把这些理论成就大量地应用于实际生活中。在罗马人攻打

① Strabo，17.789.13，转引自陈恒：《希腊化研究》，商务印书馆，2006，第 328 页。

叙拉古的时候，作为科学家的阿基米德也投入了战斗，他利用上述这些物理学原理主持制造出了很多种军用机械，给攻城者以沉重的打击。

进入希腊化时代之后，哲学研究也呈现出一些变化。面对城邦制度的解体和社会生活的动荡不安，人们对公共事务的热情逐渐消退，开始更加关注于个体的灵魂，追求自身的幸福和心灵的平静。与此同时，狭隘的城邦观念也被打破，普遍出现了一种世界主义的观念。因此，尽管自然哲学的研究仍旧在继续，但如何过上一种道德生活的伦理学思考，成为了哲学家们普遍追求的方向。斯多葛派的创始人是塞浦路斯的芝诺（公元前336—前264年），该学派认为世界是运动和变化的，其根本的动力就是世界的理性即“逻各斯”，它具有神圣的不可抗拒性，是命运的体现。因此，人一方面应该承担社会责任，另一方面也要服从这种宇宙神性的安排，过一种自然和清心寡欲的道德生活。斯多葛学派的哲学研究活动一直延续到6世纪，对后来的罗马哲学产生了直接和重大的影响。伊壁鸠鲁（公元前341—前270年）也是这一时代杰出的哲学家。他出生于萨摩斯岛，但父母都是雅典人，后来长期生活在雅典。他继承和发展了德谟克利特的原子论，认为原子不仅有形状和大小的区别，还有重量的差异，同时他还确信感官是认识的来源，主张无神论，反对把自然神化，伊壁鸠鲁及其学派把希腊的唯物主义思想推进到一个新的高峰。在伦理学上，伊壁鸠鲁学派提倡过一种摆脱感官和肉体享乐的简朴和克制的生活，以此达到心灵的宁静和人生的幸福。犬儒学派在这一时代也颇有声名，其创始人是苏格拉底的学生安提斯梯尼（公元前412—前323年），他继承了苏格拉底的美德来源于知识的思想。该学派的实际奠基者是出生于小亚的锡诺普的第欧根尼（公元前440—前366年），他倡导人们过一种自然和自由的生活，认为快乐主要来自对人的自然需要的满足，而为了满足这些需要，可以采用任何合乎自然的方式。因此，犬儒学派对现实社会中存在的一切秩序持批判和否定的态度，但并不主张积极的抗争，而是消极的逃避。该学派盛行于公元前3世纪，是生活在城邦末期的人们的没落情绪的集中体现。

参考书

John Chadwick，*The Mycenaean World*，Cambridge：Cambridge University Press，1976.

Moses I. Finley，*Economy and Society in Ancient Greece*，London：Penguin Books，1983.

A. H. M. Jones，*Athenian Democracy*，Oxford：The John Hopkins University Press，1986.

David M. Lewis，John Boardman，J. K. Davies，M. Oswald，ed.，*The Cam-*

bridge Ancient History, 2nd ed., Vol. V, Cambridge: Cambridge University Press, 1992.

P. J. Rhodes, *A History of the Classical Greek World 478-323 B C*, Oxford: Blackwell Publishers, 2005.

J. B. 伯里:《希腊史》(英文影印版), 北京大学出版社, 2009。

N. G. L. 哈蒙德:《希腊史: 迄至公元前 322 年》, 朱龙华译, 商务印书馆, 2016。

乔治·格罗特:《希腊史: 从梭伦时代到公元前 403 年》, 晏绍祥, 陈思伟译, 北京理工大学出版社, 2019。

黄洋、晏绍祥:《希腊史研究入门》, 北京大学出版社, 2009。

晏绍祥:《古代希腊民主政治》, 商务印书馆, 2019。

第二章

“伟大属于罗马”——古罗马文明

第一节　罗马文明的缘起和王政时代

一、罗马的建城

古代罗马文明发源于意大利亚平宁半岛的中部，起初是一个位于台伯河畔的很小的城市国家。大约从公元前5世纪上半叶起，罗马开始了长期的对外扩张，在统一了意大利之后，又征服了地中海周边地区，到公元前1世纪末建立起横跨欧亚非三洲的庞大帝国。就政治发展道路而言，后发的罗马文明与希腊文明存在明显差异，希腊人始终保持城邦多元并存与狭隘的本土公民权的观念与状态，而罗马人则很早萌生了“帝国”的政治梦想，随着被征服地区的社会上层逐步获得了罗马公民权，罗马人的概念也由最初的仅限于罗马城的公民被扩展到了帝国全境。就罗马文明与希腊文明的关系而言，后起且处于落后状态的罗马文明，在其历史发展的早期经历了一个全面借鉴、吸收和引进希腊文化的阶段，这一点在文字、神话、宗教、政治与社会组织等方面表现得尤为明显。实际上，这种以希腊人为师的做法一直持续到希腊化王国被罗马人征服之后。就这个意义上讲，罗马文明和希腊文明之间存在着一种直接和显著的继承关系，堪称姊妹文明。近代以来在西方学界逐步形成的研究希腊罗马文明的综合性学科，也由此而被统称为“古典学”。不过，对于希腊文明，罗马人并没有仅仅停留在模仿阶段，随着时间推移和历史发展，罗马人不但逐步创造出属于自己的具有独特性的文明成就，而且也走出了不同于希腊的历史发展路径，除了突破了希腊人的狭隘的城邦观念而走向帝国之外，罗马文明在法律文化、建筑和雕刻艺术、文学和史学等方面都显示出超越希腊文明的原创性。罗马人和希腊人在经济生活、民族性格、社会习俗、伦理道德和哲学思想等方面更是存在着诸多十分明显的差异。

罗马城所在的意大利半岛，在农业生产条件上要优于希腊人居住的地区，不仅有较大的河流，而且土壤也较为肥沃，适宜农耕，因此，罗马人基本上以农耕生活为主。这种相对单一的经济生活方式，培养出罗马人务实、朴素甚至有些粗俗的民族性格，而且也使他们对土地和农村生活充满热爱，获取更多的土地和人口也成为后来罗马人对外征服活动的主要目标。除了能够拥有自己的农庄之外，罗马人另外一个最大的追求和梦想就是能够在战场上杀敌立功，由自己统领或所在的军队在胜利后接受家乡父老为他们举办的凯旋仪式，走过凯旋门。由此可以说，热衷土地的农民性和珍视军功的好战性成为罗马人最为典型的民族性格。

大体上讲，整个古代罗马的历史可以分为三个阶段，即王政时代、共和时代和帝国时代。王政时代是罗马文明起源的阶段，在政治制度上处于君主制时期，传说中经历了七代国王的统治。王政时代的起点是公元前753年罗马城的建立，终于公元前510年或公元前509年最后一代国王“高傲者”塔克文被驱逐和共和制度的最初形成，前后大约三百年时间。需要指出的是，与后两个时代相比，王政时代的历史比较模糊，几乎没有留下什么真实和可靠的历史记录。关于王政时代的史事，大多由罗马共和时代晚期和帝国早期的历史学家根据其掌握的十分有限的历史资料复原和撰写出来的，具有明显的推测甚至猜测的性质。不过，近代以来，学者们对古代文献的发掘、整理和新的科学研究的进展，尤其是对王政时代的历史遗址和遗迹的考古发掘和实物资料的日益丰富，为了解这个时代的真实状况提供了很多新的历史信息和重要线索，在修正了很多传统认识的基础上，王政时代的历史轮廓也变得越来越清晰。

据说罗马的建城者是罗慕路斯，其祖先可以追溯到希腊的特洛伊战争时代。相传特洛伊的大将埃尼阿斯，有一半神的血统，父亲是特洛伊国王普里阿摩的堂兄安吉塞斯，母亲是希腊的爱与美之神阿芙洛狄忒，也就是罗马人所称的维纳斯。在特洛伊被攻陷之后，埃尼阿斯临危受命，率领余部出逃，历尽千难万险，辗转多地之后最终渡海来到了意大利的拉丁姆地区，不仅定居下来，而且娶了当地国王的女儿为妻，并建立一座城市，即拉维尼乌姆。在埃尼阿斯去世之后，由于人口的迅速增长，就在拉丁姆附近的阿尔巴山脚下出现了一座新城，名字叫阿尔巴隆加。此后，王位世代相传。在国王努米托尔统治时期，发生了一桩宫廷阴谋，王位被他的弟弟阿姆利乌斯所篡夺。努米托尔不但惨遭放逐，而且为了斩草除根，阿姆利乌斯还残忍地杀死了努米托尔的两个儿子，并强迫他唯一幸存的女儿充任维斯塔女神（罗马的灶神）的祭司，因为按照习俗，灶神的女祭司是不可结婚生子的。但在后来，罗马的战争之神马尔斯不仅爱上了努米托尔的女儿，而且还与她生下一对孪生兄弟。得知这个消息后，篡位者阿姆利乌斯恼羞成怒，派人抢下这对双胞胎，并放在一个篮子里扔进了正在泛滥的台伯河中。没成想，装孩子的篮子被水流冲到浅水区，兄弟俩竟然奇迹般地活了下来，起初被一只母狼发现，并用自己的奶水来喂养他们，后来又被一位牧人发现，并把他们抚养成人。哥哥取名罗慕路斯，弟弟名叫勒莫斯。两人长大并知晓了自己的身世之后，在老国王努米托尔的部下们的拥戴和协助下，杀死了篡位者阿姆利乌斯，夺回了阿尔巴隆加城，恢复了王位，之后在他们被抚养的地方建立起一座新城。不料，兄弟两人在新城如何命名的问题上发生了激烈的争执，打斗中罗慕路斯杀死了勒莫斯，不但最终成为这座新城的统治者，而且用自己的名字把这座城市命名为“罗马”。这就是罗马建城的由来。

近代以来，对罗马城及其周边遗址的考古发掘取得很多进展，这些考古发现，一方面证明了罗马建城的传说具有一定的真实成分，另一方面也说明罗马城的建立经历了一个长期的过程。考古资料表明，大约在公元前 1000 年，罗马城所在的地区就有人居住了。一开始只是分散在山丘之间的公社，大约公元前 7 世纪前后，分散的公社开始以帕拉丁山为中心走向了联合，形成了部落同盟。后来的罗马城就是作为拉丁人的一支的罗马人建立起来的。在建城早期，曾经有一些萨宾人的部落被并入其中。到大约公元前 7 世纪末，埃特鲁里亚人大批迁移到这里，不久就建立起了塔克文王朝。埃特鲁里亚人的风俗习惯不仅对早期的罗马产生了直接的影响，而且在罗马从部落联盟走向王国的过程中发挥了重要作用。随着在卡皮托林山上修建起卫城和山脚下中心广场的形成，经过一个多世纪的建设，到公元前 6 世纪末，罗马城发展成为拉丁姆地区规模最大的城市国家。在地形上，由于罗马城周边有七座较大的山丘，所以号称“七丘之城”，同时，它还坐拥台伯河下游地区的拉丁姆平原，土壤肥沃，交通便利，自然环境上的优势十分明显。

二、王政时代的社会和政治组织

对于罗马王政时代的社会和政治组织，恩格斯曾做出过精辟的概括：“像英雄时代的希腊人一样，罗马人在所谓王政时代也生活在一种以氏族、胞族和部落为基础，并从它们当中发展起来的军事民主制之下。”① 换言之，与希腊的荷马时代相仿，王政时代的罗马也处在从氏族制度向国家形成的历史转变时期，随着此前的母系氏族公社的解体，以父权家长制家庭为中心的父系氏族公社取而代之，逐渐演变成为最基本的社会经济单位。按照传统说法，王政时代的罗马共有 300 个氏族，每 10 个氏

① 《马克思恩格斯选集》第 4 卷，人民出版社，2012，第 143 页。

族组成一个胞族（称为库里亚），每 10 个胞族则构成 1 个部落（称为特里布斯），3 个部落的成员被统称为“罗马人民”。王政时代的国家管理机构主要由库里亚大会、元老院和勒克斯（王）三个部分组成。

库里亚大会是以胞族为单位召开的民众会议，各个氏族的全体成年男子均可以参会，对国家的所有重大问题进行表决，主要包括宣战、高级公职人员（包括勒克斯）的选举、审判重要案件、通过或否决法律等，最终的表决采取集体投票的方式，获得一半以上票数即获得通过，每个库里亚拥有一票表决权。元老院从氏族贵族中选举产生，实际上就是长老议事会，起初 100 人，后来增至 300 人，负责为库里亚大会准备提案，相当于库里亚大会的预决机构，国家重大问题先要经过元老院的预先讨论，然后才能提交到库里亚大会进行表决。同时，元老院还是王的咨询机构，并拥有收税、征兵、媾和等其他特权。勒克斯（王）相当于早期希腊的“巴塞勒斯”，身兼军事首长、最高祭司和最高审判长等要职，因为没有行政权，所以有别于君主制中的国王。该职位也是通过选举产生，终身任职，但不能世袭。从罗慕路斯开始，到“高傲者”塔克文为止，王政时代共经历过七个王的统治。

公元前 1000 年左右，意大利半岛就出现了铁器。在王政时代，铁制农具已经在生产中广泛使用，农业生产率逐步提高。同时，手工业也出现了冶金、制陶、制革等多个部门，并推动了商业和贸易的初步发展，出现了定期的集市。由于贫富分化和财富集中，在氏族公社内部，原有的财富和身份相对平等的状态开始被打破，一些富有家族通过侵占公有地和放债等方式成为“保护人”，因贫困而破产的一些普通公社成员则沦为“被保护人”，成为人身依附者。同时，随着罗马对外征服活动的展开和大量外来民族的并入，在起初的“罗马人民”之外逐步形成了一个人数众多的新的社会阶层，即后来所谓的“平民”。他们拥有人身自由，有别于奴隶与被释奴，但政治和社会权利却十分有限，既不能参政议政，也不能分得公有土地，甚至无权与贵族通婚，同时却要承担着服兵役和向国家缴纳赋税等沉重的义务。随着平民群体的不断发展壮大，他们与贵族之间的矛盾和冲突日渐激烈。

三、塞尔维乌斯改革

到公元前 6 世纪，随着平民阶层人数的增加及其在罗马的对外战争中的作用逐渐凸显，他们开始对自身没有权利、只尽义务的地位感到不满，矛头直指拥有诸多特权的氏族贵族。正是在这一矛盾日益凸显的情况下，王政时代的第六代勒克斯（王）塞尔维乌斯（约公元前 578—前 534 年）迫于形势的需要，颁布法令，进行了一次重要的改革，史称“塞尔维乌斯·图利乌斯改革”。

据记载，在这次改革措施出台之前，塞尔维乌斯就对罗马全体居民进行彻底的人口和财产普查，并制定名录，登记在册，然后据此进行改革。

第一，按照财产的多少把罗马的居民划分为五个等级，每个等级提供数量不等的百人队（罗马军队的编制以一百人为单位，称为“森都里亚”）和相应的武器装备（与希腊城邦相仿，罗马国家也实行公民兵制，需要自备武器）。按照规定，不论平民还是贵族，凡拥有10万及以上阿斯（as，古罗马货币单位）财产的人位列第一等级，该等级需提供80个重装步兵百人队，18个骑兵百人队（被称为骑士），并需要自备全套武装。财产数量在10万至7.5万阿斯的人属于第二等级，需要提供20个重装步兵百人队，也需要自备武装。第三等级的财产资格在7.5万到5万阿斯之间，需要提供20个百人队，在装备上只需要自备长矛和投枪，属于轻装步兵。第四等级的财产资格在5万至2.5万阿斯之间，需要提供20个百人队，也属于轻装步兵。第五等级的财产资格为2.5万到1.1万阿斯之间，需要提供30个轻装步兵百人队，且上战场时只需携带投石。在普查中没有财产的人被称为“无产者”，不列入等级，只要求提供1个百人队。此外，工匠、吹号者组成4个百人队，与无产者共同构成非战斗性百人队。这样，罗马的所有居民共可以组成193个百人队。

第二，创立百人队大会，即森都里亚大会。这个以新的财产等级为原则的公民大会，逐步取代了从前以氏族血缘关系为基础的库里亚大会，并将原来属于库里亚大会的宣布战争、选举官员、审判案件等一些重要职能收归其手中。森都里亚大会一般在罗马城外的迈尔斯校场召开，同样实行一种集体投票制，每个百人队只有一票表决权，投票的顺序也是固定的，先由18个骑兵百人队投票，然后按照五个财产等级依次进行。由于最富有的第一等级拥有98个百人队，已经超过全部百人队数量的半数以上，所以拥有绝对的操控权，如果第一等级的意见一致的话，那么，表决就可以宣告结束了。同时，也正是由于富有的第一等级基本上由贵族组成，所以平民在这次改革中获得的政治权利十分有限。

第三，取消原来的3个血缘部落组织，重新按照地域原则建立起4个城区部落和10多个乡村部落，在新建的地域部落中设置基层的管理机构，负责公民的登记、征兵、税收等工作。凡是在地域部落中登记注册的自由民都获得公民权，包括从前的外来移民和被释奴在内的广大平民因而被吸收到新的部落中。这项举措不仅打破了旧有的血缘组织，而且扩大了罗马公民的范围，从而壮大了罗马公民集体的力量。

塞尔维乌斯改革在罗马王政时代的历史上具有重大意义。通过按照地域重新划分部落和建立财产等级制度，实行公民的财产资格与权利义务相一致的原则，同时建立起以基层军事组织为单位的森都里亚大会。所有这些都标志着罗马完成了从以军事民主制为特征的氏族社会向阶级社会与国家的过渡，顺应了罗马社会发展的历史趋势。正如恩格斯所言：“这样，在罗马也是在所谓王政被废除之前，以个人血缘关系为基础的古代社会制度就已经被炸毁了，代之而起的是一个新的、以地区划分和财产差别为基础的真正的国家制度。”①

第二节 共和政治的形塑与嬗变

一、共和国的建立

古罗马历史的第二个阶段经历了共和政治的形塑与嬗变，被称为共和时代。这一时代大致以公元前3世纪晚期到公元前2世纪早期为界，前一个时期可以被视为罗马共和国的上升阶段，共和制度不但经历了稳定的发展，而且日趋完善；后一个时期则是罗马共和政体的衰落时期，共和危机全面爆发，最终向帝制嬗变。

公元前510年，罗马最后一位国王“高傲者”塔克文独断专行，暴虐成性，不仅打压贵族势力，藐视元老院和百人队大会的权威，而且还欺压平民，横征暴敛，引发了罗马人强烈不满，贵族联合平民发动暴动，将塔克文及其家族永久驱逐。利用这个机会，在贵族的主导下，罗马废除了王的统治，建立了共和国。

在拉丁语中，“共和国”（res publica）一词意为“公共事务”。在共和政治中，两位执政官是国家的最高行政长官，由百人队大会选出，权力相等，任期一年，一般情况下不能连任。执政官在军事、行政、司法和财政等方面拥有最高权力，主要负责召集和主持元老院会议和公民大会，并执行这两个机构通过的决议。执政官任期结束后自动进入元老院，继续发挥政治作用。此外，还设有多种权限不等的其他官职，比如行政长官、财务官等。公元前443年，又设立了两个监察官，专门负责公民的人口和财产调查。在罗马共和国早期，所有这些行政官员都由富有贵族充任，没有薪俸。

此时的元老院是从王政时代的长老议事会发展而来，拥有很高的地位，由300人组成。除了退任的执政官之外，元老院的成员一般由在任的执政官任命，监察官审定，入选后可以终身任职。起初，元老院在名义上是执政官的咨询机构，其负责讨论和决定的议题仅限于执政官提出的议案，并不具备法律效力。后来情况逐步改变，元老院逐步发展成为共和国最重要的决策部门，同时也发挥着国家的智囊团的作用。原因在于，执政官不仅任期太短，只有一年时间，而且两人权力相等，意见常常不一致，在这种情况下，得到元老院的认可，就成为政务执行的关键所在。与执政官不同的是，元老院成员不但可以长期任职，而且普遍具有丰富的政治经验，再加上集体议事和共同决策的传统，也使他们能够最终做出比个人的决定更为理性、全面和高效的决策，在这种情况下，执政官需要重视和听从元老院的建议，由此重

① 《马克思恩格斯选集》第4卷，人民出版社，2012，第145页。

大决策的决定权实际上也就转移到了元老院手中。此外，元老院不仅掌握着对包括执政官在内的高级官吏提名的咨询权，还握有对百人队大会通过的法律的批准权，同时在国家的财政、战争与议和、对外政策、宗教监督和审理重大案件等方面也负有权责。因此，元老院成为掌握实权的罗马共和国最稳固的智囊机构和权力核心。在运用集体的智慧制定出正确与合理的内政、外交和军事的国策上，元老院发挥了至关重要的作用。尤其是在国家处于危机的紧急状态下，元老院还拥有一项特殊的职权，就是有权任命独裁官。独裁官在拉丁语中被称为“狄克推多”，任职期间具有生杀予夺的大权，只是任职期限较短，一般为六个月，在他任职期间，所有高级官吏都需要暂时终止自身的职权，接受并服从独裁官的领导。这项特殊的官职和制度，不仅在非常时期保障了国家大政方针的执行，也提高了行政和军事决策的效率。

除了常设的官职和元老院，塞尔维乌斯建立的以财产资格为标准进行集体投票的百人队大会，作为公民大会继续发挥作用。

在罗马贵族专权的共和政治下，广大平民虽然能按照财产等级参加百人队大会，但实际统治权却被贵族所垄断。贵族在政治、经济、宗教等方面都掌握着绝对的权力，在土地和战利品的分配、债务、司法和诉讼等社会生活中，平民也处于无权地位。更为严重的是，从共和国建立初期就开始的连年战争，使平民的兵役和赋税负担日益加重，不少人陷入债务，甚至沦为债务奴隶，有些还被卖到国外。政治与经济上的严重不平等，导致平民与贵族的矛盾逐渐激化。平民渴望分配到土地，取消债务奴隶制，更希望通过政治和法律地位的提升，能够与贵族共享政权，以维护自身的合法权益和人身自由。为了达到这个目的，在共和国建立之后不久，平民就开始了争取权利的长期斗争。

二、共和国早期的内部改革

罗马共和国早期有两条基本的历史线索，即内部改革和对外征服。其时，平民为争取自身政治、经济权益与贵族展开了两个多世纪的不懈斗争，导致一系列内部改革，推动共和国政治制度和法律体系日趋完备。同时，经历了数百年对外征服，罗马从一个台伯河畔的小共和国，不但完成了意大利的统一，而且征服了地中海周边地区，最终发展成为一个广土众居、规模空前的大帝国。这两条历史发展线索之间不仅有着时间上的同步性，而且还存在着十分密切的内在联系。正是在罗马人口中占据大多数且作为军队主体的平民的不断斗争，逐步改变了无权状态，大大提高了其政治和社会地位，成为罗马对外征服活动最强大的动力。

一般认为，罗马平民反对贵族斗争的起点和首次胜利，是公元前 494 年保民官的设立。在这一年，罗马人与附近的沃尔斯奇人和埃魁人发生战争，贵族要求平民开赴前线，平民积怨爆发，借此机会提出要求，如果贵族不禁止债务奴役就拒绝出兵。对于平民的诉求，贵族起初口头应允，但在战争取得胜利之后却背信弃义，出尔反尔。被激怒的平民纷纷拿起武器，集体撤离罗马，开赴离罗马不远的“圣山”，并准备在那里定居建国，史称“第一次撤离运动”。双方的对峙持续数日，罗马因为平民的离去而实力大减，面临被邻国征服的危险，同时留在城里的平民也跃跃欲试，准备发动起义，贵族出于无奈，只得与平民谈判，并做出让步，不仅答应了平民提出的减轻债务的要求，而且还允许从平民中选出两位常设的官员，即保民官，以保护平民的利益不受贵族的侵害。按照规定，保民官从平民中产生，人身不允许受到任何人的侵犯，执政官和元老院均不得限制其行动的自由。保民官的主要职责是保护平民利益，如果贵族通过有损于平民利益的法案，保民官可以否决。另外，保民官不能在城外过夜或者待一整天，家门也不许关闭，以便平民随时来访。

公元前 471 年，在平民的推动下，保民官瓦莱罗提出的法案获得通过，规定平民按照地域部落召开的平民协议会（即后来的特里布斯大会）获得正式承认，不过，特里布斯平民协议会通过的议案称为平民决议，起初只对平民有效。

共和国建立初期，罗马尚无成文法，传统的习惯法十分模糊，其解释权和司法权全掌握在贵族手中，贵族可以通过任意解释来为自身谋利，欺压平民。在平民的强烈要求下，公元前 451—前 450 年，共和国成立了一个专门的十人委员会，编纂并发布了罗马历史上第一部成文法，因为全部条文被镌刻在十二块铜板（一说木板）上，故史称《十二表法》。由于种种原因，《十二表法》的全文没有完全保留下来，其中的一些条文仅散见于古典作家的著述中。从现有的资料看，这部法典涉及的内容十分广泛，在诉讼程序、所有权和债务、家长权和继承权、宗教、刑事和民事等方面均做了明确的法律规定。总体上讲，《十二表法》的大部分条文仍旧是从前习惯法的汇编，但在很大程度上削弱了贵族任意解释法律的特权，遏制了贵族的专横和对司法权力的滥用，这是平民争取权利斗争的又一次重大胜利。当然，《十二表法》的实质是保护奴隶主贵族的私有财产不受侵犯，不仅保留了一些原始法律的特征，而且没有多少对平民有利的条文，比如，在其中的第十一表中明文规定，平民和贵族之间不得通婚。

公元前 445 年，由保民官坎努利尤斯提出并以他的名字命名的法案《坎努利尤斯法案》获得通过，《十二表法》中平民与贵族不能通婚的禁令被取缔。这项举措意义重大，因为平民与贵族能够通婚也就意味着二者之间的血缘差别不复存在，具有了平等的社会地位，为平民与贵族之间的融合创造了条件。但坎努利尤斯提出的另外一项要求，即平民也应该拥有选举执政官的权利遭到了贵族的强烈反对。由于双方各执己见，僵持不下，最后暂时达成妥协，从公元前 444 年开始，停选执政官，设立具有执政官权力的军政官，最初为三人，后来增至六人。虽然按规定平民和贵族均可以参选军政官，但实际上该职位仍然由贵族把持，因为在新当选的三位军政官中，只能有一位来自平民。尽管如此，这仍旧不失为平民取得的又一次胜利，这为平民进入罗马最高的决策机构打开了一个缺口。贵族的这一让步，可能与罗马在这个时期对外战事的频繁密切相关。

进入公元前4世纪，随着罗马对外征服步伐的加快，贵族利用特权大量侵吞公有土地，平民由于失去土地而陷入债务的泥潭不仅没有改变，而且呈现愈演愈烈的趋势。面对生活状况的恶化，平民要求遏制土地集中的呼声日渐高涨。要彻底改变这种状况，就需要获得与贵族同等的政治权利。公元前376年，李锡尼和绥克斯图当选为保民官，随即在平民的强烈要求下，提出三项法案：全体公民都可以占有和使用公有地，但规定占地的最高限额为500尤格；贫民所欠债务一律停止付息，已付利息作为偿还本金计算，债务余额分三年还清；停选具有执政官权力的军政官，重新选举执政官，且二者之一必须由平民担任。法案提出之后就遭到贵族的强烈否决。为了使法案获得通过，平民就在第二年继续选举二人担任保民官并再次提出法案，经过十年时间的努力，该法案终于在公元前367年获准通过。次年，绥克斯图当选为罗马有史以来第一位平民出身的执政官。

《李锡尼-绥克斯图法案》的通过和绥克斯图的当选，是罗马平民反对贵族斗争的里程碑式的伟大胜利。此后，随着平民可以当选执政官，其他的重要官职也陆续对平民开放。公元前356年，平民获得担任独裁官的权利。公元前351年，平民取得了担任监察官的权利。公元前337年，平民又取得了担任行政长官的权利。由此，平民不仅有了与贵族同等的成为国家最高决策者的权利和机会，而且还可以跻身作为权力中心的元老院，元老院的贵族性质也随之发生改变。

在平民的斗争下，公元前326年，罗马通过了《波提利乌斯法案》，规定债务人应以物品而不是人身作为借款抵押，实际上取消了困扰平民已久的债务奴隶制度，成为平民真正获得自由的开端。罗马平民争取权利长期斗争的基本结束，则是以公元前326年《霍腾西阿法案》的通过为标志。在这一年，平民与贵族之间的矛盾再次激化，为了表达诉求迫使贵族让步，平民再次成功组织了“第二次撤离运动”。随即平民出身的独裁官霍腾西阿颁布法令，宣布特里布斯平民协议会的平民决议不必经过元老院同意即可对全体公民具有法律效力。这一法案标志着平民与贵族在法律上已经取得同等地位。

平民与贵族的长期斗争所导致的结果，在罗马共和国的历史上意义重大且深远。在政治上，消灭了氏族贵族势力的残余，促进了共和制度的发展和完善。平民取得了与贵族同等的担任各级官职的权利，打破了氏族贵族的政治垄断地位，在法理上成为共和国真正的主人，同时，随着新官职的设立，新法律的颁布，新机构的设立，罗马的国家机器也逐步完善。正是在这个过程中，罗马社会阶层的状况发生了巨大改变，罗马平民的上层，尤其是富人获得了担任高官和进入元老院的机会，成为不同于以前的旧贵族的“新贵”，并通过联姻等方式与旧贵族逐步融合，成为新的统治阶级。“新贵”的形成，为旧有的权力结构注入了新鲜的血液与活力，也扩大了罗马国家的统治基础。在经济上，随着平民反对贵族的斗争取得胜利，国家内部斗争趋于结束，转而把主要精力投入到对外征服和扩张；同时由于债务奴隶制最终被废除，罗马人不再因债务沦为奴隶，也使他们走上通过对外征服获取奴隶的道路，由此推动了罗马奴隶制经济的发展和繁荣。在军事上，由于广大平民获得与贵族同等的政治和社会权利，摆脱了沦为奴隶的命运，获得了公民权益的充分保障，公民兵制度不仅日益稳固，而且也极大提升了作为军队主体的平民在外军事活动中的主动性和积极性，罗马军队的凝聚力和战斗力日益增强，最终完成了统一意大利和征服地中海的事业。

三、对外军事征服

罗马共和国建立之初，十分弱小，北有强大的埃特鲁利亚人，还有生活在更靠北地区的骁勇善战的高卢人，南面和东面则是强悍的沃尔斯奇人和埃魁人，东南面的萨莫奈人也虎视眈眈，试图与罗马争夺肥沃的坎帕尼亚地区。为了自身的生存和发展，罗马共和国不得不制定主动出击、以攻为守的国策，把战争放在国家政治生活最重要的位置。大体上讲，罗马的对外军事征服经历了两个阶段：第一阶段从公元前 5 世纪前半期开始，通过一系列对外征战，到公元前 3 世纪晚期基本完成对意大利的统一；第二阶段从公元前 3 世纪中期到公元前 2 世纪前期，兵锋指向地中海沿岸的广阔区域，最终征服了北非强敌迦太基和希腊化时代的众多王国，建立起庞大的帝国。

罗马统一意大利是从战胜周边具有威胁的部族开始的。公元前 5 世纪初期，作为拉丁民族的罗马人，率先与其他拉丁部族建立军事同盟，联合起来击败了沃尔斯奇人和埃魁人。随即又通过多次战争征服了北部的埃特鲁利亚人，把控制范围扩大到台伯河流域北岸的广大地区。其时最大的威胁来自北方的高卢人。公元前 390 年，高卢人在打败了埃特鲁利亚人之后，长驱直入攻陷了罗马城，罗马人在支付了巨额战争赔款后才得以自保，但元气大伤。这次巨大挫折之后，罗马人开始全面改革军事制度，并加快通过立法调整国家内部关系的进程，取得明显成效。从公元前 4 世纪 40 年代开始，日益崛起的罗马开始了第二轮军事扩张，先是通过三次萨莫奈战争（公元前 343—前 290 年），完成了对顽敌萨莫奈人的征服，从而控制了中部意大利地区。与此同时，由于与拉丁同盟矛盾的激化，拉丁战争爆发，经过三年时间，拉丁同盟因为战败而解散，从而恢复并稳固了罗马在拉丁姆地区的统治地位。在罗马向南部意大利扩张的过程中，遇到的最强大的对手是希腊人的殖民城邦塔林顿。塔林顿向伊庇鲁斯国王皮洛士求援，公元前 280 年，皮洛士的军队与罗马人作战并一度取得胜利，罗马则联合迦太基进行回击。公元前 275 年皮洛士战败，三年后，塔林顿投降，随后，意大利南部的其他城市也陆续被罗马人征服。

罗马人并未在征服意大利的基础上立即组建统一国家，而是采取“分而治之”的统治策略，依靠各地区的社会上层和原有组织实施有效控制。由此，罗马人把被征服地区大致划分为六种类型，分别授予不同程度的罗马公民权：对于罗马直接派驻军队实行军事殖民的城市和地区，其居民享有与罗马城的公民同等的公民权利，土地国有，实行自治；赋予拉丁自治市的居民以参加罗马公民大会和投票以及在军队中服役的权利，享有完全的罗马公民权，成为“有投票权的罗马公民”；非拉丁自治市的居民则享有不完全的罗马公民权，可以与罗马人通商和通婚，但不能参加罗马公民大会，无投票权，也不能担任官职；对于罗马在被征服地区建立的拉丁殖民地，虽然可以实行自治，但其居民只有迁居罗马才能拥有罗马公民权；愿意归顺罗马的同盟者地区，不仅要听命于罗马的调遣，而且需要履行包括提供军队、军费等义务，没有罗马公民权；地位最低的是被迫臣服于罗马的地区，没有任何政治权利，罗马派驻官员和军队进行管理。这种“分而治之”的政策，在相当长时期内保障了罗马后方的稳固，但也埋下了社会冲突的祸根，各地区居民为争取完全的罗马公民权展开了持久斗争，直到公元前 88 年，所有意大利的自由民才成为罗马的全权公民。

征服意大利后不久，罗马又把兵锋转移到地中海西部地区，与这一区域最强大的王国迦太基先后进行了三次布匿战争。迦太基位于今天北非突尼斯东北部，最早是古代腓尼基人建立的殖民地，不仅拥有发达的手工业和造船业，而且长期垄断了从西西里岛到西班牙南部的海外贸易，国富民强，兵精粮足，拥有一支强大的海上舰队。长期以来，罗马人把迦太基人视为腓尼基人，“布匿战争”（Punic War）即由此得名。

第一次布匿战争发生在公元前 264—前 241 年，最初由争夺西西里岛引发。战争初期，罗马人攻占了叙拉古，但迦太基坐拥海军优势，封锁了西西里岛，并在意大利沿岸进行回击。对此，罗马人迅速打造一支由上百艘战舰组成的海军，还发明名为“乌鸦吊”的接弦吊桥装置，发挥自身优势，从而取得胜利，迦太基被迫求和，割地赔款。战后迦太基人积极备战，在西班牙建立军事基地，准备从那里进行反击。公元前 218 年，在充分准备之后，迦太基人在名将汉尼拔的率领下向意大利进发，越过阿尔卑斯山，直逼罗马，第二次布匿战争爆发。罗马人仓促应战，连遭败绩。元老院宣布进入紧急状态，任命罗马大将费边为独裁官，并针对迦太基人劳师远征的弱点，采取诱敌深入的“迁延”战术，与汉尼拔大军展开周旋，力图消磨其锐气。公元前 216 年，双方主力在坎尼激战，罗马军队遭遇重大损失。罗马人迅速调整战略，不久开始转守为攻，切断了迦太基人的后援，迫使迦太基召回汉尼拔。公元前 202 年，双方在扎马展开决战，迦太基军队惨遭败绩。次年，双方签订和约。迦太基在战败后虽元气大伤，但经济上恢复迅速，为遏制其东山再起，罗马又发动第三次布匿战争（公元前 149—前 146 年）。与前两次战争不同的是，罗马从战争一开始就屡次提出无理要求，目的就是要彻底毁灭迦太基，从而使第三次布匿战争成为一场强者欺凌和消灭弱者的战争，公元前 146 年，迦太基陷落之后被夷为平地，之后罗马人在其废墟上建立起阿非利加省，至此控制了从西班牙到北非的地中海西部的大部分地区。

罗马对东部地中海地区的征服，主要针对的是希腊化时代业已衰弱的诸多王国。公元前 214—前 168 年，罗马对希腊本土的马其顿王国发动了三次马其顿战争，马其顿战败后被分割成为四个自治区。公元前 149 年，由于不堪忍受罗马人的奴役，马其顿爆发大起义，罗马人出兵镇压，各区的自治地位被取消，马其顿正式成为罗马的一个行省。此后不久，希腊人又爆发了由阿卡亚同盟领导的反抗罗马人的起义，公元前 146 年起义失败后，元老院通过决议，科林斯遭到彻底毁灭，中部和南部希腊并入罗马，设置为阿卡亚省，除了雅典、斯巴达等少数城市保留名义自治外，罗马最终确立了对希腊的统治。公元前 192—前 188 年，罗马还对位于叙利亚的塞琉古王国发动战争，取得胜利后，塞琉古王国不仅失去了其在西亚西部和中部的领地，而且沦为罗马的属国。在征服这些地区后，罗马人建立起行省制度。到公元前 2 世纪中叶，罗马人已经建立起西西里、撒丁尼亚-科西嘉、近西班牙、远西班牙、马其顿、阿非利加、阿卡亚等九个行省。行省由罗马派驻的总督负责管理，任期一般为一年，如果需要可以延长，总督拥有军事、民政和司法大权，可以颁布法规，审理案件。罗马在行省还建立起包税人制度，负责征收各种苛捐杂税，大肆搜刮民财。

经过几个世纪的南征北战，罗马从亚平宁半岛中部的蕞尔小邦发展成为一个广土众居的大国，其扩张的步伐即使在帝国建立之后仍旧没有停止，地中海在历史上第一次成为一个统一国家的内海。罗马国家长期和持久的对外征服活动，无疑是非正义的侵略战争，不仅给广大被征服地区的人民带来深重的灾难，同时也对罗马共和国本身的政治、经济和社会生活产生了深刻的影响。罗马共和国原有的政治制度不再能够适合新的社会形势和统治秩序的需要，一场全面的社会转型和制度变革在所难免。

四、从共和到帝制的演化

从公元前 2 世纪中叶开始，到公元前 1 世纪末期屋大维建立起元首制的这一百年多时间，被称为罗马共和国晚期。罗马共和制度的危机，以及共和国的灭亡和帝制的建立，构成了这一时期罗马历史发展的主要趋势。在整个古代罗马的历史上，共和时代晚期到帝国初期的这段历史一向受到历史学家们的高度重视，这不仅是因为这一时期留下了大量的历史记载和丰富的历史资料，展示出很多个性鲜明的历史人物和惊心动魄的历史事件，颇具故事性和戏剧性，更是由于在这一充满动荡不安和矛盾冲突的时代，罗马国家经历了一场十分艰难而不可逆转的政治转型，正是在这个过程中，罗马帝国在经历一次次腥风血雨的社会阵痛中应运而生。

罗马共和危机的产生，有着十分深刻的社会和经济根源。经过长期的对外扩张，既为罗马带来了大量的土地、财富和奴隶，也使原有的阶级关系、土地制度和社会生产方式发生了巨大的改变。

在阶级关系上，代表富有的工商业奴隶主利益的骑士阶层迅速兴起。此时，罗马海外领地极大拓展，促使海外贸易、金融和高利贷活动日益繁荣，在高额利润和巨大收益的刺激和驱动下，罗马商人通过转运贸易、提供军需、奴隶买卖以及在行省承包税收、从事高利贷等活动大发其财，从而逐渐形成了一个专门从事上述活动的阶层，被称为“骑士”。骑士这一名称最初来源于第一等级的骑兵百人队，由于能够自备马匹和武装，属于富人群体。在公元前 218 年罗马出台法案禁止元老经商之后，骑士阶层就成为元老院贵族之外的富有的工商业奴隶主阶层的代名词。虽然在对外战争和掠夺财富的问题上，元老和骑士的利益基本一致，但在政治权力和政治地位上，骑士阶层远不如元老。因此，作为一个新兴的社会阶层和政治力量，处于贵族元老与平民之间的骑士阶层，必然与大权独揽的元老院产生矛盾、冲突与斗争。

土地占有最大的变化是小农经济的濒临破产和大土地所有者的形成。长期对外征战、欠债等原因使众多自由农民纷纷失去土地，加入无产者的行列。同时，包括元老、骑士、军事将领和行省总督在内的富有公民，则通过大量占有公有土地和兼并破产小农土地等方式，成为坐拥多处地产和庄园的大土地所有者。土地迅速集中到少数人手里和大地产制的形成，造成了十分严重的社会后果。一方面，失去土地的公民和无产者的大量增加，使罗马原有的具有财产资格限制的公民兵制度难以维系，造成了兵源的紧张和枯竭；另一方面，也引发了下层民众的强烈不满，贫富矛盾和社会冲突日益加剧。

在生产方式上，奴隶劳动被广泛地运用到从大地产和家内服务到采矿业、建筑业、手工业生产和商业活动中。由于长期战争使奴隶来源十分充足，奴隶人数在共和时代晚期增长迅速，奴隶制经济也呈现出繁荣局面。在罗马的法律中，奴隶被看作是奴隶主的财产，是“会说话的工具”，毫无人格和权利可言，常年在极为恶劣的条件下劳作，生活在社会的最底层。在罗马，除了用于生产活动之外，大量的奴隶还充当角斗士，通过互相残杀和与野兽搏斗，成为奴隶主的娱乐工具。

随着上述一系列社会的深刻变化，在原有的各种社会矛盾外，又增加了许多新的社会问题、社会冲突与隐患。进入到公元前 2 世纪之后，奴隶阶级与奴隶主阶级之间的矛盾，罗马统治者与被征服地区和同盟者之间的矛盾，罗马的大土地所有者与中小土地所有者以及无产者之间的矛盾，罗马统治阶级内部元老贵族与骑士阶层之间的矛盾，日益呈现出全面爆发的态势，使罗马进入到一个充满血腥与暴力、内部冲突和战争频发的历史时期，罗马共和国的危机以各种形式展现出来。

公元前 137—前 132 年，罗马有史以来最大的一次奴隶起义在西西里岛爆发。

恩纳城的奴隶不堪忍受奴隶主的残酷压榨，揭竿而起，不仅杀死了奴隶主，占领了农庄，而且还建立起自己的政权，取名“新叙利亚王国”。很快，恩纳城的起义得到了西西里其他地区奴隶的大力响应，起义军联合起来转战西西里各地，摧毁大庄园，起义人数达到了 20 万人。罗马迅速派出军队进行镇压，多次被起义军打败。起义坚持到公元前 132 年，罗马大军包围了恩纳城，经过浴血奋战，最终因寡不敌众，起义失败。此起彼伏的奴隶起义由此揭开了序幕。

此外，持续十余年的土地改革活动相继展开，对罗马既有的统治秩序，尤其是对大土地所有者为代表的贵族势力形成巨大冲击，这就是著名的“格拉古兄弟改革”。由于土地的大量兼并和迅速集中，自由小农纷纷破产而成为无产者，共和国得以存在的基础渐趋动摇，罗马的兵源更是日益紧张。正是在这样急迫的形势下，格拉古兄弟挺身而出，推行土地改革。

格拉古兄弟出身贵族名门，从小受过良好教育，早年曾经充任神职和军职。兄长提比略·格拉古（公元前 163—前 133 年），支持失地平民限制土地占有的主张诉求，在平民的拥戴下于公元前 133 年当选保民官，随即提出酝酿已久的土地改革。其方案规定：任何人占有公有地都不得超过 500 尤格，如果他有子嗣，按规定只有长子和次子可以各占 250 尤格，但每户家庭占地总面积不得超过 1 000 尤格，超过部分一律收归国有，由国家统一分配给无地的公民，公民们取得这些份地之后只能世袭使用，不得转让或买卖。法案提出后，当即遭到贵族强烈反对。面对这种局面，提比略不得不采取非常措施，向公民大会提出建议，罢免了受贵族指使而否决法案的另一位保民官屋大维，这种做法在罗马史上尚属首次，由此法案获得了通过。为了落实法案，提比略组成委员会，开始了限地和分地的工作。因为保民官任期只有一年，为了保障工作的持续性，提比略·格拉古再次竞选下一年度的保民官，元老院借此机会污蔑他想当国王。在选举当天，贵族雇佣了一批打手公然闯入会场，混乱中提比略及 300 多名支持者死于非命，尸体被扔进了台伯河。

提比略遇难后，斗争仍旧在持续。公元前 123 年，盖约·格拉古当选为保民官，不但恢复了其兄的土改法案，而且扩大了改革的范围，先后出台粮食法、审判法、亚细亚省法等新法案，得到平民和骑士阶层的支持。公元前 122 年再次当选为保民官后，他还提出了两项更加激进的法案，建议授予意大利同盟者罗马公民权，导致一些平民和骑士的不满，元老院和贵族也趁机挑起事端，对他大肆造谣污蔑。在他卸任之后，反对派就开始疯狂报复。不久公民大会就他提出的迦太基殖民地法的废立问题进行讨论，双方发生激烈冲突，元老院宣布戒严并派出军队镇压改革派，盖约·格拉古本人及三千多名支持者惨遭杀害。至此，格拉古兄弟领导的土地改革以失败告终。这场失败充分表明，罗马社会已难以恢复从前的土地占有状况，土地集中和小农破产成为不可逆转的趋势。

格拉古兄弟改革失败之后，土地兼并之风愈演愈烈，元老贵族与骑士阶层之间的矛盾也越来越尖锐。罗马在迦太基邻国努米底亚的横征暴敛，激起当地人的仇恨。公元前133年，努米底亚国王朱古达在争夺王位的过程中借机杀死了一些罗马的商人。公元前111年，罗马向努米底亚宣战，史称“朱古达战争”。战争期间，罗马军队的涣散和将领们的腐败暴露无遗，罗马军队屡战屡败，引发了骑士阶层的强烈不满。公元前107年，在骑士阶层的拥戴下，马略当选为执政官，为增强军队的战斗力，扭转战局，马略进行了一系列军事改革。第一，改公民兵制为募兵制，取消从前的财产资格限制，士兵还可以领取一定的薪俸。第二，明确军人服役的年限，规定招募的军人最长的服役期为16年。军人复员之后还享有分得份地等优待政策。第三，改革军队编制。每个军团由十个大队组成，每个大队由三个中队组成，在军种上增设工兵和机械兵，同时加强军事训练，严明军纪，以提高战斗力。马略军事改革取得了巨大的成功，不仅解决了长期困扰罗马国家的兵源枯竭的问题，消除了大批无产者带来的不安定因素，而且极大地提高了军队的组织性和纪律性。改革之后不久罗马就迅速结束了朱古达战争，并击退了来自北部的日耳曼人的进攻。不过，这一改革导致公民兵制被募兵制取代，“将可私兵”使共和国军队逐步“家丁化”，这既严重破坏了罗马共和制度的原则，也为日后军事将领实施个人独裁铺平了道路。

马略军事改革之后不久，公元前104年，西西里又爆发了第二次奴隶大起义，起义军不但再次建立起自己的政权，而且多次击败前来镇压的罗马军队，不过最终还是被血腥镇压。同时，由于得不到罗马的公民权，意大利同盟者向罗马发动“同盟战争”。罗马多次派出军队前去镇压，但连遭败绩。同盟者的起义虽然在公元前88年被陆续平息，但罗马人也不得不把罗马公民权授予意大利人。

就在意大利同盟战争爆发之际，小亚细亚黑海沿岸的本都国国王米特里达梯六世乘罗马无暇东顾之机，于公元前88年占领了罗马的亚细亚行省，并号召当地居民屠杀罗马官员、商人和高利贷者。元老院决定派兵前去镇压，但在统帅问题上发生争执，马略的老兵、骑士阶层和平民支持马略率军出征，但元老院大力推举苏拉为统帅。苏拉出身于没落的元老贵族家庭，因卓越战功而得到元老院重视，于公元前88年当选为执政官，并成为东征的统帅。但就在苏拉的军队离开罗马不久，马略的拥护者就迫使公民大会通过决议，任命马略为东征军统帅，撤换苏拉。苏拉闻讯后不但不肯交出兵权，反而回师进攻罗马，这在罗马的历史上尚属首次。

马略及其拥护者始料未及，仓皇出逃。攻占罗马后，苏拉宣布马略为人民公敌，清洗其支持者，同时宣布元老院为国家最高权力机关，不经元老院批准，公民大会不得通过任何法案。他还从支持者中挑选出300人补充进元老院。罗马的局势安顿下来之后，公元前87年，苏拉率军东征，击败了本都国军队，结束了米特里达梯战争。然而马略派将领秦纳趁苏拉外出东征之机大肆报复，宣布苏拉为人民公敌，公元前86年秦纳和马略当选为执政官，不久，马略去世，秦纳暂时控制罗马。

小亚的战事结束后，公元前82年，苏拉再次率军反攻，攻陷罗马后血腥屠杀马略派。接着，元老院任命苏拉为无限期的独裁官，共和原则从根本上遭到破坏。为了稳固独裁统治，苏拉再次选拔出 300 人进入元老院，同时设法加强对公民大会和保民官的控制。公元前 79 年苏拉退任，次年病逝，虽然他的各项政策也随之被废除，但其独裁统治为后来恺撒的独裁开创了一个先例。

苏拉独裁统治结束之后，公元前 73—前 71 年，意大利爆发了更大规模的奴隶大起义，即著名的斯巴达克起义。斯巴达克是色雷斯人，在反抗罗马人的战争中成为俘虏后，被卖到卡普亚的一个角斗士训练所，成为一名奴隶角斗士。由于不堪忍受非人的悲惨命运，公元前 73 年，他发动、组织奴隶起义。最初逃到维苏威火山，四处袭击奴隶主庄园，并屡次击败前来镇压的罗马军队，规模很快发展到 7 万人，并占领了意大利南部的多个地区。公元前 72 年，元老院命令两位执政官率部亲征，围剿义军。面对严峻形势，起义军内部发生分歧，部分起义军脱离主力后被罗马人所消灭。斯巴达克率领的大部队在抵达阿尔卑斯山时，突然改变计划，掉头直逼罗马。罗马城陷入恐慌，元老院宣布国家进入紧急状态，任命大奴隶主克拉苏为独裁官，全权负责对抗起义军。不料，斯巴达克的军队却绕过罗马，向意大利南部进发，准备渡海前往西西里，但因海盗违约，没有成功。陷入被动的起义军面对追杀至此的罗马军队临危不惧，奋勇杀敌。为困死起义军，克拉苏还派人挖掘了一条从海到海的大壕沟，但也被起义军突破。公元前 71 年，面对庞培的增援部队，起义军陷入敌人包围，经浴血奋战，斯巴达克战死，被俘的六千多人被残忍处死。马克思对斯巴达克及其领导的奴隶起义给予了高度评价，称赞他为“一位伟大的统帅……高尚的品格，古代无产阶级的真正代表”①。起义虽然失败了，但对罗马奴隶主的统治造成了前所未有的巨大打击，动摇了罗马国家的统治基础，加速了共和制到元首制的过渡。同时，起义迫使罗马奴隶主纷纷改变原有的土地主要由奴隶耕种的方式，把土地分块出租给自由民耕种的隶农制开始出现。

斯巴达克起义遭到镇压后，罗马政坛也发生了一些新的变化。公元前 70 年，克拉苏和庞培当选为执政官，其间由于反元老院派的势力开始抬头，为争取民众的支持，他们不但清洗了元老院中的苏拉派，还恢复了保民官的部分权力。公元前 67 年，庞培被元老院任命为“海上独裁官”，成功剿灭了地中海上的海盗，威望迅速提升。同时，另一位大将恺撒（公元前 100—前 44 年）也开始登上政坛。恺撒出身名门，是马略的外甥，秦纳的女婿，在苏拉独裁期间曾受到迫害，但凭借其出众的才干和乐善好施，在平民中颇受欢迎，早年曾出任西班牙总督，通过大肆搜刮民财而实力大增。公元前 60 年，恺撒回到罗马竞选执政官，利用庞培和克拉苏之间的矛盾从中斡旋，得到双方信任后，为共同对抗元老院，三人结成秘密的政治同盟，史称“前三头同盟”。为了稳固同盟，恺撒不惜把 14 岁的女儿嫁给了年过半百的庞培。在

① 《马克思恩格斯全集》第 30 卷，人民出版社，1975，第 159 页。

庞培和克拉苏的支持下，公元前59年恺撒顺利当选为执政官，任内使庞培在东方的各项措施获得批准。恺撒在执政官期满后，顺利出任山南高卢总督，任期五年。在担任高卢总督期间，他通过开疆拓土等措施，经济、政治和军事实力又得到极大增强，羽翼日益丰满，导致庞培和克拉苏的猜忌和不安。由此，在公元前56年，三巨头在路卡秘密会晤，达成协议，恺撒在高卢总督期满后续任五年，之后出任公元前48年的执政官，庞培和克拉苏则出任公元前55年的执政官，之后分别出任西班牙和叙利亚行省的总督。但这一暂时的妥协很快就被打破，先是恺撒嫁给庞培的女儿突然去世，接着克拉苏在与安息的作战中身亡。三头同盟被两头对峙所取代，恺撒与庞培之间的矛盾日益明朗。为了与恺撒相抗衡，庞培开始与元老院改善关系，达成默契，而元老院也在权衡利弊之后，在桀骜不驯的恺撒和相对温和的庞培之间选择了后者，准备联手致恺撒于死地。公元前49年，元老院责令恺撒在这一年高卢总督期满后即解散部队，交出兵权。恺撒则率大军出其不意地渡过卢比孔河，继苏拉之后再次上演了反攻罗马的戏剧。行动迟缓的庞培及其部下仓皇出逃，恺撒兵不血刃地占领了罗马，控制了政局。公元前48年初，恺撒率领军队渡海到希腊，在法萨卢大败庞培余部，庞培本人在逃亡埃及之后被杀。之后，恺撒又转战各地，用了三年左右的时间彻底肃清了反对派残余。公元前45年，内战结束，恺撒被宣布为“祖国之父”，不仅成为终身独裁官，还拥有终身保民官、大元帅、大祭司长等头衔。

独裁统治期间，恺撒在意大利和各个行省颁布了一系列法令，试图通过改组元老院、建立老兵殖民地、改革行省管理制度、人口普查、统一历法等措施，恢复和调整统治秩序，扩大并稳固统治基础。改革虽然取得一定成效，但共和体制名存实亡。在元老院为首的保守势力谋划下，公元前44年恺撒被刺杀。恺撒的部将和老兵为恺撒复仇，新一轮权力争夺随之开始。在收拾残局的过程中，恺撒的部将安东尼、恺撒的骑兵长官雷必达和恺撒的甥孙屋大维，逐步成为最具影响力的政治人物，公元前43年，三人公开结成政治同盟，史称“后三头同盟”，协议共同执掌罗马政权，而且还划分了各自在行省地区的势力范围。公元前40年，三人又达成妥协，重新划定势力范围，安东尼统治以埃及为据点的东方行省，屋大维坐镇意大利及西部行省，雷必达则掌控阿非利加省。此后，屋大维利用恺撒老兵和平民的有力支持，加上坐拥罗马的优势，在后三头中逐渐取得主导地位。公元前36年，在他与雷必达联手击溃了庞培之子的余部之后，就找借口剥夺了雷必达的兵权，从而控制了整个罗马的西部地区，形成了与安东尼控制的东部相对峙的局面。安东尼在接管埃及后，被埃及艳后克里奥帕特拉七世的魅力所征服，不仅与她结婚，而且还宣称将罗马在东方的部分土地相赠，由此引发罗马人的强烈不满。于是屋大维鼓动元老院和公民大会宣布安东尼为“人民公敌”，并向埃及宣战。公元前31年，屋大维率领的大军在希腊西海岸的亚克兴海角击败安东尼和克里奥帕特拉的军队，后两者相继自杀。公元前30年，屋大维攻占埃及，埃及沦为罗马帝国的一个行省。至此，内战终告结束，屋大维成为最后的胜利者。

五、罗马古典文化

古代罗马文化在其文明产生初期，经历了一个全面借鉴和吸纳古希腊文化遗产的阶段。同时，作为拉丁民族的一支，在其建城早期，罗马在文化上也受到了周边的部族尤其是埃特鲁利亚人的深刻影响。随着统治地区的不断扩大，罗马文化又吸收了大量东方文明古国的文化成果。因此古罗马文化始终具有兼容并蓄的特点。同时，罗马人在学习和接受其他民族文化的过程中，并没有停留在模仿阶段，而是根据自身的文化传统和现实需要不断加以改造，从而创造出了具有本民族特色的拉丁古典文化。

在文明产生初期，古代罗马人在宗教上全面接纳了古希腊人的多神教崇拜，作为其民族语言的拉丁语也是由希腊语稍加改造而形成的。虽然众神的名称和字母写法上与希腊人有所不同，但两者之间的亲缘关系十分明显。这种关系在拉丁文学创作上可窥一斑。罗马早期的文学作品大多取材于古希腊的神话传说和《荷马史诗》，这种对希腊神话和史诗作品的续写和再创作的传统一直延续到帝国时代。罗马也基本上继承了希腊人的诗歌、散文和戏剧等既有的文学体裁，在取材上同样表现出明显的继承性和模仿的痕迹。此外，早期罗马的文学作品大多用希腊文写成，或者只是把希腊作品翻译成拉丁文，到了共和时代晚期才逐渐展示出自身风格与特色。罗马文学创作虽然起步较晚，但发展迅速，后来居上，尤其在共和时代晚期和帝国早期，迎来了一个又一个拉丁文学创作的高潮，在诗歌、散文和史学等方面都取得辉煌成就，对后世的西方文学产生了深远的影响。

公元前 3 世纪的安德罗尼库斯（约公元前 284—前 204 年）被认为是罗马有史以来的第一位诗人。据说他是意大利南部城邦塔林顿的一个希腊被释奴，他首次将《奥德赛》从希腊文翻译成拉丁文，改编了希腊的一些悲剧和喜剧作品。在他之后的另一位诗人尼维阿斯（约公元前 270—前 200 年）不仅翻译了一些希腊的戏剧，还仿照阿里斯托芬的作品创作了自己的喜剧，据说他还写出了罗马第一部史诗《布匿战争》，只可惜这两位诗人的作品没有完整地保留下来。

罗马共和时代最成功的喜剧作家是普劳图斯（约公元前 254—前 184 年），他创作的《吹牛的军人》《一坛黄金》等二十部喜剧流传至今，在风格上深受希腊晚期的喜剧家米南德的影响。老加图（公元前 234—前 149 年）被认为是拉丁散文创作的开创者。据说他曾经用拉丁文撰写过一些历史、演说辞等作品，但大多没有保留下来，流传至今的《农业志》是古罗马的一部农书，具有很高的史料价值。共和时代晚期的散文作家瓦罗（公元前 116—前 27 年）是个多产作家，但保留至今的只有《拉丁语研究》《论农业》等少数作品。共和时代晚期的政治家恺撒和西塞罗（公元前 106—前 43 年）都是罗马拉丁散文创作的高手和杰出代表，前者创作了《内战记》《高卢战记》等历史作品，后者更是留下了大量的书信、演说辞、修辞学和哲学作品，其中《论法律》《论共和国》《论责任》等都成为广为传颂和脍炙人口的名篇。

从共和时代晚期到帝国早期，罗马也产生了很多伟大的历史学家，留下大量史学名著。法比乌斯·皮克托（公元前 254—?）被认为是罗马第一位历史学家，他用希腊文撰写的《罗马史》记述了罗马从传说时代到他生活时代的历史，不过只留下残篇。共和时代晚期的第一位伟大历史学家就是波里比阿（约公元前 204—前 122 年）。他出身于希腊中部麦加拉城的希腊贵族家庭，后来被送到罗马充当人质，生活在罗马名将西庇阿斯的家中，亲身经历过布匿战争，见证了罗马称霸地中海的伟业。他根据亲身经历和四处实地考察获得的资料，撰写了 40 卷的《通史》，当中不仅真实地记录了罗马扩张的历史，而且还深刻地认识到了当时各民族、各地区之间的联系加强与一体化趋势。波里比阿很好地继承和发扬了修昔底德所开创的客观主义史学的优良传统，其创作的《通史》被认为是继修昔底德的著作之后古代史学书写的又一座高峰。不过，这部历史作品仅有前 5 卷完整地保留下来，其余 35 卷只有残篇，是研究布匿战争的重要史料。

罗马共和时代晚期用希腊文写作的历史学家是哈利卡纳苏斯的狄奥尼修斯（公元前 60—?）和西西里的狄奥多洛斯（约公元前 100—?），前者创作的《罗马古事纪》为研究王政时代及其之前的罗马历史提供了珍贵的史料，后者编写的《历史集成》则为后人保留了包括皮克托的作品在内的很多古人的著作。共和时代末期最重要的历史学家是李维（约公元前 59—公元 17 年），他用拉丁文创作的《建城以来史》共有 142 卷，现存 35 卷，详细记载了罗马从王政时代到共和早期的历史，保存至今的部分涉及萨莫奈战争、马其顿战争和布匿战争的史事，具有很高的史学价值。不过，他的历史创作带有明显的道德训诫的目的。此外，还出现了多位以政治家的身份通过撰述个人经历而留下重要史著的学者，萨鲁斯特（公元前 86—前 34 年）创作了《喀提林阴谋》《朱古达战争》等著作，成为研究共和末期这两大历史事件的珍贵资料。

到了帝国早期，罗马的历史创作仍然十分活跃，名家辈出。阿庇安（95—165 年）的《罗马史》详细记述了罗马的多次对外战争和内战期间的历史，还注意到了这些史事发生的社会和经济背景。塔西佗（55—120 年）著述很多，包括《历史》《编年史》《日耳曼尼亚志》等，是研究罗马帝国早期的政治、经济和社会风貌的重要史料。普鲁塔克（约 46—120 年）传世的最重要史著《希腊罗马名人传》，生动和细致地描绘了希腊罗马时代大量重要历史人物的生平和事迹，对后世历史传记作品产生深远影响。

从共和晚期到帝国初期，罗马也迎来了诗歌创作的黄金时代，产生了一大批伟大的诗人，其代表是维吉尔（公元前 70—前 19 年）、贺拉斯（公元前 65—前 8 年）

和奥维德（公元前 43—公元 17 年）。维吉尔最著名的作品是 12 卷的史诗《埃涅阿斯纪》，虽然是一部仿效《荷马史诗》之作，但其主题是追溯罗马建城的历史，一直写到诗人生活的时代。贺拉斯的代表作《颂歌》以赞美爱情、友谊和美德为主题，颂扬了奥古斯都时代的罗马。奥维德早年以爱情诗而成名，中年的作品《变形记》取材于希腊神话，既生动有趣，又不乏思想内涵，对后世的文学创作多有影响。

在哲学上，如果说希腊人擅长于本体论和形而上学的思辨的话，那么罗马人则更注重实用性的伦理和道德哲学。因此，希腊的斯多葛派哲学继续发展，成为罗马哲学的主流学派。罗马最著名的唯物主义哲学家是卢克莱修（约公元前 99—前 55 年），他的代表作《物性论》不仅阐发古希腊的原子论，认为自然界不是神创造的，而是由物质性的原子所构成，而且对宗教唯心主义和禁欲主义进行批判。西塞罗则将希腊的各种唯心主义哲学思想揉和在一起，成为罗马折中主义思想的主要代表，主要哲学作品有《论善与恶的意义》《论神的本性》等，主张顺应自然，节制欲望，以获得心灵的平静和快乐，成为罗马早期斯多葛派哲学的代表人物。进入罗马帝国时代后，斯多葛派哲学日渐兴盛，其代表人物包括塞涅卡（约公元前 4—公元 65 年）、爱比克泰德（约 55—135 年）和马克·奥略留（230—283 年）等。不过，罗马的斯多葛派哲学基本上抛弃了希腊斯多葛学派的唯物主义因素，宣扬宿命论和节欲思想，主张过一种知足和平静的生活以达到社会的和谐。

罗马人在法学领域中取得了前所未有的成就。从公元前 5 世纪第一部成文法《十二表法》的颁布开始，罗马在法律和法规的颁布与执行、司法与审判程序的建立和完善上就一直没有中断，法律的内容涉及政治制度、宗教生活、奴隶、土地、财产继承、婚姻家庭等社会生活的方方面面，成为保持社会秩序稳定、调整社会矛盾的利器。公元前 3 世纪后，随着对外征服和扩张，在原有的只适用于罗马公民的“市民法”的基础上，开始逐步形成了针对所有统治地区的“万民法”。到了帝国时代，法律的汇编、法学体系的建立和法律教科书的编写更是进入到鼎盛时期。2 世纪的法学家盖约撰写的《法学阶梯》是最早的民法和诉讼法教材。5 世纪初，狄奥多西二世颁布了罗马帝国第一部正式法典《狄奥多西法典》，正是以此为蓝本，到了 6 世纪上半叶，在东罗马帝国皇帝查士丁尼的倡导和组织下，才完成了被统称为《查士丁尼民法大全》这一更大规模法典的编纂。罗马法对后来西方文明的发展产生了直接而巨大的影响，成为欧美现代法学体系的主要来源。

在建筑上，罗马人更有不俗的创造。他们很好地继承了希腊人的柱廊式建筑式样和石头雕塑艺术，同时顺应罗马国家的历史发展和现实生活，大兴土木，不仅在建筑类型和建筑式样上比希腊时代更为丰富和多样，而且在建筑技术和建筑成就上达到了一个新的高度，为后世留下了一笔宝贵的物质文化遗产。从共和时代晚期开始，罗马人就大量修建神庙、剧场、引水渠、浴室、桥梁等公共建筑，尤其是以罗马为中心修筑的四通八达的石头道路，为罗马统治下的各个地区之间的经济、文化交流以及军事活动提供了极大便利，留下了“条条大路通罗马”的美谚。进入帝国时代，由于混凝土的发明和拱券技术的日益成熟，修建拥有较大室内空间的建筑成为可能，最杰出的代表性建筑是位于罗马市中心的“万神殿”，是希腊的柱廊式建筑和罗马的穹顶式建筑式样的完美结合。其他著名建筑还包括罗马斗兽场、提图斯凯旋门、图拉真广场等。在一般用作建筑附属物的石头雕塑艺术上，罗马人也一改希腊雕像的理想化和观念化的风格，创作出大量更为写实和个性鲜明的雕像作品，从而形成了自身的式样和特色。

注重实用的罗马人在农学、地理学、医学等科学和技术领域也取得了很多重要成就。其中，老加图、瓦罗和科鲁麦拉论述农业的作品是罗马人的农业技术和农学知识的总结与结晶。1世纪的地理学家斯特拉波（公元前63—公元23年）的《地理学》详细记述了古代欧、亚、非各个地区的地理、历史和风俗习惯，是古代欧洲最完备的地理学著作。2世纪的医学家盖伦（129—199年）在解剖学上成就卓著，提出了关于人体生理机构的完整看法。老普林尼（23—79年）是一位百科全书式的自然科学家，他撰写的《自然史》是古代罗马的天文学、地理学、生物学、矿物学、医药学等多个学科知识的集大成之作。

第三节　罗马帝国的兴衰

一、元首制的建立

内战结束后，屋大维总揽了罗马大权。由于认识到共和传统的根深蒂固，以及恺撒的前车之鉴，屋大维没有贸然公开称帝，而是在表面上保留了共和体制，通过一系列政治上的举措，建立起“元首政治”，最终完成了从共和制到帝制的平稳过渡。

公元前30年，屋大维获得元老院的批准，再次被确立为终身保民官。公元前29年，他又获得了“大元帅”的称号，拥有了终身的军事指挥大权。公元前28年，屋大维改组元老院，将自己列为元老之首，获得了“元首”的称号，意思是“首席元老”，这一称号的取得标志着元首制度的正式建立。公元前27年1月，屋大维在元老院宣布放弃一切大权，恢复共和国，得到元老院的热烈欢迎。三天之后，元老院决定授予他“奥古斯都”的称号，意思是“神圣”。屋大维这种“以退为进”的策略十分奏效，此后，他的权力不但没有减弱，反而不断加强，实际上掌控了罗马国家的政治、军事、宗教、财政、司法等各种大权。此时，罗马共和国时代的机构虽仍在运作，但共和制度已名存实亡。因此，这种被称为“元首制”的新的统治形式，其实质就是披着共和外衣的君主制。

元首制建立之后，为了强化统治和恢复社会秩序，屋大维采取了一系列新的对内和对外政策。

首先是改组元老院，增设新的官职和办事机构。由于在内战期间元老院多次增补人员，导致人员混杂，效率低下。为了恢复元老院的权威，屋大维多次筛选和剔除不合格的元老，把人数减少到 600 人，并重新启用出身和财产资格上的限制条件。他还在元老院之上增设了一个御用会议，由 15 位抽签产生的元老、两位执政官和各重要职能部门的官员组成。这个机构最初是在元首制和共和制之间搭建沟通的一个桥梁，后来逐步变为纯粹的御用机构。此外，屋大维还增设了多个专门对元首负责的办事机构和官职，包括设在罗马城的“内务府”，以及由元首任命被外派到各省主持政务的专员。这些新的机构和官职，后来都演变为凌驾于共和机构之上且直接听命于元首指令的办事机构。

在军事上，屋大维对原有军团进行裁员和改编。到公元前 15 年，军团由 60 个减少为 28 个，解甲归田的军人大部分被安置到新建殖民地。同时，对裁减之后的军团进行整编，使军队建制统一化和正规化。新的军团由 5 500 名步兵和 120 名骑兵组成，兵种包括重装兵、轻装兵、骑兵和辅助兵，此外还配有后勤人员。对于整编之后的军队，根据性质和用途分为两大类，第一类为警备部队，由近卫军、消防军和警察组成，近卫军负责保护元首的安全，其指挥员权力很大，士兵的待遇也最好，共有 9 000 人，作为常备军，分别驻守在罗马和意大利各地。第二类是野战部队，由陆军和海军组成，驻守边疆、海岸，负责对外战争。经过改革，罗马军队战斗力得到了增强，成为元首对内稳固独裁统治、对外继续扩张和掠夺的有力工具。

对行省地区的统治，屋大维推行分治政策，把二十几个行省中征服时间较早且比较安定的分给元老院管辖，西班牙、高卢、叙利亚等行省由元首派总督进行管理，埃及则成为元首的私人领地。对于各行省的原罗马公民和退伍老兵免交人头税和土地税，但行省和自治市新获得罗马公民权的人需要缴纳各种税收。元老院管辖省份的税收归国库，元首管辖省份的税收则收归元首金库。为了增加税收，还继续扩大授予外省人罗马公民权的范围。

依靠强大的军事力量，屋大维继续对外征服活动，扩大帝国的版图。不断骚扰北部边境的日耳曼人是帝国的主要威胁。起初，经提比略和德鲁苏的苦心经营，莱茵河、易北河之间的日耳曼部落已经多半罗马化了，但后来派去的总督瓦卢斯对当地居民采取高压政策，引发当地人的起义，最终瓦卢斯的三个军团全军覆没。此后，罗马不得不放弃莱茵河以北地区，退守莱茵河南岸。莱茵河以东的多瑙河流域是罗马军事部署的另一个重点区域，从公元前 25 年起，屋大维多次派兵掠夺这一地区，还在这里设立了诺立克、潘诺尼亚等几个新行省。由此，罗马北部边界被推进到莱茵河和多瑙河沿线地区。公元前 27—前 24 年，屋大维的军队征服了西班牙的北部地区，在那里建立起军事殖民地。在亚洲地区，屋大维利用帕提亚发生内部王位之争，采用军事和外交措施相结合的方式，扩大罗马人的控制范围，使幼发拉底河成为罗马和帕提亚的界河。

通过上述措施，屋大维不仅建立元首政治，完成了从共和到帝制的转型，而且稳固了其在意大利和行省地区的统治基础，重新建立起新的社会政治统治秩序。

二、早期帝国的繁荣

帝国时代是古罗马最后一个历史时期，以公元前 27 年屋大维建立元首制为开端，以 476 年西罗马帝国的灭亡为结束。在公元 1—2 世纪罗马帝国前期，由于内战结束与元首制的建立，罗马发展到政治稳定、经济与文化发展的全盛时期。进入到 3 世纪之后，帝国开始陷入各种危机，逐渐走向衰亡。

公元 14 年 8 月，奥古斯都去世，他的养子提比略继位，罗马先后经历三个王朝的统治，即朱利亚·克劳狄王朝（14—68 年）、弗拉维王朝（69—96 年）和安东尼王朝（96—192 年）。

提比略（14—37 年在位）继位后，元首制第一次受到严峻挑战。先是驻扎在莱茵河和多瑙河一带的军团因拖欠军饷而不满，接着北非、高卢和意大利接连发生奴隶起义，元老院也出现了反对的声音。这些不满和骚动被提比略一一平息下去。提比略基本上延续了奥古斯都时代的政策，在设法缓和与元老院的关系的基础上，进一步加强中央集权，使御用会议逐步取代了元老院，成为处理国家日常事务的固定机构。为了消除异己，提比略还恢复了“大逆法”，对口头攻击元首的行为严加惩处。为了保卫自身的安全，他把驻扎在意大利各地的近卫军全部集中到罗马，但这也造成了严重的后果，近卫军的权力恶性膨胀后，竟成为元首废立的重要因素。提比略即为近卫军所杀，其后也是在近卫军的拥戴下，克劳狄（41—54 年在位）成为了元首。

在克劳狄统治时期，中央权力得到加强，官僚体系也更加完善。原来专门为元首服务的机构逐步演变成中央政府的管理部门。内务府负责起草元首的指示和发布各种政令，财务处主管税收、罗马城的粮食供应和发放官员的薪水，司法处则主要处理法律方面的事务。这些部门都直接听命于元首，元老院被逐步排除在最高决策层之外。同时，克劳狄还在行省继续扩大授予罗马公民权的范围，兴建公共工程。到暴君尼禄（54—68 年在位）统治时，危机显现。尼禄终日沉迷于声色犬马，不理朝政，施政暴虐，导致民怨沸腾，不列颠、巴勒斯坦、高卢等地纷纷爆发起义。最终，正是由镇压高卢起义的罗马军队终结了他的统治，尼禄也在众叛亲离之下自杀。

尼禄死后，各个行省的军团纷纷拥立元首，最终，掌管东部行省和多瑙河地区的将军维斯帕芗（69—79 年在位）获得元首宝座，创建了弗拉维王朝。他继位后，首先残酷镇压了各地人民起义，接着采取措施稳固和继续加强元首的权力，削弱贵族和元老院的势力和影响。公元 70 年，他迫使元老院通过了“维斯帕芗大权法”，以法律形式赋予元首极广泛的政治权力。此外，还广泛吸纳行省的上层贵族参与罗马国家的管理，扩大统治基础，同时，整顿驻扎在各地的部队，采取轮流驻防的办法，防止形成割据势力。维斯帕芗去世后，他的弟弟提图斯（79—81 年在位）执政两年后即夭折，之后提图斯的弟弟图密善（81—96 年在位）继任。在图密善统治期间，常常以“主人和神”自居，并打压和迫害元老，遭到贵族的强烈反对。公元 96 年，图密善在一次政变中被杀，元老院推举旧贵族出身的涅尔瓦（96—98 年在位）为元首，弗拉维王朝结束，开始了安东尼王朝的统治。

一般认为，罗马帝国在安东尼王朝统治期间达于极盛，被称为“黄金时代”。安东尼王朝历经六位元首的统治，即涅尔瓦、图拉真（98—117 年在位）、哈德良（117—138 年在位）、安东尼（138—161 年在位）、马克·奥略留（161—180 年在位）和康茂德（180—192 年在位），六个人当中，除了涅尔瓦，其他人均来自行省。此外，除了最后两位是父子关系，其余均以养子身份继任。可见，在安东尼王朝，行省的势力得到极大的增强。在这六位元首当中，又以图拉真和哈德良统治时期最为强盛。

图拉真出生于西班牙的伊塔利亚，被涅尔瓦收为养子，是罗马帝国历史上第一位来自行省的元首。在他统治期间，对内致力于改善与元老院的紧张关系，大力发展农业生产，减轻赋税，缓解意大利的农业危机；对外连年用兵，战功卓著，罗马帝国的疆域扩张到最大范围，东起幼发拉底河，西到不列颠，北至多瑙河流域，南达整个北非地区，地中海成为名副其实的内海。

公元 117 年，图拉真病逝，由同样来自西班牙的哈德良继位，罗马开始在军事上转攻为守，采取和平政策，以减轻帝国的紧张局势和外部压力，同时把主要精力放在内政上。哈德良经常巡行各个行省，并进一步完善帝国的官僚体系，致力于法律编纂工作，使国家的管理能力和水平得到较大提高。不过，在他统治期间，其残酷迫害的政策导致了犹太人历时三年的大起义。安东尼统治时期，罗马帝国相对平稳，经济繁荣，但好景不长，到了马克·奥略留统治时，帝国边疆开始受到来自各个方向的外族侵袭，奥略留被迫亲征，不久染病去世。康茂德继位后，罗马帝国开始进入危机四伏的时期。

纵观从屋大维建立元首制到公元 2 世纪晚期，总体上讲，罗马帝国处于和平年代，社会的相对稳定为农业和手工业的发展创造了良好条件，经济上呈现出空前的繁荣。

在农业上，铁制工具广泛使用，大量荒地被开垦出来，农田灌溉、土壤改良、土地轮作等也有较大进步。但由于土地价格上涨、奴隶来源减少和奴隶劳动生产效率低下等原因，意大利本土的农业生产反而呈现出逐步萎缩和走向衰落的迹象，而行省地区的农业生产则日益繁荣。

在手工业生产和商贸活动上，意大利本土和意大利之外的各个行省地区则普遍日渐兴旺。在意大利，手工业门类不但大为增加，而且分工日益细密。罗马城的手工行业就达到八十多种。罗马帝国的各个地区因地制宜，都有属于自己的特产或代表性产品，例如，坎帕尼亚的金属制品，阿列尼乌姆的精美陶器，埃及的麻布，腓尼基的染料，都广受人们欢迎。由是，帝国城市在意大利本土和遥远的行省纷纷建立和发展，其中一些具有相当大的规模，而且规划合理，设施齐全，建筑宏伟，经济发达。据统计，帝国早期罗马城的人口达到了100万人以上。新建城市中，包括后来发展成为欧洲著名都市的伦敦、里昂、波恩、维也纳、贝尔格莱德、布达佩斯等。

这一时期，罗马的外贸也有明显发展，与遥远的中国（当时罗马人称中国为"塞里斯"，意思是"丝国"）之间也有了贸易交流。中国丝绸制品被转运至罗马后，受到罗马上层贵族和富人的青睐，而罗马输入中国的商品则有琥珀、玻璃、珍珠、羊毛等。公元97年，东汉皇帝派甘英出使大秦（即罗马），最终抵达波斯湾一带。公元100年，马其顿使者由陆路来到洛阳，成为罗马和汉朝直接往来的最早记录。公元166年，又有一批罗马商人由海路来到中国。所有这些都成为罗马帝国早期经济和商业繁荣的历史见证。

三、晚期帝国的危机

从3世纪初开始，所谓的"三世纪危机"在罗马帝国爆发，这是一场全面的和根本性的危机。这场持续相当长时间的危机，不仅仅局限在经济和政治领域，还渗透到社会各个层面。

在经济生活领域，传统的奴隶制生产关系越来越不适应新的生产力的需要。早在共和晚期，随着小农的破产和大地产制的形成，奴隶也更多用于农业生产活动。奴隶的消极怠工、逃亡与起义，迫使很多奴隶主和大土地所有者改变奴役奴隶的方式，把土地分成小块出租给自由民进行耕种，收取租税，导致隶农制的产生。到了帝国初期，隶农制得到了普遍的推广。进入3世纪之后，随着大量破产小农也加入到隶农的队伍中，隶农的地位严重下降，生活状况日益恶化，隶农开始与奴隶联合起来进行斗争。由此，意大利本土的农业生产呈现出严重衰退现象。与此同时，使用奴隶劳动为主的手工业生产也出现明显的衰败，进而引起商业和城市的萧条，意大利本土尤其严重。

在政治上，元首废立和王朝更迭接踵出现，军队叛乱、政局动荡与战争频繁相互交织。康茂德被杀后，元首的位置在半年内就两易其主。之后为争夺统治权，各省的军阀展开混战，持续四年之久。安东尼王朝之后的塞维鲁王朝（193—235年）的建立者塞维鲁（193—211年在位）靠军事起家，在他统治期间，军队在政治上的影响力进一步提升。在他的儿子卡拉卡拉（211—217年在位）执政期间，为了扩大税源，他宣布把罗马公民权授予帝国境内所有的自由人，但这项举措并不能扭转经济衰败的局面。卡拉卡拉被近卫军首领杀死之后，继位的马克里努斯（217—218年在位）统治不到一年就去世了，此后陷入多年的混乱。塞维鲁王朝最后一位元首亚历山大·塞维鲁（222—235年在位）也是被哗变的士兵所杀。随后，鼓动士兵哗变的将领马克西米努斯（235—238年在位）上台，三年后同样被士兵所杀，此后罗马政局再次陷入更长时间的动荡和混乱中，同时各地纷纷发生军事叛乱，形成割据势力，235—268年，各地竟有三十人称帝，史称“三十僭主时期”。

奴隶、隶农和人民的起义和暴动也此起彼伏，其中规模最大、持续时间最长的就是发生在高卢地区的“巴高达运动”，从3世纪中叶开始，帝国北部境外地区的日耳曼蛮族也不断突破边境，进入到高卢以及意大利北部地区。

在社会动荡日益严重的态势下，罗马帝国晚期的精神危机也日益显现，为了逃避危机寻找精神寄托，除了下层民众和普通军人之外，许多大地主、大官僚、大商人甚至元首本人也加入基督教。

“三十僭主”时期之后，帝国危机在五位元首统治时有所缓解，其中的克劳狄、奥勒良等四位都是来自伊利里亚的军人，他们通过调整统治秩序、镇压各地起义和吸收蛮族人加入军队等举措，使帝国再次恢复统一和稳定。284年，近卫军长官戴克里先上台后，采取一系列措施加强中央集权，他开始以“君主”称号取代了“元首”，并以神自居，要求臣民行跪拜礼。他还实行“四帝共治制”，帝国东部/西部地区由四个分别拥有“恺撒”和“奥古斯都”称号的统治者管辖，并分别设置四个首都，重新实行新的行政区划。同时，实行志愿兵和义务兵两种征兵形式，把军队分为边防军和巡防军两种，分别负责镇守边疆和内地。此外，他还统一税制和货币标准。在宗教上，他主张复兴罗马的多神教崇拜，并对基督教徒疯狂迫害。戴克里先退位后，四帝共治制难以为继，军阀混战再次爆发。

323年，君士坦丁在战胜对手后成为君主。他首先废除四帝共治制，力图用自己家族的势力维护帝国稳定，并设立许多新的官职，让其直接听命于己。330年，为加强对帝国东部监管，他把都城从罗马迁移到拜占庭城，并将其命名为君士坦丁堡。在宗教上，他开始利用不断发展壮大的基督教来加强统治。313年，君士坦丁发布了“米兰敕令”，使基督教成为合法的宗教。

君士坦丁去世后，帝国开始陷入混战、动荡状态，同时各地起义此起彼伏。高卢地区的“巴高达”运动再度勃兴，北非则掀起“阿哥尼斯特运动”，北部边疆也爆发了西哥特人起义。378年，罗马皇帝瓦卢斯亲率大军前往镇压，在亚德里亚堡附近遭到惨败被杀。395年，狄奥多西一世去世之前，把帝国分为东西两个部分，交由其两个儿子掌管，罗马帝国正式分裂。此后，东罗马帝国即拜占庭帝国继续存在了相当长的时期，西罗马帝国则一蹶不振，最终走向灭亡。

参考书

Brian Campbell，*The Romans and Their World*，New Haven：Yale University Press，2011.

Michael Hewson Crawford，*The Roman Republic*，Cambridge：Harvard University Press，1993.

Karl Galinsky，*The Cambridge Companion to the Age of Augustus*，Cambridge University Press，2005.

Cristopher Keuy，*The Roman Empire：A Very Short Introduction*，New York：Oxford University Press，2006.

David Stone Potter，*Ancient Rome：A New History*，2nd ed.，London：Thames & Hudson，2014.

爱德华·吉本：《罗马帝国衰亡史》，席代岳译，吉林出版集团有限责任公司，2011。

刘津瑜：《罗马史研究入门》，北京大学出版社，2014。

罗纳德·塞姆：《罗马革命》，吕厚量译，商务印书馆，2016。

M.罗斯托夫采夫：《罗马帝国社会经济史》，马雍，厉以宁译，商务印书馆，1985。

特奥多尔·蒙森：《罗马史》，李稼年译，商务印书馆，2017。

第三章

西欧基督教-封建文明

第一节　从古典向中世纪的历史过渡

一、罗马古典文明的衰落与基督教的兴起

西罗马帝国后期，面临严重的统治危机，社会动荡不安，帝国最终难以承受奴隶、隶农大起义与“蛮族”大迁徙浪潮的交相冲击，最终在476年覆亡。由此，罗马古典文明失去了继续发展的社会基础，延续了千余年的西方古典文明最终走到了尽头，经过数个世纪的演进，为中世纪新兴的基督教-封建文明所取代。这一历史巨变，当然并不意味着西方文明发展进程的断裂。古典文明的诸多元素，尽管在中世纪初期被湮没、埋汰，但仍旧在新的社会土壤中沉潜下来，并随着时间的推移而渐次复苏，融入到新的文明形态之中。此外，伴随这一新的文明的建构，西方文明史的空间范围，迅速从阿尔卑斯山以南的地中海区域，逐渐向北扩展到整个西欧。

伴随着罗马帝国衰亡的进程，古典文明逐渐丧失了勃勃生机而走向衰落。与之相应，哲学上的神秘主义开始盛行，豪气横生的史诗与清新典雅的抒情诗不再出现，古典史学也逐渐消失，雕刻艺术褪去了昔日的神韵而流于呆滞。更为重要的是，罗马公民丧失了原来的那种开拓进取的精神风貌，颓废、享乐、奸诈、欺骗盛行于世，整个社会世风日下，道德沦丧，法制荡然无存。失去了精神支柱的古典文化，如同无源之水，无本之木，日益趋于枯竭。前所未有的严重的“精神空虚”使社会对心

灵慰藉的诉求十分强烈，由此为基督教的迅速传播打开了巨大的社会空间。

基督教的兴起在西方文明史上具有极其特殊而重要的意义。西方学者将西方文明视为希腊文化与希伯来文化这所谓的“两希文化”的产物，并非不经之谈。希腊罗马的古典文化与犹太教-基督教文化的确构成了西方文明的两大历史源流。不过，古典文化与犹太教文化都没有以“原生态”的文化形式与内涵延续下来，而是经过基督教这个大“熔炉”在中世纪的融会化合而对后世产生其文化效应的。因此，基督教的兴起，无疑是西方文明史发展进程中的一大变革与转折，因为它将在相当大的程度上规定西方文明的演进路向，决定西方文明未来的面貌。

在接受基督教之前，罗马社会也曾经有自己的宗教崇拜，其大体可分为公共的和家庭的两个层次。公共的是指由国家或地方当局主持的各类仪典所崇奉的天地诸神。在这方面，罗马人基本上继承了古希腊的“奥林匹斯诸神”的信仰。古希腊人的神也是罗马人的神，只不过是在名称上做了更动。如宙斯被称为“朱庇特”，宙斯的妻子赫拉女神叫“朱诺”，雅典娜女神叫“米涅娃”等等。与此同时，罗马人的宗教信仰中还吸收了埃及、西亚的一些神灵。家庭的则是指在住宅内设坛祭奠的祖先神灵和家宅土地诸神，包括灶神（Vesta）、门神（Janus）、仓神（Penates）、家神（Lares）、花木五谷之神（Flora）等等。罗马人的宗教活动只涉及这些祭典，没有礼拜听道、神学讨论的内容，所有祭典也不外敬神求福的简单形式。所有这些，从一个侧面反映了罗马文化朴素、实用的特征。罗马人的宗教信仰，曾经作为精神支柱而对罗马人深有影响。当时的史学家波里比阿在谈及罗马人的宗教信仰时曾指出，这种信仰“保持了罗马国家的凝聚力”，也是一种钳制民众的欲望、非理性行为的“精神力量”，官员们信守对神明的誓言，因而始终忠于职守。

“多神崇拜”所构成的罗马人的宗教信仰，与罗马社会的需要是相适应的。而随着地跨欧、亚、非的政治大一统帝国的建立，罗马人逐渐意识到了“思想大一统”的必要性，这就势必要涉及最为敏感的宗教问题。罗马帝国的统治者虽然以武力征服了整个地中海世界，但是却不可能用武力去消除各民族思想中的神祇。因此，在宗教上，早期罗马帝国的统治者们采用了折中调和的方式，使被征服的民族的神祇都进入罗马的万神殿中接受崇拜，以缓和民族矛盾。但是，作为交换条件，他们要求这些民族承认罗马人的神为最高的神，承认罗马皇帝是神的儿子。于是，许多外来的神灵被引入，甚至民间的宗教崇拜也被吸收过来。如对埃及死而复生之神伊西丝的崇拜、对希腊的酒神狄奥尼索斯的秘密崇拜和对小亚及西亚地区的日神密特拉的崇拜等。但罗马的统治者并没有放弃“思想大一统”的渴求。随着帝国统治危机的显现，这样的渴求更加强烈。罗马奴隶主阶级的思想家为此在哲学理论上论证了“一神”的存在。这主要表现为新斯多葛派与新柏拉图主义的学说。与此相应，随着罗马帝国统治危机的出现，各阶层的人们开始对现实生活悲观绝望，由此而纷纷将目光转向东方的各种神秘宗教中去寻求慰藉。

基督教大约产生在公元 1 世纪罗马帝国东部的小亚细亚与巴勒斯坦一带，传说为“上帝的独生子”耶稣所创。“基督”系希腊文 christos 的音译，是对耶稣的专称，意指上帝所差遣的救世主，故称之为基督教。该教由原犹太教的一个革新教派演变而成。当时住在巴勒斯坦的犹太人，因反对罗马人在公元前 63 年的野蛮征服而多次起义，但均遭到残酷镇压，于是就把本民族解脱苦难、得到复兴的希望寄托于“神”的庇护与帮助。此后，一些秘密建教者将犹太教的一神教的“救世主”观念加以改造，并吸收了东方一些宗教的神学思想与斯多葛派的哲学观念，建立了基督教的信仰和团体。

最初的基督教是下层劳动人民的宗教，它在吸纳信徒时不分阶级、种族与性别，反对罗马帝国的暴政和剥削者的为富不仁，在内部实行财产公有、共同消费、彼此平等互助的原则，因而受到广大下层民众的欢迎，逐渐在各地传播开来。公元 2 世纪以后，随着罗马帝国社会危机的不断加深，人们纷纷开始寻求精神慰藉而皈依基督教，其信众的成分有了变化。原先，绝大多数信徒都是来自社会下层的农民、工匠、妇女、儿童、乞丐乃至奴隶。但从 2 世纪开始，一些富有的奴隶主和工商业者源源不断地加入，他们拥有文化知识、财产与管理经验，在教会中逐渐形成了一个特权阶级，从而使得基督教的性质发生变化，成为有产者与剥削者把持的教会。而到了 3 世纪初，不少文化界、政界人士也进入教会，其中包括一些知识渊博的学者，如克莱门特、亚历山大里亚的奥利金、特尔图良等，还有一些行省总督之类的政府官僚。当时，为了避免罗马帝国统治集团的迫害，各地的教会都采用秘密的传教方式，并以城市为轴心而形成了一些传教中心。在叙利亚是安提柯，在小亚细亚是以弗所，在意大利是罗马，在埃及和利比亚是亚历山大里亚。在基督教还未取得“合法”地位之前，这些中心虽然还未显示出明显的作用，但却逐渐有了地方文化的“个性”色彩，为日后各大主教区的建立奠定了基础。基督教在罗马帝国境内之所以能广泛发展，在很大程度上得益于它的普适主义的宗教精神。基督教以宇宙间唯一“上帝”即“全能上帝”的概念，代替多神教的希腊、罗马诸神和广为传播的一神教的东方崇拜对象，由此而使得它有了被各种族、各民族、各阶级的人们所一致接受的可能。它提供的凡基督徒皆兄弟的主张，它所宣传的“上帝之子——救世主基督”的来临，向所有那些挣扎在痛苦的深渊中的人们传播“拯救”与“天国”的“福音”，使人们在茫茫黑夜中感觉到了一线希望的光芒。它宣传基督的受难和复活，使人们能够看到“再生”的希望。当然，这个再生不是肉体的再生，而是灵魂的得救和心灵上的天国。这种观念吸引了千千万万人追随基督的拯救之路。

罗马帝国对基督教的政策则经历了一个从镇压到利用的过程。最初，基督教反对罗马帝国的压迫，在祭祀仪式中也一反当时帝国的宗教习惯，拒绝将皇帝作为神来崇拜。基督教信徒的日益增加，更导致帝国统治者的不安。著名的早期拉丁教父德尔图良曾经夸耀基督教的势力说，“我们已经扩展到各地，城市、岛屿、要塞、集镇、市场、营地、部落、部队、宫殿、议会、法庭……”，“基督教徒的巨大数量使得他们的敌人变得微不足道，你们所有城市里的居民几乎都是基督的追随者”。在此情况下，对基督教的迫害时有发生。在皇帝德休斯（249—251 年在位）与瓦勒良（253—260 年在位）统治期间，就对基督教徒进行了大规模的镇压。250 年颁布的“德休斯敕令”规定，凡信仰“异教”——基督教的人，与凡是不愿意放弃基督教信仰的人，无论属于社会上哪一个阶层，都要受到严惩，轻则罚没财产，重则处死。303 年，罗马皇帝戴克里先颁布的“戴克里先敕令”，更下令收缴并焚毁所有的《圣经》，铲除所有的教堂，禁止基督教徒的任何集会，并剥夺他们的荣誉与法律申诉权。但由于迫害难以消除基督教渐大的势力，也引起了信徒的不满，罗马皇帝转而对其加以利用与扶持。公元 313 年，罗马皇帝君士坦丁颁布“米兰敕令”，承认基督教的合法地位，赐予其种种特权。该敕令声称“为确保社会安宁”，规定帝国境内所有民众都有宗教信仰自由，仍然保留罗马原有的神庙及其祭司，所没收的基督教徒的集会场所、财产一律归还。325 年，为整治“异端”，统一观点，加强对基督教的控制，君士坦丁又在离拜占庭不远的尼西亚召开帝国的第一次基督教会主教会议。此后，罗马皇帝继续扶持基督教，他们在 341 年、346 年、356 年与 392 年相继颁布了一系列的敕令，禁止异教祭祀敬神，封闭异教神庙，并规定要焚毁异教徒反对基督教的一切作品，严惩由基督教改宗异教的人，以基督教为帝国唯一合法的宗教。基督教会以它本身所特有的超阶级、超种族、超民族的普适性，很快得到帝国各阶层人民的青睐与帝国统治者的认同，最终战胜了古罗马传统的多神教，演变为罗马帝国的国教，成了它统治的精神支柱，开始支配着整个社会成员的思想观念与行为方式。

在西方文明史上，基督教文化取代罗马古典文化是一种历史的必然。它的出现，并非意味着西方文化历史发展进程的倒退与断裂。的确，基督教神学体系与古典文化存在着尖锐的对立。古典文化注重理性，它却强调信仰；古典文化注重“人本”，它却迷恋“神本”；古典文化强调和谐秩序中的多向发展，它却阐扬上帝包揽一切、神圣至尊的权威。然而应当看到，随着古典奴隶制世界的崩溃，古典文化已经失去了其赖以生存的社会土壤而逐渐枯萎。只有基督教才可能将无序混乱的社会黏合起来，并以自己特有的“神本”文化底蕴来促进新文明的诞生与发展。在发展的过程中，基督教也没有完全抛弃古典文化，它根据现实社会的需要为价值尺度，对古典文化传统进行选择、舍弃，并以神学为思想基调，吸收古典文化中那些对现实社会有用的因素，在铸造具有神学特色并兼容某些古典文化的中古欧洲文明中发挥了关键作用。

二、基督教的内部纷争与“拉丁教父”的神学活动

基督教取代了罗马的传统宗教信仰，从一个被禁止的下层民众的秘密宗教社团

提升为罗马帝国的国教，必然要在当时的思想文化领域引发巨大的震荡与冲突。东地中海地区长期深受希腊古典文化的熏陶，对东方的宗教信仰也多有接触。因此，这一地区的民众在接受基督教的神学信仰时，常常以其特定的文化价值取向去加以理解和修正。与此同时，自4世纪初开始，随着君士坦丁皇帝将帝国的首都东迁至拜占庭，罗马帝国的政治统治重心显示出逐渐东移的趋势。至395年，罗马帝国正式分裂成东、西两大部分，也酝酿着基督教的分裂。正是在这样的历史背景下，基督教内部的神学信仰纷争逐一展开。

4世纪初出现的关于耶稣基督与上帝-圣父之关系的讨论，揭开了基督教信仰大论争的序幕。这一论争的主要问题，就是基督究竟是与“圣父”一体，还是与一般人类一样，为上帝所造化。大约在320年，安条克学派的阿里乌（250—336年）在亚历山大教会中任职时，对基督教的“三位一体”论提出了自己的看法。他认为，自我存在是神性的标志，上帝是永在的、“无始”的，而耶稣基督则是受造物，与常人一样，是上帝造化的，因此不含有上帝的实质，它同其他被造物一样，是由无创造的：“圣子有始，但……上帝是无始的”。阿里乌的这一理论否定了基督的神性和三位一体的教义，很快引起了教会内部的争论和信众思想的混乱，阿里乌及其追随者也被亚历山大主教革除教职，但由此引发的动荡却难以平息。为了统一信仰，消除纷争，安定教会，君士坦丁皇帝亲自主持召开了第一次帝国境内的全体基督教主教会议，即325年召开的尼西亚会议。大约有300名高级教士到会。在会上，君士坦丁宣布阿里乌派的理论是异端，并强迫与会各地主教接受基督教的正统信仰。会议还制定了教会史上著名的《尼西亚信经》。为了将“基督与圣父同性”的观点写进《尼西亚信经》，他还采取了武力恫吓的手段强迫与会者签字同意。此次会议还制定了教会法规二十条，明文规定了主教的权力，还规定按帝国的行省范围来划分教区，主教由皇帝任免，每两年召开一次宗教会议。

尼西亚会议在很大程度上重构了教会内部的统一性，也加强了皇帝对教会的控制权，基督教由此得到进一步发展。但会议结束后，帝国东部的主教仍然坚持自己的立场。他们认为，如果承认了阿里乌派是异端，即承认耶稣基督是神，等于承认基督教会可以崇拜两个以上的神灵，这是很荒谬的。330年，君士坦丁将帝国首都迁往君士坦丁堡（拜占庭），为了获得“东派”教会的支持，否定了自己在尼西亚会议上的立场，最终使阿里乌派得到皇权的支持，迅速成为东罗马帝国（拜占庭帝国）的占主导地位的教派。君士坦丁逝世后，这一宗教争论仍在延续。尽管阿里乌派在日后不久又被视为异端，但其思想残余仍然对社会有一定影响。尤其值得注意的是，这一论争本身开启了基督教内部教派分裂对峙的端绪。基督教东派的势力正是利用这一良机而逐渐扩大，开始与西部的罗马教会分庭抗礼，并在后来成为拜占庭帝国的国教——东正教。

随着基督教的国教化与罗马帝国日益分裂成为东西两部分，为适应西罗马帝国统治阶级的需要，必须完全实行《圣经》的拉丁化，编定出一部统一的拉丁文本《圣经》；还必须从《圣经》这部内容烦琐庞杂、历史典故与神话传说相互交织的原典中发掘神学伦理的内涵，并将之转化成系统化与理论化的教义，用以规范信徒的思想取向与行为规范。同时，为了同当时的阿里乌派作斗争，维护基督教的正统地位，也需要深入到原典中拨乱反正，正本清源，为反异端的神学观点提供理论依据。正是在这样的背景下，大约在公元4—5世纪，一批神学家本着高度的责任感与使命感，开始了对《圣经》的翻译与阐发工作。他们被教会尊称为“教父”，因系罗马帝国西部讲拉丁语地区的学者，又以拉丁文来翻译《圣经》，故被称为“拉丁教父”。

作为基督教的经典，《圣经》分为《旧约》与《新约》两部分。公元前4世纪以前，《圣经》几乎都是希腊文版本。《旧约全书》是从犹太教那里继承下来的，最初用希伯来文写成，大约在公元前3—2世纪又用当时流行的希腊文编译而成。据传，大约在公元前3世纪中叶，应托勒密国王勒代尔佛斯的邀请，耶路撒冷的70名犹太学者来到亚历山大城，将《旧约全书》译成希腊文，称为“七十子文本”。这个版本谬误不少，甚至有原书的文句与章节顺序被改动的情况。该版本首先在亚历山大被不熟悉希伯来文的犹太人所应用，一直在巴勒斯坦流行，后来基督教产生后又在罗马的基督徒中流行。《新约全书》最初也用希腊文写成，基督教产生后渐被译成拉丁文，其中错漏不少。因此，将基督教原典《圣经》拉丁化，并致力于阐发其中的微言大义，厘定教会信仰的基本信条，以促使教会在精神上和组织上的统一，就成为早期“拉丁教父”们所关注的大事。

在《圣经》的翻译与整理方面，圣哲罗姆（约342—420年）的贡献尤其突出。他精通希腊文和希伯来文，曾经在君士坦丁堡校译和注释《圣经》，382年又赴罗马，任罗马主教的秘书，并受命编定一部统一的《圣经》拉丁文译本。通过三十多年的劳作，参照希伯来文原本翻译与校订《圣经》，终于编定出通俗拉丁文本《圣经》。此书是此后一千多年中通行西方的《圣经》范本。此外，他还撰写了一些有关《圣经》的介绍与注释的著作，这在中世纪也被作为《圣经》评论的标准。不过，在翻译与注释《圣经》时，圣哲罗姆使用了意义近似与隐喻的方法，其中有不少与原意不合的错误。有史家认为，由于圣哲罗姆的学说处于权威地位，“他的翻译错误与解释就是整个西方中世纪所接受的《圣经》传统的一部分”。

著名的早期拉丁教父圣奥古斯丁（354—430年），则在阐发基督教基本教义上做出重要的理论贡献，对中古西欧的神学文化产生了深远影响。圣奥古斯丁曾经研究过新柏拉图主义的哲学，也曾受过东方的摩尼教的影响。他一生著述丰厚，主要有《教义手册》《论三位一体》《忏悔录》《上帝之城》等。在这些著作中，他将新柏拉图主义与基督教原典《圣经》结合起来，对基督教教义进行了系统的阐发，奠定了基督教神学体系的理论基础。

圣奥古斯丁在阐释《圣经》时，也同样使用了圣哲罗姆的方法，并且对这一方法做了论证。在他看来，《圣经》之所以用模糊的形式和朦胧的语言写成，是因为上帝为了以此来征服人的傲慢与自负，让那些漫不经心的读者一无所获。故在阅读《圣经》时，切勿仅仅看到字义表达的对象，而必须洞察到其字词所指向的存在于物质现实之后的超世俗的神圣真理，《圣经》的语言只是一种指引读者从有形之物转向无形之物的工具。他指出："被撰写的事物不被理解有两个原因：由于它们被陌生的或模棱两可的符号所模糊了。因为符号有字义的和比喻的特性，从字义上看，它们表示某一事物；而从比喻上讲，它们同时也意味着其他某种事物。"圣奥古斯丁的《论基督教教义》一书，侧重于论证如何发现《圣经》字面意义背后之神圣真理的方法。在此书中，他要求人们去发现《圣经》字义所指的超世俗的神圣内涵，并阐述了完成这种任务的诸方法：不拘泥于经文词句字面意义的解释，而是致力于发掘其中的"微言大义"，体悟到字面背后隐藏或包含的上帝的意志和启示。

圣奥古斯丁所阐发的基督教教义，其基本内容包括"原罪"、"预定"论、"三位一体"说等。

在阐发教义时，圣奥古斯丁基于新柏拉图主义的原则，提出了"理解为了信仰，信仰为了理解"的主张。他指出，上帝是超越时间、空间存在的"绝对真理"，是宇宙万物的创造者与支配者，也是真、善、美的最高象征。一方面，上帝是第一性存在的、独一的、永恒的实体，是一体而不可分的；另一方面，上帝这一实体又有三个"位格"，分别表现为圣父、圣子与圣灵。不过，这三"位"的分别只是彼此相对而言的，即圣父是对圣子而言，圣子是对圣父而言，而发自圣父、圣子的圣灵是对圣父、圣子而言。尽管一些事物分别统属于他们，但"三位一体"是不可分割的，圣父、圣子与圣灵"三者是同一个主"，都统合在上帝这一"实体"之中。他还以人的思想与思维活动的关系来加以说明，指出人既有思想，又有智慧、欲望、爱等具体的思维活动，这些活动从根本上讲都来自人的思想，它们之间是不可分割的。

西派教会的神学家德尔图良等人曾经论述过"原罪"说，圣奥古斯丁在其基础上做了进一步阐发。他指出，亚当在被上帝造就时，是洁白无垢、清白端正的。但亚当违背了上帝对他的信任，由从善转向从恶，由此而毁灭了自己，并且给后代带来了世代遗传的"原罪"。人正是天然地带有始祖之堕落的本性，故难以克服其自身的情欲而到一定年龄时就要犯"本罪"。人的犯罪主要是因为受到诱惑而具有从恶的倾向，这也是人类自由意志的一大表现。

在对"原罪"和"本罪"进行论述的基础上，圣奥古斯丁提出了有关恩典的理论——"预定"论。他指出，戴"罪"的人要获得拯救，只能依靠上帝而不能指望其本身，因为人只有从恶的倾向而无择善之能力。这样，人就必须具有信德，虔诚地信仰与爱上帝，盼望上帝的"拯救"。人的释罪成义的信仰，是充满了爱心的信仰行为。上帝通过耶稣基督赐给人恩典，由此而赋予了人的意志以从善的基础，禁锢了人从恶的倾向，激发了人的善意和爱心，最终使人成为"义人"。不过，圣奥古斯丁认为，上帝的恩典并非给所有的人，而是赐给上帝所挑选的人。在赐予恩典前，上帝就“预先”拣选了一些人作为自己的选民，将其“释罪成义”，拯救至天堂而享有永生。而没有被选中的人则成为弃民，将被打入地狱而遭到永罚。人要摆脱成为弃民的悲惨命运，就应当遵循“信”“爱”“望”这三大主德，虔诚地崇拜上帝，循守基督教的神圣礼仪。

圣奥古斯丁的这些神学理论，将基督教的基本教义系统化与理论化，其主旨在于阐明基督教教义与权威的神圣性与合理性。他的思想，是罗马帝国严重统治危机与基督教内部的派别之争在神学意识形态领域中的反映，既体现了基督教会对社会动荡的不安与惶恐，也倾吐了教会希望以纯真神圣的宗教信仰来消除社会矛盾的呼声。圣奥古斯丁以他的思想赢得了崇高的地位，被教会尊为“博士”、追封为“圣徒”。他的学说，为基督教的传播与发展奠定了思想基础。

三、日耳曼蛮族大迁徙及其对基督教的皈依

就在基督教兴起之时，即将从物质层面大规模改造欧洲的日耳曼人也在罗马帝国的北部崛起。日耳曼人（Germani 或 Germans）亦称条顿诸民族（Teutonic Peoples），系指使用印欧语系中日耳曼诸语言的任何一个民族，是一些语言、文化和习俗相近的民族的总称。日耳曼诸民族的族源尚无确说，大约在公元前 6 世纪中叶，由使用铁器的北欧人与使用青铜器、操印欧语系的波罗的海南岸居民混合而成。在长期的发展中，日耳曼人逐渐形成了若干分支，如法兰克人、撒克逊人、哥特人、阿勒曼尼人、苏维汇人、汪达尔人和伦巴德人等。在公元前后，日耳曼人的部落散居在莱茵河、多瑙河、维斯杜拉河和北海之间的广大地区，正处于原始公社解体、国家萌发的历史时期。日耳曼人的一些部落时常南下侵扰，与罗马人发生冲突。由于不甚开化，这些居住在欧洲大陆北部和中部的语言相近、物质生活与精神生活类似的日耳曼人的民族部落，因社会发展层次较低而被罗马人统称为“野蛮人”“蛮族”。

最早记载日耳曼人的是古希腊作家皮提亚斯。大约公元前 325 年，他航行到北方琥珀海岸，依据见闻在其旅行记中描写了住在那里的“条顿人”即日耳曼人的情况。在古罗马，曾经率军征讨过日耳曼人的恺撒，在公元前 49 年撰写出《高卢战记》一著，这是详细记载日耳曼人状况的第一部著作。到了公元 98 年，罗马历史学家塔西佗又完成名著《日耳曼尼亚志》，它和《高卢战记》一样，都留下了研究古日耳曼人历史的宝贵资料。

此时的日耳曼人在社会发展层次上处于原始公社的解体阶段。他们有了定居的村落，畜牧业仍占重要地位，但也种植谷物，能制作轻便的铁制武器，并在罗马帝国边境地区使用罗马货币进行交换。土地公有，但已不再平均分配，而是按照身份

的贵贱分授。森林和荒地仍属公社共有，集体使用。耕畜和住宅已经归各家私有，不再是公共财产。随着土地占有从氏族公社向私有制的过渡，阶级分化开始出现，部落氏族贵族开始凌驾于一般成员之上，操纵氏族贵族议事会，掌握了统治权。

随着贫富分化和阶级的形成，日耳曼人的部落组织开始向国家政权嬗变。其时，部落首领因占有较多地产和战利品而成为氏族贵族，原来的部落民主制逐渐消解，出现了原始军事民主制。军事首领虽仍然由选举产生，但由于战争频繁且需要绝对的指挥权，军事首领的权势日益显赫。亲兵制（扈从队制）也发展起来。军事首领周围聚集起一批亲兵，彼此之间缔结起一种与氏族成员之间平等关系根本不同的个人效忠关系。亲兵不事生产，专门打仗，其生活和战马、长矛等均由首领供给，并以忠诚服务于首领为荣。中世纪西欧的封君封臣制，正是从这种亲兵制发展起来的。不过这些军事首领并非权力无限，他们并非因血统世袭而掌权，而是以聪明善战而由选举产生，不能唯其意志行事。部落的贵族议事会处理一般事务，军事首领只是其中的一员。部落的真正权力集中在部落成员大会，它有权决定和战、判处死刑。但在决定要事时并不讨论议决，由成员以挥舞武器表示赞同，以叹息表示反对。尽管如此，军事首领的权势因亲兵制的形成和战争的增多而日益拓展，致使日耳曼人的社会已经发展到国家产生的边缘。

日耳曼人的宗教信仰主要表现为多神崇拜。此时，随着军事民主制的形成，他们尊崇作为诸部落神之父与创造人类的天神“瓦登”(Woden)，“瓦登”也被视为人类和文化艺术的创造者。随着战争的增多和军事首领的权势日大，“瓦登”也被视为战争之神。“瓦登”之名本有“疯狂”之意，其形象是一个雄健赤身的男子，手持长矛或刀剑在战场上飞奔。为了对“瓦登”表示尊重，日耳曼人还常常杀俘对之祭奠。“瓦登”神之妻弗列亚，是婚姻和家庭的保护神。瑟诺尔则是雷电之神，有时也被看作是战神。到了公元 3 世纪，一些日耳曼部落开始接触基督教并对之崇拜，但仍然保留了本民族的多神崇拜。到了中世纪，他们才逐渐完全皈依了基督教。

在公元前后，日耳曼人与罗马人之间的接触日益增多。原住日德兰半岛的条顿人和森布里人，因农业歉收被迫渡海沿奥得河南下，辗转至高卢后，多次与罗马军队交战。除了军事冲突以外，日耳曼人与罗马的和平交往持续不断。他们用家畜、奴隶和琥珀换取罗马的武器、纺织品和金银制品。随着日耳曼人口的增加与社会的变迁，以及罗马统治危机的加深与国力的日益削弱，日耳曼人必然要掀起对罗马帝国的战争。直接促成这一南侵的则是来自东方游牧民族的西迁浪潮。公元 2 世纪被东汉王朝击败的北匈奴逐渐西迁，于 374 年出现在黑海北岸。由此引发了日耳曼人南下的“民族大迁徙”浪潮，历时二百多年，有十多个“蛮族”部落集团进入罗马帝国境内。“蛮族”的入侵与奴隶、隶农的起义交相呼应，最终摧毁了西罗马帝国，并在帝国的废墟上建立起新兴的“蛮族”王国。西哥特人 401 年在首领阿拉里克的率领下进军意大利境内，410 年攻克罗马。罗马的陷落，是西罗马帝国即将灭亡的一个历史标志。419 年，西哥特人在西班牙建立西哥特王国，成为罗马帝国境内第一个蛮族国家。429 年，被西哥特人打败的汪达尔人来到北非，十年之后建立了汪达尔王国。到 5 世纪末期，罗马帝国的西部地区大部分已经被蛮族占领，其中盎格鲁-撒克逊人在不列颠，法兰克人在高卢北部，勃艮第人在高卢南部，都建立起自己的国家。476 年 9 月，西罗马帝国最后一个皇帝罗慕路斯被日耳曼籍雇佣军首领奥多亚克废黜，西罗马帝国正式宣告灭亡。

在这些新兴的“蛮族”王国中，日耳曼贵族是统治阶级的主体，他们由原来的氏族贵族演变而来。这些人在对罗马的征服过程中，掠夺了大量的土地财富与奴隶，成为剥削阶级。原来罗马的一些大地主，因投靠“蛮族”而得以保留财产，也成为统治阶级的一部分。“蛮族”国王也将其所夺取的一部分土地，按照传统的公社制度分配给普通的日耳曼人，由此造就了一个自耕农阶层。生活在社会底层的则是广大的奴隶，不过他们与罗马帝国后期的隶农一样，逐渐向封建劳动者转化。

在南下建国的过程中，日耳曼“蛮族”国王为了强化对各部落的统治，也为了笼络罗马帝国的一些大贵族，开始放弃了日耳曼传统的部落神崇拜，逐渐皈依基督教。而剧烈的社会大震荡与大变革，使基督教失去了罗马帝国的有力庇护，面临着严重危机，为获得生存发展，也积极地向“蛮族”征服者靠拢。当时，一些“蛮族”部落如东哥特人、西哥特人、汪达尔人都曾经信奉基督教的异端阿里乌派。但随着时间的推移，“蛮族”统治者逐渐意识到，要争取罗马奴隶主贵族的归附与支持，就必须认同与接受他们所信奉的基督教的正统信仰。更为重要的是，“蛮族”国王及贵族没有多少文化，皆系不通文墨的赳赳武夫，要建构新的“蛮族”王国统治秩序，必须皈依基督教。因为基督教的神权政治文化传统，有着强烈的国家理想与“王权神授”的主张，能够为国王提供强大的精神支柱；而基督教的高级教士多具丰富的学识文化与丰富的教区管理经验，是国王政府赖以建构的重要政治资源。

公元 5 世纪末，迁徙到高卢地区的法兰克人，在其首领克洛维的率领下开始与基督教合作。在这期间所发生的“苏松瓦金杯事件”就是一个标志。其时，法兰克的士兵抢劫了苏松瓦大教堂中祭祀所用的金杯。对以战争为职业、以战利品来获得荣誉的法兰克人来说，按照以往的传统，这是一件司空见惯的事情。但为了拉拢教会，克洛维对抢劫者处以死刑，并归还金杯。不久，也就是在 496 年，克洛维率领其数千名亲兵“受洗”入教。而在罗马教会的支持下，克洛维的法兰克王国进行军事扩张，占据了高卢南部与纳尔榜、普罗旺斯两地区，巩固了其建立的墨洛温王朝。大约在 6 世纪初，高卢东南部的勃艮第王国与比利牛斯半岛上的西哥特王国，也皈依了基督教。另外，早在 5 世纪中叶，基督教开始向不列颠诸岛传播，而英格兰的盎格鲁-撒克逊人稍后所建立的一些“蛮族”小王国以及苏格兰、爱尔兰岛上的居民，也相继皈依了基督教。

“蛮族”王国统治者的皈依，使失去罗马帝国这一强大政治后盾的基督教摆脱了覆没的命运，获得了生存发展的有利环境。但基督教要真正地在西欧的蛮族社会中扎下根来，却并非易事。由于刚刚脱离原始社会，一方面，广大的日耳曼人尚处于粗陋愚昧的状态，社会物质生产生活水平十分低下，文化教育几乎是空白，同时也或多或少地保留着其原始部落宗教的“多神”崇拜与原始民主制的习惯；另一方面，新兴的蛮族国家政制简陋，法律粗疏，尚未建立系统的国家官僚政府机构，国王的权威还受到部落贵族的制约。在这样的社会土壤中，对素来强调“一神”信仰、服从与秩序的基督教的发展有着诸多的不利。然而，基督教却利用蛮族王权的庇护与支持，以其严密的组织结构与普适主义的布道精神顽强地生存下来，不断克服困难，逐步向其陌生的“蛮族”蛮荒世界传播与渗透，最终成为支配中古西欧社会的神权势力与意识形态。在当时，这一过程既是与社会的封建化同步进行的，同时也是与新兴蛮族封建国家的统治措施密切相联系的，它们之间存在着一种相辅相成的关系。社会的封建化将部落贵族与教会转化为封建贵族，广大的日耳曼下层民众则沦为封建农奴，由此构建起封建的统治秩序，进而有力地促进了社会的基督教化。而社会的基督教化，必然要将社会全体成员的思想、观念与行为纳入到教会神学信仰与宗教伦理的轨道之中，这又反过来促进了社会的封建化。蛮族国王为巩固统治所采取的政策，如土地分封、扶持教会、建立政府机构、对外军事扩张、奖掖文化教育等，都有利于基督教发展。

中古西欧社会基督教化的历史轨迹，在法兰克王国清晰地展现出来。法兰克王国是西欧大陆最先皈依基督教并全面推行社会基督教化的蛮族封建国家。克洛维在建立墨洛温王朝以后，开始组织由其管辖的教会。511 年，他召开了奥尔良宗教会议，会上制定的宗教法规赐予教会之教堂神圣不可侵犯的地位。后来又规定，在教堂举行弥撒时，全体居民必须参加，礼仪尚未结束前，任何人不得离开教堂。法兰克王国的君主在竭力控制教会的同时，还赐予教会大量特权。549 年的奥尔良宗教会议正式规定：法兰克王国的国王有任命主教的权力，主教有权修改法官的判决，并有权处分被控告为犯有渎职罪的法官，教会的产业永远属于教会，教徒临终，其财物应归教会，其他人不得染指侵占，教会的产业全部免税，一切神职人员都免除任何劳役负担。由于享有许多特权，教会的势力逐渐壮大。

新兴日耳曼“蛮族”国家的建立及其对基督教的皈依，标志着西方古典文明的终结。从此，随着基督教的神学信仰对社会的渗透，西方文明逐渐凸显基督教文明的特征。

四、封建化进程的开启

随着日耳曼“蛮族”国家的建立，西欧社会也开启了封建化的历史进程。这一进程表现为土地占有的领地化、自由农民的农奴化、封建主内部关系的等级化，最终形成封建的生产方式。[①] 法兰克国家的封建制集中体现了这一封建化进程的开启。

自墨洛温王朝建立起，国王对其亲兵、部落贵族、教会与皈依的罗马大地主进行土地分封，产生了新兴的封建主阶级。同时，广大下层法兰克民众，也分配到了土地，在部落血缘关系解体的情况下，他们组成以村居地缘关系为纽带的农村公社——马尔克。马尔克公社自由农民的破产与罗马帝国时期留下的“隶农”一道，融合成依附于封建主的农奴阶级。

6 世纪初颁布的《萨利克法典》是法兰克国家早期习惯法的汇编，从中可以大致看到法兰克社会封建化进程的发端。这部法典显示，在法兰克王国，农村公社（马尔克）和王室地主两种土地所有制形式并存。以村居地缘关系为基础的农村公社，逐渐取代了以血缘关系为纽带的氏族公社。住宅和宅傍园地已成为私有财产，侵犯时处以罚款。耕地仍属公社所有，但已分配给各个家庭世代使用，不再重新分配。森林、牧场、水源为集体所有，共同使用，每个社员都拥有平等的共用权。这样，土地的占有、使用、处分的权能被分割了，形成双重所有权。同时，国王有权处理土地，各村落居民不得自由迁徙。子女可以继承土地，女子出嫁后可以把土地带给夫家，由此土地私有权确立。原来公有私营的自由农民的份地，转变为可以自由买卖转让的私有土地，即“自主地”，成为对农村公社负有一定义务（如收割后成为公共牧场）的私有财产。这样的变动，预示着公社土地制度开始解体并向封建大地产过渡。另外，王室地主土地所有制也逐渐形成。随着国王将大量土地封赐给亲兵、教会和效忠的臣属，以国王为首的封建大土地所有者形成。一些罗马大地产者因其归附而保住了财产和特权，他们有的地位显赫，甚至有资格“与国王共桌”，偿命金高达 300 金币，远远高于普通法兰克人。他们与法兰克人的新贵一起组成新的封建主阶级。农村公社成员出现明显的阶级分化，穷人、富人与欠债人都相继出现，其尊卑贵贱的不同身份与地位在法典中也有反映。如法典规定，杀死一个自由法兰克人罚款 200 金币，杀死半自由人和罗马农民罚款 100 金币，杀害贵族罚款 300 到 600 金币，而盗走一个奴隶同盗走一匹马或役畜一样仅罚款 30 金币。

《萨利克法典》从一个角度反映了法兰克社会封建化进程的肇始。从 6 世纪末起，法兰克王国农村公社成员的贫富分化日益加剧。在苛捐杂税、天灾战乱和沉重的兵役负担的交相摧残下，本身就十分脆弱的村社小农经济难以为继，许多人因此而贫困、破产。为了求得生存，他们被迫将自己的土地、人身以“投献”“委身”的方式交付给地主和教会，以乞求庇护，为他们承担私家劳役，逐渐转化为丧失土地、在人身上依附于主人的农奴。由此，教、俗贵族的地产开始膨胀，到 7 世纪时高卢的教会已是大地主，约占有全部土地的三分之一。村社成员的大量破产，加强了大

① 西方的“封建制度”或“封建主义”（feudalism）是一种偏狭的学术概念，特指 9 至 13 世纪建立在土地层层分封和逐级占有基础上的封君封臣制。而在唯物史观看来，作为一种生产方式的封建制度，还应包括处于依附状态的农民阶级在内，是封建的大土地所有制和小生产相结合的社会经济形态。

地主特别是教会的政治经济实力，严重影响了王国政府的税收和兵源，最终导致了王权衰落和宫相专权。

为了从根本上解决国家兵源的匮乏，消除国内的动荡纷争，抵御连绵不断的外敌入侵，实现王国的长治久安，查理·马特果断推行采邑改革。他在715年担任宫相。其时，各地贵族反叛与边患不断，已占据了西班牙的阿拉伯人的威胁尤为严重。面对内忧外患的形势，查理依靠奥斯特拉西亚自由农民组成的军队，平定了各地的叛乱。同时组建了一支强大的骑兵，于732年在普瓦提埃战役中打败入侵的阿拉伯人，收复了被占领土，从此，查理声名大振，被誉称为查理·马特（“马特”即锤子之意）。为巩固统治，强化军力，他将国家掌握的土地、没收的叛乱贵族土地，划分为若干采邑分封给官员、将领和地方贵族，条件是他们必须向王权宣誓效忠，服兵役和履行臣民义务。同时，采邑的赐予者也有义务保护忠心效力的受封者，使其不受他人的侵害。查理·马特还规定采邑只限于终身占有而不得世袭。如果受封者不履行义务或者死亡，那就要收回采邑，终止封授关系；继承人如要继续享有采邑，必须重新进行分封。

查理·马特的采邑改革影响重大。它从根本上改变了墨洛温王朝无条件封赠土地的制度，通过有条件的土地分封，将豪绅显贵与王室紧密联系起来，从而加强了中央王权的统治权力。从此，王室把土地作为采邑封给大封建主，大封建主再把它封给自己的臣下为采邑，通过逐级分封，大小封建主缔结起层层统属和依附的主从关系，封建等级制开始形成。同时，由于大规模的土地分封是连着土地上的劳动者一起分授的，封建主在获得采邑的同时，也获得了对封地上的农民的人身控制权，自由农民农奴化的现象更趋严重。此外，采邑改革后，由自由农民履行的兵役让位给以土地占有为条件的封建军役，由封建主率领骑士军队逐渐代替了原来由自由农民组成的步兵，西欧封建骑士制度由此而发端。

五、查理曼与基督教-封建文明的确立

到了加洛林王朝的查理曼统治时期（768—814年），随着法兰克人对周边的不断军事扩张与社会的日益封建化，基督教不仅成为最大的封建主与颇具政治、思想影响的神权势力，而且也得以进一步向外传播。作为中古前期西欧新兴封建主阶级最著名的军事家与政治家，查理曼一生中戎马倥偬，他以征服“异教徒”相号召，先后对国内割据势力和周边地区发动了50多次战争，最终建立起一个西起大西洋、东达多瑙河、南至地中海、北抵波罗的海的庞大“加洛林帝国”，其地域囊括今天的法国、比利时、德国、荷兰、瑞士以及西班牙、匈牙利和意大利的部分国土。这一系列的战争，对法兰克的自由小农和周边地区来说，无疑是一场灾难。它摧毁了大量的社会物质财富，也使众多的人口死于战火。然而，这些战争也有力地打破了当

时西欧、中欧各部族、民族相互隔绝与闭塞的壁垒，用暴力的形式建立了一个地跨西欧、中欧广大地区的加洛林帝国。从此，西欧、中欧广大地区开始告别自“蛮族大迁徙”以来部族、部落相互争夺的“蛮荒”局面与经济倒退、文化“休克”的时代，社会封建化与基督教化过程迅速拓展，西方的政治、经济与文化重心也由此开始了从地中海沿岸向欧洲大陆腹地北移的发展趋势。所有这些，对于中古西欧基督教-封建文明的确立，具有极其重要的历史意义。

在进行大规模军事扩张的同时，查理曼采取了一系列措施来加强统治。在政治上，查理曼与教会密切合作。一方面，他让大量的高级教士到朝廷参政议政，用基督教的神权政治文化传统为其披上“王权神授”的外衣。另一方面，他竭力与罗马教皇勾结，来实现其称帝的梦想。800 年，查理曼率军进入罗马，镇压了教皇的反对派，教皇在罗马的圣彼得大教堂为他举行了涂油加冕典礼，让他当上了上帝神命的“罗马皇帝”。在位期间，查理曼修建都城亚琛，以王廷为政治统治核心，进行众多的立法活动。他让法兰克教会从属于王权，还亲自召开宗教会议，会议的决议也具有国家法律的效力。由此，查理曼实际上是帝国境内的“教皇”，其都城亚琛也被称为“北方的罗马”。在地方，查理曼设立若干个伯爵区治理，并创立了巡按使团督察地方事务与审理要案的制度，各主教区则负责区内居民的宗教生活与道德教化。

为了弥补国家行政体制发育不充分的缺陷，查理曼大力推行其祖父查里·马特所创立的土地“采邑”制度，向地方贵族与教会封赐土地，与他们缔结起封君与封臣的关系，让他们为其效忠。“采邑”制为教、俗贵族发展实力提供了良机，他们乘战争频繁与社会动荡之机兼并土地，使广大的自由农民沦为农奴。这样，经过数个世纪的不断发展，西欧社会的封建制度大体确立，以国王为首的封建教、俗贵族，在自己的大地产上建立诸多的封建庄园，奴役广大的农奴与其他依附农民。封建制度的确立，将自从民族大迁徙以来整个西欧无序混乱的社会纳入到一种牢固的人身依附关系的网络之中。

加洛林帝国是西欧中世纪最先出现的大帝国。它虽然疆域辽阔，貌似强大，但实际上只不过是以武力征服所建立的松散的军事行政联合体。在加洛林帝国境内，居住着诸多的民族、部族与部落，它们在社会发展水平、风俗习惯、语言文化上存在着巨大的差异，同时，由于经济发展水平有限，帝国境内各地基本上处于封闭、落后的状态。因此，帝国的统治缺乏一个统一而巩固的经济基础和社会基础。也正因为如此，帝国没有建立一整套有效的行政系统和赋税制度，也无一支常备军和普遍适用于各地的统一的法律。此外，受日耳曼政治文化传统的影响，帝国缺乏嫡长子继承王位的制度。所有这些，都使帝国难以长期维持下去。查理曼晚年，帝国的统治日益显示出内忧外患相互交织的败象。在国内，不仅发生了王子驼背丕平谋反的事件，而且萨克森人的反叛也接连不断。此外，瘟疫屡次流行，大量人口和牲畜死亡，导致人心惶惶。在国外，盘踞西班牙的阿拉伯后倭马亚王朝时常派遣武装袭击地中海沿岸与撒丁岛、科西嘉岛，拜占庭帝国为了控制威尼斯而屡派舰队骚扰达尔马提亚海岸，而北方丹麦人的首领哥特里克在806年还率舰队南下，袭击佛里西亚的海岸和岛屿。814年，查理曼去世，其子路易继承帝位（814—840年在位）。路易虔诚信教，优柔寡断，被称为“虔诚者”或“软弱者”，难以维系国运。817年，路易为确保王位传递而提前安排，把帝国分给三个儿子：长子洛塔尔得到意大利，次子丕平分得阿奎丹，幼子日耳曼路易分到巴伐利亚。这次分封立即引起意大利和奥尔良封建主的反抗。不久，路易想给他后妻之子秃头查理一块封地，遭到三个儿子的武装反抗，一度被囚禁。838年和840年，丕平和虔诚者路易先后逝世，由洛塔尔袭帝位，日耳曼路易和秃头查理联合起来反对。841年方特奈莱斯一仗，洛塔尔败北。842年2月，日耳曼人路易和秃头查理在斯特拉斯堡会晤，发誓密切联合，共同反对洛塔尔，是为“斯特拉斯堡誓约”。这一誓约无疑是封建内战促使帝国瓦解的先兆。经过斗争，843年8月，三人达成谅解并签订《凡尔登条约》，正式瓜分帝国。日耳曼路易得到莱茵河以东包括巴伐利亚在内的地区，还有莱茵河西岸的沃姆斯、美因兹和斯拜伊尔，其范围大致与今天德国的西部相合，地理上称德意志，是为东法兰克王国。秃头查理获得高卢和些尔德河、默兹河以西地区，地理上称法兰西，是为西法兰克王国。介于东、西法兰克之间，北起北海南至意大利中部为洛塔尔所有，他仍然承袭“皇帝”称号，但不再享有对其两兄弟所辖地区的最高统治权。855年洛塔尔死，洛塔尔二世据北方称洛林王国。870年，这两兄弟又签订《墨尔森条约》，大致以默兹河和索恩河为界，瓜分洛林王国。洛林南部后来形成意大利国家。《凡尔登条约》大致奠定法、德、意三国之间的疆界。

在查理曼及其子虔诚者路易统治时期，对外军事扩张和封建内战数十年连绵不断，促进了法兰克社会封建化的发展。一方面，自由农民因繁重的兵役、赋税和战火的摧残而大量破产；为了逃避国家的压迫剥削，越来越多地继续以“投献”与“委身”的方式，将小块土地和人身自由上交给教会或豪绅显贵以求庇护，自己沦为依附农或农奴。另一方面，原来只能终身使用的“采邑”，也逐渐演变为可以世袭占有的领地，即“封土”。主教、修道院长和国家官吏如公爵、侯爵、伯爵以及地方的显要贵族，都成为封建的大地产者。他们从国王那里得到封土，成为他的封臣，并向国王行臣服礼和宣誓效忠。为了弥补粗陋的公共权力系统对地方控制的缺陷，帝国政府还在9世纪初推行“特恩权”，让这些教、俗贵族在自己的世袭领地里拥有不受国家干预的行政、司法、财政等种种特权。这样，政治统治权与土地占有权相结合，就形成了封建的领主权，以此来强化对其领地中的农奴和其他依附农民的控制。

不堪剥削压迫的广大农奴经常逃亡，或者掀起大规模起义。841—842年萨克森爆发的农民起义提出“照往昔一样生活”，要求恢复古老的农村公社，被称为“斯特林加”（意为“古法之子”）起义。848年和866年，美因兹也发生新的农民起义。

这些起义沉重地冲击了封建化的进程，迫使封建领主将剥削维持在一定的限度上，有利于社会生产的恢复和发展。

从 9 世纪初期开始的外敌入侵浪潮，则导致了法兰克社会封建化的加深。帝国瓦解后，由于封建内战和王权的孱弱，“外患”也接踵而至。来自北欧的丹麦人、诺曼人乘机大规模地漂海南侵，然后沿河口进入内地，烧杀掳掠，使诸多城市和乡村饱受摧残。同时，阿拉伯人则从西班牙和地中海一带袭击沿海地区。东边的马札尔人从多瑙河中游地区时常派骑兵进攻萨克森、巴伐利亚等地区。在这样的环境中，许多封建大贵族乘机筑堡自守，扩充武装，不纳王命，强化了对封建领地的统治。原来的一些公爵、侯爵和伯爵，更是乘势夺取王室地产，扩展势力范围，将自己的领地变成了一个个“独立王国”。孱弱的中央王权对封建化的秩序也不得不予以承认，西法兰克王国在 847 年颁布的“麦尔森法令”即是如此。与此相应，大封建主之间的私家战争也随之兴起，整个西欧大陆陷于封建割据的无政府状态。

为了培固基督教这一帝国统治的精神支柱，树立法兰克国家的文明形象，培养帝国所需要的知识人才，查理曼注重学校教育，奖掖学术文化，由此初步改变了中古初期西欧文化领域蛮荒愚昧的局面，促成了基督教文化的复兴，亦即所谓的“加洛林文艺复兴”。

中古初期的西欧，持续了数个世纪的剧烈社会变动与震荡，使得大量的图书馆、学校与教堂以及文人学者毁于兵燹，社会的教育与文化实际上已彻底崩溃。与此相应，新兴的“蛮族”封建国家的国王和大小贵族，几乎都没有文化，多有尚武斗狠之遗风，整个社会处于重武轻文、粗野蛮荒的状态。相比之下，基督教的神职人员不仅具有较高层次的宗教信仰，更具备了自己的知识优势。此外，在基督教的神学理论体系中，早已吸纳了罗马文化中的新柏拉图主义哲学、新斯多葛派的神秘观念与罗马帝制的“正统”观念。当时的基督教既是某种意义上的古典文化的传承者，更是社会文化教育的垄断者。不过，由于战乱对教育、文化的摧残与教会本身的日耳曼化，神职人员的素质十分低下，其可借鉴的文化遗产也十分有限。当时，修道院的藏书并不多，而用手抄写的书籍复制本则为数更少。一些修道士为了寻找抄写《圣经》或自撰编年史的材料，常常将羊皮纸上的古典作家的作品刮去。不少罗马古典的作品，甚至被教会冠以“异教”的罪名而予以销毁。情况表明，要消除社会的蛮荒愚昧状态，促进文化的复苏，就首先必须大力倡导文化教育。在这方面，仅仅靠基督教会自身的力量是不行的，还必须借助国家政权的组织与推动才有可能实现。

查理曼即位后，运用王权的强大声威和国家的财政实力，采取了许多倡行文化教育的重要措施。其一是督促神职人员勤学求知，熟悉经典，以便能胜任圣职，提高教化民众的水平。其二是大力提倡教育，开办各类学校。除了让教区与修道院开办许多教会学校外，查理曼还在宫廷乃至某些行宫为王族和贵族的子弟设立学校，并招揽不少博学之士纷纷来到其宫廷执教。他们中，有来自英格兰、意大利与西班牙的语言学家、神学家、教育家与诗人。查理曼躬亲于学，刻苦求知，而且鼓励宫廷的学者进行学术文化的讨论与研究。正是在这种浓厚的文化氛围中，“加洛林文艺复兴”得以出现。

字体改进是这一“复兴”的重要成果。此前社会上流行使用的是字形粗大或不规范的字体，用之传抄的书籍既费材料，又难以辨认。来自英格兰的博学之士阿尔昆等人，在总结不列颠“苏格兰式”的小型字体和高卢的科比修道院书写改革经验的基础上，创造出“加洛林小写体”字体。这一新字体仍然以拉丁字母为基础，字母书写呈波浪形且稍有尖形，小而厚重，只有很少的连字弧线，短句之间留有较大的空隙。使用这种规范且体积较小的字体，大大提高了书籍抄写的数量和质量，由此推动了当时乃至日后欧洲的教育普及与文化传播。

对基督教原典《圣经》等著作的校订也取得重要成就。在查理曼时代，要提高神职人员的学识水平与布道效率，就必须在全国拥有一部统一而准确的《圣经》。在此之前，《圣经》文本的杂乱与谬误极为突出。为适应统一信仰、发展文化的需要，查理曼委托阿尔昆等人对《圣经》文本进行校订与勘误。阿尔昆搜集了不同的版本，然后以圣哲罗姆所订正的通俗拉丁文本《圣经》为主要参照依据，对《圣经》进行全面、认真的修订。经过3年多的劳作，终于编定出一部新版的《圣经》，这是对圣哲罗姆的文本的精致重建。

“加洛林文艺复兴”也促进了古典文化的发掘。对当时宫廷中的基督教学者来说，在推广学校教育、传教布道与校订经文的过程中，为提高语言知识与思辨能力而注重学习和传授拉丁文。由此，他们设法搜集残留下来的古罗马作家的作品，加以细心装订、抄写，西塞罗的《图斯库兰讨论集》、维吉尔的《田园诗集》、恺撒的《高卢战记》、卢克莱修的《物性论》以及塔西佗的《编年史》等古典名著都被发掘出来，由此也推动了基督教文化的发展。

“加洛林文艺复兴”的语言成就也十分突出。在当时，各“蛮族”封建王国的宫廷与上层社会使用拉丁语，但各地的拉丁语因受“蛮族”语言的影响而在语法、发音上存在着差别与混乱；而底层社会的广大民众，却仍然保持着本民族的语言传统。为推行政务与文化教育，查理曼大力提倡在行政、外交中使用拉丁语，并让宫廷学者对拉丁语的使用进行统一化与规范化；同时，他也提倡使用法兰克语与其他地方语言，并组织编撰母语语法，用法兰克语来为月份、乐器命名。这些努力的结果，使得西欧的语言分布格局大致奠定下来。在各地区、民族仍然保留并演化着各自的语言传统的同时，拉丁语也逐渐规范，成为西欧统一的官方和教会以及整个文化学术使用的语言。这样的语言布局，为欧洲文明史既具有各民族的特征又具有统一的脉络这一发展趋向，创造了重要的历史前提。

“加洛林文艺复兴”的活动范围几乎完全局限在教士阶层中的文人学者，他们的旨趣主要在于通过文化活动来传播基督教的神学。然而，他们却力图将残留的希腊罗马古典文化、日耳曼民族的原始文化与古代的基督教文化纳入基督教神学信仰的框架中做一融汇与整合，为欧洲基督教-封建文明的确立奠定了牢固基础。

第二节 教、俗权的联合与纷争

一、基督教神权政治文化传统与“王权神授”的理想

在中古西欧，随着基督教的传播，教会的神权政治文化传统也逐渐积淀，其中的“王权神授”理想，有力促进了封建王权的崛起。

教会的宗教权威和君主的世俗权威均来自上帝授予，构成了基督教神权政治文化传统的思想轴心。这种神权政治的观念，其端绪远可溯源至基督教的原典之中。在《圣经》里，先知等神职人员被看作是耶和华神或上帝的代表，拥有所谓的灵魂拯救与罪过赎除等宗教权威，国王也被看作是由先知根据神意来选择的世俗权威，应受到恭敬服从。基督教始终认定，教权与王权都是神权的组成部分，只不过是职责分工不同。不过，基于灵魂与“肉体”、来世与现世对立、相分的信条，教会也强调在信仰引领与道德规范上，教权高于王权。因此，基督教的神权政治文化传统，有着“二元”统一、对立的矛盾意涵，而这一意涵随着社会政治与教、俗权关系的变化常常失去平衡而倾向与聚焦在一端。

4 至 5 世纪时，在罗马帝国严重统治危机的震撼下，深受帝制政治影响的早期拉丁教父在议定教义时，通过对《圣经》中有关神权政治的“微言大义”的阐发，开始较为系统地构建起基督教的“王权神授”思想。他们认为，人类因其“原罪”而堕落，需要神命的统治权威来加以惩罚与拯救，而这个权威只能由上帝所设。因此，国家是一个神的宗教机构，世俗政府的权威是神批准的；上帝为了让国王代表他统治人间，特为国王设一“职位”（Office），并“授权”给国王使其就职。国王是上帝的代表（Vicar of God），他有“上帝的影像和映像”。无论君主的行为如何，他都是神命之王，苛暴的国王代表上帝惩罚人类的罪恶，仁慈的国王代表上帝恩赐民众，任何人都必须绝对服从王权的权威。早期的拉丁教父在宣扬“王权神授”的理想时，也从“灵魂”得救高于世俗生活、“上帝天国”高于尘世王国的信条出发，声称教会不仅是神的另一个宗教机构，而且教会因承担“拯救灵魂”的神圣职责而高于王权。故他们要求神命之王必须尊重法律特别是神法，在信仰上和道德上服从教会的指导，维护社会安定和平与教会的权益，不要施苛暴之政与干预教会事务。圣奥古斯丁在《上帝之城》中所鼓吹的“双国”论，就是这种说教的一个典型。早期教父的神权政治思想大体都将王权和教权视为上帝命定的神权，其中包含着教、俗权“二元”对立与伸张教权自主

的潜在意向。不过，这种意向并未改变他们所崇奉的“王权神授”的政治理想。在他们看来，君主的暴政固然可憎，但君主的“职位”的神性并不会因其暴政而丧失，因为这个赋予国王以尊严和权威的“职位”为上帝所设。到了中世纪，“王权神授”的学说因教、俗权的相互联合而迅速流播并进一步扩展。12 世纪英国著名神学家索尔兹伯里的约翰（1115—1180 年）在《论政府原理》一书中指出，自然界的动物群都实行一个首领“单一”统驭的方式，一个人统治王国的君主制完全合乎自然法。更重要的是，王权本身就是来自上帝安排的神权。上帝的授权不仅使国王“承蒙上帝的恩典”来统治，而且上帝给国王的“职位”授予是一次性的、终身占有的和不可让渡与剥夺的。上帝对国王的“授职”也非永久性地分权，而是用看不见的手对之掌控，在其实施仁政时予以助力，而在其实施暴政时予以扼制。值得注意的是，基督教的“王权神授”理想还一度肯定“暴君”的合法性。有的神学家对此解释说，上帝具有两个形象：一个是对人类始祖造成的原罪和人的“本罪”施加惩罚的“愤怒的上帝”，另一个是不愿让人堕落而予以拯救的“仁慈的上帝”，而暴君正是代表“愤怒的上帝”来惩罚人类的。还有神学家宣称，一个国家民众的状况决定了其君主的行为，如果是民众为非作歹的国家，上帝就会安排一位“暴君”去统治它。索尔兹伯里的约翰则对此做了形象比喻：就像一幅画，单独地去观察它的某一个点面或线条，有时会觉得是丑陋的，但它们在画中又是不可或缺的，正是它们的存在，才使这幅画显得协调、完整和美丽。这样看来，暴政只是君主制这幅画中的部分，是完全可以接受的。通过这些论述，基督教的“王权神授”理想充分肯定了王权的合法性与神圣性。

二、涂油加冕典礼与王权的神化、强化

中古初期，随着基督教的不断流播，教会神权政治文化传统的积淀日益深厚。在剧烈的社会动荡环境中，教会与王权建立了密切的政治联合。教会为了求得生存和发展，需要王权的庇护与恩赐；而新兴的“蛮族”封建王权要巩固和强化，也需要教会为其提供神权的保护伞。由此，教会神权政治文化传统中的“王权神授”理想得以四处流播，绵延不断。体现这一理想的国王涂油加冕典礼，也就应运而生并不断完善，到 10 世纪时发展成为一项重大的政治礼仪。

国王的涂油加冕典礼起源于何时已难以稽考。在《圣经》的《旧约全书》中，就有古代希伯来人的先知“膏”某人为王的记载，这种为新选国王涂油的神秘现象，有可能是神对其授权的象征。罗马帝国后期，基督教盛行着一种涂油礼，它是信徒入教的一种基本的宗教社团仪礼。当时，凡入教者需行此礼，被涂以一种由芳香植物剂与橄榄油调和而成的圣油，以示脱俗归教。离教成员被再次接纳时，得重新施

礼涂油。大约自 7 世纪始，随着教会与王权政治联合的建立，涂油礼渐渐失去其“团体象征”的意义，嬗变成一种赋予少数人以特殊的政治权力和身份的涂油加冕典礼。在教界，它成了教皇、主教的教职就任礼仪，以显示上帝对其宗教神权的授予。而在俗界，经过王权与教会的共同策划，它成为国王即位时独享的重大政治礼仪，以显示其统治权为上帝所授。

国王的涂油加冕典礼最先出现在 7 世纪后期的西哥特王国，此后，才逐渐传到西欧其他地区。在这项典礼中，大主教将圣油涂抹在国王的头上、颈上乃至手上，意味着国王分享了“圣灵”的神性，由俗人转化成为具有教士品格并拥有与上帝沟通的超自然的神秘力量的“新人”；为国王佩戴王冠则象征着国王从上帝那里接受了职位，获得了神授的统治王国的最高政治权力；同时还要将权杖、宝剑、徽章诸类什物授予新王。接着，大主教吟诵表示祝愿的祷文。王随后登上临时设置的御座，教俗贵族由王族引导步列于王之面前，庄严宣誓向王效忠。王紧接着发表即位加冕誓词，保证遵循神命，保护教会和臣民，施以良法仁政。之后所有在场者向王三呼“国王万岁”以示拥护与祝贺。最后为隆重的弥撒仪式与欢宴，新王接受圣餐。

在中古前期的西欧，涂油加冕典礼有力地促进了日耳曼“蛮族”王权与封建王权向神圣的“基督教王权”的转化，这是中古西方政治文明史上的一大变革。在皈依基督教后的一段时间，“蛮族”国王仍然保持着对日耳曼传统的部落神的崇奉，战神“瓦登”尤其受到膜拜，绝大多数国王甚至还将瓦登“视为自己的祖先”，以此作为其王权神圣合法的依据。与之相应，中古初期“蛮族”国王的即位仪式也很简陋。即位时，新王被引向一个临时搭置的高台，由德高望重的年长贵族授予其头盔和某种武器，随之到场的亲兵和贵族向王大声欢呼以示认可，然后举行一次狂饮暴食的庆祝宴会。显然，王族的原始部落战神血统远不能赋予国王以统一的神圣政治权威，而其带有部落成员大会遗风的简陋的即位仪式，也不能树立国王受庇于神的尊严形象。在此情况下，国王仍被看作是部落成员中的一员，并未超然于部落社会共同体之上，由此而常受贵族“贤人会议”的扼制，甚至国王的人身财产安全亦常遭不测。在 10 至 11 世纪英国、法国的封建王权形成后，在封君封臣制的等级网络中，国王的权威尚难以凸显。在封臣看来，国王只是各级封臣的最高“宗主”而非君主，拥有的是私家的封建“宗主权”（suzerainty）而非公共的国家君权，其统治需按照所谓封建“契约”的约定来实施。由此，国王在军役、钱物的征调上都受到封建习惯的限制。同时，在西欧大陆，盛行着“我的封君的封君不是我的封君”的封建习惯，任何封臣只对其封君负责，国王只能制约其直接封臣，对其下的各级封建主无权干预，君权的拓展也就受到“居间”权力的限制。此外，其时西欧虽然实行王族血统的王位继承制，但并未严格确定继承人的身份，国王的子、女以及其他亲属都拥有继位的资格，由此而常常导致王位继承权之争，引发严重的政治动荡。在这一问题上，日耳曼传统的对国王的“选举”原则仍旧遗存，这也给封建大贵族干预王位继承以借口。

在国王的涂油加冕典礼问世后，中古前期西欧国王的身份和权威获得空前的强化与神化。

经过精心的安排和教堂特有的宗教气氛的烘托，此典礼所带有的教会圣礼特征极为鲜明，它力图将基督教“王权神授”的神权政治理想，化为一种神圣庄严而又生动形象的礼仪场景，并由此展示出其特有的政治象征意义：国王不再是日耳曼“蛮族”的部落首领或各级封主的私家宗主，而是权力“神授”且“承蒙上帝的恩典”（by the grace of God）来统治的一国之君，秉承上帝意志与恩典来统治，任何人都必须服从“神授”的王权，否则就要受到国王从而也是上帝的严厉惩罚。从此，任何王位继承人只有通过涂油加冕典礼，才被视为真正的国王，其权威也就神圣不可侵犯，而典礼举行之日则是国王统治纪年的开端。通过这一典礼，国王开始借助“神命”来突破日耳曼原始军事民主制与封建习惯的限制，拓展其统治王国的最高公共权威。此外，涂油加冕典礼也有力遏制了王位之争带来的政治动荡。因为一旦国王举行了这一典礼，任何大贵族都难以觊觎与干预王位的确定。

当然，在深具“二元”统一、对立意蕴的基督教神权政治文化传统中，国王涂油加冕典礼的实施也大大提高了基督教的社会政治地位。教皇或大主教在该典礼中为新王涂油、佩冠等，充当了在上帝和国王之间传递权力的重要媒介角色，隐喻着神权高于王权的政治含义，为后来的教、俗权之争埋下了种子。

三、政、教之争与罗马教廷神权的兴衰

在中世纪西欧，教、俗权“二元”统一、对立的权力系统长期存在，对社会政治产生重大而深远的影响。基督教与王权的联合，既神化、强化了王权，也提高了基督教的政治地位，但却不可能消除双方的对立。作为国际神权组织的基督教，有着特定的“出世主义”理想、权力范畴与神权体制，故而在与王权联合的过程中注重保持自身的独立性。而作为王国的最高公共政治权威，王权在借助神权拓展权威的同时，必定要追求权力控制的一体化。由此，双方的争夺势不可免，并且随着双方力量的此消彼长经历了一个或隐或显、时缓时急的过程。

总体上看，在 11 世纪以前，教廷虽然确立了对西欧的大一统神权权威，然而这种权威只具有理论上的意义，并无对各国教会的实际操控权。中古之初，罗马教会为了生存与发展，也为了与拜占庭的东部教会争夺基督教神权首脑的地位，与世俗王权充分联合，权力日益崛起。751 年，在教皇支持下，法兰克王国的矮子丕平建立加洛林王朝。作为回报，矮子丕平两次出兵意大利，帮助解除伦巴德人的威胁，并在 756 年将夺得的从罗马到拉文纳之间的狭长地带的土地献给教皇，此即所谓的“丕平献土”，它奠定了教皇国的基础。800 年和 962 年，教皇先后为加洛林王朝的

查理大帝和德意志君主奥托一世加冕，他们都回赠教皇若干城市，致使教皇国的版图扩大。不过，教廷在相当长的时期内实际上依赖法兰克君主的庇护，并无与王权抗争的能力。加洛林帝国时期，教会的重要会议与高级教士的选任，都受到查理曼的严格控制。故查理曼修建王宫的亚琛，就被时人称之为"北方的罗马"。

加洛林帝国瓦解后，为拓展其对西欧的大一统神权权威，罗马教廷乘此良机组织教会神学家伪造了一部《艾西多尔文献》，公开宣扬"俗权"从属于教权的主张，认定国王所颁布的法令如果与教义、"神法"相背离，就没有任何权威。而其中的《君士坦丁赐予》，则竭力为罗马教廷对基督教世界的神权统治权威提供"历史依据"①。然而直到11世纪中期以前，教皇还只是名义上的西欧教会的最高宗教领袖，并没有真正控制各国的教会。随着社会封建化的加深，各国的高级教士不断接受国王封赐，成为拥有大量地产的封建主。这些人既然皆系国王的封臣，就要向国王效忠并履行各种封建义务。教会的封建化必然要导致教会的世俗化，高级教士纷纷充任国王的顾问与官员，不少人更是享乐腐化，荒于教务。在此情况下，各国的封建王权直接控制了高级教职的任命、授予权，支配着本国的宗教事务，并时常干预罗马教廷的内部事务。

自10世纪后期开始，"克吕尼运动"日益兴起，为罗马教皇权威的崛起提供了历史契机。这一宗教改革运动发端于法国西南部的克吕尼修道院，后逐渐在西欧大陆展开。它反对教会的世俗化，反对神职人员结婚和神职人员的家族世袭教职，提倡整顿教规、严守戒条，进而从道德的层面转向政治的层面，鼓吹整个教会应当听命于罗马教廷，反对世俗权力控制教会神权。在"克吕尼运动"的推动下，罗马教廷开始了反对俗权控制教权、树立教皇神权权威的斗争。1059年，罗马宣布教皇由红衣主教选举产生，皇帝无权过问。教皇格利哥里七世（1073—1085年在位）上台后不久，就公然宣称教皇权高于王权，有权废黜君主，并要求英王威廉一世放弃对本国高级教士的任命权与授职权，但遭到拒绝。从1075年起，他又与德皇亨利四世展开授职权之争。他趁德国内乱，要求亨利四世放弃任命德国主教的权力，遭到拒绝后又发布"破门律"，宣布革除亨利四世的教籍，解除臣民对他的效忠誓约。鉴于国内诸侯反叛与教皇遥相呼应，亨利四世为缓和危机，被迫在1077年1月，冒着风雪严寒前往意大利北部的卡诺莎城堡向教皇"忏悔罪过"。这一在西方历史上被看作屈辱投降象征的"卡诺莎之辱"，标志着罗马教廷对西欧大一统神权开始真正确立。

1122年，在教廷的压力下，德皇签订了《沃尔姆斯协定》，规定主教和修道院

① 艾西多尔本是7世纪西哥特王国的大主教，以精通古代教会文献而闻名遐迩。罗马教廷在查理曼帝国瓦解后，就将其编撰和伪造的历代罗马大主教（5世纪以后称教皇）和各次宗教会议所定的规条以及所谓的《君士坦丁赐予》等文件，盗用艾西多尔的名义编定成册，称之为《艾西多尔文献》公之于世。这部文献旨在证明，罗马教皇对教会拥有最高裁判权，所有主教都可直接求诉教皇；教皇有权支配大主教，世俗政权不得干预教会的神权。其中的《君士坦丁赐予》则宣称，罗马大主教西微尔士德曾经为罗马皇帝君士坦丁治疗好了麻风病，为示酬谢，君士坦丁在迁都到拜占庭时就将基督教会与帝国西部的统治权交给了西微尔士德。

长由教士选举，选举时须有皇帝或其代表参加，教皇赐予主教代表教权的指环和权杖，德皇赐予主教代表世俗权力的权节。表面上看，双方都做出了妥协，但实际上教廷获得了高级教职的选任授职的权力。此后，教廷逐步完善教阶制度，编撰教会法典，频繁召开国际宗教会议，并在各国设常驻代表，受理各国教士的诉讼。

随着教、俗权之争的展开，罗马教廷就一直在基督教神权政治文化传统中竭力灌输教权至尊自主的思想内涵，鼓吹“新神权主义”的主张，断然否定王权直接源于上帝的“神授”的传统理念，鼓吹教皇权为上帝所授、王权为教皇所授。格利哥里七世即位之初甚至断言，国王的政府是人类原罪的产物，是贪婪、野心等罪恶的又一显著象征，宣称“人的自傲创建了王权，上帝的恩惠缔造了主教的权力，教皇乃是皇帝的主人”。12 世纪的神学家在注释《格兰西教令集》时，则明确提出了“双剑”论，他们通过对《圣经》中的“路加福音”第 22 章第 38 节之经文的阐发指出，上帝将统治尘世的两把剑赐予教皇，教皇留下象征神权的“灵魂之剑”，并将象征俗权的“物质之剑”授予皇帝去行使，“在皇帝滥施权力时，教皇能够废黜他”。在致突斯坎尼同盟诸主教的信函中，1198 年上台的教皇英诺森三世则提出了“日、月”说，对教、俗权地位进行了更为形象的比喻，并由此论证教权高于王权且有权支配王权。他指出，上帝按照其在天空中造置日、月的模式，在世间设立了两种权威，即负责整饬人的灵魂的教会与负责统治人的肉体的王权，前者要比后者崇高，因为“教权是太阳，王权则是月亮”；“月亮从太阳那里借得光辉”，君主也从教皇权威那里获得尊严与权力。原来教皇一直以耶稣门徒圣彼得的继承人自居，英诺森三世感到此头衔已不能满足教皇建立西欧大一统神权的需要，故他改称自己是“基督的代表”乃至“上帝本身的代表”，宣称教皇代表上帝行使一切权力，有权废黜世俗君主，是“万主之主，万王之王”，“在上帝之下，但在众人之上”。

面对教皇“新神权主义”的主张，英、德等国的依附于王权的教士予以严厉批驳。他们着力于阐发神权政治文化传统中王权神圣合法的内涵，提出背离传统的“君权至上”论。1077 年，当教皇与德皇的冲突势若水火之际，一批德国教士纷纷撰文抨击教皇，强调君主无论有何罪过，也是上帝的神命之王，只有上帝而不是教皇才有权审判君主。1111 年，一篇署名为“法尔法的僧侣”的论文甚至声称，《圣经》表明，统治者必须被容忍而不是受到谴责。没有一个圣徒与正统的基督教徒曾谴责或废黜一个君主，因为君主是上帝的神命之君，“谁抵抗为上帝安排的权力，谁就是抗拒神命”。在 12 世纪初的英国，匿名僧侣所撰写的《约克文集》，更是极端地认定，通过涂油加冕典礼而获得上帝“授职”的君主，拥有世界上至高无上的神圣权力，高于并有权统治教会。

基督教神权政治文化传统的裂变，引起了教会有识之士的忧虑与思考。12 世纪的著名神学家、英国萨尔兹伯利的约翰基于对社会政治现实的反思，在 1159 年撰成《论政府原理》一书。在书中，他力图通过对王权、教会的权威及其相互联系的恰当定位，对基督教的神权政治文化传统加以重新整合。由此，他既鼓吹“神命”王权的合理性与神圣性，也要求国王尊重教会的自主权，接受教会的指导，期望消除政、教之间的矛盾冲突，恢复教、俗权之间的密切联合。然而，这样的主张难以阻遏教廷神权的扩展。

教皇英诺森三世在1198年即位后，教廷神权达到顶峰。1210年，他利用霍亨斯陶芬家族和韦尔夫家族争夺皇位之机，在德意志挑起内战，排斥德意志在意大利的势力，收复过去为德、意的封建主所占的斯波莱托、安科纳等地，巩固了在教皇国辖地内的统治。他乘西西里国王霍亨斯陶芬家族腓特烈二世年幼之机，以监护人身份统治该王国。他还干预英、法之间的关系，乘英格兰诸侯反对国王约翰之机，迫使约翰向教皇称臣并缴纳年贡。1207年，英诺森三世组织十字军镇压阿尔比派，开教廷用武力镇压异端之先例。在教会事务方面，他制定了教皇独揽神职人员任免权的制度。1215年，他主持召开第四次拉特兰会议，颁布了圣餐变体说教义和一系列教会改革条规，厘定了教会的圣礼。在他及后任教皇的扶持下，标榜清贫的托钵僧团成立，主要派别有圣方济各会和圣多明我会等。这些团体的修士麻衣赤足、四处宣传清贫福音，侦破异端，为正统神权效劳。

罗马教廷对西欧的大一统神权并未长期维持。随着十字军东侵的不断失败，作为发起者之教皇的政治形象受到严重损害，市民、农民反封建、反神权的异端运动兴起①。12世纪后期，巴尔干半岛的异端鲍格米勒派的主张经由参加十字军的农民和一些商人为中介，传入法国南部，促成了法国南部阿尔比异端运动的产生。这一运动包括华尔多派和纯洁派两大派别，华尔多派否认以教皇为首的教阶制，反对官方教会的礼仪和正统教义，抨击教会聚敛财富，提倡清贫生活；纯洁派得名于希腊文“纯洁”一词，吸收了摩尼教的善恶二元论，认为整个世界充满善与恶、上帝与魔鬼的对立，认定世间的一切，包括现存的封建统治秩序及一切制度和罗马教会，都是魔鬼创造的邪恶，进而揭露高级教士的贪婪与腐败，否定教会的宗教仪式和教阶制度，并要求废除什一税。12世纪末，华尔多派和纯洁派联合起来，受到城市小商人、手工业者和农民的欢迎，声势浩大，甚至得到一些封建贵族的支持。14世纪中期，英国的异端运动也相继出现。以约翰·保尔为首的“罗拉德”派在城乡广为布道，鼓吹基督教的原始平等思想，批判教、俗贵族的奢侈腐败，否定教阶制和农奴制，由此发动了1381年瓦特·泰勒领导的农民起义。与此同时，著名神学家威克里夫（1324—1384年）更是提出宗教改革的主张。他声称，每个人都是上帝的直接“封臣”，任何统治权都来自上帝的恩典和命令。每个人只要相信《圣经》，按《圣

① “异端”一词希腊语原意为“选择”和“选择的行为”，《圣经·新约全书》则引申为派别的意思，指一群兴趣及信念相同的人共同聚集在一起。基督教兴起后，曾将犹太教和古希腊哲学都视为异端，基督教各派也常常互相指责对方为异端。325年召开的尼西亚宗教会议，则把当时不少日耳曼人信奉的阿里乌派定为异端，此后，异端就成为基督教占统治地位的派别对异己派别的贬称。

经》行事就行，根本就不需要专门的教会及相应的宗教教规及仪式，教会聚敛财富是腐败行为，国家应该没收教会的财产，拒绝教皇对英国的掠夺。异端运动的蔓延，对罗马教廷的神权权威无疑是一大有力冲击。

随着法、英等国封建王权向议会君主制的发展，本国教会贵族得以制度化地参政议政，对王权的政治向心力日益加强，这在很大程度上弱化了教皇权威的基础。在此情况下，王权开始向教廷挑战。在英国，虽说自约翰王始，王室要向教皇称臣纳贡，《大宪章》也规定教会选举自由，但自议会君主制形成后，国王加强了对教会权力的掌控。其时，国王和教皇都拥有英国高级教职的推荐权，国王推荐的人数占据绝大部分。由于权威的日益渐弱，教皇对英王推荐之人多给予批准。据统计，爱德华一世在位的 35 年间，由国王推荐而选任的教职为 919 名，在爱德华二世在位的 20 年中为 1 419 名，到了爱德华三世时数量剧增，仅在 1327—1352 年，这个数字就激增至 3 182 名。此外，百年战争期间，英国国内普遍兴起反教廷情绪，认为教皇与法王关系密切。由此，更促使国王通过议会对抗教廷。1344 年议会颁布的一项法令，就停止在英国实施教皇圣职任命诏谕。爱德华三世随即下令监管各个港口，抓捕威胁国王教职任命权的人，搜集外籍教皇代理人的不法证据。1351 年，国王又让议会颁布《圣职委任法》，规定英国主教"自主选举"，禁止教皇对英国教职候选人的提名。1353 年议会再颁布《王权惩罚法案》，更规定任何身在境外的被指控者都必须由国王的法庭对其加以审判，有罪者之土地和财产都将被没收。其中的意旨乃是要禁止在国内的外国教士上诉教廷，阻止大贵族对教会的庇护权。1365 年爱德华三世解除了约翰王承诺的对教皇履行"封臣"义务，并停止缴纳贡金。

而在法国，国王对教廷权威的扼制更为有力。法王腓力四世 1285 年即位后不久，即对本国的教士征税。1296 年，教皇卜尼法斯八世（1294—1303 年）公开发出敕令，反对法王向教会财产征税，否则开除出教。法王不顾威胁，采取措施削夺教廷对法国教士的司法审判权，并于 1302 年召开法国历史上的第一次三级会议，讨论对教士的征税等问题。不久又派人马奔赴罗马将卜尼法斯八世软禁，在羞辱之下，这位年老的教皇愤懑而死。1305 年，在腓力四世的压力下，法国西南部波尔多大主教当选为教皇，被称为克莱门五世（1305—1314 年）。1308 年，该教皇将教廷从罗马迁到法国南部小城阿维农。在此后 70 年间，连续 7 任教皇均为法国人，绝大多数红衣主教也都是法国人，教皇实际上成为法王的御用工具。这在教会史上被称为屈辱的"阿维农之囚"，是罗马教廷神权由盛转衰的标志。

1377 年，新选的教皇乘百年战争初期法国失败之机迁回罗马，但阿维农教皇继续存在，双方互不承认，互相驱逐出教，造成教会的"大分裂"（1378—1418 年）。1409 年又出现第三位教皇，形成三教皇并立的局面。1417 年，康斯坦茨会议选出新教皇马丁五世，教廷分裂的局面结束。但此后西欧社会的发展态势对罗马教廷越来越不利，使之不可能恢复对西欧的大一统神权。

第三节　经济社会的变动与封建王国政治秩序的建构

一、从封建庄园经济到商品市场经济的演进

在中世纪初期的西欧，在奴隶、隶农起义和日耳曼“蛮族”大迁徙的交相冲击下，原来罗马帝国的许多繁华城市残破不堪，失去了作为经济中心的意义，有的成为主教的驻节地，有的成为封建领主的堡垒。而封建化的日益加深所导致的封建领主割据的局面，也曾一度阻碍了经济交流和商业复苏。加之当时森林、沼泽遍布，道路残破，人口稀少，广大乡村完全自给自足。

封建化完成之后，在国王的主导下，各级封建主与教会按照土地分封占有土地和人力资源。由于社会生产力比较低下，封建主主要依靠自己的封建地产生活，所以国王、教会和大封建主都在其领地内建立庄园。在外在联系极其稀少、商品交换尚待萌发的环境中，西欧盛行封闭狭小的封建庄园自然经济。

西欧典型的封建庄园，大体上和乡村一致，即一个村子就是一个庄园。但是也有一些大的庄园可以包括几个村庄，当然有些小庄园也只有一个村庄的一部分。庄园的土地大多呈条田状插花分布，分别散布在地理位置不同、土质肥瘠不同的一些地段。庄园的土地被划分为领主自营地和农奴份地两部分。领主自营地面积较大，有时是散落在各处的条田，与农奴份地互相交错，有时是土质肥美的完整的大块田地。领主自营地由封建领主派管家监督依附于庄园的农奴无偿耕种，其收获全归领主，这是典型的劳役地租形式。各户农奴的小块份地则由农奴用自己的农具耕作，其收获用以维持生活。庄园土地的耕作办法，大都沿用过去农村公社的习惯，一般为二圃制或三圃制，每年各地段春播或秋播或休耕，已相沿成习，大家共同遵守，不得自行其是。各户条田之间，只有一条犁沟为界。在耕种完自己的条田后，各农户在田横头筑起临时篱围，以防牛羊闯入地段糟踏禾苗。收割完毕后，篱围撤去，该地段即转为公共牧场，大家都可在上面放牧。这种耕作制度称为敞地制。原来属于村庄的草地、牧场、池塘、森林等，有时被庄园领主篡夺，农民要使用这些地方须交纳一定费用，但在有的地方，这些资源仍属全村公共所有，大家共同使用。

一个大封建主往往拥有若干个庄园，庄园设总管、管家等，监督依附农和奴仆的劳役，负责庄园的收支、劳力支配、物资保管等。各庄园统由总管负责，各管家须定期向总管报告经营情况。领主在庄园上一般建有住宅、教堂、磨坊、仓库、马厩等设施，置备犁、耙等各种农具，养有各种牲畜及家禽等。当时的庄园基本上自给自足，庄园生产主要是为生产者自家和领主提供生活资料，庄园的产品很少拿出去卖。庄园里有手工作坊、磨坊和烤面包坊等，可以生产各种生活和生产所需的物

品，除非万不得已，庄园很少出去采购，只有少数庄园不能生产的物品（如盐、铁等）才从外面购买。有的大庄园内还有一定数量的手工业者，如木匠、铁匠、首饰匠、皮革匠等，生产手工业品，供应领主及居民的需要。

西欧典型的封建庄园多存在于卢瓦尔河以北的法国和英格兰的中部及南部，但即使在这些地区，也还有许多其他形态的庄园，如有的庄园只有领主自营地，完全由奴仆从事耕作，有的庄园只有农民份地，耕种份地的农民向距离很远的庄园中心交纳实物地租。

随着社会生产力的复苏和城市的逐渐出现，西欧社会开始从封建庄园经济向商品市场经济过渡。

大约从 11 世纪开始，农业与手工业有了明显发展，社会分工和产品交换的日益显现，为城市勃兴创造了基本前提。由于铁制农具和马匹牵引的带轮铁犁的应用，许多沼泽、森林、荒地被开垦成农田，轮作休耕的三圃制也开始盛行，粮食产量不断提高，葡萄、亚麻等经济作物的种植与畜牧业也都有明显发展。此外，水磨以及风磨的出现，马颈皮项圈和马蹄铁等马具的改进，也为农业与繁重的运输业带来很大的便利。与此相应，采矿、冶金、金属加工、纺织、制革、制陶、磨面和建筑等行业逐渐兴起，手工业也逐渐从农业中分离出来，产品交换由此扩大，商业遂发展起来。许多手工业者和商人开始聚集到交通便利的渡口、道口、海湾、城堡与教堂附近、旧城市遗址从事工商业活动，这些地方的人口不断增多，出现了作坊、商铺和货栈，由此逐渐形成了城市。像法兰克福、奥格斯堡、特里尔、伦敦等城市都是如此。有些城市则主要靠商业和对外贸易兴起，如威尼斯、热那亚、那不勒斯、米兰等意大利城市和根特、布鲁日等尼德兰城市。当时的城市规模不大。既有两千人以下的小城镇，也有万人左右的中等城市，大城市如伦敦、巴黎也就四五万人。城市居民除手工业者和商人外，还有大封建主、高级教士和为数相当多的下层贫民。城市一般筑有城墙，上有塔楼，并围以壕沟，靠吊桥与外界相通，拉起吊桥就是一座防御敌人袭击的堡垒。当时的城市还带有原始粗陋的面貌，城区夹杂有小块农田，街道时有牲畜游走，街道狭窄，房屋拥挤，卫生条件恶劣。

城市手工业生产单位是家庭作坊，为垄断本行业生产经营，避免同行业竞争，手工业者按行业组成行会。这一组织有利于劳动技能的传承、生产经验的积累和产品质量的改善，从而促进商品生产的发展。但行会墨守成规，不思改革，反对扩大生产和竞争，又成为社会生产力发展的障碍。最初城市的手工业者兼营商业，自产自销。随着贸易的发展，独立的商人阶层逐渐兴起，势力日益膨胀起来。为了确保商业贸易的独占权和其他权益，这个阶层也联合起来组建商人公会，常常由大富商、高利贷者、大房主、大银行家等控制。商人公会在规范城市商品交易、防止无序的恶性竞争方面发挥了关键作用，但其对商品交易的品种、价格、规模等方面的垄断，则不利于工商业发展。

随着城市的兴起，西欧的商品市场经济发育起来。城乡之间、城市之间和地区之间的商品交换日益增多，大大小小的市场、市集乃至区域性的贸易圈渐次显现。除了小生产者以零售方式进行的小集市外，城市中规模较大的区域性甚至是国际性市集也在一些地区产生。这类市集一般每年一次或几次，每次时间长短不一，长的达几个月。法国的香槟市集、里昂市集，佛兰德尔的布鲁日市集、安特卫普市集、日内瓦市集，英国的圣爱弗斯市集和斯密茨菲尔德的圣巴托罗缪市集等都有相当规模。同时，两大贸易圈形成。地中海贸易圈主要搞东西方中介贸易，经营香料、丝绸、瓷器、宝石、象牙、明矾等，主要由意大利商人控制，法国南部的马赛、蒙彼利埃和那旁，西班牙的巴塞罗那也在一定程度上参与。再就是北海、波罗的海贸易圈，由佛兰德尔和德国的商人控制，经营各国的土特产，如罗斯的皮毛、蜂蜜，英国的羊毛，佛兰德尔的呢绒，德意志的粮食等。联结这两大国际贸易圈的先后有两条通道。陆路翻过阿尔卑斯山，经法国香槟伯爵的领地到达佛兰德尔。13 世纪以后又开辟了从地中海出直布罗陀海峡，沿大西洋到达英国和北海各港口的海路。

商业发展促使商业组织出现，商人的合伙制则转变为商行、公司，通常是以一个家族的成员为主体，并以该家族的名字来命名。在 14—15 世纪，意大利就有 200 余家公司或商行，在巴黎、伦敦、布鲁日等许多大城市都设分号。货币流通也出现新的方式。当时货币体系十分紊乱，伪币丛生。为解决这一弊端，产生了专门鉴别和经营货币的兑换商。这类商人主要为意大利人，其业务逐渐扩大，在欧洲各国都有常驻代表。外出的商人把巨款交给兑换商，领取相关的凭证，然后在目的地从兑换商代理人那里以凭证领取钱款。这种凭证就是最初的汇票。与此相应，信贷业务以及借贷记账法、结算办法等也相继出现，最终导致了银行的产生。意大利的热那亚、佛罗伦萨等地的银行出现最早，且很有实力。佛罗伦萨的银行家曾一度代教廷征收西欧一些国家的什一税，有的还把钱款借贷给英国等国的国王。

商品市场经济的发展促进了农村庄园经济的瓦解。从 13 世纪起，在英国、法国的许多地区，由于商品经济对乡村的渗透，封建领主为追求物质享受而渴望大量货币，于是就纷纷将庄园地租折算，劳役和实物地租逐渐被货币地租取代。不少领主甚至要农奴交纳一笔赎金来赎买其人身自由。这样，不少农奴开始摆脱了领主的直接控制，获得了人身的自由解放，成为拥有土地占有权的自耕农，封建庄园经济走向解体。

二、封建依附体制下社会阶层的划分及其变动

封建化形成后的西欧，作为封建主阶级的贵族（Aristocracy），构成了一个由血统、财富和法律-政治地位来彰显其身份的社会阶层，一个有着特定的封建权益诉求与政治行为取向的“社会共同体”。不过，贵族中既有世俗贵族、教会贵族之分，

内部也有等级的区别。这一格局与当时盛行的封君封臣制紧密相连。

在当时的西欧，国王将全国部分土地划为王领后，将大部分土地分授给大封建主，即成为封君，被分封之人则为封臣。大封建主也将所获土地一部分划为自营地，其余的再对中等贵族进行分封，成为封君，而受封者也成为封臣。这一级封君也将部分土地分封给骑士，让其作为自己的封臣。这样，就形成了以土地的层层分封、占有为基础，以封君和封臣之间的权利和义务关系为纽带的封建等级制。封土制与封君封臣制的缔结要举行相关仪式。封君在施行土地分封前，要由封臣向封君行臣服礼，封臣必须跪下，不带武器，合掌置于封君手中，表示愿意依附封君，成为其封臣。臣服礼后再举行宣誓效忠仪式，即封臣站着，把手放在圣经或圣物上，然后，封君要亲吻封臣的额头，并以具有象征意义的树枝或泥土交给封臣，表示对其封土的授予。封臣死后，其子需重新行臣服礼，以继续领有封土，从而使主从关系世代相传。从理论上讲，封君有权收回土地，但实际上常常做不到。因为多层的分封，使封臣封君之间彼此关系错综关联。所以，封土在维持一定时期后，逐渐转变为可继承、可转让、可买卖的私人财产，但封臣对封君的隶属身份基本不变。封君封臣关系一旦形成，双方就要履行约定。封君对封臣要尽一些义务或责任，如维持封臣的生计，确保封臣对土地财产的享有，保护封臣的人身安全等。封臣则必须效忠于封君，每年自备兵甲粮草为封君提供军役，服役有时间限制，在 12 世纪一般为每年服役 40 天，超过 40 天则由封君提供报酬；向封君交纳“协助金”以示资助，在封君的长女出嫁、长子晋封为骑士以及封君的远行等事上，封臣都须提这样的经费资助；为封君事务提供建议或劝谏，为封君的法庭充当证人等等。从表象上看，封君与封臣的权利和义务是双方的约定，但实际上包含不平等的人身统属和依附的关系。如果封臣不效忠和反叛，封君就有权扣押封臣及其家属，收回其所得的封土。当然，如封君不履行义务，封臣即可摈弃效忠，而对封君的侵害，封臣也可予以抵抗。不过拥有人力和物力之资源优势的封君，大多处于支配地位。

封君封臣制构成了封建贵族身份与层级确认的基础。世俗和教会大贵族（magnate）一般都是“大领主”（great lord），他们都是国王的总封臣或直接封臣（tenant in chief）。区别在于教会贵族属于教士，有资格担任高级教职。他们拥有大量田产，有的还被国王封为公爵、伯爵，镇守一方，爵位世袭，家世显赫，成为顶层“有头衔的贵族”（titled nobility），每个家族都有自己特定的族徽标志。他们拥有诸多臣仆与下属封臣、自己的“领主会议”机构与法庭，称雄一方。此外，他们还被看作是国王的天然顾问，拥有向国王提出建议和谏言的特权。在英国，这类大贵族还多被国王延揽至朝廷，作为御前会议成员参与政务，或作为“议会贵族”（peerage）被征召至议会上议院参政。不过在德国，公爵之类的大诸侯多系部落首领转化而来；在法国，一些大贵族始终处于半独立状态，他们与朝廷政务并未有多少联结。在贵族群体中，还有诸多的中等贵族与骑士阶层，前者属于次级封臣，而后者处于贵族阶层的最底层。一般而言，骑士只占有一个面积不等的骑士领，为封君提供骑士军役是其主要义务，他们有自己家族的盾徽（盾形徽章，coats of arms），在地方上有一定的社会地位。德意志骑士的情况较为特殊，他们名义上直接属于“神圣罗马帝国”，称“帝国骑士”，但实际上都是较为独立的封建主。由于封建军役有役期限制，加上因继承、买卖、转让而导致的地产分割使骑士征召不易，同时国王的财政实力随着商品经济的发展而增加，在英法等国出现征收“盾牌钱”来代替军役的做法。这使得一些封建贵族尤其是骑士阶层脱离服役的负担，转向农业以及工商业的实业经营。同时，一些自由农民因经营致富，通过购买获得骑士的身份。由此，骑士阶层的身份确定日益模糊，取而代之的是地方“乡绅”阶层的崛起。这从一个方面反映了封建等级制开始走向衰落。

封建时代的西欧，庄园中的不同身份的依附农民构成了农业生产的主要承担者，其中农奴占大多数，也有半自由的农民、佃农和雇工。此时的农奴地位比奴隶社会中的奴隶有了很大改善。他们有自己的家庭和为数不多的财产，领有一小块份地世代使用，用自己的生产工具耕作，有较为独立的个体经济，可以维持本身的简单再生产。但是，农奴在法律上不属于自由人，虽然不得被封建领主任意杀害，但可以买卖、转让、交换或赠送他人。他们属于某一个领主，要向主人交纳人头税。法律也不承认农奴有财产权，他们的份地所有权属于领主。在农奴死后，死者子弟要继承其份地的使用还必须向主人交纳继承金“死手捐”。农奴也没有迁徙自由，在婚姻上也不能自主，如果要与其他庄园的农奴结婚，也需向主人交纳婚姻捐税。农奴还受到教会神权的制约，必须交纳“什一税”，分别将收获谷物、果蔬和宰杀牲畜的十分之一交还给教会，称“大什一税”、“小什一税”和“血什一税”。农奴的案件与纠纷，必须由封建主的庄园法庭来审判，由此常常需向领主交纳各种司法罚金。农奴在法律上和主人地位不平等，他们归主人审判，无权控告主人，国家法庭也不受理农奴案件。农奴不得服军役，亦不得担任教职。

在封建庄园中，农奴更受到诸多超经济强制的剥削和奴役。他们须按领主的要求来安排劳动时间。除耕种自己的份地外，还须在领主管家的监督下自带工具无偿地耕种领主自营地，一个星期劳动 4 至 5 天，农忙时还被强迫增加工作量，且需先完成自营地上的生产，由此而常常耽误了经营自己份地的农时。此外，农奴还要为领主服各种杂役，如砍柴、割草、筑路、修桥、挖渠、盖房等等。领主要出征打仗，农奴还常常被征调一同去搬运粮草、饲养马匹。农奴要使用原来公用的森林、池塘和牧场等，要使用庄园里的磨房和面包烤炉等，也要向领主交纳费用。此外，农奴还常常要向领主献贡各种实物，如家禽、牲畜、水果、蔬菜、羊毛等等。典型的农奴制模式集中在卢瓦尔河以北的法国和英格兰的庄园中。而在西欧其他地区的不少庄园里，土地除领主自营地和农奴份地外，还有自由地；庄园生产者也并非清一色的农奴，还有自由佃户、雇工等；劳役地租也并非唯一的形式，与其并行的还有实物地租和货币地租。

12、13 世纪，随着商品经济的复苏，一些地区庄园内自营地缩减、劳役地租改为实物地租或货币地租等现象开始显现。但也有不少地方，特别是大修道院所属庄园反而扩大自营地，加强劳役地租剥削。在这一过程中，许多农奴对封建主的人身依附关系有所松弛，但其承受的封建剥削并未减轻，由此而对新方式的剥削产生强烈的不满情绪。因此，在 12、13 世纪，西欧的农奴和其他农民纷纷利用马尔克公社传统组织起来进行抗争，要求把劳役和租税明确地限制在固定的数额内。这种乡村的“公社运动”，对庄园农奴制是一有力冲击。此外，为了摆脱封建领主的奴役与剥削，不少农奴特别是其中有某种手艺的人，往往逃到城里谋求生计，成为城市居民的一大来源。按照当时的习惯，逃亡农奴只要在城市住满一年零一天就成了自由人，领主对他们的追捕权就自然失效。从 14 世纪起，随着城市商品经济向乡村的渗透，封建领主纷纷放弃庄园的自营地，改征货币地租，农奴也通过“赎买”等途径取得人身自由，劳役制庄园趋于瓦解。

随着城市的兴起与发展，封建西欧的阶级结构与社会分层出现新的变化，那就是市民阶层的产生。城市兴起前，封建主和农民构成社会两大阶级，城市的成长逐渐产生了中世纪的市民阶级。“市民”一词最初指全体城市的居民。随着城市的发展和城市居民的分化，市民阶级也产生相应的社会分层，出现了城市贵族与城市平民。城市贵族由富有的大商人、手工作坊主、房产主、银行家、高利贷者组成，而城市平民则包括帮工、学徒、日工、奴仆、破产手工业者和其他下层群众。市民阶级仍然带有时代赋予的封建性，但他们在生产生活方式与思想观念上都有别于封建主与农民。他们依赖于市场而非土地生活，活动的地域范围开阔，因而要求人身自由与经营自主，进而要求城市自治，由此而展开一系列有别于以往农奴反抗的政治斗争。受社会分层的制约，城市市民的政治斗争也出现具有不同诉求的阶段性特征。

首先是争取城市自治和自由特权的运动。由于多兴起在封建领地，城市受到教、俗贵族的敲剥。为此，城市为争取自身权益而斗争，或采取用金钱赎买来获得相应的经济与政治特权，或通过诉诸武力来解决问题。由此，有的城市取得某种程度的自由与特权，成为“自由城市”。一部分自由城市又取得建立市议会、选举市政官员与市长和设立城市法庭的权利，成为“自治城市”。当然，这并不意味着城市完全游离于封建依附体制之外，其政治上仍旧受到国王的制约，“自治城市”扮演了王国地方政府的角色。意大利的情形则比较特殊，城市建立了政治独立的城市共和国。而在德意志，在斗争成功后城市名义上直属皇帝，但因君权孱弱无力，封建割据严重，城市又多兴起在边境地带，依赖过境贸易发展。这样，为了求得生存与发展，德国城市相继建立了“莱茵同盟”和“汉萨同盟”来拓展、捍卫自己的权益。

城市贵族从一开始就在自治城市控制了市政府和市议会，获得立法、行政、财政和军事大权，凭借优越的经济、政治地位剥削和压榨一般市民。由此，在 13—14

世纪，许多城市的行会手工业者为了保护自己的利益，又发动“行会革命”反抗城市贵族的斗争，在某些城市如佛罗伦萨、科隆和奥格斯堡获得成功，由行会上层分子掌权。到了14—15世纪，行会内部手工业者展开反对行会上层分子压榨的行动。帮工、学徒联合起来组成“兄弟会”“伙伴社”等组织来斗争，要求缩短学徒期、缩短工时、提高工资等，给行会制度以沉重打击，促使其日益衰落、解体。

三、封建君主政治秩序的建构

随着封建化的完成与封建国家的建构，封建君主开始着力于政治统治秩序的建构，并随着社会的变化进行调整。

在11—14世纪的英国，从封建王权向议会君主制的过渡，是国王与封建教、俗贵族长期交替的合作与斗争的产物。

英国封建王权缘起于中世纪早期的盎格鲁-撒克逊人的“蛮族”王权。英国所兴起的不列颠群岛，曾经自公元1世纪中期起就为罗马帝国军事占领。442年罗马军团为应付国内统治危机而被迫撤回大陆。自5世纪中叶开始，属于日耳曼人支系的盎格鲁人、撒克逊人以及朱特人渡海西侵，打败了土著的凯尔特人，相继建立十来个小王国，后来又经过兼并组合形成苏塞克斯、埃塞克斯、威塞克斯、东盎格利亚、诺森布里、麦西亚、肯特等王国，进入分裂混战的“七国时代”（600—870年）。基督教也在6世纪末开始在不列颠传播。9世纪初，威塞克斯统一了各王国，其国王阿尔弗烈德（871—899年在位）统治时，积极组建军队遏制了漂海南下的丹麦人的进攻。10世纪末，丹麦人在首领卡纽特（1016—1035年在位）的率领下重新侵入英格兰，建立起一个囊括丹麦、挪威、瑞典和英格兰的大帝国，史称“卡纽特帝国”。英国王室被迫流亡诺曼底。1042年，帝国崩溃，英格兰恢复独立。国王的地产封赐与长期的战争，使教、俗贵族占有广大地产，自由农民纷纷破产。在封建化的过程中，国王在教、俗贵族的支持下建立起公共权威，但到了11世纪中期，地方伯爵等大贵族势力坐大，形成了对王权的有力钳制。

1066年的“诺曼征服”最终在英国确立了封建王权。是年1月，英王忏悔者爱德华王死，权臣哈罗德伯爵被御前会议“推选”为王，作为英王表兄的诺曼底公爵威廉以哈罗德“篡位”为由要求继承王位，率部众约7 000人于8月渡海进攻不列颠，不久在哈斯丁斯战役中彻底击溃哈罗德的军队，并于是年的圣诞节在西敏寺举行加冕典礼，成为英王威廉一世（1066—1087年在位）。通过“诺曼征服”，威廉一世将大陆的封君封臣制导入不列颠，在占有大量土地作为王领时，对亲兵、宠臣和诺曼底的教、俗贵族进行土地分封。为了打破封建的“居间权力”对王权的限制，他还于1086年8月让所有等级的领主在索尔兹伯尼对他行“臣服礼”并宣誓效忠，并在全国核查各级封臣及自由人的土地财产、收入数额，编成《土地赋役调查手册》。由于清查项目细致无遗，该调查册引起社会恐慌，被称为“末日审判书”（意指它所记录的情况不容否认，犹如末日审判一样）。

在确立封建制度的同时，威廉一世继承了旧英王国的国家遗产，将臣民的重大刑事案件乃至封臣反叛要案都划为王的司法权范围，禁止伯爵干预地方政务，强化原有的郡制，继承了英王国的土地税（丹麦金）制，重组效忠新王的英国教会。通过这些措施，英王获得了一国之君与封建宗主的双重政治身份与地位，为封建王权的强化与发展奠定了重要的历史基础。

“诺曼征服”后，英国封建君主的集权经历了一个多世纪反复曲折的过程。在这期间王国跨海而治，英王仍带有法国国王之封臣的身份。贵族在法王干预下谋取私家权益而反叛，构成了英国政局动荡的一大根源。亨利一世（1100—1135 年在位）上台后，对大贵族采取“恩威并重”的政策，并延揽一批小贵族精英参政。同时，他组建政府机构与巡回法庭，拓展国王的司法权，征收“盾牌钱”来取代骑士军役，招募雇佣军，并派军收回了贵族割据的诺曼底。通过这些措施，王权得到进一步加强。但在他去世后，其远嫁给法国安茹伯爵的公主玛蒂尔达率众回国向斯蒂芬王（1135—1154 年在位）争夺王位，致使英国爆发了十多年的大内战。

1154 年，玛蒂尔达之子、法国安茹伯爵亨利继承英国王位，史称亨利二世（1154—1189 年在位），开始了英国史上安茹王朝（1154—1399 年）的统治。由于此前安茹伯爵通过兼并在大陆空前拓展了其领地，安茹王朝包括大部分法国土地。为了消除封建内战影响，有效统治庞大的“安茹帝国”，亨利二世不仅强化了此前英王的一系列集权措施，还进行诸多的立法活动，并创设中央法庭常年在西敏寺办案，设立陪审团制度，用誓证法代替原始、落后的“神命裁判法”和决斗法。同时，加强对英国教会教职任免权与司法权的控制。不过，亨利二世与坎特伯雷大主教贝克特发生激烈冲突，导致罗马教廷神权干预，法王腓力二世也支持其王子反叛。亨利二世去世后，理查德一世（1189—1199 年在位）穷兵黩武，参加十字军东侵，且多住在其在法国的领地，疏于治理国政，王权由此而趋于转弱。到了约翰王统治时期（1199—1216 年），英国王权遭遇了巨大的统治危机。由于物价飞涨和政府官员的增多，与法国争夺大陆领地的战争接连不断，王室财政危机渐显严重，约翰王被迫打破封建习惯法，任意高额征收封臣的封地继承金，加倍征收“盾牌钱”，征收所有进出口货物的商税。所有这些，都引起了贵族、教会以及骑士、市民的愤恨。同时，约翰王肆意干涉教职选举，与罗马教廷发生了激烈的正面冲突。随着矛盾的尖锐激化，北方的大贵族首先发难反叛王权，并得到骑士和市民支持。1215 年初，他们在斯坦福集会，并向伦敦武装进军，在强大的压力下，经过坎特伯雷大主教朗顿的斡旋，约翰王被迫于 1215 年 6 月 15 日与贵族签订了著名的《大宪章》。

《大宪章》共 63 条。作为一种政治妥协方案，它仍然肯定封建王权的合法地位，将国王视为贵族权益的恩赐者，同时，它又力图约束王权，保障教、俗封建主的特权不受侵犯。它规定：保障教会教职选举自由；保护贵族和骑士的领地继承权，国王不得违例征收领地继承税；未经教、俗贵族开会同意，国王不得向直接封臣征派补助金和盾牌钱；未经同级贵族判决，国王不得任意逮捕或监禁任何自由人或没收他们的财产。它的少数条款，确认了城市已享有的权利、保护商业自由、统一度量衡等。《大宪章》还规定，由 25 名大贵族组成委员会负责监督宪章的执行，如国王有破坏条款的行为则要求其改正，并赋予贵族兵谏迫使国王改正错误的权利。

《大宪章》的签订表明，经过一个多世纪的拓展，英国封建王权虽然有了相当的政治集权，但仍未对王国臣民达到有效严厉控制的程度，在为政过程中必须重视与照应臣民的诉求与权益。无论从主旨上还是语境上看，《大宪章》都是一份封建性的政治文件，但其中所蕴含的原始军事民主制残余观念和封建“契约”的精神，凝聚出对日后深有影响的政治协商的原则。《大宪章》的问世显示，封建王权与教、俗贵族以及骑士和市民之间既难免发生大的政治冲突，也能够通过政治妥协来缓解危机。这也就预示着君主与各阶层进行制度化合作的议会君主制即将出现。

《大宪章》之后，英王亨利三世（1216—1272 年在位）因开征巨额捐税，与贵族的冲突更为激烈。1258 年，以西蒙·德·孟福尔为首的贵族发动兵谏，迫使国王签订《牛津条例》，要求国王按照习惯及与重臣协商来治理国家，规定由大贵族组成的委员会来统治国家，实际上实施贵族寡头政治，引起骑士与市民的不满。1262 年，亨利三世试图取消《牛津条例》，结果导致贵族叛乱而在刘易斯一役被击败、囚禁。贵族获胜后，孟福尔于 1265 年 1 月在伦敦召开了英国历史上首次“国会”，除大贵族与会外，还邀请每郡两名骑士代表和每个大城市两名市民代表参加会议。一般认为这是英国议会君主制的萌发。1265 年 8 月，亨利三世之子爱德华一世（1272—1307 年在位）在伊夫夏姆一役战胜贵族，即位后既继续扫荡反叛势力，也恢复了与贵族的合作。1295 年，为筹措对威尔士、苏格兰和法国进行战争的费用，爱德华一世仿效 1265 年的“国会”召开议会。这样，由国王、贵族和地方等级代表构成的议会建立。自此以后，议会均按这一模式经常召开，故 1295 年的议会又被称为“模范国会”，它的举行是英国议会君主制形成的明显标志。

从 14 世纪起，英国议会君主制进一步完善。一方面，随着商品经济的发展，骑士阶层经营的实业活动逐渐增加，市民阶层的势力也开始成长，强化了为自身权益而参与议会的诉求。另一方面，随着与法国争夺大陆领地的“百年战争”的展开，需要举国之财力、物力来支撑，由此促使国王不断召集议会解决财政问题，议会的作用也就逐渐凸显。在爱德华三世时期（1327—1377 年在位），议会形成上下两院，上院由教、俗封建主组成，有权审理重要的司法案件，纠正下级法庭的错误，有权进谏国王，批准税收和制定法律。下院则由骑士和市民等地方等级的代表共同组成，最初权力十分有限，多为回答国王顾问的询问，但不久则权力增加，不仅产生了“议长”，且与上院分别集会，商讨和提出一般请愿书，拥有取得投票决定税收和批准法律的权力。到了14世纪末，下院更提出了“先改正、后同意”的原则，即要求国王事先处理地方陈情所倾诉的政务弊端，然后才同意征调税收。

议会君主制的产生和运作，使英国封建君主与各封建等级的政治协商有了一个制度化的平台。议会既对王权的统治供了政治决策的支持，也形成了某种限制。但此时的议会远未形成独立的王国主权机构，它仍然从属于国王。议会只是国王的议会，没有国王就没有议会。国王决定了议会召集与人员的构成及其议决的内容，也有权使其休会或者解散议会，国王的个人意志对议会有着很大的有时甚至是决定性的影响。而且，在一般的情况下，从维护王国统治秩序和对外战争出发，议会基本上是倾向于支持王权的。

法国封建君主政治的建构，既有与英国相同之处，更有自身的特点。中世纪的法国是从加洛林王朝的西法兰克王国演变而来的。查理曼帝国分裂后，加洛林王朝在西法兰克的统治又延续了一百多年，但其国王大多昏庸无能，难以驾驭势力趋强的地方大贵族。由于国力不振，在9至10世纪，北欧的诺曼人不断漂海南下，袭击王国的沿海地区，甚至沿些耳德河、卢瓦尔河、加隆河等水道侵入内地，洗劫城市和乡村。加洛林王室无力保疆卫国，政治威望日益跌落。各地大贵族则纷纷修建城堡，扩展实力，封建分裂割据严重，一些大贵族家族开始崛起。9世纪后期，大贵族强者罗伯特因抗击诺曼人有功，被封为法兰西岛公爵。“法兰西岛”指塞纳河和卢瓦尔河中游、以巴黎和奥尔良为中心的南北狭长地带。罗伯特公爵之子、巴黎伯爵厄德也因抵抗诺曼人有功，逐渐控制加洛林王朝的实权。987年，国王路易五世死后无嗣，贵族就拥戴罗伯特家的休·加佩为王，开始了加佩王朝（987—1328年）的统治。

加佩王朝初期，法国王权仍旧孱弱，封建诸侯割据一方。国王实际统治的王领局限在“法兰西岛”，即塞纳河和卢瓦尔河中游约3万平方公里的狭长地带，而当时名义上属于法兰西的领土约有45万平方公里，王领仅占这一总面积的1/15。即便是在王领，也存在贵族不纳王命的现象。王领之外则存在着诸多的公国（公爵领）和伯国（伯爵领），公爵、伯爵虽名义上是法王的封臣，但行使独立统治权，且时常兴兵反叛。这些割据政权主要有北部的佛兰德尔伯国，西北部的诺曼底公国，西部的安茹伯国和布列塔尼公国，南部的阿奎丹公国、土鲁斯伯国和巴塞罗纳伯国，东部的勃艮第公国和布卢瓦-香槟伯国。尤其重要的是，孱弱的法国王权还遭到英王国领土扩张的强大挑战。“诺曼征服”后，诺曼底公国被划入英王国的统治版图。1154年安茹伯爵亨利又被立为英王亨利二世，而此时经过兼并扩张的安茹伯国在大陆的领地已经包括安茹、曼恩、图棱、阿奎丹、诺曼底等地区，面积几乎相当于法国领土的2/3。在这样的严峻形势下，法国封建王权要获得发展，就须与英国及其他割据诸侯展开斗争，实现领土的政治统一；还须打破封建“居间权力”的障碍，对各级封建主行使直接统治，将封建宗主权转化为王国君权。在这方面，国王有着独特的政治优势，毕竟国王在理论上是各级贵族的最高封君，对他们拥有封建宗主权。同时，教会在鼓吹“王权神授”以神化王权时，还致力于稳定社会秩序。教会提出的“上帝休战”的主张，规定每周五到周日封建主必须停止私战，否则一概开除出教。国王还从兴起的城市中获取财力和人力。

法国王权加强是从路易六世（1108—1137年在位）开始的。他长驻巴黎，以之作为王国的政治中心。同时，他加强对王领的统治，争取到教会与市民的支持，并在王廷设置“御前会议”辅政。到腓力二世（1180—1223年在位）时，法国王权进一步拓展。他借口约翰王不履行封臣义务，宣布剥夺英王在法国的领地，并对之展开领土战争，先后夺得诺曼底、安茹、缅因、屠棱和布列塔尼等地，将王领面积扩大一倍。后来的法王又先后在1224年和1258年分别夺取了普瓦都与阿奎丹，英王在法国的领地仅剩下西南部的基恩和加斯科尼等地。随着王领扩大，政治集权也开始启动。腓力二世时期，直接掌握王室法庭的司法权，亲自审理重大案件。在地方则实施新的“拜宜制”，由国王直接任命官员驻在各地，代表国家行使财政和司法大权。路易九世（1226—1270年在位）更推行了一系列强化王权的改革。他派巡按使奔赴各地督察各级官员，将官员改为由国王任免；颁布诸多法律来规范社会生活，同时规定王室法庭有权审理重大案件和复审地方法庭的判决，严禁领主之间私斗，实行“国王四十日”制，有纷争可在40日内向国王上诉，由王室法庭裁决；推行募兵制，建立常备军取代骑士军役制；下令铸造通行全国的货币，限制劣质货币流通。

腓力四世在位时期（1285—1314年），法国王权进一步加强，并在此基础上建立了等级君主制。在这以前，王室已经兼并了香槟伯国和那瓦尔王国，腓力四世则进一步夺取勃艮第和里昂，并取得了对富庶的佛兰德尔地区的控制权。在政治集权的过程中，腓力四世采取了诸多有力措施。他任用出身于城市富裕市民、小贵族家庭的精通罗马法的法律专家，让他们宣传王权至上的法理，制订通行法国全境的法令达300多件，强化对社会生活的严厉干预。同时，他致力于完善国家司法制度，使巴黎高等法院成为一个完备的王国常设司法机构。在地方，任命行政和司法官员代表国王行使各种权力。

腓力四世时，战争的增多与官僚机构的发展造成王国财政拮据。为筹得充足的经费，腓力四世采取了不少措施：允许封建主将对国王的军事义务折算成免役金；贬低币值，强调以金块来偿付税款；下令没收法国境内一切犹太人、伦巴底人的财产；尝试直接向民众征税，税种主要有人头税和间接税；向富庶的圣殿骑士团开刀，强掠其巨额财产归法王所有。而最大的举措则是向教会征税，甚至对教会财产按20%的比例征税。这一举措引起了法王与教皇的直接冲突。为争取各社会阶层的支持，腓力四世于1302年在巴黎圣母院召开法国史上第一次三级会议，参加会议的有贵族、僧侣、市民三个等级的代表。在会议上，三个等级的代表一致谴责教皇是异端，要召开宗教会议予以审判。同时，会议确立了国王有权征税的原则，会议代表可以在答应国王征税的前提下提出一些改良性要求，沟通国王与民众的联系，避免社会矛盾的激化。

三级会议的召开，标志着法国等级君主制的产生。通过这一统治形式，法国国王与贵族、教会和市民有了协商的政治平台，既加强了相互间的合作，也使国王掌控各个等级。三级会议在反对国王暴政、限制王权独裁方面有一定的作用。会议代表常常在会议上批评弊政，有时要求国王答应某种改革，作为通过决议的交换条件。不过，三级会议远不具有英国议会的政治功能，其对国王的约束力十分有限。三级会议何时召开，完全由国王根据形势而定，也没有进一步取得国家的立法权。三级会议开会时，三个等级只能分别讨论议案，每个等级也仅有一票表决权，只有在向国王做出答复时三个等级才集合在一起。由此，法国王权的专制倾向并没有因此而被遏止。

与英、法封建君主政治集权的演进路径不同，中世纪的德国所经历的则是从“帝国”走向诸侯割据。加洛林帝国分裂后，东法兰克王国后来发展成为中世纪的德意志国家，911 年，东法兰克国王路易去世，加洛林王朝的统治终结，这一事件一般被看作是德意志作为独立的封建国家的开始，其统治范围基本限于莱茵河、易北河和多瑙河之间的地区。这一地区的日耳曼人几乎没有受到罗马文明的影响，又未经历民族大迁徙，氏族血缘关系和原始部落传统在很大程度上得以延续。因此，德意志封建化过程启动较晚，且到 12 世纪仍未完成，萨克森等边远地区的自由的农村公社长期存在。也正因为如此，在德国立国之初，原来的部落联盟很自然地转变为公爵领，其首领摇身一变而成为公爵。10 世纪初的萨克森、法兰克尼亚、巴伐利亚和士瓦本等四大著名的公爵都是这样产生的。他们利用血缘关系建构起独立性很强的政权，称雄一方，而国王的封建宗主权图有虚名，很难从中获得支撑国家发展的政治资源。同时，德国的城市多勃兴在北部、西部和南部的边境地带，以从事中介性的国际贸易为主，各地区之间缺乏密切的经济联系，城市和王权之间没有英、法那样的利益关系，未能与王权结成同盟。所有这些因素，都导致德意志王权不可能进行政治集权。

萨克森王朝（919—1024 年）期间，国王曾试图政治集权。奥托一世（936—973 年在位）时，在中小封建主和教会神权的支持下，用武力和联姻的方式，先后平息了巴伐利亚、士瓦本、洛林等公爵的反叛，成为第一个完全控制五大公爵领地的德国国王。为了牵制封建诸侯，他还在 937 年授予教会封建主在其领地上享有独立行政、司法的特恩权，史称“奥托特权”。奥托一世还对外大力进行军事扩张，先后征服了易北河和奥得河之间西斯拉夫人居住的大片地区，迫使其改宗基督教。

鉴于意大利城市繁荣富庶但却四分五裂的局面，从 951 年起，奥托一世数次率大军侵入意大利。962 年，他在罗马的圣彼得大教堂接受罗马教皇为之举行的涂油加冕典礼，称“神圣罗马帝国皇帝”。不过，这个所谓的“帝国”名义上囊括德意志和意大利，但不存在真正的政治统一，既无一个有权威的中央政府，也没有统一的军队、法庭和货币，境内的大小诸侯、独立的骑士领地和众多的帝国城市都有不同程度的政治独立性，四分五裂，一盘散沙。正是在这个意义上，18 世纪的法国启蒙思想家伏尔泰称“神圣罗马帝国”既非神圣，也非罗马，更非帝国。同时，这也使德国王权逐渐处于与教皇权威的直接冲突之中，教、俗权的斗争随之展开。1122 年双方签订“沃姆斯条约”，达成妥协，皇帝让出了一部分控制本国教职选举与授予的权力，对教会的影响有所削弱。

为了有效地控制罗马教廷，霍亨斯陶芬王朝（1138—1254 年）的皇帝腓特烈一世（红胡子，1152—1190 年在位）先后 6 次征伐意大利，摧残了北意大利的不少城市和乡村，掠夺了大量的财富。1167 年，在教皇的支持下，威尼斯、维罗纳、帕多亚、克雷莫纳等城市组成伦巴德同盟，共同支持惨遭蹂躏的米兰，抗击德意志的入侵，挫败了腓特烈一世的征服，赢得了意大利北部城市的完全独立。长期的对外扩张，极大地消耗了皇帝对内进行政治集权的实力，诸侯的势力日益坐大。腓特烈二世（1211—1250 年在位）即位后，与两西西里王国联姻，将政治重心转移至意大利，对德国诸侯做了诸多的重大让步，多次颁布政令赐予诸侯在其领地上享有司法、铸币、征税以及管理地方道路、河流的权力，并限制城市的自治权。由此，诸侯权势更加显赫，通过“帝国会议”控制皇帝的选举。因此，在霍亨斯陶芬王朝终结后，德国竟出现选不出皇帝的“大空位时代”（1254—1273 年），皇权孱弱、诸侯割据的现象日益严重。

不少诸侯利用王权的孱弱，对西斯拉夫人进行侵略扩张，先后建立奥地利公国、梅克伦堡公国、勃兰登堡侯国，后者更在 13 世纪末向东扩张到今波兰西境。1230 年德国条顿骑士团与波兰的马佐维亚公爵康拉德立约，借机占领整个普鲁士。1236 年，被拉脱维亚和立陶宛打败的立窝尼亚骑士团（又名圣剑骑士团）向条顿骑士团求援，双方合并，统治着波罗的海东岸和南岸大片地区。1308 年，条顿骑士团出兵占领但泽，势力达到东波美拉尼亚，切断波兰的出海口。德国封建主对西斯拉夫人的扩张及其建立的割据政权，给德国的政治统一造成了新的障碍。

在皇权孱弱的形势下，大小诸侯甚至骑士和自由城市的权力与日俱增，渐渐拥有相当独立的立法、司法、行政、军事和财政大权，大诸侯甚至有自己的等级代表会议邦议会，俨然一邦之君主。与此同时，七个大诸侯开始垄断皇帝的选举权，他们是：科隆、美因茨和特里尔三个大主教，萨克森公爵，巴拉丁伯爵，勃兰登堡侯爵和捷克国王。他们为确保自己的权益，避免出现强大的王权，往往选举小邦诸侯当皇帝。查理四世（1347—1378 年在位）即位后，进一步向诸侯屈服，于 1356 年颁布“金玺诏书”（因诏书上盖有金制的印章而得名），从法律上正式肯定这七大诸侯（从此被称为“选帝侯”）享有选举皇帝的特权，承认选帝侯在自己邦国里享有大部分统治权，例如收税权、矿山开采权、铸币权、地产买卖权、审判权等，皇帝不得干涉。为保持选帝侯的封邑、领地、荣誉和权利的完整，选帝侯实行长子继承制。皇帝赐给城市或任何人的权利和特恩权，不得有损选帝侯的“自由、司法权、权利、荣誉和领地”，否则均属无效。诏书还规定：城市之间缔结的同盟或条约，不经领主许可无效；领主的附庸逃往城市，限期一月送还，否则罚款。“金玺诏书”从法律上肯定了大贵族分裂割据的合理性，标志着封建诸侯政治的合法化。从此，封建诸侯有力扼制了王权，成为国家命运的主宰者与控制者。

第四节　西欧与伊斯兰教文明的碰撞

一、阿拉伯人的入侵与查理曼对阿拉伯的远交近攻

基督教法兰克王国的发展，始终面临着周边外敌入侵的骚扰，其中以阿拉伯帝国的威胁最大。公元7世纪初，信仰伊斯兰教的阿拉伯政教合一的统一国家形成。为了开拓生存空间，在伊斯兰教“圣战”旗帜的指引下，阿拉伯骑兵在欧亚大陆展开一系列的战争。到7世纪末，阿拉伯人通过战败拜占庭军队，迫使骁勇凶悍的柏柏尔人臣服，将整个北非纳入自己的统治范围，进而开始觊觎直布罗陀海峡对岸的基督教西哥特王国。

西哥特王国建国于418年，是第一个日耳曼的蛮族王国。此后通过扩张，其领土包括高卢西南部和西班牙大部。6世纪初，其军队被法兰克王国战败，失去高卢大部分土地。此后王国中心移到西班牙，6世纪中叶定都于托莱多，并逐渐开启封建化进程，将罗马基督教定为国教。7世纪末期，半岛遭遇严重饥荒和瘟疫的袭击，国王与教会却加紧征敛，社会矛盾激化。土著的巴斯克人不断起义，王国统治阶级内部的冲突日趋激烈。这一局面，为外敌入侵提供了可乘之机。710年，西哥特国王威蒂萨（701—710年在位）去世，贵族分别推举王子阿希拉与大贵族罗德里戈为王。两人互不相让，最后签署协议分割王国，其中罗德里戈得到国土的大部分。裂土而治大大削弱了西哥特王国的力量。711年4月，阿希拉为了打击对手，竟然向阿拉伯人求援。阿拉伯帝国北非总督穆萨·本·努赛尔（640—717年）接到消息后，旋即派大军在大将柏柏尔人塔立格·伊本·齐雅德的指挥下，渡过直布罗陀海峡，掀开了阿拉伯人征服伊比利亚半岛的序幕。

塔立格率军登陆后，立即挥师北上。其时，西哥特国王罗德里戈刚镇压完巴斯克人的起义，获取阿拉伯人入侵的消息后，立即召集军队迎战。双方会战于瓜达莱特。由于部分贵族的倒戈，西哥特军队大败，罗德里戈不知所踪。接着，塔立格率军北上，攻占西哥特首都托莱多，并派军分别攻打其他城市，很快攻下科尔

多瓦、埃尔维拉等重要城市。至711年冬，残存的基督教势力只能在偏远贫瘠的山区苟延残喘。阿拉伯人征服了伊比利亚半岛，西班牙地区成为阿拉伯帝国的一个行省。

阿拉伯军队的西征，占据了北非、伊比利亚半岛大部以及地中海的一些岛屿，形成了与西欧基督教法兰克王国的严重威胁。阿拉伯人对西欧咄咄逼人的攻势，必然引发西欧基督教-封建文明与阿拉伯伊斯兰教-封建文明之间的碰撞与交融。双方在环地中海地区的土地争夺与商业纷争，最终导致一系列的战争。这些冲突与战争因宗教不同而蒙上了信仰之争的浓厚色彩，然而，国家之间的外交关系必然要着重于现实利益的需要，不会被宗教信仰所禁锢。

征服西哥特王国后，阿拉伯人以此为基地，不断向北侵扰。732年，阿拉伯骑兵翻越比利牛斯山，进犯法兰克王国。墨洛温王朝的宫相查理・马特召集骑士军队，在王国西南部的普瓦提埃战役中击溃阿拉伯军队，遏制了其向西欧腹地的进犯。加洛林王朝建立后，鉴于阿拉伯帝国分裂的新形势，从现实利益出发，突破宗教信仰对阿拉伯人采取了"远交近攻"的战略，有效地捍卫了王国的领土安全。

阿拉伯帝国的分裂源于其统治集团的权力之争。644年，哈里发奥马尔遇刺身亡，倭马亚家族的奥斯曼当选为第三任哈里发（646—656年）。在推行大规模军事扩张的同时，奥斯曼广占地产，扶植个人势力，由哈里发的近亲和古莱西部落首领充任军政要员。这些行径引起社会的强烈不满与伊斯兰教内部的分裂，形成什叶派、哈瓦立及派等反对派，对正统的逊尼派形成有力挑战，争夺哈里发位置的宗教派别斗争越演越烈。661年，哈瓦立及派刺杀阿里，叙利亚总督穆阿维叶乘机夺权而成为哈里发（661—680年），迁都大马士革（661—750年）。此后，哈里发不再选举产生，而由倭马亚家族世袭。倭马亚王朝因旗帜尚白，被中国的史籍称为"白衣大食"①。倭马亚王朝建立后，一面镇压反对派以巩固政权，一面继续对外进行军事扩张。到8世纪前期，阿拉伯人建立起一个横跨亚、欧、非三大洲的帝国，哈里发集宗教、立法、行政、军事等大权于一身，实行政教合一的君主专制统治。

随着大规模军事扩张战争的展开与社会封建化的日益加深，阿拉伯帝国内部的诸种社会矛盾日益积累。747年，呼罗珊爆发民众大起义，伊拉克的大封建主阿布・阿拔斯将起义作为改朝换代的工具，推翻倭马亚王朝，于750年称哈里发，建立起以伊位克和伊朗封建贵族为主要支柱的阿拔斯王朝（750—1258年），以巴格达为首都。这一政变导致了阿拉伯帝国的分裂。幸存的倭马亚王朝的王子拉赫曼逃到西班牙，在当地阿拉伯贵族的支持下建立了后倭马亚王朝，定都哥尔多瓦，脱离阿

① 《旧唐书・西域传》称阿拉伯为"大食"。中国史书依据其统治者崇尚的服饰颜色，称倭马亚王朝为"白衣大食"，称阿拔斯王朝为"黑衣大食"，称日后阿拉伯人在北非及中东建立的法蒂玛王朝（909—1171年）为"绿衣大食"。

拉伯帝国独立①。

阿拉伯帝国的分裂，为法兰克王国对阿拉伯人的“远交近攻”提供了十分有利的国际环境。作为中世纪西欧历史上的著名政治家与军事家，加洛林王朝的君主查理曼在位期间，在欧亚大陆的西端展开一系列的外交与军事活动，建构了一个地跨中欧、西欧的大帝国。查理曼统治初期，西欧的王国数量并不多。随着其军事扩张的不断成功，西欧的王国更是寥寥无几，除了不列颠群岛上的盎格鲁-撒克逊人建立的诸“蛮族”小王国和西班牙的穆斯林国家外，剩下的所谓“丹麦王国”和“苏格兰王国”实际上都并非王国，只是部落联盟而已。加洛林帝国建立后，其势力范围直逼拜占庭帝国，进一步向阿拔斯王朝统治的阿拉伯帝国靠近。在这样的形势下，查理曼出于维护帝国安全、扩大其政治权威之影响的目的，在安抚不列颠小邦、向萨克森地区用兵的同时，致力于与东方的拜占庭帝国和阿巴斯王朝建立密切联系。

拜占庭帝国一直歧视、敌视西方的诸“蛮族”王国，查士丁尼一世曾对之展开军事进攻，希图重建统一的罗马帝国，但最终失败。随着法兰克王国对外征服的不断成功，拜占庭的势力逐渐退出意大利。由于阿拉伯帝国的扩张、斯拉夫人的南侵与阿瓦尔人的进逼，拜占庭帝国领土日益缩小，皇帝权威趋于衰落，更难以与蒸蒸日上的法兰克国家抗衡。尽管如此，拜占庭的皇帝仍不愿放弃罗马帝国的“政统”，唆使依附于己的东正教与罗马教廷争夺整个基督教的统领地位。查理曼统治期间，采取强硬措施在意大利肃清“亲拜派”势力，支持罗马教皇的神权权威，并与教廷策划加冕称帝，获取“罗马皇帝”的政治名份。不过，查理曼并未公开与拜占庭对抗，而是将之看作是与阿拉伯帝国对峙的缓冲地带。因此，当拜占庭帝国与阿拉伯帝国发生战争时，查理曼总是以保护基督教的圣地耶路撒冷为名，支持拜占庭，并与之建立外交关系。

查理曼在称帝后，甚至欲图与执掌拜占庭帝国统治大权的皇后伊伦娜联姻，以两个帝国的合并完成其“罗马皇帝”大一统的梦想。不过，“正统”名分之争始终构成两国关系难以解决的矛盾。为了钳制拜占庭，查理曼时常施行军事威胁，更突破宗教信仰的禁锢，加强与阿拉伯帝国的阿拔斯王朝联系，造成对拜占庭东、西夹击的声势，并以此对伊比利亚阿拉伯人的倭马亚王朝发动战争。

查理曼这一“远交近攻”的策略，也与阿拔斯王朝对法兰克人的示好密切关联。事实上，早在查理曼之父矮子丕平在位时，阿拔斯王朝为了消灭与其分庭抗礼的西班牙的倭马亚王朝，就不断向法兰克王国伸出了橄榄枝，而矮子丕平从孤立倭马亚王朝、消除法兰克西南边患的目的出发，也欣然接受了阿拔斯王朝通好的要求。此

① 中国史书又根据阿拉伯帝国统治版图的方位，称后倭马亚王朝为“西大食”，称阿拔斯王朝为“东大食”，称法蒂玛王朝为“南大食”。

后，两国开始建立外交联系，互派使节访问并赠礼。查理曼继位后，两国交往一度中断，但不久查理曼就对阿拔斯王朝采取灵活的外交行动。其时，阿拉伯帝国不仅征服了巴勒斯坦等小亚许多地区，控制了基督教的圣城耶路撒冷，而且与基督教世界的拜占庭帝国经常发生战争。这一局面对查理曼的东方外交政策无疑是严峻的考验。对查理曼来说，阿拉伯帝国在小亚地区的扩张，是牵制拜占庭帝国势力向西进攻的关键因素。因此，素以“征服异教徒”为旗帜而大力军事扩张的查理曼，此时却公开冲破宗教信仰的羁绊，为了政治利益而支持“异教”的阿拔斯王朝，借此向同宗信仰的拜占庭施加压力。不过，查理曼并未采取一边倒的政策，作为基督教的“神命”国王，对“异教”阿拉伯人进攻基督教世界隔岸观火有损其神圣尊严的政治形象。因此，他在与阿拔斯王朝通好的同时，也给拜占庭帝国以名义上的支持，并在有关阿拉伯人控制圣城耶路撒冷的问题进行积极的交涉与干预。780 年，通过外交磋商，阿拔斯王朝承诺：维护耶路撒冷的圣基、教堂的安全，确保基督徒朝圣的自由通行，尊重当地基督徒的宗教信仰。

在此后两国的外交联系中，查理曼与哈里发哈伦·拉西德（786—809 年在位）交往密切，在基督教世界与伊斯兰教世界的文明交流史上留下了难得的历史篇章。哈伦在统治阿拔斯王朝期间，加强政教合一的专制集权，鼓励工商业发展，在当时的亚欧大陆也颇有声威。查理曼对这位君主十分钦佩，希望借助于他的实力来牵制拜占庭帝国与后倭马亚王朝。因此，查理曼在策划加冕称帝的同时，派遣其宠信的犹太人伊萨克率领法兰克使团前往耶路撒冷朝圣，并出使阿拉伯帝国。该使团带去大量珍贵的礼物，包括西班牙出产的骏马和骡子，白灰红蓝各色的佛里西亚的袍服，还有数只哈伦特别喜欢的日耳曼猎狗。在阿拔斯王朝的首都巴格达，哈伦隆重地接见了法兰克使团，对查理曼十分感谢，并称他为“弟兄”“胆识过人的君王”。同时，为表示感激，哈伦不仅声称要将耶路撒冷及其周围地区作为查理曼王室领地的一部分，而且随即派一使团随法兰克使臣前往法兰克回访，他们带给查理曼许多土特产，包括猴子、香脂、松香、丝绸、袍服、帐篷、宝石、香料、香水以及各种贵重的药材与膏药，“其数量之繁多，就好像是为了把西方填满而把东方搜括得空空如也”。尤其值得一提的是，阿拉伯使团还应查理曼之请求而送去一头名叫阿布尔·阿拔斯的大象。802 年 7 月 20 日，阿国的使团历尽艰辛，风尘仆仆地来到了加洛林帝国的首都亚琛。查理曼给予阿拉伯使团最隆重的礼遇，除设盛大宴会款待外，还多有赏赐。阿拉伯使节感激不已，并对查理曼的“伟大”与“恩泽”大加赞誉。

阿拉伯使团的到来，在加洛林帝国的都城亚琛引起轰动，人们争先恐后地拥挤在街道两旁或王宫之外，以一睹异域使团的风采。使团赠送给查理曼的一头大象，更引起人们的好奇。绝大多数法兰克人对大象早有所闻，但却从未见过。在他们中流传着许多有关大象的神秘传说，认为大象至少要活三百年，终身只产一仔；大象长着浓密且长的鬃毛，用它的鬃毛烧成的灰，可以放置家中驱蛇除邪，还有解毒功效等等。查理曼对这头大象极其钟爱，举行盛大典礼时总让这头大象出席，并让它随王廷巡游。尽管受到厚爱，但它不适应北方寒冷的气候，终在八年后死去。

查理曼与哈里发哈伦这两位不同宗教的君主，并没有让宗教信仰与国家需要截然对立，而是立足于现实利益与信奉“异教”的对方建立友好联系。基督教文明与伊斯兰教文明之间潜在的巨大信仰冲突由此大大缓和，而以下梦想东西方正常交往的当时人的诗句，形象地描述了这一现实：

阿拉尔之流兮，迎帕提亚人之目；
底格里斯之波兮，濯日耳曼人之足。

与此同时，为了遏制后倭马亚王朝的进犯，查理曼利用查理·马特采邑改革后组建的法兰克骑士部队，对伊比利亚半岛上的阿拉伯人发动军事进攻。公元778年，查理曼第一次派兵越过比利牛斯山，进攻盘踞在伊比利亚半岛的阿拉伯人，但遭到阿拉伯人和当地居民的反击，只好撤退。后来在8、9世纪之交，查理曼又多次对伊比利亚用兵，占领了比利牛斯山以南、埃布罗河以北的土地，并建立起西班牙边区（Spanish March）。查理曼在这里分封了一些贵族，用以监视、抵御阿拉伯人，其中最重要的是巴塞罗那伯爵领。此外，查理曼还把阿拉伯人的势力赶出地中海西部的科西加岛、撒丁尼亚岛以及巴利亚里克群岛。

查理曼对后倭马亚王朝以及西地中海的军事行动，并非因宗教信仰的冲突所致，而是出于帝国领土安全的需要。不过，814年查理曼去世后，其子孙为了争夺地位而展开持续的内战。内战三方于843年签订凡尔登条约，帝国一分为三。帝国的内战与解体，严重削弱了其对外进攻与防卫的军事能力，边患接踵而来。阿拉伯人乘机征服了西西里、克里特等地中海上的岛屿。由此，环地中海地区基督教与伊斯兰教两大文明的冲突仍未消除。一旦时机成熟，西欧与东方阿拉伯人必定会在宗教信仰的旗帜下展开对土地财富的争夺。

二、西欧十字军东征及其后果

在建构西欧大一统神权的过程中，罗马教廷从11世纪末期开始，先后发动西欧各国对中近东地区进行了持续约两个世纪的侵略战争，即所谓的“十字军东征”。罗马教廷称这场战争是宗教战争，即基督教反对伊斯兰教、“十字架”反对“新月”的战争。十字架是基督教的象征，新月则是伊斯兰教的象征。参加东征的人，除了国王和教、俗封建主以外，还有骑士、农民、小手工业者、商人等，每人的胸前和臂上都佩有红色的十字架为标记，故称“十字军”。这场战争是在讨伐异教徒的“圣战”旗帜下展开的，然而，神圣的宗教光环丝毫掩饰不了发动者与参与者的实际欲求。

11世纪末西欧政治、经济的变动与发展，赋予了参加十字军东征的西欧各阶层各种各样的动机。在东、西方教会大分裂后，罗马教廷与世俗王权的斗争刚刚揭幕，教皇企图通过发动对阿拉伯人的征伐来挺立其作为西欧最高神权领袖的形象，进而控制长期与自己对立的拜占庭帝国的东正教。经济复苏和城市兴起，则促激起国王、贵族对东方财富、奢侈品的贪欲，由此积极响应战争。此外，西欧实行长子继承制，出现许多无世袭封号、无财产和土地的骑士。他们四处游荡，多靠劫掠与服兵役为生，也想到东方劫掠财物。同时，随着商业贸易的增加，西欧的城市商人，特别是威尼斯、热那亚和比萨的商人，也希望通过战争从阿拉伯和拜占庭手中夺取东地中海的港口和市场。而在广大乡村，由于封建混战破坏了农业生产，增加了徭役负担，加之荒年不断，1087—1095 年西欧连续七年大饥荒，农民生活维艰。众多农民为了寻找“乐土”而轻信教会关于圣战的号召，纷纷参与东征。

这一时期中近东地区的动荡格局，为“十字军”的东征提供了借口和便利。十字军东征是在拯救基督教圣地耶路撒冷的口号下发起的①。7 世纪阿拉伯人占领中近东后，对异教徒比较宽容，允许基督教的朝圣者像以往那样自由出入圣地耶路撒冷。9 世纪初，阿拔斯王朝的哈里发也曾承诺将耶路撒冷归还给加洛林帝国。但到了 11 世纪中叶，信奉伊斯兰教的突厥人迅速崛起，征服了从中亚到小亚细亚的广阔地带，并于 1055 年攻占阿拉伯帝国首都巴格达，控制了阿拔斯王朝哈里发。塞尔柱突厥人统治集团对前来朝圣的基督教徒时有侵扰。这为罗马教廷煽动宗教对立情绪提供了口实。其时，拜占庭帝国由于封建割据膨胀而日益衰落，难以抗拒突厥人侵迫。1091 年，首都君士坦丁堡面临突厥人进攻，拜占庭皇帝阿历克塞一世（1081—1118 年）向罗马教皇和神圣罗马帝国皇帝求援，这也就成了西欧“十字军”发动侵略战争的理由。

1095 年，教皇乌尔班二世（1088—1099 年在位）为发动东征，在法国南部克勒芒举行宗教会议，来自西欧各地的教、俗贵族到会支持。会议结束时，乌尔班二世发表富有煽动性的演讲。他严厉谴责异教徒亵渎基督教圣地，虐待朝圣者，呼吁所有基督教信徒拿起武器，到东方去拯救圣城耶路撒冷和同宗信徒，从异教徒手中夺回主的坟墓。他宣称，凡是参加远征的人都会得以赦免罪过，死后直接升入天堂“获得天国的不朽荣耀”。他同时也诱导说，东方“那片土地正如圣经所言，‘流淌着奶和蜜’”，富庶如天堂，黄金宝石随手可拾，去了之后可以迅速过上富足生活。在他的蛊惑下，与会者群情激奋，不断欢呼。这一演说极大地激起西欧人的信仰激情和物质欲望，十字军东征由此而发动起来。

克勒芒宗教大会后，第一次十字军东征（1096—1099 年）开始。1096 年初春，

---

① 根据各自的宗教传说，巴勒斯坦的耶路撒冷同时是犹太教、基督教和伊斯兰教的圣地。耶路撒冷在古代曾是犹太人的政治和宗教中心，是希伯来王国的都城。基督教认为巴勒斯坦是耶稣诞生与升天的地方，耶稣的坟墓就在耶路撒冷。按照伊斯兰教的说法，真主使者穆罕默德曾于 622 年 7 月 17 日在耶路撒冷乘天马升天，于是这一天被伊斯兰教历定为登霄节，耶路撒冷就成了穆斯林的圣城。

大约五六万名希望摆脱贫困的法国、德国农民率先踏上征途。他们毫无战争经验，但为了寻找“乐土”，不顾一切地拖家带口，驾着牛车或马车沿着西方朝圣者常走的路线仓促东进。这批乌合之众沿途受到外敌打击而死伤大半，少数人于是年夏天在渡过博斯普鲁斯海峡后，也被突厥人歼灭，成了被宗教狂热所蒙蔽的可悲的牺牲品。接着在1096年秋，来自法国、德国和意大利的骑士约10万人，分路向君士坦丁堡进发。1097年5月，十字军由君士坦丁堡附近渡海进入小亚细亚，攻克塞尔柱人罗姆苏丹国的首府尼西亚，接着占领耶路撒冷，不久就按照西欧封君封臣制的模式，通过层层土地分封，在被占领地区建立了十字军的封建国家：爱德萨伯国、的黎波里伯国、安条克公国和耶路撒冷王国。这几个伯国和公国名义都依附于耶路撒冷王国，但实际上政治独立。这些地区的城乡居民多次举行起义反抗外来奴役。为加强控制，西欧教、俗贵族在教廷支持下，又建立几个僧侣骑士团，其中有1119年成立的以法国骑士为主的“圣殿骑士团”，1120年建立的以意大利骑士为主的“医院骑士团”，1190年组织的以德国骑士为主体的“条顿骑士团”。这些骑士团都是宗教性与封建性合一的军事组织，其成员多为西欧各国破落贵族出身的亡命徒，被按照修道会方式组织起来，必须严格信守安贫、守贞和听命三大戒律，直接听命于罗马教廷，成为十字军镇压当地人民的重要力量。骑士团不仅在战争中肆意掠夺，而且也从事商业活动，聚敛财富。

1144年，突厥人摩苏尔总督攻陷爱德萨伯国，罗马教廷借机煽动组织第二次东征（1147—1149年），由法国国王路易七世和德意志皇帝康拉德三世率领，参加者多为法、德两国的骑士，共约7万人。德意志十字军最先出动，但在小亚细亚被突厥人军队击溃，法国十字军攻占大马士革的企图也遭到失败。十字军余部只得退回。

第三次十字军东征（1189—1192年）的直接领导者有德皇腓特烈一世、英王理查德一世和法王腓力二世。起因是阿拉伯人的阿尤布王朝（1171—1250年）的崛起。该王朝的苏丹萨拉丁在位期间（1171—1193年）统一叙利亚和两河流域，并在1187年率6万人向耶路撒冷王国发起“圣战”，在哈丁战役中大败十字军，俘虏耶路撒冷国王以及一些十字军将领，乘胜进占地中海东部沿海要塞及内陆诸城镇，并于10月收复被十字军占领了80多年的耶路撒冷①。后来又多次打败十字军，迫其签订和约。这是十字军东征所遭到的第一次重大失败，因而在西欧引起巨大震动，几个大国的君主很快组织第三次十字军东征，分由海、陆路线东进。由于拜占庭对德意志存有戒心而与萨拉丁结盟，参战诸国君主之间多有矛盾，此次东征也没有达到目的。1190年6月，腓特烈一世在小亚过河时溺亡，3万名德国十字军群龙无首

---

① 在伊斯兰教历史上，“苏丹”是阿拉伯语中的一个尊称，最初为抽象名词“力量”“裁决权”，后来延伸为权力、统治之意，最终成为一个特殊统治者的称号。被苏丹统治的地区，一般都对外号称拥有独立主权或完全主权。苏丹通常不会自称是哈里发，也不会表示接受哈里发统治。被苏丹统治的地方，被称为“苏丹国”。

而只好回师。法国国王腓力二世占领阿克港后，于1191年率部分十字军回国，并与德皇亨利六世结成反英同盟。英王理查德一世率十字军在叙利亚取得一定战果，逼近耶路撒冷，但遭到穆斯林顽强抵抗。1192年，双方签订停战协定：耶路撒冷仍归穆斯林，但基督徒可以自由前往朝圣；十字军保留从推罗到雅法之间的狭长地带。耶路撒冷王国迁都阿克，成了没有耶路撒冷的耶路撒冷王国。

第四次十字军东征（1202—1204年）更是赤裸裸地暴露了其所谓“圣战”的侵略本质与目的。这次军事行动由教皇英诺森三世组织，最初是为了征服阿尤布王朝的统治中心埃及。法、德、意等地的大批骑士参加，但起支配作用的却是威尼斯商人。十字军聚集到威尼斯后，为了征调渡海船只，请求威尼斯人帮助。威尼斯总督乘机敲诈，要求回报85 000银马克以及分得包括土地在内的战利品的50%。因无法交足款项，十字军应威尼斯的请求而改变了进军路线，1202年11月攻陷达尔马提亚的扎达尔。扎达尔城是威尼斯商人的竞争对手，尽管其居民也信奉基督教，但仍难免饱受“十字军”的抢掠杀戮。次年6月，也是在威尼斯的要求下，十字军又乘拜占庭的政局内乱，将进攻矛头转而对准威尼斯的商业竞争对手、同样也信奉基督教的拜占庭，并于1204年4月13日攻克君士坦丁堡。在这座著名的千年古城中，十字军烧杀掳掠，无恶不作。圣索菲亚大教堂等许多教堂遭到破坏和打劫，皇室、贵族和平民的财物也被洗劫一空，君士坦丁堡图书馆在哄抢中被付之一炬，珍贵的雕刻、抄本化为灰烬，大量基督徒和无辜居民遭到屠杀。接着，十字军在拜占庭领土上建立又一个封建殖民国家“拉丁帝国”（1204—1261年），下辖色雷斯、雅典、伯罗奔尼撒、帖撒罗尼加4个封建国家。罗马教皇负责拉丁帝国的宗教事务，东正教被置于从属地位。直到1261年，拜占庭才在热那亚的支持下复国，建立巴列奥略王朝（1261—1453年），但领土大为缩小，日益走向衰落。在第四次十字军东征期间，还曾出现儿童十字军远征的丑剧。1212年，教皇宣传“无罪”而纯洁的儿童更能得到上帝保佑，可以在远征中创造奇迹。于是召集3万多名儿童参军，在法国南部马赛集合以后，乘木船渡海东征。但这支队伍的一部分船遇到风暴沉没，其余船只到达埃及后，船上儿童全被船主卖为奴隶。

第四次东征以后，十字军远征逐渐走向衰落。第五次（1217—1221年）、第六次（1228—1229年）和第七次（1248—1254年）东征的目标均为埃及，均告失败。第八次从1270年开始，由法王路易九世率领攻打突尼斯，也以失败告终，法王更因染病而丧命北非。1291年，穆斯林收复十字军的最后一个据点阿克，耶路撒冷王国灭亡。

持续约两个世纪之久的十字军东征，是西欧教、俗封建主对中近东地区发动的侵略战争。尽管西方人为这场战争蒙上了捍卫宗教信仰的神圣面纱，但掩饰不了这场战争的掠夺性的动机与目的。对同一宗教信仰的拜占庭的摧残，更折射出这场战争的非正义性。

十字军东征对西欧和中近东地区的社会文明发展的历史进程，造成了巨大而深远的历史影响。

这场战争严重地摧残了中近东地区的社会经济与文化，给当地各族人民造成深重灾难。在战争中，大量的人口和长期积累的物质财富毁于战火，耶路撒冷和君士坦丁堡等历史文化古城遭到了空前浩劫，社会生产力遭到空前破坏，由此而大大延缓了中近东各国的文明史发展进程。同时，对于封建西欧各国的人民来说，这场战争同样也是一场大灾难，它不仅使数十万人死于兵燹，而且大大加重了下层民众的经济负担。

另一方面，在当时的历史环境下，十字军东征也导致了西欧封建制度的衰落，在西欧内部不断封建混战、割据的情况下，旷日持久的十字军东征，将大批强悍难羁、尚武斗狠的封建贵族纷纷引向东方，消耗于战争之中，这就大大减轻了西欧社会内部的动荡纷争，有利于封建国家的政治统一和社会秩序的稳定。同时，由于在东征中接触到东方较文明的生活方式以及奢侈品，西欧封建主阶层的物质需求大为提升，迫切需要货币来满足自己的贪欲，这促使他们对农奴阶层的剥削开始从实物地租向货币地租转变，由此而大大弱化了农奴对领主的封建人身依附关系。

十字军东征还引发了东方文明对西方文明发展的积极推动。西欧人通过这场战争增加了与东方人的接触，大大扩展了视野，纷纷借鉴东方的物质文明。东方农业中用于灌溉的风车、筒车和园艺技术等，水稻、甘蔗、芝麻、甜瓜、西瓜、柠檬、杏子、菠菜、茄子、向日葵、葱等作物以及香料、砂糖等相继传入西欧，丰富了西欧人的物质生活，促进了西欧农业的发展。此外，东方先进的纺织、印染、制糖、制陶、玻璃制造等手工业技术也传入西欧，推动了西欧手工业的进步和商品经济的勃兴。

三、“收复失地运动”与西班牙统一国家形成

阿拉伯人攻占伊比利亚半岛大部分地区后，把西班牙变成阿拉伯帝国的一个行省。残余的西哥特人被迫退居到半岛西北部的阿都斯里亚山区与沿海，与当地居民融合，逐渐形成了一些信仰基督教的小王国。早在718年，半岛西北部就建立了其王统源于西哥特王室的阿斯都里亚王国。9世纪，阿斯都里亚王国合并加利西亚而形成雷翁王国。11世纪初，在雷翁东部形成卡斯提王国。1230年卡斯提与雷翁合并，仍称卡斯提王国。此外，在9至11世纪，在半岛东北部，还出现了那瓦尔王国、阿拉冈王国和巴塞罗那伯国。葡萄牙王国形成于半岛西部杜罗河下游地区，1143年获得独立，定都于里斯本。

从8世纪开始，西班牙人就开始了反对阿拉伯占领者的“收复失地运动”（Reconquest，又音译为“雷康吉斯达运动”），并在后倭马亚王朝建立后逐渐达到

高潮。这次运动的组织者是北部诸小王国的国王，以反对伊斯兰异教徒为旗帜，以武装斗争为形式，大小封建主、城市商人和手工业者、农村农民、牧民等各个阶层都广泛参加，并且得到了罗马教廷和西欧基督教封建国家的支持。从 11 世纪初开始，后倭马亚王朝因内部的封建割据混战，分裂成萨拉哥撒、塞维尔、科尔多瓦、格拉那达等许多割据政权，并相互展开争霸战争。这一局面，给西班牙人的反抗创造了十分有利的时机。1085 年卡斯提占领托莱多城。1212 年，卡斯提国王在欧洲十字军的支援下在拉斯·那瓦斯·德·托罗萨（科多尔瓦以东 70 公里）大败阿拉伯军队，并于 1236 年收复科多尔瓦，1248 年收复南方重镇塞维利亚。阿拉冈则在 1238 年占领瓦伦西亚，1266 年收复穆尔西亚。这样，到 13 世纪末，“收复失地运动”取得了决定性的胜利，阿拉伯人只剩下偏于南端一隅的格林纳达。1492 年，穆斯林残余势力被全部驱逐出境，“收复失地运动”至此胜利告终。

在“收复失地运动”过程中，诸基督教王国君主的政治权威通过战争而得以确立。教、俗贵族因积极参与战争而获得大量的地产和封建特权，对国家政治颇有影响。城市在斗争中发挥了特殊的重要作用，获得了较多的自治权利。农民因参与战争而纷纷获得了人身自由权和小块地产，但很快又遭到教、俗封建领主的剥夺而重新陷入农奴制的深渊。

“收复失地运动”的推进和胜利，大大促进了西班牙各地区间的经济、文化联系，激发了各阶层人的民族认同意识，为民族国家的兴起和统一奠定了基础。正是在这一反对异族征服的斗争过程中，卡斯提、阿拉冈、葡萄牙这三个重要的基督教国家逐渐形成，其中以卡斯提最为强大，其国土约占半岛面积的 3/5。为了对异族展开有效的战争，王权与各封建等级很早就开始了政治联合。早在 1188 年，卡斯提就形成了等级制代表机构国会。从 13 世纪起，国会除了教士、贵族的代表外，还有城市的代表参加。国王的征税法案只有经过国会批准才能生效。阿拉冈国会成立于 1250 年，尽管也包括僧侣、贵族和市民等不同等级，但它为大封建主所操纵，对王权具有明显的限制作用，甚至可以废立国王。尽管如此，君主仍通过战争而不断强化政治权威，推进政治统一。1469 年，卡斯提王位女继承人伊萨白拉（1451—1504 年）嫁给阿拉冈王子斐迪南（1452—1516 年）。1474 年和 1479 年，伊萨白拉和斐迪南分别继承王位，两国于 1479 年合并，正式形成为西班牙王国。1512 年，西班牙合并那瓦尔王国南部（北部被亨利四世并入法国），整个伊比利亚半岛除葡萄牙外，完全统一于西班牙。统一后的西班牙王权设法获得贵族和天主教会的支持，压制城市市民阶级，建立起了君主中央集权的体制。

四、“东学西渐”和阿拉伯文化对西欧的影响

随着阿拉伯势力对西欧的扩张，阿拉伯文化也随之源源不断地向西欧传播，形

成了“东学西渐”的浪潮，由此促成西欧基督教文明与阿拉伯伊斯兰教文明在很大程度上的碰撞与交融，推动了西欧中世纪文明的进一步发展。

阿拉伯帝国地跨欧、亚、非三洲，囊括了南亚次大陆西北部、波斯、两河流域、叙利亚与埃及等古文明的核心地区，有着丰富的文化遗产。帝国境内民族众多，除阿拉伯人外，还有埃及人、印度人、波斯人、西班牙人、叙利亚人等，其文化传统各有特色。在幅员辽阔的土地上，各民族相互接触和影响，各种文化由此而得以交流与融合，在此基础上创造了绚丽多彩的阿拉伯文化。

为了强化对多民族、多宗教的大一统帝国的统治，传播伊斯兰教的宗教信仰，阿拉伯人极其重视文化。各地清真寺都开办了各级学校，让穆斯林广泛接受教育。帝国的不少哈里发更奖掖学术。阿拔斯王朝的哈里发马门（813—833 年）在首都巴格达建立一座名为“智慧宫”的研究院，罗致专门人才，吸取域外文化的营养，研究各种自然科学知识。同时，阿拉伯学者开始将古希腊、波斯与印度等许多地区的各种学术文化典籍翻译过来，形成了著名的“百年翻译运动”，包括亚里士多德、柏拉图等人的哲学著作，希波克拉底和盖伦等人的医学著作，欧几里得、阿基米德、托勒密等人的数学、天文学著作在内的大量欧洲古典著作被翻译成阿拉伯文，得以保存下来。在翻译外来文献的基础上，阿拉伯人也借鉴其中的养分来进行本民族的文化创造，促成了阿拉伯文化的高度繁荣，并对中世纪西欧的学术文化产生重要影响。

西班牙无疑是“东学西渐”的主要传播通道。756 年后阿拉伯人的后倭马亚王朝（756—1031 年）建立后，即以科尔多瓦为首都，宣布脱离阿拉伯帝国独立。在此后的两百多年间，阿拉伯人将东方的先进生产技术和新的作物传播过来，开凿运河，兴建水渠，水利灌溉系统广泛推行。水稻、甘蔗、棕榈、石榴、桑树等开始在西班牙种植，养蚕业、养羊业、葡萄种植与酿酒业逐渐兴起，金属加工、武器、玻璃、呢绒等手工业部门随之涌现，城市也很快繁荣，通过海路与北非、意大利、拜占庭乃至两河流域通商，从陆路则与法国南部和意大利北部通商。由此，在哈里发拉赫曼三世（912—961 年）统治时期，后倭马亚王朝达到鼎盛。此时首都科尔多瓦是全国政治、经济和文化的中心，也是当时欧洲最大的城市，约有 50 万居民，建有十分繁华与笔直的街道、多彩的花园以及众多的清真寺与公共澡堂。在经济社会发展的基础上，哈里发大力提倡教育，鼓励学术研究，建立大量的学校和图书馆以及清真寺、书店等设施。10 世纪中叶，阿拉伯人在科尔多瓦建立了第一所大学，随后塞维尔、马拉加、格拉纳达、开罗和巴格达等地也都出现了大学，欧洲许多国家派人到这些学校留学。科尔多瓦也是当时欧洲的文化中心之一，其图书馆的藏书约 40 万册，许多是古典作家著作的手抄本，吸引各国的学者来此浏览。科尔多瓦大学是欧洲著名的学府，来自各国的留学生众多。这里的哲学、法学、医学、文学艺术与自然科学都十分繁荣，在西方享有盛誉，被称“世界的宝石”。因此，西欧的许多基督教传教士与犹太人，纷纷冲破宗教信仰隔阂的壁垒，负笈远涉至此学习阿拉伯语言与阿拉伯-伊斯兰的百科学问。同时，一批很有造诣的西班牙伊斯兰学者，更注重学术文化典籍的翻译。12 世纪，托莱多大主教萨维塔的雷蒙德就致力培养翻译人才，组织学者系统从事将典籍翻译，不仅把亚里士多德的全部著作由阿拉伯文翻译成拉丁文，而且将欧几里得、阿基米德等希腊哲学家和科学家的著作翻译成拉丁文。而阿拉伯的一些数学、天文、物理、冶金、医学、哲学著作，也通过西班牙传入欧洲。

"东学西渐"另一条重要通道是意大利南部和西西里。这两个地方地处地中海南岸，水陆交通十分发达，长期以来在政治上与欧洲大陆游离。西西里岛 9 世纪曾经被阿拉伯人攻占，接着又遭到诺曼人的征服，1130 年形成西西里王国。王国创立者罗杰二世注重与西西里被征服的阿拉伯人和平共处，在他的统治下，诺曼人、希腊人、意大利人、犹太人、阿拉伯人在西西里开始互相融合，西西里王国也就成为拉丁、希腊、阿拉伯、犹太民族文化的交汇地。早在 11 世纪前后，这里的一些通晓各种语言的学者，或从希腊文原著、或从阿拉伯文译本中，将亚里士多德及其注释者的著作译为拉丁文。柏拉图的《美诺篇》和《斐多篇》也从这里首次被译为拉丁文。事实上，在 11 世纪下半叶时，卡西诺山修道院的非洲籍修士康斯坦丁就开始了翻译工作，他把希波克拉底和盖伦的医学著作由阿拉伯文翻译成拉丁文。不过，希腊哲学和科学的拉丁文译著，由于完全是从阿拉伯文转译过来的，因而与原文有所出入。研究需要更为准确的翻译，于是，12 世纪时有一些学者开始由希腊原文直接翻译为拉丁文。在这一翻译活动中，西西里岛上著名的翻译家威尼斯的詹姆斯、亨利克·亚里斯蒂普，先后直接从希腊文翻译了亚里士多德、第欧根尼、柏拉图的一些著作。

在西西里王国，伊斯兰、犹太和希腊文化同样受到重视，腓特烈二世本人就懂阿拉伯文、希腊文、拉丁文等多种语言，他将伊斯兰教和犹太教的科学家及哲学家带到他的宫廷，酬以巨款，要他们将希腊和阿拉伯的科学古籍翻译成拉丁文。其中有博学的迈克尔·司各特，他翻译了阿拉伯学者阿威罗伊（即伊本·路世德）的著作、关于托勒密天文学的评注性著作《球面几何》和亚里士多德的译本，后者影响了阿尔伯特和罗吉尔·培根，刺激了 13 世纪的科学发展。在一定的限度内，腓特烈二世给予王国内的希腊正教徒、伊斯兰教徒、犹太教徒以及天主教徒不同信仰的自由，使他们平安无事地举行宗教崇拜。这些都为"东学西渐"提供了适宜的社会土壤。

"东学西渐"的浪潮将阿拉伯乃至印度、中国的文化、科学技术传播到西方，推动了西方世界的学术复兴以及社会变革。在语言上，中世纪西欧国家的语言中吸收了大量阿拉伯语汇，促进了各国民族语言的建构。在西班牙语中，与阿拉伯语有关的字词达 4 000 个以上，约占西班牙语汇总量的 8%。在英语、法语、意大利语、德语中，也有不少词汇来源于阿拉伯语。在文学上，发源于法国南部普罗旺斯的贵族抒情诗歌，既得益于西西里阿拉伯人迷人的音乐与典雅豪华的宫廷生活的熏陶，也受到阿拉伯诗歌风格的影响。在哲学上，随着亚里士多德的著作从阿拉伯文译成拉丁文，伊本·西那等阿拉伯哲学家的著作也被介绍到西欧，引起西欧学术界的重视。英国著名哲学家罗吉尔·培根十分尊敬伊本·西那，称他为哲学家的领袖和首脑。阿拉伯哲学注重自然科学的精神，促使他将实验和理性密切结合，提出了具有浓厚唯物论内涵的唯名论学说。1250 年，相当完整的阿威罗伊全集被翻译成拉丁文出版，一些进步的思想家以巴黎大学为中心，发挥阿威罗伊的唯物主义和无神论思想，形成“拉丁阿威罗伊主义”，使伊本·路世德的思想得到广泛的传播，影响深远。尤其是他的双重真理论，对中世纪西欧的哲学和科学摆脱宗教教条的束缚，起了积极推动作用。

与此同时，科学知识在西欧传播的影响同样引人瞩目。阿拉伯天文学家、数学家花剌子密制定的《天文表》，传播到西欧后被英国人译成拉丁文，成为东西方制定各种天文表的蓝本。阿拉伯天文学家比鲁尼在其著作《麦斯迪欧天文学和占星学原理》中测定了地球的经度和纬度，推算到地球是绕太阳转动的；阿拉伯天文学家苏菲根据自己的实际观测，在《恒星图像》一书中绘制出精美的星图，现在许多世界通用的天体名称都来源于此，后来科学界将苏菲发现和描述的星体命名为“苏菲星团”。所有这些成就陆续传入欧洲，从理论上冲击了作为基督教神学支撑的托勒密“地球中心说”体系，为文艺复兴时期波兰天文学家哥白尼创立“太阳中心说”做了准备。数学上，花剌子密改革了计算方法，采用了印度数字以及十进位制，这一成果被西欧人很快采用。他的《积分和方程计算法》被译为拉丁文后，在 16 世纪以前就一直被欧洲各大学当作教科书。

阿拉伯的医学知识对西欧也多有影响。被称之为“穆斯林医学之父”的拉齐斯的经典医著《天花与麻疹》和《医学集成》，13 世纪在西班牙托莱多与法国安茹受到欢迎，先后被译成拉丁文、英文、法文等，在欧洲广泛传播。伊本·西那的《医典》在 12 世纪传播到西欧，即被广泛重视，一直到 17 世纪被西欧人看作是经典性著作，先后出版了 16 次，成为一些大学的教科书。这些著作在西欧压倒了被称为医学权威的古罗马盖伦的医著，为欧洲近代医学的建立奠定了重要基础。阿拉伯地理学家首先将经纬线应用于地理学，测量了经纬线的长度，掌握了比较准确的绘制地图技术，阐述了潮汐形成的原因，在古希腊天文学成就的基础上，进一步明确了地球是圆的，已知的世界只是个半球。这些知识传到西欧后为地理学家所吸收，为后来欧洲航海家哥伦布、达伽马、麦哲伦等人的远距离航海提供了技术基础和理论支持。

中国的造纸术、活字印刷术、火药、指南针四大发明，经过阿拉伯人传入欧洲，更是“东学西渐”十分重要的成果。这对于西欧学术文化乃至整个社会的发展产生了重大深远的影响。

第五节　神学信仰圣光下的文化滋长

一、经院哲学

在中世纪的西欧，经院哲学（scholasticism）是正统的基督教哲学，在思想文化领域占据主导性的支配地位。“经院”一词源于拉丁文 Schola，意为“学校”“学院”。因其产生于天主教会办的讲授、研究圣经的经院而得名。为了维护其宗教神权权威，罗马教廷的神学家对钦定的通俗拉丁文本《圣经》进行注疏与诠释，兴起了持久不衰的“圣经学热”，由此而产生经院哲学的理论。经院哲学不研究自然和社会现实，轻视经验，反对实践，因而完全脱离实际，极其空洞和烦琐，所以又称烦琐哲学。经院哲学产生于 9 世纪，盛行于 12、13 世纪，后随着封建社会和教廷的衰落而趋于瓦解。

经院哲学所要论证的主要对象，是创造一切、支配一切的上帝及其他神灵事物，其论证的方法是首先从《圣经》和教父著作中引经据典，然后再从阿拉伯学者伊本·西那、阿威罗伊与亚里士多德等人的哲学著作中，吸取了有关哲学本体论与方法论的营养来进行解析，尤其是用亚里士多德的一些空洞概念和形式逻辑的三段论来分析与证明。经院学者成年累月地在学院、教堂里谈经论道，既不研究自然界中的各种事物与现象，又不接触社会实际生活。他们皓首穷经，唯经是崇，一切都以《圣经》与教父的信条作为是非标准，将它们视为知识的源泉和绝对真理。经院学者对《圣经》的解释，大体有四个层次：字义、寓言、隐喻、神秘解释。字义保存着事实的记录，后三者则完全不同，寓言启导人们应该相信什么，隐喻告诉人们该做什么，神秘解释则给人以盼望。这样的解释，常常给教士们的歪曲与杜撰留下了很大的余地。经院哲学立足于《圣经》而进行的“神本”主义的论证，则使《圣经》逐渐丧失了它的宗教伦理的原创性与活力，成了玄虚的哲学命题与空洞的哲理思辨的注脚。经院学者在对“上帝创世”“三位一体”“原罪”“实体转化”“来世报应”等重大神学问题进行诡辩和空洞的阐证时，常常对一些虚无荒谬的问题进行烦琐争论，如“一根针尖上能站立几个天使”“天堂里的玫瑰花是否有刺”等等。

11 世纪后半期至 12 世纪，随着经院哲学的发展，其内部出现了唯实论与唯名论两派的理论纷争，到 13 至 14 世纪时达到高潮。唯实论始终是正统教会的神学理论，它认为，“一般”或“共相”是唯一的实在，愈普遍、愈抽象的东西愈实在。这一理论成为罗马教会大一统神权的哲学依据。唯名论却相反，认为只有个别的具体事物才是真实存在的，“共相”只存在于“殊相”之中，“共相”是人主观思维的产物，是一类事物的名称或概念，因此不具有实在性。这样的主张，实际上是为当时兴起的各国世俗王权和城市自治权提供理论辩护。唯名论者还常常对正统教义提出责难，强调理性和宗教一致，用理性来论证宗教，否定盲目信仰，提倡自由探讨学问。因此，唯名论者常常被看作是“异端”，其思想传播遭到禁止，甚至被投入监狱或处以火刑。

唯实论的代表托马斯·阿奎那（1225—1274 年）是中世纪百科全书式的著名神学家，经院哲学理论体系的最终构建者。他所创立出的神学唯心主义的思想体系，对基督教神学的发展产生了深远影响。阿奎那著述颇丰，主要有《反异教大全》《神学大全》，其中最重要的是《神学大全》。该书是对基督教神学理论进行全面系统总结和阐发的经典性著作，是中世纪神学世界观的百科全书。《神学大全》一书通过大量论证，旨在证明上帝是至善的，是世上万物的归宿，是支配自然界与人类社会的神圣权威。全书分为几百个问题，这些问题又分为许多“支题”，这些“支题”构成了上百个篇章。每一章节都是千篇一律地先提出反面论点，再从《圣经》或教父著作中援引文句来否定这些论点，并阐述自己的看法。而在论证的过程中，阿奎那歪曲和利用亚里士多德哲学中的形式逻辑和唯心主义成分来进行主观的论述与推理，勾画出一个以上帝为最终目的的严格的“宇宙等级秩序”论。在他看来，上帝将自然界和人类分成不同等级，最低一级是无生命界，其上是植物界，再上是动物界，再按等级阶梯上升到人、圣徒、天使，最上面的是上帝。每一等级都以较高一级为其追求的目的，并力图达到各自的目的，上帝是宇宙的最终目的。他认为，在宇宙等级中，下级从属于上级，上级统御下级，层层统御，层层归属，最后统属于上帝。阿奎那以此来论证，地上的秩序必须服从天上的秩序，现世的生活必须服从来世，政治必须隶属于宗教，国家必须服从教会，皇帝必须服从教皇，下等人只能听命于上等人的统治等。这一理论旨在挺立教会的神权权威，为封建等级秩序蒙上了神圣的宗教光环。

英国学者罗吉尔·培根（约 1214—1294 年）则是唯名论的杰出代表。他曾在牛津大学学习和任教，对自然科学深有研究，也多受到古希腊和阿拉伯的哲学思想的影响。他所撰写的《大著作》，冲破经院哲学的樊笼，反对盲从权威的意见，提出知识必从对事物的感觉经验中产生，只有特殊性才是个体的真实性，周密观察客观事物才是达到真理的唯一途径。培根的学说在当时被教会看作是异端邪说而加以禁止，但对后世却产生很大影响，他是英国经验论哲学和近代实验科学的先驱。

二、文学艺术

在中世纪的西欧，受神学的影响，宗教文学一度占主导地位，但在封建制形成及其随后商品经济兴起的基础上，世俗贵族以及市民的世俗文学也相继出现。

宗教文学包括基督教的箴言、诗歌、戏剧、圣徒传记、布道书等，基本内容是宣扬上帝至高无上的权威，颂扬基督的仁慈、伟大与圣徒、苦行僧、殉道者的虔诚。宗教文学题材单调，通常采用隐喻、象征的表现手法。英国的《圣经诗译》和《基督》，法国的《圣徒列瑞行传》和《阿列克西斯使徒行传》等，都是宗教文学的典型作品。宗教文学充满蒙昧禁欲说教，但它对后来的文学创作仍有一定的影响，它的宗教诗的押韵法为后世诗律所借鉴。

贵族世俗文学在当时的西欧一度盛行，其思想底蕴是封建西欧特有的“骑士精神”，并随着它的变化而演进。作为整个封建贵族阶级所推崇的一种基本精神素质与生活准则，骑士精神的勃发与流变经历了一个较长的过程。中古初期，战乱纷繁，社会混乱，忠心为主、勇敢忠诚就成了日耳曼骑士的座右铭。封建等级确立后，各级封臣都须恪守封建效忠原则，向封君提供服军役等义务，尚武忠君之风逐渐蔓延。为了消除骑士劫掠杀戮的行为，不久教会又为骑士晋封仪式增加了一种宗教仪式，即让其在礼拜堂守夜，做弥撒，并宣誓要保护教士、香客、寡妇和孤儿。这样，鄙弃懦弱胆怯、背信弃义与恃强凌弱而崇尚勇敢、忠诚、荣誉与祛邪扶正的骑士精神开始形成。随着商品经济的兴起与封建地产的日渐割裂，骑士军役制日益衰退而被雇佣军制取代，封建贵族逐渐转移到农业、牧业乃至工商业等实业经营上来而成为新型贵族。他们中不少人注重文化知识学习和子女教育，逐渐摈弃了尚武斗狠的传统习俗，养成温文尔雅的气质。由此，讲究礼让谦恭、尊重妇女、追求爱情的风度又为以往的骑士精神注入了新的内涵。

与骑士精神的变化相一致，贵族世俗文学也不断演进。最先产生的是颂扬骑士勇敢忠诚的武功歌或英雄史诗，以法国的《罗兰之歌》为代表作。《罗兰之歌》是在民间传说的基础上，约于 12 世纪用地方语言罗曼语写成。这首史诗长达约 4 000 行，以简朴流畅的笔调描述了查理曼的侄子罗兰伯爵在征讨西班牙摩尔人的战争中英勇阵亡的悲壮故事。它歌颂了“忠君爱国”的情操与勇敢无畏的精神，刻画出封建骑士的崇高形象。西班牙的《希德之歌》也比较著名，它大约写成于 1160 年，是由一佚名诗人将基督教骑士鲁伊的品格与功勋加以理想化所创作，描述了 11 世纪初西班牙人反抗阿拉伯统治的英勇斗争，颂扬了骑士忠诚、勇武与豪放的品格。此外，还有英国的《贝奥武甫》、德国的《尼伯龙根之歌》等。这些作品语言流畅，内容充实，抒情丰富，但带有封建意识和基督教伦理的烙印。在当时，法国北部还出现了一种以叙事诗为形式的骑士传奇，主要分为两大类。一类为不列颠的凯特尔人的传奇，以描写传说中亚瑟王和他的圆桌骑士之故事的作品居多。另一类则是模仿古希腊、罗马的作品而写成，如《亚历山大传奇》《特洛伊传奇》等。这些作品中，主要叙述了骑士为爱情、荣誉或宗教信仰而进行奋斗、冒险的情节，反映了中世纪骑士的思想情感。随着骑士精神内涵的演化，自 12 世纪始，贵族文学中的骑士抒情诗逐渐产生。它以法国南部的普罗旺斯地区为发源地，并以此为中心而传播到各地。这类诗歌主要是歌颂骑士对贵妇人的崇拜与爱恋，它所赞扬的并非通常意义上的爱情，而是女人的美貌、智慧、品质与高贵的出身，旨在以此博得女人的欢心。由此，这类诗歌往往显得矫揉造作，玩弄文字游戏。不过，它的形式多样，有破晓歌、牧歌、情歌、怨歌、夜歌等等。其中以破晓歌最为著名，它描述了处于热恋温情中的骑士和美女在黎明前情意缠绵、难舍难分的情景。

11世纪以后，随着商业和城市的复兴，反映新兴市民阶层现实生活的又一世俗文学逐渐萌发。市民文学注重作品的娱乐功能，语言生动、主题鲜明，充满着机智、幽默的风格和乐观态度，是世俗性最强的文学形式。《列那狐传奇》是法国市民文学的代表作，它由产生于12—13世纪的一组故事诗组成。这部传奇以兽喻人：狮子是国王，狼和熊是贵族大臣，骆驼是教皇，笨驴是主教，鸡、兔等弱小动物象征下层民众，机智狡猾的列那狐则代表新兴的市民阶级。在与狮、熊、狼的斗争中，胜者一定是列那狐；而在欺压弱小动物的时候，列那狐却总是失败。传奇假借动物世界的故事巧妙地反映了当时的社会关系，寄托了市民阶层的现实生活理想。

教堂建筑艺术是中世纪西欧艺术的集中体现。教堂既是神权统治的堡垒，也是人们交往活动的主要场所，因此，教堂建筑比较集中地反映了当时人们的心态与观念。其时，西欧教堂的设计结构和建筑风格表达了基督教信仰的深刻含意。教堂的高度及冲天态势和内部的圆的穹顶、祭坛与侧堂等，意在使人感受到一个完整的宇宙结构；而教堂通向大厅和殿堂的大门呈拱形，则被视为“通向天堂之门”。大教堂的空间结构还体现出时间的意义：世界的未来（“世界末日”）在西门，而神圣的过去被保存在东门。在建筑样式上，西欧教堂则分为罗马式和哥特式两种。从中世纪初期到12世纪流行的是罗马式。这一式样脱胎于古罗马的一种有圆顶大厅和圆形拱门的长方形会堂建筑，厅堂极深，突出了设在教堂最里面的祭坛的意义；其长度、高度要比宽度的尺码大，使人在此感受到圆柱的高大和宽厚。这一式样颇为庄严、肃穆与雄壮，但窗户小而狭窄，大概是为了在动荡纷乱的环境中易守难攻。法国的普瓦提埃大教堂，德国的沃姆斯大教堂，英国的伊利大教堂，西班牙的孔波斯泰拉圣地亚哥大教堂，意大利的比萨大教堂都属罗马教堂的典型。自12世纪初始，随着商品经济的复苏、物质生活的改善与人们审美情趣的提高，哥特式教堂建筑逐渐出现，到13世纪时风行西欧。因文艺复兴时期的意大利人视中世纪为野蛮时代，而以蛮族“哥特式”（Gothic）称之，故名。又因它最先出现在法国，也称“法国式建筑”。哥特式教堂克服了罗马式的厚重狭暗的风格。在外观上，它以曲肋拱和尖顶作为建筑物的整个结构模式，塔尖高耸，尖型的屋顶、屋脊、尖塔楼与尖形的饰物乃至门窗的带尖拱型的顶部，给人以一种强有力的向上升腾的形态与动感。而在内部，则以尖形拱门入堂，主堂与侧堂之间有穿通的连拱，配以轻盈通透的飞扶壁、修长的立柱以及彩色玻璃镶嵌的宽大花窗，给人以一种开放而又迷离的感受。这一系列建筑结构所塑造的奇异风格，造成了一种飘然欲升的幻觉，寓含着人们对上帝的景仰、祈祷和对神圣天国的向往与追求。较为典型的哥特式教堂有法国的巴黎圣母院、夏尔特尔大教堂与兰斯大教堂，英国的林肯大教堂与坎特伯雷大教堂，德国的科隆大教堂，意大利的米兰大教堂等。特别是米兰大教堂，最高处距地面有 103 米，有 100 多个尖顶，内部装饰光彩华丽，仅雕像就有两千多座。

中古西欧教堂也是雕塑、绘画艺术的中心。在罗马式教堂的雕塑中，法国图鲁兹的塞尔南教堂有关基督、使徒和天使的浮雕像，庄重而又严肃，负有盛名。当时的艺术都笼罩着一层浓厚的宗教灵光，所塑造的形象大多显得呆板、僵化。但在哥特式教堂的雕塑中，也有一些作品将上帝、耶稣、天使、圣母、圣徒乃至魔鬼的形象加以拟人化，显得栩栩如生。到 13 世纪后期，这一特征进一步发展，所雕塑的人物更富有人情味，圣母成了与婴儿嬉戏的母亲，基督带着福音传道者的微笑欢迎门徒。教堂中的壁画同样也主要是以《圣经》人物和故事为题材，但都显得比较刻板，缺乏写实技巧。当时，教堂的这些艺术创作都有包揽天地万物的气势，反映了基督教以神为本的宗教宇宙观。许多大教堂的这类作品数量众多，仅法国的夏尔特尔大教堂就有约八千个铜刻和描绘的形象。

三、从教会学校到大学兴起

中世纪前期，天主教会对思想文化的垄断，使宗教神学成为最主要的学问，获得至尊无上的地位，而文学、艺术、政治、法律、哲学和自然科学都要为神学服务，成为神学的“婢女”。在此情况下，西欧的学校教育也饱受神学的禁锢。从 6 至 11 世纪，教会在教堂和修道院里大多都附设有教会学校，主要是培养神职人员。初级学校以讲授拉丁语和宗教仪式为主，中等学校学习科目除读、写和神学以外，则是所谓的“七艺”，即文法、修辞、逻辑、几何、数学、天文、音乐。这些学习都和宗教神学的主旨密切关联。学习文法是为了正确翻译《圣经》及其他神学典籍，修辞与逻辑的掌握有助于对神学的解释、论证与传播，几何与数学是教堂的设计与建造所必需的知识，天文学的传播与教会解释天象等密切关联，音乐的学习可以使人深刻理解教会礼拜中所唱圣歌的内涵。

随着城市商品经济和市民阶级的兴起，原来的教会学校已不能满足社会对文化教育的多层次需求。市民阶级为发展工商业，需要财务计算、签订契约、商业及法律等方面的知识，要求摆脱教会对文化教育的垄断，进而纷纷创办私立城市学校。11 世纪，意大利就首先创办了波隆那法律学校。城市学校主要培养市民阶级的知识分子。这类学校注重法律、数学等方面的教授与计算的训练，有的还用本地的民族语言讲授，很受人们的欢迎。与此相应，一个新的职业塾师阶层形成，他们以教育为职业，以取食束脩为生。塾师中的不少人是著名学者，既精通神学，也熟谙法学、古典哲学乃至自然科学。

塾师阶层的出现，推动了教会学校和城市学校的发展，在此基础上产生了一批中世纪大学。12 世纪中期在意大利波隆那法律学校基础上产生的波隆那大学，应是中古西欧的第一所大学。那时一批知名的罗马法学者在该校任教，其精湛的学识和高超的论辩术吸引了欧洲各国的学生，波隆那大学也就应运而生。12 世纪时，法国和英国先后创办了巴黎大学和牛津大学，13 世纪时又建立了奥尔良大学和剑桥大学。西班牙的萨拉曼卡大学，法国的蒙彼利埃大学，意大利的那不勒斯大学等也渐次出现。到 14 世纪末，欧洲已有 40 余所大学，到 1500 年达到 65 所。

这一时期的大学大都办在城市，教师中只有少数僧侣，主要是世俗学者。学生来自不同社会阶层，有高级教士、贵族和富裕市民的子弟，也有少数人来自贫寒的家庭。大学里一般设有四个学科，即文艺、神学、医学和法学。大学一般都用拉丁语讲课，内容大体分为神学、文艺、法律、医学四科。不过，意大利、西班牙和法国南部的大学以波隆那大学为典范，侧重于法学与医学，而其他地区的大学则以巴黎大学为模式，侧重于神学和文艺。文艺学科是普通的学科，教师和学生最多，主要学习“七艺”中的文法、修辞与逻辑，学生通过公开答辩的考试，就能毕业获得学士学位，然后再经两年的辅助学习，取得从事教育的资格，得到硕士学位。神学、法学、医学学科的学生则必须在文艺学科毕业后再行深造，以获得相关的硕士、博士学位。大学的教学方法主要是教师授课和学生记笔记、举行自由辩论会。其时，书籍誊写在羊皮纸上，价格昂贵，不少学生买不起，只有靠记忆、背诵和讨论来掌握教师传授的知识。大学的规模大小不一，以巴黎大学最为庞大而著名，下辖不同的学院。学院最初是供贫困学生生活的住所，后来逐渐兼为读书、讲学的地点。

大学从创办之日起，曾一度享有不同程度的自治权，但不久又处于教会、市政当局的控制下。许多反对教会权威的学者，常常被教会以“异端”的罪名加以惩处。为此，大学中的教师同业公会或学生团体经常组织起来，为获得自治权而斗争。在中古西欧的大学中，仍然盛行着基督教神学信仰与经院哲学方法。但大学的文化氛围相对自由与宽松，有利于人才培养与学术文化的发展。

第六节 各阶层的社会日常生活

一、住所与衣食

在特定的地理环境与物产资源下，中世纪西欧盛行严格的封建等级秩序，各阶层、等级的社会人群经济与社会地位不同，日常生活也就存在巨大差异。

封建贵族是封建地产的占有者，依靠剥削乡村农奴和其他依附农民为生，享有诸多的封建权益，生活条件最为丰厚。贵族一般在庄园中心建有住宅。为了应对战乱和提升生活水平，这样的住宅常常被扩建为土木结构的城堡。城堡依山而建，外面有壕沟，易守难攻。城堡中有瞭望塔、住所、客厅、餐厅，有储藏谷物和葡萄酒的地窖。城堡的庭院内设有大谷仓、马厩、鹰舍、鸡舍、养鱼池、小教堂乃至手工作坊。这样的城堡既是贵族家族的居住地和社交场所，也是在战乱时周围居民的避难场所。此外，一些大贵族还在自己的庄园中，建造奢华的府邸。据记载，13世纪位于英国莱斯特郡的一座庄园，占地200英亩，仓库有30英尺宽。庄园内有一个很大的议事厅作为家族活动的中心和宴饮的客厅。而在城市兴起后，也有一些富有且在国王政府中担任要职的大贵族，开始在大城市建造府邸，这样既便于参政，也可以享受远比在乡村奢侈的生活。14世纪的英国大贵族兰加斯特公爵冈特，就在伦敦修建了名为“萨沃伊”的豪华府第，里面有花园、果园和鱼池，储有大量的金银财宝，时人认为“王国中没有任何府第比它高贵和美丽”。在巴黎，也有类似豪华的贵族府邸。

封建贵族的饮食和穿着也呈现多样化的特征，且随着时间的推移日趋讲究。贵族的日常食品是精粉面包、牛奶、奶酪和牛肉、猪肉、羊肉、家禽肉、鱼肉以及野味等。为了防止食物变质，通常要腌制火腿、腊肉、咸肉、咸鱼等以备所需。饮料一般用葡萄酒和啤酒，水果则有苹果、梨、李子、栗子、无花果、樱桃、葡萄等。在十字军东征后，贵族开始用东方的香料胡椒、丁香、桂皮、肉豆蔻等来烹饪、调制食品。每逢重要节日或家庭喜庆，富有的大贵族都要举行盛大的宴会，其奢侈让人咋舌。14世纪塔伊幼凡的《料理大全》，就记述了中世纪宴会的五道菜单：第一道菜为肉桂汤、丁香鹿肉、卤汁牛肉；第二道是孔雀、天鹅全烧，小兔拌辣酱，糖煮小鹧鸪；第三道是乳酪煮鸡、鸽肉派、全烧小羊；第四道为鹫，香料、药酒渍梨，蛋点心，小芹；第五道为餐后点心、水果、干酪等。同样，贵族在衣着上也经历了一个不断讲究的过程。中世纪初期，由于条件的限制，贵族多以亚麻布、兽皮制作服装。在十字军东征和呢绒业兴起后，东方来的丝绸、棉布和本地的呢绒逐渐成为富有贵族的衣料来源。14、15世纪后，随着工商业的发展和国际贸易往来的密切，受东方文明的影响，贵族男女追逐时尚，衣服式样不断变化，衣料品种更是增多。据拉伯雷的《巨人传》记载，衣料有绸缎、丝毛混纺、呢绒、大马士革呢、条呢、金线缎、各种皮毛，饰物有念珠、指环、链条、宝石、钻石、翡翠、珍珠、玛瑙等。服装力求摆脱古老习俗，追求时尚。

中世纪西欧农民（农奴及其他依附农民）处于社会最底层，深受封建领主的压迫和剥削，生活贫穷困苦。农民大多集中居住在领主的庄园之中，其住所几乎都用木材或枝条造成，屋顶盖着茅草而没有烟囱。低矮灰暗的茅舍内地面潮湿，在屋角铺上草秸以及兽皮当床。农民的主食为大麦、燕麦、黑麦以及豆类，一般都吃黑麦面包，好一点的为黑麦和小麦混合的面包。此外，自家生产的水果、蜂蜜、奶酪以及各类蔬菜也有少量用于自己消费。通常的饮料则是淡啤酒，主要用大麦发酵酿成。农民很少吃肉，而且大多只能在节日才有可能食用腌肉，因而豆类食品被称为“穷人的肉食”。农民的穿着也十分粗糙，主要是用粗亚麻布和粗羊毛乃至家畜、野兽的毛皮制作的衣服。外出和下地干活时，他们常常打着赤脚。随着社会经济的发展，到了13、14世纪，农民的生活条件有所改善，但仍然处于很低下的水平。在14世纪时，通过“赎买”获得人身自由而外出打工的农民，基本生活条件甚至还得不到保障。14世纪后期流行于英国的长篇诗歌《皮埃尔的耕田人》描写道：外出打工农民常因无钱就餐，“在匆匆行走中饥肠辘辘，抓些废弃之物来充饥；如此受肚子折磨，以至于他双眼泪涌”。因此，农民对封建领主和国家压迫下的穷困生活十分不满，而这也正是14世纪英、法农民起义的根本原因。

中世纪西欧市民阶层的日常生活有着自己的特点。自城市兴起后，手工业者、商人日益到城中聚居，过着有别于乡村的生活。最初的城市规模不大，人口在万人以上的不多。城市街道路面多是泥地，时宽时窄，泥泞而肮脏，一些街区还有牲畜游走。在13世纪前，除了率先发展的意大利城市外，西欧城市很少有大的公共工程建设。巴黎城的土路狭窄泥泞，行走不便。据记载，1131年，法王路易六世的儿子骑马路过拉丁街区内的圣扎克路时，一头猪突然窜碰至其坐骑的两腿之间，马匹受惊腾跃，导致他从马上摔下而死。直到腓力二世在1184年敷设了卢佛尔宫前街道前，巴黎未曾有一条铺石子的大道。城市里的住所最初是木结构的房屋，居住十分拥挤，容易导致传染病和火灾的发生。到13、14世纪时，随着经济发展，城市面貌有了改观，石子铺就的道路和地面日益扩展，石头建造和石木结构的房子也逐渐增加。市民的上层为城市贵族，他们由大商人、大行东、高利贷者、金融家等组成，控制了城市经济命脉乃至城市政权，加之容易从国际贸易中获取奢侈商品，因而生活十分豪华。他们的居所高大宽敞，屋顶上还常常装饰有尖塔和雉堞，屋内的房间有玻璃窗，采光和通风良好，并布置有漂亮的家具。在13世纪，有人赞美法国城市贵族的住宅“宏伟、宽广”，房间“漂亮”。他们的服装由细亚麻布、精制呢绒和丝绸乃至珍贵的毛皮制作，餐桌上都是上乘的面包、葡萄酒、啤酒和肉食、果蔬，一些餐具还是银制的。这个阶层更喜欢与贵族攀比，讲生活排场，穷奢极欲。有资料记载，法王腓力四世的王后那瓦尔的雅娜（Jeanne of Navarre）曾经对布鲁日城市贵族妇女表示愤怒，因为她看见她们身着华丽服装，像王后似的。与之相反，城市下层民众的生活则十分艰辛。他们由帮工、学徒、小工匠、小贩等组成，有的居住在行会作坊附设的房屋内，有的则租房住宿，这些住所狭小、阴暗，十分拥挤，家具简陋。他们穿粗羊毛绒线和亚麻布制作的衣服，食品有蔬菜、豆子和面包。在节日期间能享用到肉类、葡萄酒和啤酒。这种生活水平，比乡村农民要好得多。

二、社会娱乐活动

各个阶层的生活娱乐方式也大为不同。这一时期的西欧，战争与暴力争端司空见惯。处在封君封臣制网络中的封建贵族，有着对封君履行骑士军役的重要义务。因此，贵族的日常活动与娱乐，除了宗教节日以外，都与战争密切关联。贵族一般都酷爱狩猎。当时的西欧气候湿润温和，森林密布，各种野兽繁衍于其间。狩猎不仅是富有刺激的娱乐消遣活动，也是获取野味和皮毛的重要途径。通过狩猎还能够进行准军事的演练，培养服骑士军役所需要的毅力和骑射技术。此外，狩猎也是高贵社会身份与地位的象征。因此，上自王公大臣，下至一般贵族，都酷爱狩猎，将之作为一项主要的日常生活娱乐活动。“诺曼征服”后，英王威廉一世即将英格兰的大片森林划归王室所有，并颁布“森林法”禁止任何人未经过国王批准进入其中狩猎。贵族领地内的森林也是他们的财产，在其中狩猎成为他们的特权。因此，贵族之间争夺森林的争端乃至战争也时有发生。为了大规模的狩猎，贵族在狩猎时，常常组织自己的臣属、家仆参加，甚至让庄园里的依附农民参与，以保证充分的人力资源。而英国、法国等国的君主，则有一支专门的配备了猎狗、猎鹰的狩猎队伍，随着其王室巡游，以便在途中随时打猎。贵族的狩猎常年不断，但深秋季节无疑最适合。因为在此时，动物膘肥体壮，毛皮质量最好。在狩猎中，贵族及其仆从骑着战马，带着弓箭、剑、刀、矛之类的武器。同时，还使用平时豢养、训练的猎鹰和猎狗以作辅助。猎鹰是猎取飞禽和一些小动物的好手，可以容易捕获天鹅、野鸭以及野兔、狐狸之类的小动物。猎狗主要用来对付体形较大的走兽，如野猪、鹿乃至凶猛的熊。狩猎通常斩获多多，让贵族得到了情绪宣泄与愉悦感受。但这一活动有时也存在着风险。大型野兽在受困时，会垂死挣扎而对人造成伤害。成年野猪牙齿锋利，体形壮实，有时会将猎狗乃至狩猎者刺伤或挑死。15 世纪英国的约克公爵爱德华，曾撰文记载了一次狩猎中野猪伤人的可怕场景。当然，这样的历险也给贵族带来富有挑战的刺激，并不会降低他们狩猎的激情。

中世纪的西欧战争频繁，作为骑士军役的载体，封建贵族的生涯与宿卫、征战密切相连，战争成为贵族的主要职业与获取荣誉、地位的途径。贵族男子从小就注重军事训练。在成长为青年后还要被封为骑士，获授盔甲、战马和刀剑，以示其成人。由此，骑士比武大赛逐渐兴起，自 11 世纪后流行，成为贵族的又一项重要活动。

中世纪比武大赛经历了不断演化的过程。最初，比武大赛是两个骑士之间的格斗。后来，发展到两队人马之间的对决。比武场地有用栅栏围起来的“竞技场”，也有事先划定的地方。比武大赛的时间也长短不一，有的比赛也就几个小时，日后时间逐渐延长，常常举行几天甚至是几个星期，规模与排场也日益宏大，以至于王室与大贵族间的婚典、国王接待来使、重要的宗教节日等，都要举行大规模的比武大会。这类大会场地开阔，四周装饰有漂亮的看台或包厢，并伴有乐队演奏。比武过程中，除了弩和弓箭被禁用外，双方都骑马披挂、真刀实剑地进行搏杀，其残酷几乎与真正的战争无异，直至对手被击败。与当时的战争一样，在比赛中被俘者要向获胜者交纳赎金，其战马、铠甲和武器等都成为对方的战利品。在比武大赛中，比武者的情绪、举动难以控制，且有荣誉和利益的刺激，因此难免有伤亡。据记载，1216年，英国的埃塞克斯伯爵杰弗里即在比武中被踩踏身亡。1223年，荷兰的佛罗伦斯伯爵在比武中为长矛刺中身亡。1241年在莱茵河畔的纽斯，80多名骑士在比武大赛中丧身，其中有的是不堪沉重盔甲的压迫而在拼杀时窒息致死。因此，教会曾经对此予以强烈谴责。当然，比武大赛毕竟不同于战争，其间有一些商定与规则，死伤现象并非常态。

随着封建骑士采邑因继承、买卖、转让而日益分解，骑士军役制开始趋于衰落，雇佣军制逐渐兴起。在此情况下，尚武斗狠色彩浓厚的传统比武大赛，自13世纪后逐渐向公共庆典和仪式转变，参赛者多追求以勇武技巧来博取观众的赞赏和荣誉，甚至是为了向其爱恋的女人展示自己的威猛和求爱的决心。由此，比武大赛开始染上温馨、典雅的色彩，增加了戏剧、化妆舞会以及其他游戏等内容，观赏性和娱乐性逐渐凸显。一些君主和大贵族也将比武大赛作为炫耀声威和实力的重要场合。直到16世纪初，英、法的国王和德意志皇帝仍经常举办规模宏大、奢侈华丽的比武大赛。

乡村农民的娱乐活动则是另一幅场景。住在封闭庄园里的农民，要承担繁重的体力劳动，长期过着日出而作、日落而息的生活。不过，他们也有自己的娱乐方式。在一些重大的宗教节日如圣诞节、复活节和与收获相关的民间节日期间，他们利用机会进行娱乐。在英国，依据当时的习惯，在圣诞节前后，农民大约有两个星期不用干活。而领主为了显示自己对农民的“体贴”，一般都要为他们举办有酒的餐会，农民自带桌布杯盘参加，其间还要玩古时传下来的圣诞游戏。圣诞节前后是冬季农闲时期，农民常常聚集在一起喝酒，观赏一些人的胡闹剧和滑稽剧，或搞合唱、跳舞以及其他简单的游戏。此外，一些场合也是农民放松的好时机。据记载，在13世纪以后的数百年中，有的地方的乡村农民在教堂举行婚礼后，要在自己的住所甚至到村庄里的小酒馆去喝“新娘酒”，狂欢豪饮。同样，参加领主葬礼时喝“守灵酒”，收割牧草后的“开镰酒”，谷物收获后的一些节日，都为农民的有限娱乐提供了机会。随着农民逐渐与庄园外世界接触的日益频繁，他们的娱乐活动逐渐增多。除了喜欢酒店、节日与跳舞外，还喜欢打牌和赌博，在乡村草地上听游吟诗人讲故事，到市集上去看魔术表演。尽管如此，中世纪农民空闲和娱乐的时间仍然极其有限。

与枯燥、单调的乡村生活相比，中世纪西欧城市生活丰富多彩。市民享有人身自由，与市场密切联系，视野开阔，不少人十分富有。因此，在休闲时市民特别是城市贵族的娱乐追求更多。在城市中，也相继出现歌女、舞女、魔术师、滑稽表演者等类人群，自13世纪开始，娼妓也在城市中普遍滋生起来。此外，斗鸡、踢足球、摔跤、赛跑、掷标枪、投石、划船、溜冰、赛马、斗牛、打牌、赌博、跳舞等也成为一些城市日常的娱乐方式。

中世纪城市的社团组织主要有教区、行会与商人公会，它们在市民的娱乐活动中扮演着重要角色。教区负责管理有关精神生活的事务，常常编导一些宗教戏剧在教堂中演出，让市民观看。一种是奇迹剧，根据使徒的故事改编；一种是神秘剧，以圣经内容为主题改编。后来教会认为在教堂中演剧不严肃，戏剧表演先是移到教堂门口，以后移到市镇的广场上。由此，市民卷入演出活动，戏剧的内容仍是宗教剧，但剧务与教堂脱离，逐渐由市民负责组织，一般在圣诞节和复活节演出。各手工业行会分别担任各种圣经故事的演出事宜，行会的会员亲自参加演出。如诺亚方舟的表演由细木匠行会或造船业行会负责演出，洪水故事由渔业行会演出。在一些城市，戏剧演出方式在一个大马车上搭起舞台。演出前，大马车和穿着节日盛装的行会会员作环城游行，化了装的演员在车上，其他人跟在车后。节日早晨就开演，流动舞台从一个广场转到另一个广场，全城成了一个大戏场。这样的表演很受市民欢迎。

市民参与度更高的则是节日的狂欢。其时，在不少重要的宗教节日，如主显节、复活节、圣诞节等，城市的市民还要举行狂欢。此外，在一些特殊日子如国王登基、结婚以及其他重要国事、迎接圣徒遗骨等，城市也常常举行集会。地方团体的节日，如大学的节日、行会的节日、商会的节日等，也都有相应的庆祝活动。每逢盛大节日或庆典，城市政府和团体都要安排人力，精心组织。商人公会和行会还要以他们富丽堂皇的制服、各色图案的旗帜以及其行业的特有徽章，前往参加公共仪式和游行，然后举行跳舞、假面舞会、竞技等活动。城市的狂欢洋溢着一种喜庆、放纵的精神，调节着人们的身心状态和生活节奏。

中世纪的城市也存在着人身等级制度，市民的日常娱乐方式也就有很大差异。处于底层的贫民，在娱乐上受到经济条件的限制与社会等级差别的压抑。大约从 13 世纪起，许多城市都立法对底层民众的生活方式做了限制。例如奥格斯堡就规定，“正在效力的奴仆”不能参加任何一个有女市民在场的圆圈舞，不能举行有排场的婚礼，必须穿规定的服装。而城市贵族实际上在各个方面都力图仿效封建贵族的生活。因此，他们的子弟常常设法参加比贵族比武大赛。在 13 世纪以后，有的城市贵族热衷于举办这样的比武大赛。

三、宗教对日常生活的渗透

在中世纪的西欧，基督教的神权和信仰支配着各个阶层的思想与行为，不仅影响到人们的日常生活与娱乐，而且还通过修道院的方式，使相当一部分人群纳入纯粹的宗教生活框架之中。

西欧修道院的渊源可以追溯到罗马帝国末期。6 世纪前期，意大利努西亚的圣本笃（480—547 年）感到世风日下而愤世嫉俗，在卡西诺山建立了本笃修道院，同时为该院撰写《本笃会规》，拟定了相关的管理方针和修士道德及生活的准则，奠定了日后西欧修道院生活的模式。至 8 世纪中叶，自称服膺该会规的修道院已达 250 多所。

中世纪早期，西欧不少修道院由国王、贵族所建，掌握了大量地产，为封建军队提供武士，并且与世俗的王侯密切合作，参与国家事务管理。查理曼时期王家的圣但尼修道院即是典型。

随着时间的推移，修道院不仅拥有诸多地产，而且还常常占有矿场、盐井、森林，不仅豁免世俗土地税，而且拥有征收什一税、过路税、市场税及铸币等经济特权。与此同时，修道生活也日益背离了禁欲原则而世俗化。一些修道院院长被国王作为职位授予其子弟亲属，另一些则醉心于生活享乐，修道院纲纪废弛，丑闻不断，甚至时常发散神职人员淫乱、娶妻生子的现象。从 9 世纪后期开始，随着克吕尼运动的迅速展开，修道院世俗化的趋势在一定程度上得到遏制。12 世纪中叶，克吕尼派修道院分布于法兰西、意大利、德意志、西班牙、英格兰、苏格兰和波兰，总数达 314 个。不过，随着地产、财富的增加，这些修道院不久也趋向于世俗化。到 13 世纪，托钵僧运动打着“恢复修道传统”的旗帜勃然兴起。该运动视财产为魔鬼，金钱为罪恶，不仅主张修士无私产，而且认为修道院也不应占有财产，甚至连修道院的房舍院落也被他们当作赘物抛弃，而选择像基督及其“真正的使徒”那样为传播福音奔走四方，乞食为生。这一运动促进了修道院对院规的整顿和对修士生活的控制。

修道院有男、女修道院两大类。诸多修士、修女来自贵族、市民、农民家庭，他们在修道院中过着与俗人完全不同的半隐居或完全隐居的日常生活。俗人加入修道院时要立誓，保证安贫守贞，严守院规，顺从引导。有关修道的内容，《本笃会规》归结为劳作、祈祷和学习。所谓劳作，主要是从事维持生计的农业、畜牧业、手工业，还要承担修道院内的杂事。修道院内自行生产各种生活必需品。院内有磨坊、面包房、菜圃、酒窖、手工作坊、马厩，甚至牧场。修道院开辟了不少良田，有的修士还精通农业技术或酿酒技术。因此，修道院被称为“宗教的生产社会”。修士每天必须按规定的时间做祷告，有固定时间阅读和抄写圣经典籍。接待远方来的宾客，包括难民、流浪者和朝圣者，也是修道院的重要工作。这一职能后来发展为医院、教育和社会服务。不过，日后修士从事体力劳动的时间十分有限，更多的是以阅读和抄写经文、描绘和装帧经书为主要内容。克吕尼运动既以恢复原始修道传统为口号，自然提倡修士参加体力劳动，但却以热衷圣事著称，在每天的作息表上，唱诗、做弥撒、公共祈祷至少占 8 小时，个人祈祷、读经、抄写和绘画又占相当时间，剩下的时间只够睡眠和吃饭。不过，在以后的很多修道院，普通修士仍然承担院内的劳动。他们虽然远避尘世，但仍然没有逃脱人身依附体制的压迫和剥削。修道院的生活落寞而禁闭，人性受到严重扼制。因此，修士、修女为满足基本的情欲而突破禁锢甚至出逃的事屡见不鲜。同时，由于远离红尘与弃绝俗念，一些修士利用修道院设有图书馆、藏书丰厚的条件，潜心研究而成为著名学者。这也使得不少西欧中世纪的修道院成为大学之外的重要学术场所。

修道院之外，中世纪西欧各阶层都生活在基督教教区神权系统的控制之中。教会在各国设有大主教区，其下辖有若干主教区，主教区又统管若干教区，由教区负责管理、控制当地民众的宗教生活。从精神信仰和神权组织的角度看，任何人都是上帝的子民，都必须接受教会的训导与支配，履行相应的宗教义务，如维护神圣的正统教义、反对异端和异教徒、严守教会的道德规范。否则，将受到教会的惩罚。其中之一就是"破门律"，此即革除信徒教籍。任何人受到这一惩处，就被视为不可接触的人、异教徒，其财产、生命都得不到保障。更有甚者，则要被教会的法庭特别是"异端法庭"处以死刑。

在经济上，各阶层还须向教会缴纳宗教捐税——什一税。早在 6 世纪，教会利用《圣经》所谓的农牧产品十分之一属于上帝的说法，开始征收此税。根据这种制度，信徒要捐纳本人收入的十分之一供宗教事业之用，主要用于神职人员薪俸、教堂日常经费以及赈济。自 8 世纪以后该税的征收获得世俗法律的支持。什一税分为大什一税（粮食）、小什一税（水果、蔬菜）和血什一税（牲畜）等，其税额往往超过纳税人收入的十分之一，大部分负担主要由农民承担。

作为上帝的子民，当时西欧各阶层的日常生活受到教会宗教礼仪的规范与制约。基督教的礼仪不少，到 12 世纪厘定为"七圣事"或"七圣礼"，即洗礼、忏悔礼、圣餐礼、婚礼、坚振礼、授职礼、终傅礼。洗礼是入教仪式，一般在婴儿出生后举行，由施洗者以水洒在婴儿的额上或头上，表示接受他入教。忏悔礼又称"告解"，即要求信徒到神父那里说明自己因人的私心利欲所导致的罪过，虔诚地表示悔改，以求得上帝宽恕。忏悔礼多以秘密方式进行，用精神压力让信徒吐露真情。圣餐礼为举行弥撒时的一部分内容。弥撒于星期日、重大宗教节日举行，或为请求赦免其罪应某人特定要求而举行。在这项活动中，前半部分主要是向上帝祈祷献祭，后半部分即为圣餐。《圣经·新约》记载，耶稣受难前夕曾和门徒举行最后的晚餐，手持面饼和葡萄酒祝祷后分给众门徒吃，并且说"这是我的身体和血"。基督教的圣餐即源于此，由主礼人将面饼和葡萄酒献祭后分给在场的信徒吃。教会声称，祝圣后的葡萄酒与面饼已变成了耶稣的"圣血"和"圣体"，参加祈祷的信徒分食后即可获得神恩，获享赦罪。婚礼指男女双方结合所行之礼，须由神父证婚才被视为合法。坚振礼是入教者在领受过洗礼一定阶段后，再接受主教所行按手礼和敷油礼，谓可使"圣灵"降于其身，以坚定信仰。授职礼即授予圣职之礼。在信徒中，总有一些人因致力于天主建立的"圣秩圣事"而被立为圣职人员，主教便要为其施以圣职礼，担当教会的某一职位。终傅意为终极（指临终时）敷擦"圣油"。在教徒病情垂危时，由神父用经主教已祝圣的橄榄油，敷擦病人的耳、目、口、鼻和手足，并诵念一段祈祷经文，认为借此可帮助受敷者忍受病痛，赦免罪过，安心去见上帝。

由于生产、交往与战争等活动的繁忙、沉重与知识水平的限制，诸多社会人群对神学经典的思想内涵、宗教仪式的象征意义很难有深刻的理解。同时，许多神父文化粗浅，难以熟练讲经布道和举行仪式；有的甚至荒于教务，道德败坏，多有淫乱、酗酒、诈骗等劣迹，在信徒中毫无威信。因此，不少宗教礼仪多流于形式。为控制人们的思想，教会在圣礼之外进行诸多的蒙昧宣传。一方面把风、雨、雷、电以及星象等自然现象，水灾、风灾、虫灾等某些自然灾害乃至瘟疫说成是上帝的惩罚，或说成是妖魔鬼怪兴风作浪的结果，借此来威慑、恐吓大众。另一方面，则刻画圣母和诸多天使的形象与传说、塑造五花八门的圣徒及其遗物遗迹，宣称可以借助它们来祈福消灾、驱魔治病。为了强化影响效果，教会常常通过布道书、祈祷文、教堂壁画、圣徒传记等来宣传，同时，常常展示所谓的圣像、圣徒遗骨和遗物等加以配合。

教会营造的神秘的宗教氛围，在很大程度上满足了大众的心理需要。因此，几乎所有的习俗和节日都蒙上了浓厚的宗教色彩，而民间“崇圣”之风逐渐兴起。人们最为崇奉圣母玛利亚。在大众的眼里，悲悯仁爱的圣母与受难的圣子同样值得拥戴和崇拜。最受欢迎的圣物是和基督及圣母玛利亚有关的东西，因为人们相信这两个神祇都已升天，因此他们的遗体是不可能找到的，只有些衣服饰品、真十字架的碎片、小瓶基督的血、圣母的乳汁以及基督的乳牙、脐带以及切除的包皮等。建于1120年英格兰的雷丁修道院到12世纪末，已收集有数百件圣物，包括29件基督遗物、6件圣母遗物、19件旧约先圣的遗物以及12件十二门徒的遗物。法国的夏尔特尔大教堂据说拥有圣母玛利亚的外衣。这两个地方因收藏丰富而成为西欧的朝圣重地。此外，耶路撒冷和一些使徒、圣徒安葬的地方如罗马、西班牙的圣地亚哥等也被看作是圣地而加以膜拜。1170年，英国的大主教贝克特被国王的内府骑士所杀后，教会将之视为对抗暴政的烈士而封为圣徒。贝克特所安葬的坎特伯雷很快成为人们朝拜的圣地。圣徒在当时被赋予了许多不同职能。在政治上，古老的圣徒能够为君主统治披上神圣合法的外衣，因此，一些君主提倡圣徒崇拜，并利用教会将先王追封为圣徒，或以圣徒的名字为王子命名。此外，圣徒还被认为拥有超凡的魔力，能够行奇迹、治愈疾病、医治残疾、寻找失物、防止火灾等等。因此，众多的信徒常常不避艰难险阻去朝圣，期望从圣徒那里获得庇护与恩助，祈求圣徒使妇女多育、土地多产、动物多仔，防止或治愈各种类型的疾病，避免害虫与暴风雨，驱除魔鬼妖邪，为自己和社会带来普遍的好运。前往圣地朝圣构成了中世纪西欧社会宗教生活的一道奇特景观。

参考书

J. M. Wallace-Hadrill，*The Barbarian West*，London：Wiley-Blackwell，1952.

Michael Haren, *Medieval Thought: The Western Intellectual Tradition from Antiquity to the Thirteenth Century*, London Palgrave, 1985.

M. Bloch, *Feudal Society*, Translated By Manyon, L. A. London: Routledge, 1961.

C. N. L. Brooke, et al., ed, *Church and Government in the Middle Ages*, New York: Cambridge University Press, 1976.

H. Mitteis, *The State in the Middle Ages*, Amsterdam: Elsevier Science, 1975.

John B. Morrall, *Political thought in Medieval Times*, Toronto: University of Toronto Press, 1980.

F. M. Powicke, *Ways of Medieval Life and Thought*, New York: Biblo and Tannen, 1967.

J. Nelson, *Politics and Ritual in Early Medieval Europe*, London: Hambledon Continuum, 1986.

S. Reynolds, *Kingdom and Community in Westen Europe 900–1300*, Oxford: Clarendon Press, 1986.

C. H. Haskins, *The Renaissance of Twelfth Century*, Cambridge: Harvard Univesity Press, 1927.

塔西佗：《阿古利可拉传日耳曼尼亚志》，马雍，傅正元译，商务印书馆，1985。

古列维奇：《中世纪文化范畴》，庞玉洁，李学智译，浙江人民出版社，1992。

P. 布瓦松纳：《中世纪欧洲生活和劳动（五至十五世纪）》，潘源来译，商务印书馆，1985。

克里斯托弗·道森：《宗教与西方文化的兴起》，长川某译，四川人民出版社，1989。

海伦·尼克尔森：《十字军》，刘晶波译，上海社会科学院出版社，2013。

马克·布洛赫：《国王神迹：英法王权所谓超自然性研究》，张绪山译，商务印书馆，2018。

亨利·皮朗：《穆罕默德和查理曼》，王晋新译，上海三联书店，2011。

马克垚：《封建经济政治概论》，人民出版社，2010。

孟广林：《战争巨人：查理曼》，黑龙江人民出版社，1998。

黄春高：《西欧封建社会》，中国青年出版社，1999。

王亚平：《权力之争：中世纪皇权与教权的关系》，东方出版社，1995。

孟广林：《英国封建王权论稿：从诺曼征服到大宪章》，人民出版社，2002。

第四章

从中古向近代过渡时期的西方文明

第一节　“过渡时期”西欧社会发展的新趋势

一、资本主义萌芽

14 至 16 世纪，西欧社会开始了从中世纪封建制度向近代资本主义的历史过渡，而新兴资本主义萌芽的破土成长，构成了这一“过渡时期”物质文明发展的基础。

所谓资本主义萌芽，就是资本主义生产关系的最初形态。它的产生必须具备两个基本条件，即出现积累大量货币并且用之购买劳动力与原料来进行商品生产以增殖资本财富的资本家，有一大批丧失生产生活资料而靠出卖劳动力为生的人身自由的劳动者。

资本主义生产关系的萌生，与社会经济的迅速成长密切关联。在这一“过渡时期”，随着工具和技术的不断改进和生产经验的日益积累，西欧各国的社会生产力有了显著提高。

在农业生产上，通过开垦森林地带、排干沼泽和围海造田，耕地面积大幅增加。与此同时，耕作方法和技术也有了新的进步。在英国、尼德兰等农业发达地区，实行多田轮作制与粮食、牧草轮作制，改进风车与水车，改良羊、牛畜种。在此情况下，农牧产品的总量有明显增加，农业专业化程度不断扩大。如莱茵河、威悉河、易北河流域、香槟地区的葡萄和酒，英国和西班牙的羊毛，荷兰的郁金花和奶牛，图林根、萨克森、威斯特伐里亚的啤酒花等，都远近驰名。农业的发展，满足了日益增加的城市人口的需要，为手工业、商业的进一步发展奠定了基础。

在手工业生产领域，生产技术革新迅速拓展，尤以纺织业和采矿业最为显著。手摇纺车已在纺织业中广泛流行，代替了原始的手捻的纺锤。15 世纪末，自动纺车开始逐渐使用，将纺线和卷线的过程合二为一。与此同时，新改进的卧式织布机普遍推广，代替了立式织布机。漂洗呢绒用水轮带动重木槌，代替了人工搓洗。纺织技术的进步，不仅促使毛纺织业在西欧逐渐兴盛，而且也促使丝织业、棉织业渐次发展。自 14 世纪末到 15 世纪，西欧还出现了两项重要的动力技术革新。其一是风力的广泛应用；其二是发明以从上流下的水来带动的上射式水车，代替了旧有的直接装置在激流中的水车。风车、水车上使用了齿轮、凸轮和皮带传动装置。这两项革新对采矿、冶金、磨粉、呢绒等不同部门的生产都产生了巨大推动作用。采矿业普遍使用畜力特别是水力推动的抽水机来排除矿坑的积水，保障了矿源开采。此外，提运矿石的绞车以及矿井中的通风等复杂设备也开始应用。在冶金业，开始采用以水力带动大风箱，取代仅靠人工风箱来刺激炉火燃烧，大大提高熔炉的温度，熔出的铁液可直接浇铸各种工具或武器，并可炼出较好质地的钢材。与此同时，金属加工业还采用了以水力带动机械锤来锻轧。这一系列的技术进步，使得西欧银的产量和发展工业所需要的铁、铜、明矾、锡等矿物的产量日增。此外，一些简单的旋床、钻床和磨床也被用来对金属进行冷处理加工，还出现了能制造铁丝的拉丝机。

中国的火药、指南针和印刷术等重大发明，这时已在欧洲广泛传播。火药最先用于大炮的发射。至 16 世纪初，各种火器（包括发射弹药的枪支，如装有燧石扳机的较轻便的毛瑟枪）的制造已普遍流行，封建领主再难以筑堡自立。1456 年古登堡用活字排版印刷了《圣经》，这是西欧最早的活字印刷品，欧洲印刷技术大大发展。在西欧用纸张印刷的书籍迅速代替了羊皮纸的手写稿，对科学技术的迅速传播更为便利。航海术也进步很快。早在 13—14 世纪，欧洲人已开始在海上使用罗盘。15 世纪时已编制了精确的天文表，出现了千吨的快速帆船。

科学发明和技术进步，对社会提出了新的需求，推动了经济发展和新的生产部门的出现。例如，火器的广泛流行，迅速扩大了对生铁、铜和钢的需要，促进了冶金业的发展，加速了铸造技术的改进和新式机床的出现。1500 年纽伦堡钳工亨勒恩制造出第一块椭园形发条怀表，被称为“纽伦堡鸡蛋”。用发条的钟发明之后，又引起了精密仪器生产的萌发，眼镜和钟表等新生产部门开始出现。

生产力的提高与技术的显著进步，扩大了社会生产分工，商品生产和商品交换也随之迅速发展。15 世纪时，西欧各地手工业分成了诸多专业部门。手工业已有多种不同行业，如海德堡有 103 种，巴塞尔有 120 多种，法兰克福达 190 多种，而巴黎则有 350 种之多。专业化的发展，促进了生产技术的提高、劳动工具的革新与劳动生产率的提高。生产分工的扩大，使越来越多的与农业联系密切的手工业如纺织、酿酒、烤面包、农具制造等，同农业完全分离而成为独立的手工业部门。同时，在西欧形成了一些专业化生产中心，佛兰德尔的呢绒、米兰的甲胄、托勒多的刀剑都驰名于世。尼德兰北部的造船工业特别发达，而英国毛纺织品远销国外。此外，粮食、畜产品和工业原料的商品生产也在发展，形成一些以各自特产著名的农、牧业区域。商品经济对封建自然经济造成有力冲击。货币地租已是主要的地租形式，农民为交租纳税被迫低价出卖农产品，深受商人、高利贷者的沉重剥削，两极分化加速，大批破产农民成了雇农，而一些富裕农民则从事农业上的资本主义经营，传统的封建生产方式日渐解体。

商品经济的兴起，促使商业资本活动日益扩大。在新航路开辟前，威尼斯、热那亚和佛罗伦萨的商人在地中海区域贸易中起主导作用。北海和波罗的海贸易，则主要掌握在汉堡、吕贝克等北德意志城市手里。新航路开辟后，欧洲国际贸易中心西移大西洋沿岸，尼德兰、英国和法国的商业则迅速发展。在商业资本的扩展中，商业经营手段和技术不断发展，不仅出现合股经营的新方式，而且还出现提货单价、汇票、转账、海上保险以及复式簿记等新方式，确保了商业活动的便利和安全。商业资本的活动，促进了货币的加速积累，开辟了广阔的商品市场，十分有利于资本主义萌芽产生。而在西欧不少条件成熟的地区，商业资本更是迅速转化为工业资本，直接创造了资本主义的生产关系。

在“过渡时期”的西欧，最初的资本主义生产关系是在小商品生产者分化的基础上产生的。其时，一部分资金充裕、生产条件好的行东在商品生产竞争中逐渐富有，开始扩大作坊规模，增加帮工和学徒。随着经营扩大，他们占有大量的生产原料和工具，完全脱离生产劳动，逐渐成为资本家。而那些帮工和学徒则沦为雇佣工人，一部分在竞争中破产的行东也加入雇工队伍。由此，资本主义的雇佣关系萌发，中世纪行会制度逐渐解体。

随着商业资本的逐步积累扩大，用“包买”方式直接控制小生产者，也直接促成资本主义雇佣关系的产生。其时，一些熟悉市场需求的大商人，利用小生产者经济上的困难，贷给资金、工具和原料，然后以低价预购市场所需的产品去销售，以赚取高额利润，从而变成了“包买商”。随着市场的扩大，包买商更进一步将原料分配给小生产者，让其按照特定的规格和标准生产成品，然后付给其一定的酬金。“包买”制打破了生产者专门出售自己产品的传统限制，将独立的小生产者转变为实际上出卖劳动力的雇佣工人。此外，还有一些大商人利用自己的雄厚资金设立作坊或工场，购买原料和生产工具，雇佣人来进行生产。在这两种情况下，商业资本转变成为工业资本。

这一时期，西欧资本主义工场手工业有分散型和集中型两种形式。分散型的工场多在纺织业中，最先在意大利的佛罗伦萨、米兰、威尼斯等城市繁荣。此外，威尼斯的造船业、米兰的武器制造业也都有资本主义的工场进行生产。新航路开辟后，西欧的经济中心从地中海沿岸转向大西洋沿岸，资本主义萌芽很快在西欧其他地区产生发展。自16世纪开始，英国毛纺织业迅速发展为王国的民族工业，在英国东部和西南部的许多郡，富有的呢绒“包买商”购买羊毛分给手工业者，由他们加工成呢绒运到市场上销售。在法国的亚眠、里昂、布列塔尼，在尼德兰的西兰、荷兰、佛兰德尔和不拉奔，在德国的威斯特伐里亚和奥格斯堡等许多地方，毛、麻、丝纺织业中都盛行这种“包买”制。

集中型的手工工场也相继出现。资本家将雇佣工人集中起来统一进行生产，鲜明地体现资本主义企业的特征。在16世纪初的英国，伦敦西部纽伯里一个名叫约翰·温彻康布的纺织业商人，就拥有一个约千人的手工工场，其中有织工、纺工、梳毛工人、修整工、染工等不少工种。在当时的德国，采矿业的发展尤其迅速，集中型手工工场有相对大的规模。手工工场以分工协作为基础，有利于总结生产经验，避免因变更位置、调换工具所造成的时间浪费，具有较高的劳动生产率。此外，分工也使劳动工具越来越专门化和多样化，有利于工具的不断改进和更新。

资本主义萌芽的产生、发展，对西欧社会的阶级结构、政治体制与思想文化的新变动产生了重要的影响，构成了西欧从中世纪迈向近代的重要推动力量。

二、英国与法国的“新君主制”

所谓的“新君主制”(New Monarchy)，是指在“过渡时期”民族国家形成的基础上，英国和法国的国王在新兴资产阶级、新贵族的支持下建构的君主专制体制。

在英国，1485年“玫瑰战争”的结束与都铎王朝的建立，标志着英国“新君主制”的开端。在该王朝开国君主亨利七世即位之初，为了消除“玫瑰战争”所造成的剧烈社会动荡，在新兴资产阶级和新贵族的支持下，采取一系列果断措施：平毁贵族在内战中修建的堡垒，解散大贵族的家臣私兵，并特设“星室法庭”①，不受一般法律程序的束缚，专门惩治不顺服的贵族。亨利七世还根据阶级关系的变化而发掘新的政治资源，从新贵族和新兴资产阶级中选拔人才参政。地方各郡多派新贵族担任地方治安法官，掌管地方行政和治安工作。通过这些措施，君主专制统治初步确立。

亨利八世（1509—1547年）和伊丽莎白女王（1558—1603年）统治时期，都铎王朝的君主专制日趋发展。亨利八世以教廷干预自己的婚姻为由发动宗教改革，召开国会（议会）通过一系列改革法令，规定国王为英国教会最高首脑，拥有处理教会事务的一切权力，教皇无权干涉英教会事务，同时宣布保留天主教主教制、基本

① 1487年英王亨利七世创设，因该法庭设立在威斯敏斯特王宫中一座屋顶饰有星形图案的大厅中，故名星室法庭。

教义和仪式。此项法案标志着教会与罗马教廷最终断绝关系，英国民族教会形成。但宗教改革也受到挫折。废后凯瑟琳的女儿玛丽（1553—1558年）即位后，重用旧贵族和天主教高级教士，于1554年通过国会下令全国恢复天主教信仰，英国教会重新归属罗马教廷，并宣布新教各派均为非法。同时，玛丽女王还设异端裁判法庭，以异端罪名烧死新教徒300余人，被称为“血腥玛丽”。玛丽的内外政策遭到国内各阶层的强烈反对。女王伊丽莎白一世（1558—1603年）即位后继续按亨利八世的改革政策重建英国国教。1571年，在她的指使下，国会通过“39条信纲”，信纲标榜信仰得救，圣经是信仰的根据，否认教皇的权力，用英语礼拜，但又保留主教制和天主教的某些仪式。由此，英国国教会（称“安立甘教会”或英国圣公会）正式建立。该教会奉国王为教会最高首脑，鼓吹“君权神授”与“君权至尊”，教会必须服从国王的意志和国家的法令，成为都铎王朝专制统治的御用工具。16世纪60年代后，在国教会内部出现了反映新兴资产阶级和新贵族要求的主张，即用加尔文教精神改革国教会，“清洗”其中的天主教因素和影响，由此而形成清教运动，信徒称“清教徒”。清教徒要求建立廉价教会，反对专制王权。

都铎专制君主也进行了一系列强化君权的行政改革。亨利八世在控制议会的同时，将原来只为国王管理信札文书等事务的国王秘书提高为首席大臣，由其上承王命，下令众臣，实为政府机构的行政首脑。担任这一要职的人大都出身低微，效忠于国王，是国王的重要辅佐。其次是正式设立枢密院，成员多为新贵族。枢密院为政府的行政中枢，主持“星室法庭”，在国王的直接操纵下有权制定法令，掌握最高司法权，负责任命和监督地方治安法官。伊丽莎白即位后，在资产阶级和新贵族的支持下巩固枢密院作为政府行政中枢的权力，控制了政府乃至议会。她还采取强硬措施，打击天主教势力的复辟活动，进一步巩固其专制君主的崇高地位。

为了获得雄厚的财力，争取新兴资产阶级和新贵族的支持，都铎君主致力于推行重商主义政策，扶植呢绒制造业和造船业，鼓励商品出口，向全国性海外贸易商人团体颁发经营特许状，鼓励英国商人与垄断北欧贸易的汉萨同盟竞争。同时，还支持商人到海外建立贸易公司，如莫斯科公司、波罗的海公司、土耳其公司、非洲公司、东印度公司等。这些公司凭借君主所给予的商业特许权，垄断某些地区的贸易，甚至鼓励贩奴、殖民扩张、海盗走私活动。1600年建立的东印度公司，不仅垄断了好望角以东国家的贸易，后来还享有控制殖民地的军事、政治大权，成为英国侵略印度和其他亚洲国家的大本营。正是在都铎君主的支持下，由海盗头目德雷克组建的英国王家舰队，在1588年摧毁了力量强大的西班牙的“无敌舰队”，初步夺得了大西洋航线的控制权，为向美洲殖民扩张开辟了道路。

这一时期，都铎君主对“圈地运动”的推动，也推动了英国资本主义萌芽的原始积累。随着毛纺织业的发展，市场上的羊毛价格开始猛涨。受养羊业高额利润的诱惑和驱使，许多贵族把土地变为牧场养羊，并设法获取更多的土地，利用暴力、欺骗等手段强占公有地与农民的份地，将土地用篱笆圈围起来养羊。亨利八世统治时，通过宗教改革，将大量的修道院解散，将其地产赐给亲信宠臣，或卖给乡绅、土地投机家、市民、商人和工场主。这些人变成新贵族，也乘机大规模地圈占农民土地。贵族在扩建牧场后，获得高额利润。当时就流行这样的说法，“绵羊的蹄子把沙子变成了黄金”。圈地运动导致大批农民以及下层教士僧侣丧失了生产生活资料，被迫到处流浪而成为乞丐、流浪汉甚至盗窃者，陷于极端悲惨的境地。为了维护统治秩序，都铎专制君主最初曾经颁布禁止圈地的法令。但后来却改变政策，转而对圈地予以承认，并通过议会颁布一系列血腥法令惩治流浪者，规定对不劳动的游民处以酷刑、监禁乃至死刑。由此，资本主义生产在获得丰厚的资本原始积累的同时，也获得大量廉价的雇佣劳动力。

法国“新君主制”的建构则有着自身的鲜明特色。中世纪晚期，随着英法百年战争的结束与封建混战割据的消失，法兰西的农业、工商业有了较快发展，初步形成了以巴黎为中心的国内统一市场。社会经济的发展与阶级关系的变化，促进了统一的民族国家的形成，推动了君主专制制度的建构。

法兰西斯一世（1515—1547 年）即位后，强调国王的权力不受任何限制，发布的诏书常以“此乃朕意”作结尾。1539 年颁布的维雷-科特莱敕令规定，官方文书必须使用法语，不得再用拉丁语。此外，不再召开三级会议，设御前会议掌握行政管理大权，重大问题由君主本人和近臣决策。同时，下令剥夺贵族的司法审判权，取消仍然保有自治权的城市的独立地位，着手创设常备军。法王更采取措施控制本国教会。1516 年意大利战争期间，法兰西斯一世利用军事强权，迫使教皇利奥十世与其签订了《波隆那协定》。根据这个协定，法王承认教廷在西欧的最高神权权威，但法王有权任命本国教会的高级教职，有权向圣职界征税。此后，教会的收入大部分归入国库，教会名义上从属罗马教廷，但实际上却受制于国王，成为法国君主统治的御用工具。法兰西斯一世还采取了不少经济、文化措施。他禁止佛兰德尔、意大利和西班牙的毛织品进口，为法国商人取得在土耳其贸易的特惠权，取消了部分国内关卡，开始统一度量衡，由此促进了法国工商业的发展和全国市场的形成。他还以科学和艺术的庇护者自居，成立了以研究希腊语、拉丁语和希伯来语为主的法兰西学院，支持人文学者的文化活动，促进了法国文艺复兴的酝酿。通过这些政策，他建构起君主的尊严形象与权威地位。但法国君主的集权因社会矛盾的激化而一度中断。

为巩固法国在地中海区的商业地位，法王发动了长达半个多世纪的意大利战争（1494—1559 年），与德国和西班牙争夺对意大利的控制权。战争不仅没达到目的，反而耗费了法国大量的人力、物力和财力，促使国内矛盾日益加剧。

接踵而至的“胡格诺战争”，更是打断了法国“新君主制”发展的历史进程。16 世纪初，法国也受到宗教改革运动的冲击，加尔文教在许多城市以及农村传播，其信徒被称为“胡格诺”派①。为消除新教带来的挑战，法王于1540年颁布《惩治异端条例》，不久又设立惩罚新教徒的“火焰法庭”予以镇压。1555年，法国新教教会成立。到“胡格诺战争”爆发时，法国有新教修会2 000多个，教徒达百万人。法国南部的封建大贵族希望通过宗教改革来没收教会财产，割地称雄，纷纷改宗加尔文教。由此，“胡格诺”贵族与国王及天主教贵族争夺政权的斗争演化为持久的内战。这场战争于1562年爆发。英国与德国的新教诸侯支持胡格诺派，西班牙和德国的天主教贵族则支持法国的天主教集团。他们都欲图从中谋取法国的领土和权益。在国际势力的支持下，双方的血腥征战渐次展开。在混战中，天主教集团首领和国王亨利三世先后被刺死，胡格诺集团首领波旁家族的亨利于1589年即王位，称亨利四世（1589—1610年），开始了法国波旁王朝的统治。

在长达三十余年的“胡格诺战争”的冲击下，法国城市工商业凋敝萧条，乡村田园荒芜，社会矛盾尖锐。为了重建大一统的政治秩序，重建君主专制的权威，亨利四世上台后，采取了一系列有力措施。

在宗教信仰上，亨利四世于1598年颁布《南特敕令》宣布：天主教为国教，已经被没收的天主教会的土地、财产一律归还；胡格诺教徒享受宗教信仰自由，并且有权担任国家官职等等。此外，胡格诺派还保留25 000的兵力和若干个堡寨，作为国王履行敕令的担保。作为西欧的第一个宗教宽容敕令，《南特敕令》使胡格诺教在法国取得了合法地位，同时也使得法国王权的统治得以恢复和巩固。

在政治上，亨利四世对贵族实行软硬兼施的两手政策：用巨资收买反对派首领，并把大批不驯服的贵族笼络到王宫，而对企图谋反的贵族则严厉打击。此外，在1604年，他发布敕令，允许缴纳收入1/60年税的官员世袭其官职，这既增加了政府的收入，又提高了穿袍贵族的地位。同时，亨利四世进行旨在集权的行政改革，将国王参政院分解为国务会议和财政会议等数个分支机构，而以国务会议作为核心机构，由它负责处理内政和外交大事，其成员一直限定为12人，都为国王宠信的官员，并且将一切王室宗亲排除在外。他还沿袭以往的惯例向地方派遣“督办官”，让他们负责处理暴乱事件，保证税收，或核查某些特殊的民怨，展示王权的强大声威。

亨利四世致力于发展农业生产，同时大力推行重商主义政策。1599年实行保护关税，禁止羊毛、蚕丝等原料出口，限制外国商品进口，并发放手工工场津贴，改善交通，提倡技术改良，鼓励发展本国的工商业。在君主专制政府的资助下，资本主义的手工工场得到较快的发展。此外，更支持发展海外殖民贸易。1604年成立东印度公司和加拿大的商业公司。1608年，法国殖民者在北美圣劳伦斯河下游建立了魁北克城。经过一个时期的努力，法国的社会经济逐渐恢复与发展，君主专制开启

① “胡格诺”一词的词源说法不一，通常认为huguenot源自德文Eidgenossen，意即“宣誓联合的结盟者”，它本是对日内瓦加尔文宗教改革的瑞士人的称呼，后来成为法国加尔文派新教徒的别称。“胡格诺战争”亦称宗教战争。

了新一轮的强化过程。

到路易十三在位时（1610—1643 年），法国君主专制进一步拓展。其时，红衣主教黎塞留出任首相（1624—1642 年），他不仅精明果断，而且忠诚于王权。他在《政治遗嘱》中曾声称："我的第一个目的是使国王崇高，我的第二个目的是使王国荣耀"。在任期间，黎塞留继续推行重商主义经济政策，扶植工商业、海外贸易和航海殖民活动，同时扩充陆军与海军，怂恿、资助丹麦、瑞典参加对法国之宿敌哈布斯堡王朝的"三十年战争"，并于 1635 年直接参战。黎塞留更致力于法国君主专制的巩固与强化。1627 年底他亲率大军攻打胡格诺派的根据地拉罗舍尔城，经过两年征讨，完全收复胡格诺派的地盘。黎塞留还致力于强化政治集权体制，设立国王直接控制的朝廷各部大臣，由中央直接任命地方总督，统管各省的司法、警察、财政大权，以削弱原贵族把持的省长职权；从穿袍贵族中选拔官吏，让大批富有的资产阶级人士通过购买官职进入各级权力机构；建立出版检查制度控制思想文化，1630 年创立法国历史上最早的报刊《法兰西报》作为集权的舆论工具。随着专制统治的强化，三级会议在 1614 年被解散而长期停开。由贵族参加的国务会议形同虚设。

三、尼德兰革命

16 世纪中后期的尼德兰革命，是"过渡时期"西欧政治演进新趋势的一个重要节点，标志着新兴资产阶级通过斗争建立新政权体制的开端。

"尼德兰"一词意为低地，即指莱茵河、缪司河、些耳德河下游及北海沿岸一带的低洼地区，中世纪后期成为哈布斯堡家族的领地，16 世纪初由西班牙专制君主派总督治理。

尼德兰濒临北海，工商业发展便利，其中呢绒业相当著名。新航路开辟后，欧洲国际贸易中心从地中海沿岸向大西洋沿岸转移，促使尼德兰工商业经济更趋繁荣，以北部七省中的荷兰和西兰两省最为发达，纺织、造船、航运和渔业最为繁盛，阿姆斯特丹、密德尔堡、符利辛根等城市都出现了有相当规模的资本主义手工工场，与宗主国西班牙的联系较弱。尼德兰农村的封建势力比较薄弱，土地大部分为大富商和资产阶级掌握，收取货币地租，还出现了资本主义方式经营的农场。南方诸省以佛兰德尔和不拉奔的工商业经济最为发达，安特卫普是当时欧洲重要的商业中心之一。南方与西班牙及其殖民地有着密切的经济联系，这也就使得南方各省的大资产阶级在反对西班牙的统治中，不可避免地表现出动摇性和妥协性。不过，尼德兰的经济发展不平衡。在阿多瓦、那慕尔、卢森堡等边缘省区，经济发展比较迟缓，封建土地所有制仍占统治地位。

随着资本主义萌芽的成长，尼德兰的阶级关系发生深刻变化。新兴资产阶级开始形成，其中以商业资产阶级占优势，经营资本主义农场的新贵族也随之出现。大多数行会手工业者则因社会分化而沦为帮工和雇佣工人。各种社会矛盾开始积聚，最终聚焦在尼德兰资产阶级、新贵族与西班牙封建专制君主之间的民族、阶级的双重矛盾上。

在 16 世纪，哈布斯堡家族统治的西班牙专制王权，构成尼德兰资本主义发展的严重障碍。它把尼德兰看作其“王冠上的一颗珍珠”，横征暴敛，勒索大量财富，其国库年收入的半数来自尼德兰。同时，通过任命总督和各省省长，强化对尼德兰的政治控制。16 世纪前期，随着新教特别是加尔文教传入尼德兰，资产阶级、新贵族以及下层群众以加尔文教为组织形式和精神旗帜，开展反对西班牙的斗争。西班牙君主利用天主教神权作为其御用工具，设置异端裁判所疯狂镇压，同时进行肆意的经济敲剥与封锁，致使尼德兰的许多工厂、银行纷纷倒闭，工人大量失业。阶级矛盾和民族矛盾急剧激化，以加尔文教为旗帜的尼德兰革命逐渐酝酿爆发。

从 16 世纪 60 年代初起，在加尔文派牧师的公开号召下，佛兰德尔、不拉奔、荷兰、弗里斯兰和安特卫普先后多次发生爆发新教徒反对西班牙统治的暴动。受此推动，与资产阶级利益密切关联的贵族在布雷达集会，组成以奥兰治亲王威廉为首的“贵族同盟”，要求西班牙停止镇压，召开三级会议，撤退驻军。同时，不少城市、农村纷纷起义，尼德兰 17 个省中有 12 个卷入。在此情况下，西班牙统治者被迫让步，许诺暂停宗教裁判所活动，允许新教徒在指定地点做礼拜，特赦贵族同盟的成员。贵族同盟解散，部分人投靠西班牙当局，但其中的奥兰治亲王威廉则率亲信逃往德国，坚持斗争。

在获得喘息之后，西班牙于 1567 年 8 月派遣阿尔发公爵率军奔赴尼德兰，组织“除暴委员会”继续血腥镇压起义者，贵族和资产阶级纷纷逃亡国外，而南、北两地的民众和部分激进的资产阶级分子则组建游击队展开斗争。一些逃亡国外的贵族和资产阶级人物，也回国参与斗争，并且逐渐取得了领导权。从 1572 年 4 月起，北方的海上游击队先后攻占城市与乡村，除阿姆斯特丹几个城市外，几乎整个荷兰省和西兰省都摆脱了西班牙的统治。在多德雷赫特召开的荷兰省的议会上，奥兰治·威廉被推举为荷兰、西兰和乌特勒支三省的合法总督，授予他最高军政大权。会议宣布信仰自由，包括信仰天主教自由，并整顿立法、行政和诉讼程序，建议其他各省共举威廉为尼德兰摄政。10 月，威廉正式就任总督，改奉加尔文教。到 1573 年底，北方七省先后都获得解放，不久又击溃了西班牙军队对来登的进攻。

北方的胜利促进了南方各省斗争浪潮的高涨。1576 年 9 月，布鲁塞尔起义者占领议会大厦，解散西班牙在尼德兰的最高统治机关国务会议，革命中心转移到南方。10 月，南、北方的代表在根特举行三级会议，缔结统一战线，废除西班牙的一切法令，恢复各省原有权利，但名义上承认西班牙国王及其政权的合法性。

1578 年初西班牙派军队到达尼德兰，打败了北方联省的义军。南方贵族组成的“阿拉斯联盟”公开投降西班牙，南、北方分道扬镳。1579 年 1 月，北方的荷兰、西兰、盖尔德兰、乌特勒支、弗里斯兰、苏特芬等6省，与南方安特卫普、布鲁塞尔和根特等城的代表，在乌特勒支集会，商讨更密切的永久合作，订立“乌特勒支同盟”。同盟宣告北方各省为永不可分的联盟，以各省代表组成的三级会议为最高权力机关，有权决定宣战和媾和，规定统一的币制和度量衡，实行共同的军事和外交政策。5月，奥兰治·威廉在盟约上签字。乌特勒支同盟奠定了联省国家，即荷兰共和国的基础。腓力二世对此发表特别宣言，宣布奥兰治·威廉为“最凶恶的叛徒和国事犯”，并悬赏重金予以捉拿。1581年2月，威廉宣布同西班牙决裂，并于7月在海牙签署“断绝关系法令”，宣布废黜腓力二世，成立联省共和国，简称为荷兰共和国，奥兰治·威廉任国家的首任执政。1584年7月，威廉遭枪击身亡，由其子莫里斯继任执政。而在南方，西班牙联合“阿拉斯联盟”，派大军疯狂反扑，镇压各地起义。由于北方资产阶级把南方看作强劲的商业竞争对手，拒绝对之予以援助，导致南方的反抗孤立无援，最终仍旧归西班牙统治，南、北分裂大局已定。

为了巩固自己的独立地位，联省共和国多次向南方的西班牙军队开战，夺回了佛兰德尔和不拉奔北部地区。同时也争取到英国和法国的外交支持。在内外交困的形势下，西班牙被迫与联省共和国谈判并于1609年4月签订休战协定，事实上承认共和国的独立。尼德兰南方后来形成比利时和卢森堡。

作为世界史上第一次成功的资产阶级革命，曲折而反复的尼德兰革命，最终在欧洲封建政治的版图上打开一个缺口，建立历史上第一个真正意义上的资产阶级共和国。资产阶级共和政治体制的确立，促进了荷兰资本主义经济的迅速成长，毛纺织品、制糖、陶瓷、印刷、宝石加工、精密仪器等也有较快发展，造船业则达到当时世界首位，商船吨数占欧洲的3/4，数量达1万多艘。1700年，荷兰的商船队已远远超过50万吨，其吨位相当于竞争对手英国商船队的3倍。荷兰商船遍航世界各地，被称为“海上马车夫”。与之相应，国际贸易十分繁荣。西北欧的盐，波罗的海贸易，东方的香料经营，大多控制在荷兰商人手里。1602年，荷兰成立荷属东印度公司，排挤葡萄牙的殖民势力，垄断了太平洋和印度洋的贸易特别是香料市场。

第二节 文艺复兴

一、文艺复兴的社会根源与思想渊源

自14、15世纪起，随着西欧从中世纪封建制度向近代资本主义的历史过渡，近代早期反封建、反神权的启蒙运动“文艺复兴”兴起。

“文艺复兴”一词，源于意大利语 Rinascimento，意为复活、再生，这一概念在当时已被意大利人文主义作家使用。1550年，瓦萨里在其《艺苑名人传》中，就将

之作为新文化的代名词。当时的人文主义者普遍认为，文艺在希腊、罗马古典时代曾高度繁荣，但在中世纪“黑暗时代”却衰败湮没，直到14世纪以后才获得“复活”“再生”。这场新文化运动是从复兴古典希腊、罗马文化开始的，因而被称为“文艺复兴”。不过，文艺复兴虽然有借鉴希腊、罗马古典文化的一面，但它并不是单纯的古典文化复兴。将人的观念、意识从中世纪的天主教神权和封建依附关系中解放出来，进行新的思想文化的新创造，乃文艺复兴的主旨。到了近代，“文艺复兴”一词经法语转写为Renaissance而在欧洲流行，到了19世纪，西方史学界进一步把它作为这一时期西欧新文化运动的总称。

文艺复兴最早发源于14世纪的意大利，以佛罗伦萨为中心，涵盖威尼斯、米兰、帕多瓦、热那亚、波隆那、罗马等诸多城市，史学界称之为“意大利文艺复兴”。15世纪末，文艺复兴又逐渐在阿尔卑斯山以北的德意志、尼德兰、英国、法国和西班牙等西欧各国逐渐盛行，被史学界称为“北方文艺复兴”。

文艺复兴从根本上说是“过渡时期”西欧社会发展新趋势的产物。随着资本主义萌芽的产生，新兴资产阶级以及广大的农奴、工匠，在日常的商品经济的自由竞争和“等价交换”的实践中，逐渐摈弃了教会神权蒙昧、禁欲的说教与封建人身依附观念，萌发出独立、自主的个体意识，由此而为文艺复兴的酝酿铺垫了深厚的土壤。与此相应，正在形成的新兴资产阶级开始步入政治舞台，在意大利佛罗伦萨、威尼斯等建立城市共和国政权，由此而迫切需要新的意识形态来为其经济和政治权益辩护。不过，由于尚不成熟，力量较弱，新兴资产阶级难以长期维持城市共和国政权的统治，只得将社会稳定、经济发展的希望寄托在某些强有力的工商业家族与封建君主身上。由此，意大利的一些城市在15世纪相继建立了独裁政权。这类统治者为树立良好政治形象，大力奖掖学术文化，尊重人才。而在“北方”，既有新兴资产阶级对新思想、新文化的迫切需求，更有“新君主制”对新文化的倡导。英、法专制君主在延揽资产阶级和新贵族参政的同时，也从振兴内政外交、赢取良好声誉的角度，鼓励文人学者的文化活动。正是在这样的时代呼唤下，文艺复兴运动应运而生。

这一时期新的书籍印制技术的采用，也有力推动了思想文化的变革。中世纪的知识载体是羊皮纸，采用手工抄写的方式。自14世纪始，中国的造纸术与印刷术经过阿拉伯人传入，人造纸逐渐在西欧推广，并出现了雕版印刷。15世纪中期，德国的古登堡发明了活字印刷术，并实现了印刷机在纸张两面印字的技术革新。由此，新的思想文化的传播更为便捷，促进了文艺复兴的拓展。

在文艺复兴酝酿过程中，希腊、罗马的古典文化无疑是重要的思想资源。与中世纪神学相比，古典文化所包含的人文精神、审美情感、民主诉求与科学精神，十分符合人文学者的旨趣。这些元素在中世纪遭到正统神学的肢解乃至遮蔽，失去了特有的思想借鉴价值。14世纪末15世纪初，保留了诸多古典文化遗产的拜占庭帝国受奥斯曼土耳其人的围攻，迫使许多拜占庭古典学者纷纷逃往意大利等地避难，其中一些人为谋生而开办学习希腊语言与文化的学校。从1396年起，著名学者马纽尔·克莱梭罗拉斯就在佛罗伦萨大学主持希腊语讲座，并在罗马、帕都瓦、米兰、威尼斯等城市设馆授徒。由此，人文学者对古典文化的爱好与研习逐渐在意大利以及其他西欧各国蔚然成风，掀起了搜求、翻译古典文化著作的热潮。立足于反神权、反封建的需要，他们在文化活动中借“复古”来创新。他们吸取古典文化中包含着些许自由、平等与民主等因素的人文观念与科学求知精神，来批判中世纪的封建等级特权制度、教会的蒙昧、禁欲说教与经院哲学僵化空疏的学风；阐扬罗马法中的财产与契约观念来否定教、俗封建主的掠夺与敲剥；用罗马帝国的统一与辉煌来针砭意大利分裂割据的动荡；借鉴古典雕塑艺术中对人的身体和力量的展示，以消除教会神权对人的弱化与丑化。正是在依据新的诉求而“托古改制”的风气中，文艺复兴开始破土成长。

基督教神学传统则是文艺复兴酝酿的另一重要思想资源。当时的人文学者都是虔诚的基督教徒，其中有的还是教士甚至是高级教士，不可能割断与神学传统的天然联系，其思维方式、语言习惯和创作素材都难免要打上神学传统的烙印。不过，应时代的感召，他们以新的价值尺度来审视与选择神学传统文化。他们吸收基督教的原始平等观念来批判封建教、俗等级制与特权制，阐扬基督教传统美德来批判教、俗贵族的荒淫与堕落，借鉴传统的王权神授理想来否定教权高于王权的主张，通过对基督教原典《圣经》的翻译、考证来动摇教廷钦定的《圣经》版本的神圣地位。可以说，文艺复兴也是在批判继承基督教神学文化的基础上滋生的。

二、人文主义启蒙思潮

在文艺复兴运动中，蕴含在文学艺术、哲学、政治主张、教育思想和自然科学中的反神权、反封建的精神或观念，通常被称为“人文主义”。“人文主义”一词在文艺复兴初期仅为“人的”（humanus）含义，意即受过世俗教育，后来随着文艺复兴的演进，才发展为人文主义（humanism）。“人文主义”的产生与当时在大学逐渐兴起的修辞学、哲学、民法学、医学、天算学等“人文学科”（studia humana）密切相连。这些学科都以讲授希腊、罗马的古典学问为特征，以有益于人的现实人生为职志，与大学中流行的中世纪天主教神学相对立。只是到了19世纪，“人文主义”这一术语才被真正地创造出来，以之来概括文艺复兴时期人文学者的世界观与人生观，而当时鼓吹人文主义学说的人文学者，也就因此被称为“人文主义者”（humanist）。

人文主义思潮在实质上就是早期资产阶级反神权、反封建的启蒙思潮，其思想内核就是以“个体本位”为特征的人本观，即一切以个人的意志、诉求与目的作为人观察、思考和判断万事万物的价值标准。

人文主义启蒙思潮，是作为中世纪神学“群体本位”的“神本”观的对立物而问世的。在中世纪的西欧，封建人身依附关系剥夺了人的自由平等。不仅农奴受制于贵族领主，工匠受制于行东，俗人顺从于教士，而且在封建等级制与教阶制中，也实行严格的依附与从属关系。不同的人群在社会身份与地位上有着鲜明的尊卑贵贱之别。与之相应，中世纪盛行神圣而森严的社会等级观念，认定上帝将全体社会成员划分为三个等级，即负责“灵魂拯救”的教士、从事征战以保卫王国与统治社会的贵族、进行生产与交换以满足前两者需要的城乡劳动者，主张各个等级安分守己，不得逾越。同时，天主教更鼓吹“以神为中心”的蒙昧主义“神本”观，主张一切以神的意志、目的作为人观察、思考和判断万事万物的是非尺度。教会声称，上帝是人和宇宙的创造者，具有全知全能、至高无上的神圣权威。而人一生下来就带有其始祖所遗传下来的“原罪”，同时也因情欲的左右而必然要犯下“本罪”，人所生活的世界也是一个“被上帝定了罪的世界”。人卑微渺小，无足轻重，不可能依靠自己的意志和力量来改变自己的命运，而只有依赖上帝的意志和恩赐才能摆脱现世的苦难，进入上帝安排的幸福天国。为此，人们就应听从上帝的代表——教会的训导，纯正信仰，节制情欲，安贫守分，忍耐服从；更必须严守对上帝的信、爱、望这三大神学主德，才能获得拯救。这种对神的权威的渲染与崇拜，为封建人身依附关系蒙上一层神圣的灵光。

针对教会蒙昧主义的“神本”理论，人文主义者大力提倡“个体本位”的“人本观”，颂扬人的伟大与尊严，肯定人的个性价值与选择权利。他们在阐发自己的诉求时并没有采取纯粹世俗主义的态度，而主要是以希腊罗马的修辞学为工具，创造性地阐发基督教神学文化传统的某些思想资源，通过“借神颂人”的形式来倾吐自己的心声，他们借助上帝这个法力无穷、统驭一切的最高神圣权威，来颂扬人的自由意志和理性尊严，并严厉抨击罗马教廷扼杀人们的自由意识、禁锢人们信仰的行径。

在意大利，人文主义的先驱但丁（1265—1321 年）宣称，人之所以是高贵的，是因为上帝在造物之初，就将自由意志或“自由原则”赋予了人类，使人能够依靠自己的意志来判断事物并加以选择，从而获得“为自己而生存，而不是为他人生存”的“自由”。被称为“人文主义之父”的彼特拉克（1304—1374 年）对人的个性尊严也做了有力褒扬。他强调，“宇宙是以人为中心的，是上帝为了人类的世俗生活而造就的东西”。因此，人应当是世界主宰，具有行动和思想的自由，这一自由的价值要远比生命高贵，人一旦失去自由，就只能是一具“行尸走肉”。

到了 15 世纪，这种神灵外衣掩盖下的人本观念逐渐显示出系统化与理论化的态势。其时，佛罗伦萨等地的人文主义者，用夸张而华美的修辞学风格以专论的方式系统地表达了这一观念。1454 年，著名人文主义者曼内蒂（1396—1450 年）撰写了

《论人的美德与尊严》一文，逐段反驳教皇英诺森三世在《人的灾难》一著中所宣扬的蒙昧观点，宣称“上帝是把人作为最美丽、最诚实、最富有和最终是最有力量的创造物所塑造出来的”，同时赋予了人伟大的本性，世界也是上帝为了人的生存需要而创造的。因此，人作为“万物之灵长”而最高贵、最伟大，人就完全能够去主宰、管理和美化这个世界，这也是人应享有的平等权利和唯一责任。稍后，另一著名的人文主义者皮科（1463—1494 年）在 1484 年撰写了《有关人的尊严的演讲》一文。他宣称，上帝不仅创造了人，而且把人置于“世界的中心”，让人根据“自己的自由意志”去“规定自己的本性”，选择自己的生活路向。这样，上帝在人出生之时，就赋予人以各种生命的根芽与各种生活样式的源泉。皮科力图通过富有哲理性的阐发来颂扬人的高贵与伟大，论明人的自由权利的合理性与神圣性。

自 15 世纪后期开始，人文主义“人本观”逐渐北传，引发了西欧各国人文主义者有关人性、人生的诸多思考。英国著名的人文主义戏剧大师莎士比亚（1564—1616 年）在其名剧《哈姆雷特》中，借助丹麦王子之口吻，以饱满的激情讴歌人的伟大与价值：“人是多么了不起的一件作品！理想是多么高贵！力量是多么无穷！行动多么像天使！洞察多么像天神！宇宙之精华，万物之灵长！”北方最著名的人文主义者伊拉斯谟（1466—1536 年）对经院哲学家所演绎、推理的教会“神本”观予以激烈抨击，倡导人的自由意志与快乐。他在《愚人颂》一书中，通过“愚人”之口来提倡人的自然本性和无拘无束的快乐。法国人文主义者蒙田（1533—1592 年）则力倡“怀疑”论，将人的自由意志转化为更深层次的思想自由，提倡人自主探求与思考的神圣权利，反对盲目信仰与崇拜权威，特别是经院哲学的理论权威。

基于“个体本位”的人本观念，人文主义者大力提倡肯定人的世俗追求的“人欲”观。在他们看来，既然人是主宰世界的“万物之灵长”，拥有自由意志和尊严理性，人就有权利也有能力去追求现世的幸福，实现完美的现实人生。针对教会的禁欲主义说教，人文主义者竭力颂扬人的世俗欲望和追求。彼特拉克的《歌集》等诗作，就以清新自然的笔调肯定人的天然本性与世俗爱情。彼特拉克蔑视经院哲学家，认为他们对上帝秘密的烦琐论证无益于生活。他声称，“我自己是凡人，我只求凡人的幸福”。人文主义者薄伽丘（1313—1375 年）撰写《十日谈》一书，猛烈抨击教会的违背人性的禁欲说教以及教会神职人员在“禁欲”外衣下的淫乱丑行。同时他强调人是具有七情六欲的血肉之躯，人天生就有追求享乐的本性，任何人都难以阻挡。这种抨击宗教禁欲思想、追求现世人生享乐的主张，在北方文艺复兴中，也为著名人文主义者伊拉斯谟、拉伯雷等人所倡导。伊拉斯谟在其《愚人颂》一书中，强调人应当率性而行，充分地享受现世的人生。他通过“愚人”之口告诫社会，人只有顺应世俗的饮食男女之自然情欲，才能获得真正的人生幸福。拉伯雷（1495—1553 年）在其著《巨人传》中，鼓吹人们在生活中自主、尽情地追求，“随心所欲，各行其是”。此外，人文主义者还反对安贫乐道与迷信权威，倡导人们大胆追求金钱、财富、荣誉，学习人生和社会所需要的各种知识，探求科学的真理，最大限度地实现自己的人生价值。尤其值得注意的是，在15世纪初的佛罗伦萨，以布鲁尼等为代表的曾在佛罗伦萨共和国政府中担任过要职的“市民人文主义”者，号召佛城的公民奉行“积极生活”的“美德”，在社会建设事业中建功立业，促使国家繁荣，铸造自己的辉煌人生，从而为人文主义的“人欲”观注入了更富有意义的思想内涵。

在当时的西欧，人文主义思潮彰显了重大的启蒙意义。人文主义者将神学传统中的那个惩罚人类、否定现世人生的“上帝”，诠释成为造就了人与世界、将世界交给人自己主宰并赋予人自由意志与伟大力量的神圣权威，由此而有力地揭示了人的尊严、高贵与人的自由、力量，彰显了人的现世追求的合理性，将人的思想、感情从正统神学之“原罪”与“来世”的枷锁中和封建人身依附关系的统属网络中解放出来，挺立了人的自主意识和尊严理性，使人开始“围绕着自身和自己现实的太阳旋转”①。人文主义思潮以其深刻的思想内涵将教会“神本”观中人和上帝、人和现实世界、人的肉体和精神之间的严重分离与对立重新整合与统一起来，揭示了人的自主性与世界的现实性，以“人本”取代“神本”，以“人性”取代“神性”，以人的现实世界取代宗教的“彼岸”天国，对人们的思想解放产生了积极影响，为文艺复兴这一反神权、反封建的新的文化运动提供了强大的精神动力。正是随着人文主义思潮向各思想文化领域的渗透与发酵，在文学艺术、《圣经》解释、政治思想、哲学与科学领域都发生了一系列深刻的变革，酿成了文艺复兴这一具有近代早期启蒙的新文化运动，这一运动被恩格斯誉为“人类以往从来没有经历过的一次最伟大的、进步的变革”②。

时代与阶级的局限，也赋予了人文主义以新旧交织的矛盾意向与思想内涵，使其不可能挣脱它与神学文化传统的天然脐带。几乎所有的人文主义作品，虽然不同程度地批判了教会蒙昧、禁欲说教，伸张人的自由、尊严与欲望，但却几乎都未对诸如“原罪”说、“预定”论等重大神本理论予以公开的正面抨击，有的甚至仍然对之予以认同。同时，作为早期资产阶级的思想观念，人文主义思潮也带有明显的阶级局限。它所鼓吹的人的自由独立与世俗追求，实际上只是资产阶级的权益追求。因此，人文主义思潮带有明显的资产阶级的个人主义、拜金主义、纵欲主义的阶级烙印。

三、近代早期政治观念的萌发

文艺复兴时期，随着人文主义启蒙思潮的流布，中世纪神权政治传统受到有力

① 《马克思恩格斯选集》第3卷，人民出版社，2012，第847页。
② 同上。

冲击，近代早期政治观念开始萌发。

中世纪西欧的神权政治传统，将神权视为国家统治权力的源头，要求整个社会听命于上帝“神命”的国王；或宣称教权高于王权，要求整个社会最终服从作为上帝在人间的政治总代表的教皇。这两种主张虽然有所差异，但都体现了政治观念的“中世纪形态”，为封建政治体制蒙上神圣的宗教灵光，否定民众的国家作政治主体地位及其自由平等参政议政的政治权利，抹杀他们在国家政治生活中的能动性与创造性。

受社会变革与时代交替的感召，人文主义者吸取希腊罗马古典文化中的公民观、民主观、法治观的营养，吸取基督教神权政治文化传统中的“好政府”观、贤君明君观、伦理政治观的营养，对中世纪神权政治传统进行多层次、多角度的反思与批判。同时，他们立足于“个体本位”的人本观，着力于将个人的意志自由与理性尊严转化为人的政治自由与权利平等，从“人性”的角度来探讨国家权力的起源、属性、价值与政体的形式、功能与目的，力图规范国家权力的边界与运作，挺立起人的社会政治主体地位。由此，在这一社会过渡时期，西欧的政治思想领域出现了两个明显的流变趋势，一是从神本政治观念向人本政治观念的流变，二是从身份政治观念向权利政治观念的流变。由此，近代早期政治观念开始萌发。

佛罗伦萨“市民人文主义”的民主政治理想，折射出近代早期民主观念的端倪。这一观念是15世纪新兴资产阶级在佛罗伦萨政治实验的产物，其代表人物萨琉特蒂、布鲁尼、波吉奥等人，都在佛罗伦萨共和国任政府要职，日常的政治实践构成了他们政治理想的思想源泉。同时，这一观念的勃发也与独裁的米兰公爵在意大利的扩张密切关联。1399年夏米兰公爵的军队曾一度兵临城下，对佛罗伦萨构成严重威胁，促使“市民人文主义”者对民主政治进行辩护，借以论证佛罗伦萨共和国抗击米兰入侵的正当性。

“市民人文主义”者常常以“自由”一词来表示独立和自治，即不受外部干涉和抵制外部干涉以及积极参与国家政务这双重含义的自由，以此来表达其反对君主制、捍卫民主共和政治的主张。在佛罗伦萨面临着被米兰公爵吞并的紧要关头，他们将反对外来侵略与反对君主暴政结合起来，激烈肯定佛城捍卫共和政治的正义性。萨琉特蒂多次谴责米兰“暴君”的侵略扩张与专制，声称佛城既要捍卫自己的自由，也要捍卫被专制压迫的人民的自由，强调佛城与米兰的战争正是“在专制和自由之间展开”的战争。布鲁尼指出，享有高度自由的佛城公民，“是所有地区专制暴君的死敌”。波吉奥则宣称，佛罗伦萨正进行反对君主专制、保卫意大利之自由的战争。1428年布鲁尼更发表《佛罗伦萨颂词》，宣称佛罗伦萨人民不做专制君主的奴仆，君主的所谓“美德”是虚构的，独裁的君主也不值得效忠。

从抨击君主暴政入手，“市民人文主义”者大力阐发佛罗伦萨民主政治的价值，宣称佛城所有公民都享有自由而平等地参政议政的权利。在《佛罗伦萨颂词》等著述中，布氏对佛城的民主制度高度赞扬，认定它是“人民的政府形式”，是各种政体中“唯一合法的形式”。同时，布鲁尼还将公民“自由”与法制联系起来，认为共和国的政治“自由”并非为所欲为，没有法律的约束，“自由”就会毁灭，因此必须实行法律面前的人人平等。同时，布氏也强调国家立法机关须在立法上体现人民的意志，保证“人民和他们的自由统治一切”。

为了充分肯定佛罗伦萨民主政治的合理性，“市民人文主义”者还将视野投向古典时代，力图为佛城的起源和发展寻找历史的依据。在整个中世纪，与其他许多意大利城市的民众一样，佛城市民也称自己的城市为恺撒所建，以示荣耀。他们还认为佛城后来被“蛮族”摧毁，又为罗马人和查理大帝所重新建立起来。此类说法隐含了对君主政治传统的认同。“市民人文主义”者对此予以彻底否定，大力宣扬佛城是罗马共和国之继承者，具有民主自由的悠久历史传统。布鲁尼确切地认定，佛城最初并非由恺撒所建，而是由苏拉的老兵在共和国末期建立的。在《佛罗伦萨颂辞》中，布鲁尼不仅重申了这一观点，而且还抨击恺撒“希望罗马人民俯首帖耳”，因此不惜采取暴君专制，“剥夺无辜公民的人权”。布氏进而将人民享有和丧失自由看作是罗马兴衰的根源。在他看来，一部罗马兴亡史，实际上就是人民的自由和力量的兴衰史，布鲁尼还进一步声称，佛城人民正在继承罗马共和制的传统，为捍卫“自由”而斗争。

与此同时，威尼斯人文学者则通过对威尼斯“混合型”共和政体的褒扬，建构了政治思想领域中的“威尼斯神话”。在他们看来，最好的政府并不是民众掌权的“民主制”政府，而是所有阶层的人都参与政治并由贵族掌权的“混合”式政府。威尔吉雷奥的《威尼斯共和国片论》一著就醉心于此。在此著中，他根据柏拉图的《法律篇》来阐发，认定最恰当和最牢固的国家统治形式，必须像柏拉图所提出的那样，由三种纯粹形式组成，即由君主政治、贵族政治和民主政治混合为一体。威尼斯成功地建立了这一混合的统治形式，其执政代表君主政治的部分，元老院代表贵族政治的部分，大会议则代表民主政治的部分。这种对威尼斯共和政治之优越性的美化，一直延续到16世纪，虽被史家称为政治学说中的“神话”，但在近代早期西方政治观念的演进中，也产生了一定的启蒙作用。

意大利人文主义者对“开明君主专制”的愿景，从另一个角度反映了近代早期政治观念的萌发。基于当时意大利的政治现实，人文主义者反对“教权至上”与分裂割据，主张由专制君主来实现政治统一与社会和平。早在14世纪初，但丁在《论世界帝国》一书中就指出，内部分裂必定导致国家毁灭、人民受难，因此需要建立由强大君主统一天下的世界帝国，只有君主制才是唯一合理的政体。但丁进而通过大量历史的论证与逻辑推理，批驳了罗马教廷的神权高于教权的“双剑”论、“日、月”论，大力主张政教分离。但丁之后，人文主义者开始以世俗的眼光从“人”而不是“神命君主”的身份来审视君主，但其思想主旨与但丁并无二致。在献给帕都瓦君主的《治国术》一著中，彼特拉克对内乱纷争深感痛心，认为只有君主专制才能结束这种局面。因此，他要求帕都瓦君主采取措施，用法律严惩为非作歹之人，保障人民安居乐业。在《论更好的生活方式》一著中，康维尔西诺将帕都瓦等地的“君主制”与佛罗伦萨、威尼斯两地的共和政制进行比较，反复论证君主制在维护社会的富裕与安宁、消除动乱方面的突出作用。国家统一与社会安定，更是马基雅维利政治学说的主旨。在《君主论》一著中，他呼吁有一位大智大勇的君主问世，加强中央集权，建立一支强大的公民军，结束动荡纷争，阻止外敌入侵。人文主义者在阐发自己的政治愿景时，也力图对君主行为做出符合时代要求的规范，反对封建暴君政治，要求“明君政治”。但丁宣称，君主是“人民的公仆”，应当摈弃暴政，充分尊重民众的自由。彼特拉克告诫帕多瓦的“君主”要切忌贪残、奢侈与荒淫，要公正仁慈；要注重民之生计，鼓励私人勤奋经营致富，不得随意增加新税，惩罚掠夺民众财产的官吏；要谦逊平和，不要盛气凌人，不要神化自己。康维尔西诺也在其著作中赞扬帕多瓦城的“君主”结束内乱，使人们安居乐业，使学者自由思考。马基雅维利虽然主张君主为巩固与扩展统治权力可以不择手段，但仍把“仁慈”“庄重”“忠诚”“善体人意”等看作是君主必备的品格，规劝君主摈除暴政与荒淫，尊重民心与民情，保障百姓的家庭财产权。马氏在鼓吹君主制的同时，却对罗马的共和制发怀古之幽思。在《罗马史论》中，他更赞扬亚里士多德的“混合型”共和制比君主制优越。此外，人文主义者还要求尊重知识与人才，关心社会公益，讲求行政效率。

意大利人文主义者“开明君主专制”的理想，尽管还带有传统观念的烙印，却蕴含着新的价值取向：既反对教权对君权的制约，也力图剥去君主身上的“神命”光环，要求世俗君主做民众的公仆、代表，创造统一安定的社会秩序，尊重人民的自由意志，注重物质与精神文明的发展。这一理想反映了弱小资产阶级反神权、反封建与变革社会的政治要求。

文艺复兴后期，随着民族国家日益崛起与内部社会矛盾的日益尖锐，随着国家之间的国际冲突的渐次展开，从国家主权的高度来解读君权，将“开明君主专制”的学说充分地法理化，逐渐成为政治思想演绎的趋势。在法国，博丹（1530—1596年）提出了著名的“国家主权”学说。出身于昂热富有中产阶级家庭且受人文主义影响的博丹，思考法国面临的国际冲突与内部“胡格诺战争”带来的对社会秩序的巨大冲击，在1576年出版了《国家论》，系统阐发了“国家主权”学说。在该著中，博丹声称，国家必须具有一个最高权力（supremacy），以体现和实施国家主权，确保社会秩序的安定与巩固。法国主权的唯一体现者就应是法国君主，君主权力是国家主权的集中象征与体现。他既从亚里士多德的政治思想和《罗马法》的原理中推断出君权对国家统治的必然性，同时还指出君权因源于“上帝”而拥有的绝对至尊的国家主权。博丹进一步强调，主权创造法律，任何人都必须服从法律，主权者本身也就不受任何法律的约束，主权具有“永恒性”、“不可分割性”与“不可让渡性”。作为主权者的君主，拥有统治国家的最高权威。不过，博丹仍反对君主拥有不受任何限制的绝对统治权力。他认为，只有合乎神法与自然法的政府才是“合法政府”，而只有“合法政府”的君主，才是真正的国家主权者，因此，作为主权者的君主服从和受制于神法与自然法。正是依据这样的认识，博丹既要求公民绝对服从“合法”的作为国家主权者的君主，同时也肯定公民对违背神法与自然法的暴君的抵抗。

博丹的政治主张将近代早期“新君主制”的理想神圣化与法理化，对国家主权-君权的属性与功能做了充分论证，进而把社会的、伦理的、宗教的关系置于国家主权-君权制约的轨道之中，由此构成了对中世纪的教权至上、信仰至上之类思想的有力否定，并为近代民主国家的崛起和发展奠定了坚实的政治理论基础，在西方政治思想史中具有重要地位。

到了17世纪前期的英国，霍布斯以“自然法”为基础的“社会契约”学说，将人文主义的“开明君主专制”理想升华到一个新的高度，形成了颇具近代色彩的政治哲学理论。基于民族国家建构与都铎王朝“新君主制”的现实，他撰写《利维坦》一书，建构了自己的国家政治理论。从“自然人性”论与“社会契约”出发，霍布斯指出，人类原先处于自然状态中，人人都是平等的，但人的追求享受与荣誉而竞争的自然本性，使人不惜采取各种罪恶手段来达到自己的目的，由此而相互打压、残杀，陷入“每个人对每个人的战争”状态。为了脱离自然状态而寻求到安全与和平，唯一的出路就是在理性的指引下，放弃彼此在自然状态下属于自己的所有权利和力量，通过订立契约的方式，把它们转交给一个客观的超然的权力实体——国家，让它来维护人类的和谐与利益。因此，国家的主权者就必须拥有至高无上的、不可让渡与侵夺的权威。在国家统治的三种形式中，君主制就显得最为合理。君主是凌驾于契约订立者之上的总代表。他既能立法，又能废法，本身不受任何法律的约束，君主从契约中得到的权力是绝对的、无限的、至高无上的，臣民唯一的任务就是服从君主的绝对统治，主权者不能被控诉和惩罚，更不能被处死，人民无权以违反契约为理由来推翻君主，并且人民把权力交给了君主，就不能再违背诺言而收回。国家的所有要政，都由君主执掌。他既是唯一的立法者，也是争执的最高裁决者，还是战争与媾和的决定者和官员的任命者，且有权统治教会。君主主权至高无上，不可分割、让渡，作为主权者的君主，本身只服从于神设的自然法。霍布斯也关注界定民众权利与君权的关系。他认为，民众应该享有买卖或其他契约行为的自由，选择自己的住所、饮食、生业，以及按照自己认为适宜的方式教育子女的自由等基本权利，还应当让民众享有法律未禁止的其他方面的自由。如果君权不能维护社会安全与保障和平，就失去了继续存在的合法性，臣民就有不服从的自由。

霍布斯以世俗的人的眼光，从个人及其自由出发，通过对“社会契约”的论证，来揭示国家主权——君权的神圣性与合法性，主张实现君主统揽包括宗教在内的一切事务的稳定的社会政治秩序。这种“绝对主义”的君权观，是对文艺复兴时期“开明君主专制”思想的理论发展，从一个侧面反映了新兴资产阶级“过渡时期”的政治理想。

四、文学艺术的新生

文艺复兴时期，随着人文主义思潮的流播，文学逐渐挣脱了中世纪的神学枷锁，开始了抨击教会禁欲信条与社会时弊、倾吐现实人生诉求的创作，涌现出一批文学巨匠，被誉为意大利“文学三杰”的但丁、彼特拉克和薄伽丘堪称其代表人物。

但丁是意大利文艺复兴的先驱，被恩格斯称为“中世纪的最后一位诗人，同时又是新时代的最初一位诗人”①。但丁熟谙希腊罗马的古典文化和基督教神学，对美术、音乐、诗歌、修辞、文学、哲学都多有研究，为他的文学创作打下了坚实基础。他一生著述颇丰，《新生》和《神曲》是其文学作品的代表作。《新生》创作于1291—1292年，系但丁为纪念女友贝德丽采而作，包括31首抒情短诗。在这些短诗中，他以朴实、明晰的诗体，流畅、柔美的语言，富于想象力的构思，抒发了对恋人贝德丽采的纯真的爱，表达了摆脱中世纪禁欲主义、追求世俗生活、渴望情爱的情怀。《神曲》用当时意大利的托斯坎尼方言写成，共100曲，全诗长14 233行，分《地狱》《炼狱》《天堂》三篇，描写了诗人在维吉尔和贝德丽采的引导下，梦游地狱、炼狱和天堂三界的经过。作者以隐喻象征的手法，描写了当时的社会现实，涉及政治、思想、意识和文化等各方面，深刻揭露了教会黑暗统治与封建割据带来的灾难，倾吐了对自由与幸福生活的热烈渴望。不过，《神曲》带有某种程度的宗教神学色彩，反映了作者新旧观念交织的矛盾心理。

被誉为“人文主义之父”的彼特拉克在阿维农教廷担任教皇秘书期间，有机会周游欧洲各国，结交王公贵族，并目睹了教廷的黑暗腐败。在吸取古典文化营养的基础上，他第一个提出以“人学”反对“神学”，创作了许多著名的诗篇，其中有抒情诗集《歌集》，长篇叙事史诗《阿非利加》，在西欧享有很高的声誉，曾在罗马接受“桂冠诗人”的称号。《歌集》是彼特拉克抒情诗的代表作，用意大利文写成，共有366首抒情诗，其中多数是爱情诗。在这些诗篇中，彼特拉克冲破禁欲主义的羁绊，摈弃中世纪诗歌中隐晦寓意、神秘象征的手法，直接描写他对女友劳拉的爱情，也抒发自己内心的感情忧伤，同时赞美现世的人生，歌颂大自然的景色，并刻画出人物的美丽形象。全诗格调清新，朗朗上口，达到了现实主义与浪漫主义的完美结合，为日后欧洲抒情诗的发展开辟了道路。

---

① 《马克思恩格斯选集》第1卷，人民出版社，2012，第397页。

出生于佛罗伦萨的薄伽丘，青少年时就游历意大利和法国许多地方，也曾受到彼特拉克的影响，是一位博学的人文主义者。他既以短篇小说、传奇小说蜚声文坛，又擅长写作叙事诗、牧歌、十四行诗。著名的短篇小说集《十日谈》是他的代表作。该书用托斯坎尼方言写成，描述了1348年佛罗伦萨瘟疫流行时，十个青年男女逃到郊外别墅居住，他们除了唱歌跳舞之外，每人每天还要讲一个故事，住了十天，共讲了一百个故事，因此得名《十日谈》。这些故事取材广泛，有民间传说、历史事件、宫廷传闻，也有真人真事。薄伽丘对这些材料进行加工，将传奇轶闻和街谈巷议兼收并蓄，熔古典文学和民间文学的特点于一炉，并为之注入了人文主义的思想内涵。《十日谈》的故事塑造了大量人物，既有王公贵族、骑士僧侣，也有贩夫走卒、市井平民、三教九流、五行八作，不同阶层、不同职业的角色都具有鲜明的性格特征。《十日谈》也大胆揭露教会的腐败与封建贵族的昏庸，赞扬市民和下层群众的机智勇敢与青年男女的爱情，对人的自由平等、人性尊严都给予充分的肯定，是欧洲文学史上第一部现实主义文学巨著。《十日谈》也反映了早期资产阶级的享乐观，不少故事渲染情欲，格调不高，流于低级和庸俗。

随着人文主义思潮的北传，“北方文艺复兴”也出现了诸多新文学作品。在16世纪的法国，贵族派人文主义者文学团体“七星诗社”提倡用法语写作，从事过各种创作，如爱情诗、圣诗、科学诗、宫廷诗、史诗、诗歌评论、喜剧、悲剧、文艺批评和翻译等，声望很高。龙沙（1524—1585年）的《诗艺概论》、杜贝莱（1522—1560年）的《橄榄集》堪称这个团体之成果的代表作。杰出的人文主义作家拉伯雷的贡献则更为突出。他撰写了长篇巨作《巨人传》一书，描绘了社会各阶层的人物形象。其中以荒诞不经的故事情节、妙趣横生的独特风格，表现了人文主义人生理想。全书通过叙述高朗古杰、高康大和庞大固埃祖孙三代巨人国王的神奇故事，塑造了理想君主的形象，揭露教会的腐败和贪婪，揭露封建贵族官僚鱼肉人民的行径。作者还抨击禁欲主义和蒙昧主义，阐发个性自由、人性解放的的思想主旨。在该书中，拉伯雷设想了一个理想的社会，叫作“德廉美修道院”。这一修道院有豪华的建筑、精致的画廊和美丽的花园以及果园、网球场、足球场与打靶场等，完全抛弃了教会的禁欲信条和清规戒律，以“随心所欲、各行其是”为其院规。男女修士入院时不需要立下安贫守贞的誓约，出入也完全自由，在院内还“可以光明正大地结婚，可以自由地发财，可以有自己的生活方式”。在拉伯雷的笔下，这一修道院不再是冷酷的宗教苦修场所，而是人自由追求世俗生活的乐园。他在书中还抨击封建的经院哲学教育，认为几十年的经院教育使高康大变得“呆头呆脑”，只是在接受了人文主义教育后他才成为名副其实的“巨人”。由此，他提倡培养“全知全能的人”的人文主义教育，在该书中穿插了大量诸如天文、地理、气象、航海、生物、人体生理、医药、法律、哲学、政治、语言等领域的知识，使《巨人传》成为一部百科全书式的作品，与中世纪敌视科学、摧残学术的愚民政策和宗教偏见相对立，表达了资产阶级冲破精神奴役、追求新思想与新知识的热切愿望。拉伯雷之后，法国还产生了著名人文学者蒙田。他曾经游历德国、意大利等地，学识广博，其撰写的《蒙田随笔全集》集中地反映了人文主义的理想追求。在这部文集中，蒙田通过对希腊罗马文化遗产的广征博引，讴歌现实的人生价值与世俗享乐。他认为，应当以自己的意见而非某种外在的伦理规范来评价人们的善恶是非，来衡量事物的价值。这一作品开创了随笔式文学的先河，具有丰富的知识和思想内涵，被称为“生活的学问”，享有“思想宝库”的美誉，在法国文学史上占有举足轻重的地位，被誉为欧洲近代哲理散文的经典。

英国文艺复兴的兴起稍晚于西欧大陆，但在人文主义思潮的影响下，新文学的作品则出现较早，可追溯到14世纪末的著名诗人乔叟（约1343—1400年）。乔叟社会阅历丰富，曾代表英王出使欧洲大陆，到过比利时、法国、意大利等地，与意大利著名人文学者彼特拉克、薄伽丘有接触，知识广博，视野开阔。乔叟的名作《坎特伯雷故事集》，是英国历史上第一部包含人文精神的现实主义文学作品。这部作品真实反映了不同社会阶层的生活，揭露了教会的腐败、教士的贪婪和伪善，谴责了扼杀人性的禁欲主义，肯定了世俗的爱情生活。作品将幽默和讽刺相结合，人物形象鲜明，语言生动活泼，喜剧色彩浓厚，其中大多数故事用双韵诗体写成，对后来的英国文学产生了影响，被誉为“英国诗歌之父”。乔叟用富有生命力的伦敦方言进行创作，也为英国文学语言奠定了基础。

“北方”最著名的人文主义作家当数伊拉斯谟（1467—1536年）。他生于鹿特丹城的神父之家，曾在巴黎大学、牛津大学学习，结识了许多人文主义学者，畅游过法、意、德等一些国家。他的传世名著《愚人颂》，通过“愚人”登台演说，无情地嘲弄了教皇、僧侣、经院哲学家和封建贵族的愚昧无知，揭露和批判了神职人员的贪婪、荒淫、虚伪和封建贵族的腐朽与野蛮，大力歌颂人的自由本性和欲望，赞美人的世俗生活追求。此外，他还撰有《知己谈话录》等名作。因此，伊拉斯谟被誉为“人文主义的泰斗”“欧洲文艺复兴的纪念碑”。

在西班牙，著名作家塞万提斯（1547—1616年）曾漫游过罗马、威尼斯和佛罗伦萨等地，后半生贫困潦倒。这些经历，使他产生了强烈的社会批判精神，撰写了不少小说、诗歌，其中以长篇小说《堂·吉诃德》最负盛名。在此书中，破落小贵族吉桑诺梦想当一名游侠骑士，于是自命为堂·吉诃德，拼凑破盔甲和生锈的长矛、盾牌，骑上匹瘦马，让邻居桑丘·潘莎作侍从，出门当游侠骑士。在外出冒险的过程中，堂·吉诃德沉醉在骑士传奇的迷思之中，把幻想当现实，闹出许多荒唐的笑话。如把风车当巨人，把旅店当城堡，以羊群为军队，奋不顾身地冲杀，以致遍体鳞伤，险些丧命，最终悟出了骑士小说的荒谬。这部作品多角度地描绘了16—17世纪西班牙的社会生活场景，深刻揭露了西班牙社会的黑暗，抨击了贵族和教士的奢侈与专横，嘲弄了没落的封建骑士制度，反映了广大下层群众的痛苦和愿望，包蕴着作者追求个性解放的坚韧精神。

这一时期，反映时代诉求的戏剧作品也纷纷涌现，在文学艺术领域艳丽夺目。

威廉·莎士比亚（1564—1616 年）是英国文艺复兴时期的伟大戏剧家和诗人，青年时代曾在伦敦的剧院当马夫、杂役，后入剧团，做过演员、导演、编剧，逐渐走上戏剧创作的道路。他一生共撰写了 37 部剧本，其中的《理查三世》、《亨利四世》和《亨利五世》等历史剧，概括了英国历史上百余年间的动乱，塑造了一系列正、反面君主形象，反映了反对封建割据和暴君政治、要求开明君主专制的理想。他创作的喜剧包括诗意盎然的《仲夏夜之梦》、扬善惩恶的《威尼斯商人》、反映市民生活风俗的《温莎的风流娘儿们》、歌颂爱情又探讨人性的《第十二夜》等。这些剧本的基本主题是爱情、婚姻和友谊，带有浓郁的抒情色彩，表现了莎士比亚的人文主义生活理想。而他的《哈姆雷特》《奥赛罗》《李尔王》《麦克白》等悲剧作品，颂扬了正义淳朴、嫉恶如仇的美德，揭露了人性的阴暗面，鞭挞了资本原始积累初期的种种社会罪恶和利己主义。他的作品结构饱满完整，情节曲折生动，语言丰富精炼，人物个性突出，具有很高的艺术造诣和境界。莎士比亚的作品在当时达到了思想性与艺术性的高度统一，集中体现了欧洲文艺复兴文学的最高成就，对欧洲近代现实主义文学的发展深有影响。因此，他不但被称为“英国喜剧之父”，而且还同荷马、但丁、歌德一起被誉为欧洲划时代的四大作家。

维加（1562—1635 年）则是其时西班牙的著名戏剧家，被誉为“西班牙戏剧之父”。他出身于马德里的宫廷工匠家庭，曾担任过大贵族的秘书、主教的随从，也曾在王家舰队服役。基于丰富的社会阅历，他一生共创作了两千多个剧本，流传至今的有 600 多个，内容十分丰富，有宗教剧、历史剧、神话剧、袍剑剧、牧歌剧等多种形式。他的代表作《羊泉村》根据农民起义处死驻扎在该村的骑士队长的历史事件编写而成，全剧故事情节曲折、紧张，引人入胜。它揭露了封建主阶级的专横，肯定了农民的反封建斗争，充满了强烈的人文主义精神。不过，这一作品也有时代的局限性，对西班牙专制君主寄予幻想，流露出浓厚的忠君思想。

这一时期，人文主义思潮将艺术家从神学的枷锁中解放出来，用艺术的形式渲染人的力量、诉求，实现了艺术作品从“神本”向人本的转换。

绘画及雕塑艺术的杰出成就首先在意大利出现，产生了被誉为“艺术三杰”的达·芬奇、米开朗琪罗和拉斐尔。

达·芬奇（1452—1519 年）出身于佛罗伦萨的公证人家庭，他不仅在绘画艺术上造诣精深，而且在科学技术、哲学、文学等领域也多有建树。在创作过程中，他精确运用解剖学、透视法和明暗转移法，并将现实主义精神融入其中，讲究布局匀称，造型准确，笔划细腻，色彩调和。因此，在生动刻画人物的外部表情和内心世界上，他的绘画艺术达到了前所未有的境界。《最后的晚餐》是达·芬奇最成熟和最完整的作品，在这幅画中，他用高超的艺术手法再现了复杂的人物性格、变化的构图，以及透视、明暗等。为了突出中心人物耶稣，画中把门徒们分在周围，使一切透视线都集中在耶稣头上。这幅画被举世公认为现实主义美术的多样性统一的范例。同时，画中把耶稣及其门徒作为普普通通的人来描绘，刻画了他们与普通人一样的思想感情与表情。《蒙娜丽莎》则是达·芬奇留下的另一幅经典之作。在这幅画中，达·芬奇用精确的明暗、柔和的笔调，把作为市民之妻的蒙娜丽莎的脸、脖子和手表现得极其细致而富有质感，将其神秘的微笑刻画得极其含蓄、自然而又甜美，给观者以丰富的联想，令人百看不厌，回味无穷。这幅富有人性之美的经典画作是文艺复兴时期最杰出的肖像画之一，标志着达·芬奇艺术的最高成就。

米开朗琪罗（1475—1564 年）是一位才华横溢的雕刻家，其代表作雕塑《大卫像》刻画了传说中的犹太国王大卫将与巨人决一死战时的英雄气概。整个大卫的雕像雄伟健美，神态勇敢坚强，身体、脸部紧张而饱满，肌肉发达，体格匀称。年轻的大卫充满自信地站立，英姿飒爽，左手拿石块，右手下垂，头向左侧转动着，炯炯有神的双眼凝视着远方，仿佛随时准备投入一场新的战斗。这座雄伟庄严、刚劲有力的雕像，是对人的身体、力量与意志所做的最完美的艺术诠释。

有“画圣”之誉的拉斐尔（1483—1520 年）出生在意大利马尔宾诺城，青年时代来到了佛罗伦萨，潜心研究各画派大师的艺术特点，博采众长，最后形成了其独具古典精神的秀美、圆润、柔和的风格。拉斐尔以擅长画圣母像著称。他的一系列圣母画像，丝毫没有中世纪禁欲主义和神秘主义的色彩，都以母性的温情、恬静和青春健美而体现了人性的美。《西斯廷圣母像》是他为比亚森萨的西斯廷教堂作的祭坛画，画面采用了稳定的金字塔形构图，人物形象和真人大小相仿，庄重均衡，画面背景全部用小天使的头像组成，构思新颖独到。圣母玛利亚形象柔美圣洁。整幅画线条和色泽十分圆润、典雅，形象和构图非常生动、协调。作者通过对圣母之慈祥形象的描绘，歌颂了人的本性、感情的伟大与崇高。

“北方文艺复兴”的艺术成果则独具特色，油画家、版画家和雕刻家丢勒（1471—1528 年）的贡献尤其突出。丢勒出身于纽伦堡首饰匠家庭，曾两次赴意大利深入考察绘画艺术。丢勒一生创作了大量作品，以版画最具影响力，其中主要有《启示录》《伟大的命运》《亚当与夏娃》《骑士、死亡与恶魔》等，其素材采用民众熟悉的宗教题材，既在艺术上别开生面，自成一格，又能雅俗共赏，传播极广。《启示录》插图以近乎狂想的形象和极其奔放的线条抒发了时代的心声。它以激动人心的艺术形象体现了时代的呼声，刻画了善恶的搏斗和对黑暗势力的惩罚，其主题表面上是恐怖的屠杀，实际上却把皇帝、教皇、贵族主教以至骑士贵妇等统统置于刀斧之下，充分表现了群众的愤懑与爱憎。这些想象丰富、热情洋溢的木刻，一笔一画、一人一物都非常精确审慎，天神骑士的装束武器皆刻画入微，逼肖实物，天使的形象也取自现实生活，甚至以其瘦削的面容和素衣赤足的装束贴近农民群众，实为文艺复兴版画中幻想与真实奇妙结合的典范。

小汉斯·霍尔拜因（1497—1543年）则是这一时期德国的又一卓越画家，擅长于绘水粉画、肖像画和写生画。他出生在德国南部的奥格斯堡，早年随父亲学画，1515年，他移居巴塞尔城，不久加入该地画家公会。他创作了大量壁画、肖像画、祭坛画与书籍插图，主要作品有《巴塞尔市长迈耶尔像》《伊拉斯谟》《英王亨利八世》等。在人物画中，他以出色的技巧、流畅的线条，重点刻画人物的个性和神态。《伊拉斯谟》对人物形象的描绘栩栩如生，十分完美，是当时写实主义绘画的经典之作。

勃吕盖尔（1525—1569年）是尼德兰绘画艺术的杰出代表。他青年时潜心学画，1551年成为安特卫普画家行会会员，先后游访过法国和意大利的许多地区。他的作品以素描、油画和铜版画著称，画风朴实，感染力强。他特别重视农村生活和社会习俗以及风景与人物相配。他的名作《农民的舞蹈》《农民的婚礼》《冬猎》，形象地反映出生活在社会最底层的农民的真实生活，构图无拘无束，塑造的农民形象极其憨厚质朴，具有浓郁的乡土气息。他的一些作品更倾吐了爱国主义的民族精神，在《虐杀婴儿》和《绞刑架下的舞蹈》中，揭露了西班牙侵略者对尼德兰的血腥统治。

五、科学革命与哲学蜕变

从15世纪末起，在社会经济发展与文艺复兴的推动下，自然科学开始从中世纪的神学枷锁中解放出来，随之引发了哲学的新旧蜕变。

随着商品经济的繁荣，社会生产突破了狭小的自然经济模式，促进了生产经验的日益积累、生产工具和技术的不断改进。资本主义手工工场的出现，更扩大了生产规模，提高了生产效率，推动了生产技术的革新。新技术、新发明的涌现，为科学研究提供了大量可资利用的素材，同时它们在生产运用中也带来一些实际问题，需要从理论上加以说明。对科学技术和知识的要求迫切增长，需要进一步探索自然物体的物理特性和自然力的活动方式，由此直接推动了近代自然科学的诞生。到16世纪初，随着新航路的开辟，航海事业迅速发展，西欧人的“世界”视域空前扩大，对客观世界奥秘的好奇心理日益强烈，而且积累了航海、天文、地理、气象、人类学和动植物学等领域的知识，为自然科学的研究提供了丰富的实际材料，同时也提出了许多新的科学研究课题。

人文主义所导致的思想解放，则为自然科学的发展扫清了道路。人文主义者抨击天主教的神学蒙昧、禁欲主义，鼓吹人的自由平等和世俗追求，颂扬理性和知识的价值，赋予人大胆思考与探求的自主权利。神学对科学的长期禁锢渐次瓦解，许多科学家开始冲破禁区，将目光投射到广阔而复杂的客观物质世界，通过对事物的观察、实验与思考来探求科学的真谛，由此而实现了“世界的发现”。同时，为坚持科学和真理，他们敢于向神学传统挑战，破除迷信，勇于创新，形成了以天文学和医学为突破口的“科学革命”，将所谓上帝创造的宇宙作为纯粹的客观物质世界来加以研究，而且把所谓上帝所创造的人作为纯粹物质的人与生理的人来加以考察，揭示了天体运动和人体构造的某些客观规律。

哥白尼的“日心说”开启的“天文学革命”，成为近代自然科学兴起的一个明显标志。哥白尼（1473—1543年）出生于波兰的托伦，在波兰的克莱考大学学医期间，对天文学产生了兴趣。1496年，他到意大利留学，深受人文主义影响，并从波隆那的诺瓦拉那里学到了天文观测技术以及希腊的天文学理论。回国后，他在费劳恩泽格大教堂担任神父，利用业余时间来观察天象，研究天文学。他率先摆脱神学对自然科学的控制，通过长年的观察和计算，提出了振聋发聩的“日心说”，推翻了统治欧洲一千多年的“地心说”。

“地心说”是公元2世纪古希腊天文学家托勒密创立的，认为地球是处于宇宙中心且静止不动的球体，包括太阳在内的所有星球都围绕着地球转动。中世纪的天主教会对此极为推崇，将“地心说”与其“上帝创世说”融为一体，以唯心主义的宇宙观来为其神权辩护。教会宣称，地球因系上帝所创造而处于宇宙中央，日月星辰则是上帝创造的点缀宇宙的装饰品，地球是宇宙的中心，教廷是地球的中心。于是，“地心说”成为神圣真理而不容置疑。哥白尼大胆破除迷信，在吸收前人研究成果的基础上，根据数十年对日月星辰的观察，写成《天体运行论》一书，并在1543年将其出版，创立了“日心说”。哥白尼认定，地球不是宇宙的中心，而是月亮轨道的中心；一切行星包括地球都以太阳为中心，并围绕太阳公转；地球本身也是以地轴为中心自转的。哥白尼的“日心说”引发了天文学领域的一次伟大革命，引起了人类宇宙观的重大变革，动摇了天主教会的神权统治，使天文学从神学的束缚下解放出来。恩格斯对此高度评价道，自然科学研究通过一个革命行动宣布自己的独立，仿佛重演了路德焚烧教谕的行动，“这个革命行动就是哥白尼那本不朽著作的出版”，哥白尼在这本书中“向自然事物方面的教会权威挑战……从此自然研究便开始从神学中解放出来……科学的发展从此便大踏步地前进”①。哥白尼的学说被天主教会视为异端，1616年罗马教皇宣布《天体运行论》为禁书。但科学探求的潮流已经破堤而涌，不可阻挡。

稍后，意大利著名的天文学家和哲学家乔尔丹诺·布鲁诺（1548—1600年），继承和发展了哥白尼的学说，撰写了《论无限性、宇宙和诸世界》《论原因、本原和统一》等论著，进一步提出“宇宙无限”论的新宇宙观。他认为，宇宙在空间与时间上都是无限的，宇宙无边无际，也没有固定的中心；地球不是宇宙的中心，而是环绕太阳运转的一颗行星；太阳也不是宇宙的中心，只是一个星系的中心，

① 《马克思恩格斯选集》第3卷，人民出版社，2012，第848页。

太阳系之外还有无数个庞大的行星系。宇宙不会有开始，也不会有终结；宇宙中有无数的世界在产生和消灭，但宇宙本身却永恒存在，不生不灭，不增不减。宇宙还是统一的，构成宇宙统一的基础是物质，无限的宇宙及其中的任何星球都是由同一物质构成的。布鲁诺的理论纠正了哥白尼“日心说”的缺陷，推动了天文学研究的向前发展，同时也发展了古代朴素的唯物论和辩论法。布鲁诺因其新宇宙观而遭到教会的残酷迫害，被宗教裁判所囚禁。1600 年，他被教会的异端法庭判处火刑。

随着研究的推进，科学家不再拘泥于某种科学假说的提出与证立，而是对天体现象展开了一系列科学的实证的观察与分析，促进了科学认识的不断深入，最终宣告了神学在天文学领域的彻底破产。

丹麦天文学家第谷·布拉赫（1546—1601 年）受丹麦国王腓特烈二世的邀请，在汶岛建造天堡观象台。经过 20 年的观测，第谷发现许多新的天文现象，如日食、彗星等，得出彗星比月亮远许多倍的结论，并编制了一部比较精确的恒星表。

意大利天文学家、物理学家伽利列奥·伽利略（1564—1642 年）使用自制望远镜观察天体，发现天体中许多不为人知的现象，如月球表面凹凸不平，有高山和深谷，金星也和月球一样有盈亏现象，木星有 4 颗运动着的卫星，太阳有黑子，太阳能自转，自转周期为 28 天，银河系由无数单个的恒星组成等等。这些天体现象的新发现，开辟了天文学研究的新时代。伽利略还根据对天体运动的长期观测，撰写了《关于托勒密和哥白尼两种世界体系的对话》一著，进一步批判了“地心说”，捍卫了哥白尼的学说。

在德国，天文学家和数学家约翰·开普勒（1571—1630 年）开始试图探索天体运动的规律。他撰写了不少关于天文学的著作，其中以《新天文学和天体物理学》一书最为重要。在此书中，他根据对天体的长期观测和数字计算，提出了行星运动的三大规律，即：行星沿椭圆形轨道绕太阳运转，太阳位于椭圆形轨道的一个焦点上；在相等的时间内，行星到太阳中心连接线所扫过的面积相等；行星绕太阳一周的时间平方与行星到太阳平均距离的立方成正比。开普勒的行星运动三大规律，为哥白尼的“日心说”找到了数量关系和物理上的依存关系，使天文学假说更符合自然界本身的真实，从而大大丰富和发展了哥白尼的“日心说”。他还在第谷提供的天体观察资料的基础上，于 1627 年出版了当时最精确的天文表《鲁道夫天文表》。此外，开普勒还揭示了行星运转速度与轨道的相互关系，为后来牛顿发现万有引力定律打下了基础，因而被誉为“天体力学的奠基人”。

在这一时期，不少医学家也勇于向神权传统观念挑战，在人体认识上取得重大突破。由此酝酿出的“医学革命”，则是近代自然科学诞生的又一个醒目标志。

在中世纪，西欧盛行古罗马皇帝的御医盖伦创立的有关人体的“三位一体”说。该理论认为，人的肝脏、肺与大脑分别产生的“自然”、“生命”与“智慧”三种灵气混入人体而构成生命，血液产生于肝脏，存在于静脉之中，进入右心室后由室壁渗透流入左心室，经过全身后就消耗干净。这一学说将虚幻的“灵气”看成生命之本，在某种程度上符合基督教“上帝造人说”的需要，因而也被中世纪教会视为神圣“信条”。到16世纪，随着医学实验和研究的逐渐展开，这一定论逐渐瓦解。

“医学革命”的首倡者当数比利时的著名解剖学家维萨留斯（1515—1564年）。他曾任意大利帕多瓦大学的解剖学教师，并担任神圣罗马帝国宫廷的医生，有着丰富的医学知识和经验。他最早使用人的尸体进行解剖，对解剖学命名加以标准化。1543年，维萨留斯发表著名的《人体结构》一书，不仅对盖伦的“三位一体”学说提出挑战，而且还论述了男女肋骨数相同，从而否定了基督教神学所谓女人是由男人的一根肋骨所造的信条。由于进行被教会所禁止的人体解剖，并指出了盖伦学说的错误，维萨留斯遭到教会的指责和迫害。但作为近代解剖学的奠基人，他的实验与著作有力推动了医学对神学枷锁的突破。

稍后，西班牙医生塞尔维特（1511—1553年）把相关研究继续推向前进。他曾在巴黎研究医学，并师从维萨留斯学习解剖学。他在探讨的基础上，提出了与盖伦的“三位一体”说相抵触的观点。在他看来，所谓“生命精气”是由物质产生的，这种精气来源在左心室，靠肺的帮助而产生。在人体中，血液由右心室经肺动脉分支血管，在肺内经过与它相连的肺静脉分支血管而流入左心房。左、右心室中的血是交流的，但并不是盖伦所说由心室的“间隙”所通。此外，血液在肺血管内经过“加工”并得到澄清。这些看法都提到肺循环的基本事实。他的观点被教会视为异端邪说，因而遭到天主教宗教裁判所乃至新教教派的迫害。

英国解剖学家哈维（1578—1657年）的研究成果，最终彻底推翻了盖伦学说的谬误。哈维也曾在意大利帕多瓦大学攻读医学，积累了丰富的解剖学知识，并对人体血液循环产生了浓厚兴趣。1602年，哈维完成学业后回到英国行医，因其精湛医术而成为英王的御医，有了良好的医学实验条件。他通过大量活体动物的解剖实验来进行研究，取得重要成果。1628年，他出版《心血管运动论》一著，系统阐发了血液运动的规律。他指出，心脏是血液运动的中心和动力的来源，它像水泵一样将血液压进血管，导致血管扩张而产生脉搏。心脏中间没有血液流通渠道。右心房收缩，将血液压入右心室；右心室收缩，将血液压入肺动脉，然后经肺静脉进入左心房；左心房收缩，将血液压入左心室；左心室收缩，血液被压入主动脉，然后经静脉流入右心房。心脏的四个瓣膜和血管的瓣膜起着单向阀门的作用，因此血液不能倒流。哈维推翻了统治达十几个世纪之久的古罗马御医盖伦提出的血液产生于肝而消失于全身的错误理论，提出了血液循环的基本规律，为近代生理学乃至整个生物学的科学实验开辟了道路。

随着观察、实验之科学风气的兴起，文艺复兴时期的数学与物理学也取得显著成就。其时，定量方法与数字计算的重要性日益凸显，数学由此迅速发展。1545

年，意大利的数学家卡尔达诺（1501—1576年），得出解三次方程的方法（“卡尔达诺公式”），以后他的学生又解出了四次方程。法国数学家韦达（1540—1603年）被称为“代数学之父”，1589年出版了《数学公式和三角法及附录》一书，对三角学有贡献。1591年他还发表《分析术入门》，首次在代数学上使用了文字符号，用字母表示已知数和未知数，促进了代数学的发展。不久，解析几何学也随着代数学的发展而产生。

在物理学上，著名画家达·芬奇曾研究过动力学、机械学、光学等实用科学。英国的科学家威廉·吉尔伯特（1540—1603年）在其名著《磁石论》一书中，根据对自制的“小地球”（球状磁石）的研究，论述了地球的磁现象。伽利略是近代动力学的奠基人，他在1638年出版的《论两种新科学》是其力学的代表作。他研究了物体下落问题，否定亚里士多德关于物体下落的速度与重量成正比的说法。他还明确了速度和加速度概念，得出了惯性定律和力的独立作用原理，得出了加速度运动的方程式。他测定了抛物体的轨迹，指出了摆的规律。这些成就，促成了近代物理学的兴起。

近代自然科学的兴起，破除了人们长期迷信并带有宗教灵光的权威观点，将神学从科学的领域驱除出去，树立起了科学研究的理性精神，形成了一整套观察、实验与思考的方法，对日后西方科学与技术的发展奠定了坚实的基础。同时，这也促使人们开始从物质世界本身去解释世界，摈弃经院哲学的唯心主义先验论，酝酿出新的宇宙观、世界观。这一哲学的新旧“蜕变”主要表现为17世纪前期机械唯物论的产生。不过，由于社会背景、思想传统以及科学方法理解上的差异，哲学家对认识的来源、过程、可靠性和方法等问题有着不同的甚至相反的回答，由此而形成了英国的“经验论”与大陆的“唯理论”这两大流派。

弗朗西斯·培根（1561—1626年）是英国“经验论”哲学的代表。他出身于伦敦的贵族家庭，剑桥大学毕业后曾担任国会议员与大法官，1621年因被控受贿而遭贬谪，转而从事学术研究。培根对所学的经院哲学十分不满，认为它脱离实践，远离自然，崇尚空谈，对人类没有实际效益。由此他将精力投入对科学真理的探求中，撰写了《新工具》《论科学的价值与增长》《论人类的知识》等不少著作。培根发展了古代原子论的唯物论思想，认为世界是客观的、物质的，是由分子组成的，它不依人的意志独立存在，并按自己的规律运动着。在批判经院哲学与分析人类认识谬误的根源时，培根提出了唯物主义的经验认识原则。在他看来，只有可以感知的自然，才是人们直接观察与研究的客体对象。要真正地认识自然，不能凭借主观的想象，而只能以事物的证据、用经验的事实来说明自然的真相。培根非常重视感觉经验和归纳逻辑在认识过程中的作用，认为科学的任务就是占有大量感性材料，然后运用理性的归纳方法加以处理，从而得出公理与结论。培根的唯物论观点及其归纳和实验的方法，为欧洲近代哲学和自然科学的发展开辟了道路，在哲学史上具有重要意义，被称为“**英国唯物主义**和整个**现代实验**科学的真正始祖”[①]。不过，培根的唯物论很不彻底，带有朴素的和形而上学的色彩，而且在认识论上突出地表现在“二重真理论”上，认为哲学与神学是人类的两种知识。哲学是自然的亮光的显示，而神学则是由神圣的启示所鼓舞；科学属于认识范围，神学属于信仰范围，两者互不干预。

在大陆“唯理论”哲学中，法国著名的哲学家、数学家和物理学家勒奈·笛卡儿（1596—1650年）堪称其代表人物。他出身于法国土伦的法官家庭，曾在普瓦蒂埃大学攻读法律，游历过荷兰、丹麦、德国、瑞士和意大利等国，逐渐改行研究理论数学和哲学，撰写了《方法论》《几何学》《形而上学的沉思》《哲学原理》等不少著作。

笛卡儿对一切事物采取怀疑态度，他主张用“普遍怀疑”的态度去反思、批判以往的一切信仰和观点，扫除偏见与迷信，为探求、发现与认识真理扫清道路。他认为，人的理性是知识的源泉，是检验真理的唯一标准，只有从正确的公理出发，通过理性演绎推理，才能认识世界，建立系统的理论体系。笛卡儿以人的理性来取代经院哲学的信仰，对近代认识论的发展具有重要意义。但笛卡儿轻视感觉经验和归纳法。他认为理性认识来源于“天赋观念”，否认理性认识依赖于感性认识，贬低感性认识，难免要陷入唯心论的泥潭。因此，他将唯物论与唯心论熔为一炉，提出了独特的“二元论”哲学观点。在他看来，世界万物的本原有两个，即物质和心灵。物质的根本属性是广延性（即占有空间），心灵的根本属性是思维，二者互不依赖，独立存在，皆受上帝支配。基于这样的认识，他把哲学划分为“形而上学”和“物理学”两部分。一方面在“形而上学”中论证心灵与上帝，另一方面则在“物理学”中完全摒弃心灵与上帝，只把物质当作唯一实体，认为物质是认识和存在的唯一根据，具有独立的创造力。他在“物理学”中表述的机械唯物论思想，集中地反映了当时的科学成就在哲学思考中的成果，反过来又促进了科学的发展。这一唯物论思想，成为18世纪法国唯物主义的重要理论来源。笛卡儿还基于“唯理论”，建构起凸显个人认识主体的理性精神，将人的“天赋”理性视作判断真假的价值尺度。这一理性精神虽带有唯心主义先验论的特征，但却有力否定了经院哲学的神学信仰权威，开启了法国18世纪启蒙运动的思想源头。

荷兰哲学家斯宾诺莎（1632—1677年）则是大陆“唯理论”哲学的另一杰出代表。斯宾诺莎祖辈是皈依了基督教的犹太人，曾在西班牙、葡萄牙、法国等国家旅居，最后定居在荷兰的阿姆斯特丹。斯宾诺莎从小受到很好的教育，后来又受布鲁诺、培根、霍布斯和笛卡儿等人思想的影响，知识广博，先后撰写了《笛卡儿哲学原理》《伦理学》《神学政治论》《知性改进论》等著作。

---

① 《马克思恩格斯全集》第2卷，人民出版社，1957，第163页。

斯宾诺莎继承和发展了布鲁诺的自然哲学和笛卡儿的新哲学，提出“实体”概念和“自因”说。他认为，宇宙间只有一个实体，在空间和时间上都是无限的，这就是自然界。实体的存在完全由于自身的原因，对实体的认识也只能通过其自身才能得到。斯宾诺莎否定笛卡儿的二元论，认为“心”与“物”是实体的两个属性，而不是两个独立的实体。自然界的种种具体事物是“样式”，样式存在于实体之中，实体与样式之间的关系为本质与现象、一般与个别、整体与局部、原因与结果、无限与有限的关系。斯宾诺莎还大力倡导人的理性权威，提出了以“真观念”为轴心的唯理主义认识论。首先是通过理性直观剔除那些虚假的观念，获取与客观对象相符合的“真观念”。其次是必须确立规律，以便用真观念作为规范去认识未知的事物。斯宾诺莎的“唯理论”哲学，包含着辩证的唯物主义思想，对于批判神学唯心论、破除对权威的迷信和对感觉经验的盲从都具有重要意义。但他与笛卡儿一样，只强调理性在认识中的作用，否定感性认识，最终难免走向唯心论。他的哲学思想对近代欧洲哲学产生广泛影响，其唯物论为费尔巴哈所继承和发展，其辩证法思想则为黑格尔所借鉴。

六、宗教改革及教廷的应对

16世纪初，随着“北方文艺复兴”的兴起，正统神学和罗马教会神权逐渐动摇。在此形势下，马丁·路德（1483—1546年），率先在德国掀起了宗教改革的风暴。

路德的宗教改革从根本上说是由德国的社会矛盾引发的。当时，德国农业、手工业和商业有了较快发展，其中银矿开采和冶炼技术已经超过西欧先进国家的水平，资本主义萌芽在手工工场中萌发成长。然而，德国的政治分裂和教会神权的干预阻碍了社会进步，各地封建诸侯割据，自治城市和独立骑士领亦各自为政，作为德国最大封建主的教会占据了全德三分之一的土地，有的大主教还是七大选帝侯，教会收入的一部分要上交教皇，教会出售赎罪券和教会职务等搜刮大量财富，德国因此被称为“罗马教皇的奶牛”。由此，德意志民族与罗马教会的矛盾成了德国各种社会矛盾的焦点。要结束分裂割据，实现国家政治统一，为资本主义的经济发展扫清障碍，首先必须摆脱罗马教会神权对德国的控制，建构德意志的民族教会和适应资产阶级发展的“廉价”教会。马丁·路德正是在时代的感召下走上历史舞台的。

路德出身于萨克森的埃斯列本的作坊主家庭。在爱尔福特大学求学期间，受到人文主义与捷克胡司宗教改革思想的影响。1508年，路德进入维登堡大学研修神学，4年后获得神学博士学位并留校担任教授，后又任图林根和迈森教区的副主教，兼奥古斯丁修道院区牧，管理所属11所修道院。在任教授和教职期间，路德的思想开始发生重要变化。一方面，路德感到修道院的苦修、善功和仪式并没有让自己获得宽恕与灵魂拯救的感觉。另一方面，他在主讲《圣经》课程时致力于对其加以研究，从中逐渐摆脱困惑，获得"因信称义"的新神学理念。此外，路德因公去罗马，目睹了罗马教廷的独裁、奢靡与腐败。所有这些，都使他立下通过改革建立民族教会的志向。

1517年10月31日，为了抵制教皇在德国兜售赎罪券，路德发表了著名的《九十五条论纲》，抨击这一行径的贪婪与无耻。这一文件在两个星期内就传遍德国，激起了德意志民族反教廷的斗争风潮。罗马教廷对此严加谴责，开除路德的教籍，并宣布他的学说为异端。在萨克森诸侯和一些城市的支持下，路德坚持斗争，两次与教皇代表公开辩论，并将教皇训令当众焚毁，表示与教皇和天主教决裂。1520年，他陆续发表了《论善功》《罗马教皇权》《致德意志基督教贵族公开书》《教会被囚于巴比伦》《基督徒的自由》五篇重要文章，系统地阐发了其宗教改革思想。

"因信称义说"是马丁·路德宗教改革的理论基础。"因信称义"源于圣保罗在《圣经·新约》的"罗马人书"第一章第十七节中所说的"义人必因信得生"。路德基于"个人信仰"的理念，对之做了富有新的时代意义的诠释。作为一种救赎理论，路德并未抛开传统的"原罪说"，但却着力于对个人的"信仰"力量的阐发，颠覆性地瓦解了正统神学。他宣称，人的"原罪"使得人本性败坏，凭自己的意志无法获得上帝救赎。人只有依靠内心虔诚信仰，才能与上帝直接沟通与交往，从而去恶向善，获得上帝的拯救。在他看来，真正的信仰是上帝对人的内心的呼唤，也是人对上帝的完全信赖。这样的信仰是一种与上帝密切关联的信徒个人的生活与思想感受，它同时包含了上帝的行动与人的回应。在这一主张中，路德致力于揭示"信仰"无与伦比的、神奇的价值与魅力，并力图将宗教变成信徒的一种基于对上帝的渴望、祈求与交流的深层次的个人内心领悟与体验。他坚信，只有个人的"信仰"才能最终使信徒成为"义人"，获得上帝的宽恕、拯救而"再生"。

基于"因信称义"的阐释，路德提出了"圣经权威论"。在他看来，人的信仰来源于圣经。只有圣经才能够为人带来这样的信仰，开启一条获得上帝救赎之路。由此，他提倡人人用心阅读《圣经》，体悟其中有关上帝的真谛，由此而牢固树立对上帝的虔诚信仰。任何人都无权剥夺人阅读、信仰《圣经》的权利。此外，他提出"平信徒皆祭司"的主张。他认为，既然人只能依靠信仰获得拯救，那么，一切苦修与事功就无存在的必要，教士及教会制度也属多余。真正的教会应当是教徒的结社，所有信徒一律平等，行使宣教职责的牧师是信徒的代表。由此，他主张废除等级森严的教阶制度与烦琐的宗教仪式，减少教堂、修道院，简化宗教仪式。他还主张神职人员结婚生子，组建家庭，进行各种社会生产活动。

路德以"因信称义"为轴心的宗教改革学说，用神学的思维方式、理论构架和宗教话语，将人文主义的自由、平等思想表达出来，并贯穿在其宗教革新的新主张中，从根本上否定了罗马天主教大一统神权和正统神学存在的合理性与必要性，为他组建“廉价”的、民族的教会奠定了深厚的理论基础。

在倡导宗教改革学说的同时，路德顶住了教廷神权的威胁，在1521年召开的沃姆斯帝国议会上公开与教廷决裂，由此而被视为异端。但他毫不妥协，在萨克森诸侯的庇护下，将圣经翻译为德文，使圣经传播普及化与大众化，推动了其改革思想的传播。同时，路德也积极践行宗教改革，着手建立比较民主的路德教组织。

沃姆斯帝国议会后，德国的改革力量发生分裂。没落骑士阶层在弗兰茨·冯·济金根（1481—1523年）和胡登（1488—1523年）领导下举行暴动，但为各邦诸侯联合镇压。大规模的农民起义则在托马斯·闵采尔（约1490—1525年）的领导下爆发。闵采尔曾经在法兰克福大学等地攻读哲学和神学，做过教区学校的教师和修道院神父，了解到社会下层民众的苦难，产生了彻底改造社会的理想。闵采尔曾对路德十分拥护，但很快与之分道扬镳。他抨击路德的“因信称义说”，宣称人皆可以根据所具有的理性与上帝直接交流，由此而获得信仰。他更主张暴力废除一切等级制度和剥削制度，建立没有阶级、贫富的上帝的“千年王国”。在闵采尔的鼓动下，1524年，士瓦本爆发了农民大起义，并迅速扩散到德国南部和中部。1525年3月中旬，缪尔豪森的平民和矿工推翻贵族政权，成立自己的政权“永久市政会”，由闵采尔指导。这些起义虽然最终在诸侯的围剿下失败，但却沉重地打击了德国的天主教会，许多修道院和教堂被摧毁，客观上为路德新教的建立创造了条件。

农民起义失败后，以萨克森选侯为代表的诸侯联合一些贵族和城市，建立同盟来支持路德建教。1526年夏，斯拜伊尔帝国议会开幕，诸侯中路德派代表占据多数，通过了一系列支持宗教改革的决议。1529年2月，帝国议会再度在此举行，天主教代表占多数，通过了不利于新教的决议，新教诸侯联合发表抗议，由此，新教徒被称为“抗议者”。

为了解决宗教纷争，查理五世于1530年6月召开奥格斯堡帝国议会，天主教诸侯在议会中通过决议，宣布用武力镇压路德派。路德派诸侯则成立施马卡尔登同盟予以反击。迫于形势，查理五世于1532年7月在纽伦堡帝国议会上正式宣布实行宗教和解。路德派乘此良机不断向境内外扩展，丹麦、瑞典和挪威也随之先后建立路德派教会。1546年，查理五世结束对法战争后，回师德国击败新教徒军队。但新教诸侯随之又与法国结盟，卷土重来打败皇帝。1555年9月，查理五世被迫与新教诸侯谈判，并签订了“奥格斯堡和约”，确立“教随国定”原则，规定各地诸侯、帝国城市有权决定其领地中的臣民的信仰。这是欧洲第一个宽容新教的和约，标志着路德新教的合法化。此后，德国北部和东北部属于路德教的范围，南部和西南部仍保留了天主教。

当路德宗教改革在德国勃兴之际，在早在13世纪就脱离哈布斯堡王朝控制、有着独立自决传统的瑞士，加尔文（1509—1564年）成功地进行了另一场宗教改革。

加尔文出身于法国北方皮卡迪的一个市民家庭，曾在巴黎大学攻读语言与神学，深受人文主义和路德改革的影响。其时，天主教会完全成为法国王权的精神支柱，加尔文被教会指控为异端，于1534年逃到巴塞尔。在此期间，他接触新教徒，潜心研究神学，于1536年出版《基督教原理》一著，宣传他的宗教改革主张。同年4月他来到日内瓦宣传，但被当局以异端罪名驱逐出境。1541年，支持宗教改革的一派掌握了日内瓦政权，加尔文应邀到日内瓦活动，并提出自己的改教学说。

“预定论”是加尔文宗教改革的思想基础。这是又一种新的救赎理论，着重阐发上帝“预定”世人命运的观点。加尔文借鉴圣奥古斯丁和路德的学说，依据生活现实的变动对此做了论证。在他看来，人的命运是由上帝意志预先设定的，上帝早在人出生之前，就以其“神命”对人们“拣选”，将他们分为获救与受罚两大部分。这一安排为上帝意志秘密预定，人既搞不清其中的任何理由，也无法摆脱神的决定。一切善行、虔敬、崇拜都无法改变这一“拣选”。被上帝“拣选”上的“选民”能够得到上帝的恩典，死后可以进入天堂，享受“永生”。而未被“拣选”上者则为“弃民”，将受到上帝的抛弃，死后要下地狱而受到“永罚”。此外，选民只是少数，多数人都要被上帝抛弃。而且，人一旦被“拣选”上，其子孙都将成为选民。

加尔文的“预定论”带有神秘主义的浓厚色彩，但他并未走向宿命论，而是为人提示了争作“选民”的奋斗路向。他声称，尽管上帝的决定秘而不宣，但上帝对人的“呼召”将使人多少会看到一些迹象，从而体悟到自己是上帝选民。“呼召”是“圣灵”对入选“义民”所作的使灵魂获得新生的召唤。因此，蒙获“呼召”是被“拣选”的标志，其征兆表现为：虔诚信仰教会，敢于奋斗去争取事业成功。此外，要有高尚的道德，因为上帝恩典可以有效阻止一个教徒的不良行为，并使之拥有美德。为此，加尔文提出了选民的道德标准是节制、忍耐、简朴、诚实、讲信用与谦逊等。加尔文还力倡“圣经神圣说”，认定圣经包蕴人获救的真谛，是信仰的源泉，每个信徒都应当努力学习圣经，信仰圣经。他还发展了路德的“平信徒皆祭司说”。在他看来，教会是信徒缔结的平等的信仰共同体，必须废除罗马教会的教阶制度和宗教仪式，按照古代教会的民主、平等原则来选举神职人员。加尔文还主张“政教合一”，认为应建立教会领导国家的神权政治，由教会主管信仰与道德，国家支撑教会，保障教会顺利完成神职。

加尔文的宗教改革学说，把人的得救与否完全归结为上帝意志的预定，这就否定了罗马教皇及其神职人员的宗教特权，用“神命”肯定了封建制度衰落与资本主义兴起的必然性。此外，用争当上帝“选民”的目标去鼓励人们鄙视懒惰与保守，积极开拓进取，在世间努力向上以求在天国得到褒赏，反映了新兴资产阶级发展实业的需要。对此，恩格斯评价说，加尔文的信条适合当时资产阶级中最勇敢的人的要求，他“以真正法国式的尖锐性突出了宗教改革的资产阶级性质”①。因此，这一

---

① 《马克思恩格斯全集》第21卷，人民出版社，1965，第350页。

学说得以在西欧迅速传播，促进了资本主义萌芽的成长，推动了新兴资产阶级的反封建斗争。

加尔文在日内瓦积极进行宗教改革实践。他大力简化教会组织，废除烦琐的宗教仪式，以共和式的长老制取代天主教的主教制。他认为，基督徒应当相互平等，真正的教会只有牧师、教师、长老、执事四种司职人员，其他人员一律精简。在日内瓦，牧师负责执行圣诫，施行圣礼，规劝信徒。教师负责讲解《圣经》。执事负责管理信徒捐款和教会的收入，用来发放教职人员的薪俸、修缮教堂和救济贫困。长老则监督每个人的行为，参与宗教法庭的审判，要由品行高尚、信仰纯洁的人担任。这四种人员又统称为“监督”，全部由信徒民主投票选举产生。在宗教改革的基础上，加尔文又提出新的政治方案，由市议会负责世俗事务，教会负责宗教信仰与道德生活，但又规定成立由长老、市议员和市政官员等组成的宗教法庭，来监管人们的行为与生活。加尔文则经常出席法庭例会，操控法庭的运作。这样，形成了以加尔文为最高领袖的政教合一的神权共和国，讲道和阅读《圣经》成为其日常的宗教活动。此外，加尔文对信徒的道德规范做了严格规定，取缔赌博、歌舞、酗酒、卖淫与奇装异服等，以确保信徒保持虔诚的信仰与纯洁的生活方式。同时，加尔文严厉排除异己，镇压其他信仰的教派与个人，被时人称为新教的教皇，日内瓦是“新教的罗马”。不过加尔文的改革也使日内瓦成为整个欧洲新教徒向往的圣地。他们纷纷来此避难与寻找教诲，回去后又传播新教的主张。由此，加尔文教开始在西欧资本主义比较发达的国家和地区广泛传播，对西欧的政治演进产生重大影响。

西欧的宗教改革思潮与运动，促成了基督教内部的大分裂，既给予罗马教廷的神权权威以巨大的冲击，也使广大信徒受到剧烈的震撼。严峻的形势，导致天主教会内部改革呼声日益高涨，更迫使罗马教廷采取措施，对新的宗教派别展开斗争，以确保教皇的地位和权威。教廷所采取的旨在自救的一系列应变活动，被称为“反宗教改革”。

“反宗教改革”始于16世纪40年代。事实上，为消除教会日益腐败的现象，罗马教会内部的自救改革早在宗教改革运动发生前就已开始。15世纪上半叶，罗马教会内曾形成一股鼓吹“公会议（即基督教世界性主教会议的普世会议）至上”的改革势力，主张用公会议制取代腐朽的教皇权力，以集体的意志来统治和管理教会，以图恢复教会的生机。但由于教皇的坚决抵制，这样的主张没能成功。当时，为巩固地位，教廷首先在西班牙强化其神权统治。在教廷支持下，西班牙的圣方济各会修道僧依靠国王斐迪南，整固了业已衰落的宗教裁判所，无情镇压异端分子，严厉整顿教会戒律，有效“净化”了西班牙教会，使西班牙成了欧洲天主教最坚固的基地。到16世纪，罗马教皇开始在整个天主教范围内进行自上而下的“反宗教改革”运动。

从1545至1563年，罗马教廷召开了时断时续、为时18年的特兰特天主教宗教会议，讨论教会改革事宜。特兰特会议对陈旧的天主教教义做了许多顺应时代的更改，再次确定教皇的至上神权和罗马教会的独尊地位，否定新教的合法性。这一会议所制定的《特兰特会议信经》，在1564年11月由教皇颁布，成为“反宗教改革运动”的指导纲领。它详细说明了罗马教会的教义、礼仪和组织，展示了不同于新教之处。《特兰特会议信经》是天主教会继《使徒信经》《尼西亚信经》《亚大纳西信经》三大信经以后最重要的文献，是罗马教会法律、原理和信仰的新的理论基础。1566年，教皇又授命枢机主教勃罗米奥组织神学家，编撰了《罗马教理问答》这一神学著作，进一步阐明天主教的神学与伦理思想。为清除“异端”书籍，抵消人文主义与宗教改革的影响，罗马教廷还推行“禁书”措施。1559年，教廷编定的第一部《禁书目录》问世，规定未经教会的宗教裁判所允许，任何书籍都不得刊行。

为消除宗教改革的影响，巩固教皇权威，罗马教廷还支持建立反对宗教改革的修会组织，耶稣会就是一个典型。1534年，西班牙贵族伊格纳修·罗耀拉在巴黎建立耶稣会。1640年，教皇保罗三世颁令承认并予以大力支持。到17世纪初，耶稣会会士已逾万人。与其他修会不同，耶稣会不主张离群索居、远避尘世，而是要求介入世俗事务，通过渗入上流社会、出版书刊、开办学校与医院等活动以扩大罗马教会的影响。耶稣会纪律严格，入会者必须富有虔诚的信仰与献身精神，必须崇拜教皇，绝对服从指示。会士还必须宣誓绝财、绝色、绝意，端正品行。为了维护教皇的权威，耶稣会士还尽量设法渗透到各国、各地区的统治集团之中去搜集情报，刺探隐秘，并主张为达到目的而不择手段，包括暗杀、投毒、收买和背信弃义等。此外，它还广泛兴办各种学校，注意培养上层人士的子弟，教学中不受经院式的传统方法的束缚，吸收自然科学的成果。耶稣会更派会士到海外积极布道，在亚洲、非洲和美洲活动，以扩大天主教的影响，并为西方殖民者效劳。

通过“反宗教改革”，罗马教廷虽然稳住了局面，但却难以阻挡历史发展的潮流，再也不能恢复对西欧的大一统神权。

七、新航路的开辟与西方的扩张

从15世纪后期开始，大西洋沿岸各国的君主、贵族和商人，纷纷组织船队到海外探险，寻找新的航路。到16世纪初，开辟了横渡大西洋到达美洲、绕道非洲南端到达印度的新航线，进而成功地进行了第一次环球航行。通过这一系列远洋航海探险活动，西欧人到达了陌生的或他们所知甚微的陆地与海域，这就是历史上所谓的“地理大发现”。

新航路的开辟，是西欧从封建制度向资本主义过渡时期的社会现实变动的产物，也与西欧航海知识和技术条件的积累密切关联。而东地中海沿岸政治格局的变动，则是促激这一活动的重要原因。

15 世纪后期，随着资本主义萌芽的产生与封建自然经济的衰落，城乡商品经济逐渐盛行。十分广泛的商品交换大大增加了货币的需要量。作为财富和权力的象征，贵金属金银是理想的货币。这时西欧货币已经由原来的银本位制过渡到金本位制，黄金、白银成为国际贸易的支付手段。因此，西欧的王公贵族和商人疯狂地追求黄金和白银，形成一股贵金属热。哥伦布曾经在日记中感叹，黄金是最宝贵之物。谁有了它，谁就成为他想要的一切东西的主人。有了黄金，甚至可以使灵魂进入天堂。然而，欧洲大陆所产的金银有限，难以满足他们的渴求。此外，西欧商人在同东方贸易中运进价格昂贵的丝绸和香料，又使贵金属大量外流。一些国家为缓解贵金属短缺，一再下令禁止金银出口，但仍然不能解决问题。于是，西欧人开始将注意力转向富庶的东方。当时欧洲流传很广的《马可·波罗行纪》更激发了西欧人对东方财富的渴望。马可·波罗（1254—1324 年）是意大利威尼斯商人，青年时代随其父亲和叔叔到中亚、印度和中国等地经商。回国后，参加了威尼斯与热那亚的海战，威尼斯战败，马可·波罗被捕下狱，在狱中他口述在东方的见闻，由比萨作家鲁思梯谦记录整理成《马可·波罗行纪》。该书对印度、南洋和中国的财富做了夸张描述，进一步激发了西欧上层分子到东方寻金的热情。对此，恩格斯指出："葡萄牙人在非洲海岸、印度和整个远东寻找的是**黄金**；**黄金**一词是驱使西班牙人横渡大西洋到美洲去的咒语；**黄金**是白人刚踏上一个新发现的海岸时所要的第一件东西"①。

在当时，要去东方淘金并非易事。在 15 世纪末前，从西方通往东方的商路主要有三条。一条是传统的陆地"丝绸之路"，从君士坦丁堡登陆，经小亚细亚、黑海和里海南岸至中亚，再翻越帕米尔高原到中国。另两条是海路：一条从叙利亚和地中海东岸、经两河流域到波斯湾，另一条从埃及亚历山大港经红海至波斯湾，再换船到印度和中国。这几条商路对沟通东西方的贸易往来具有重要作用。不过，它们在 15 世纪中叶被截断。当时，信奉伊斯兰教的奥斯曼土耳其帝国兴起，渐次占领了巴尔干半岛、小亚细亚以及克里米亚，控制了东西方间的传统商路，对往来于地中海的商船征收高额关税，致使运抵欧洲的商品数量少，经过意大利、阿拉伯等商人的转手，价格要上涨 8 至 10 倍。而欧洲的上流社会，则把东方的奢侈品看作是生活必需品与身份象征，不惜以重金高价购买。这样一来，西欧在东西方贸易上陷于严重的入超，大量贵金属外流。于是，各国君主、贵族和商人急切地想通过航海探险，开辟一条绕过地中海东岸直达中国和印度的新航路。

15 世纪西欧科学知识与技术的进步，为新航路开辟创造了必要条件。从 12 世纪开始，欧洲人便开始制造用于航海的大型船只。1200 至 1500 年，欧洲普通船舶的吨位普遍增加了 1 到 2 倍。15 世纪的西欧已能制造多桅快速、载重数百吨甚至千吨适宜远航的大船。中国四大发明之一的指南针，这时已由阿拉伯人传入欧洲，得到普遍应

① 《马克思恩格斯全集》第 21 卷，人民出版社，1965，第 450 页。

用，西欧人利用它来辨明地理方位，确定航向。随着科学技术的发展，古希腊地理学家托勒密所著的《地理学指南》在15世纪初被翻译成拉丁文，其中的地圆学说在知识界为越来越多的人所接受。1410年，法国一主教所著的《世界的面貌》一书，论述了大地为球形的观点，断定从西班牙海岸穿越大洋去印度，顺风航行几天就可以到达。1477年，佛罗伦萨的天文学家、地理学家托斯堪内里（1397—1482年）从大地是球形这一假定出发，认为向西航行可以到达印度和中国，并绘制了概略的世界地图，日后哥伦布远航时使用的就是这幅地图。此时，一些航海地图也逐渐变得准确起来，开始标明港湾和航线。所有这些，都使西欧人坚定了远洋探险开拓的信心，拥有在各种复杂气候条件下远航的能力，确保了新航路开辟的实施。

在新航路开辟中起决定性作用的是伊比利亚半岛上的西班牙和葡萄牙两国。通过长期的反对阿拉伯占领者的“收复失地运动”，它们在15世纪末已经完成领土统一，建立了君主中央集权的政治体制。两国的专制国王以及贵族、商人，为掠夺黄金、白银，扩张势力，积极支持航海探险事业和开辟直通印度的新航路。他们还给这一真实的动机蒙上了宗教狂热的外衣，鼓吹通过远航与信仰基督教的东方君主联合起来，共同夹击信仰伊斯兰教的奥斯曼土耳其人。由此，西班牙和葡萄牙就成为探索新航路的先锋。

最先进行海上探险寻找新航路的是野心勃勃的葡萄牙人。葡萄牙位于伊比利亚半岛的西南侧，大部国土濒临大西洋。从15世纪初起，葡萄牙就开始在非洲西海岸建立殖民据点。1487年，受葡萄牙国王的派遣，著名航海家迪亚士率3艘能载100吨的双桅大帆船沿非洲西海岸继续南下，到达非洲东海岸的阿尔戈阿湾附近。次年返航时到达好望角。1492年哥伦布率领的西班牙船队发现美洲新大陆的消息传遍了西欧。葡萄牙王室决心加快探索通往印度的海上活动。

1497年7月，奉葡萄牙国王之命，达·伽马率领4艘船共计140多名水手，由里斯本启航探索通往印度的航程。他的船队历尽千辛万苦，经加那利群岛，绕好望角，终于在1498年5月到达印度西南部海岸的卡利库特城，并于次年9月返回里斯本。这一次航行，葡萄牙人的船只满载回东方的香料、宝石、丝绸、象牙制品等货物。这些商品带来的丰厚利润竟是这次远航费用的60倍。1502年2月，达·伽马再度率领船队开始了第二次前往印度的航行，目的是建立葡萄牙在印度洋上的海上霸权地位，沿途拦截阿拉伯商船，强劫杀掠，炮轰卡利库特，强占果阿和柯钦。船队于次年2月到达，10月顺利返回。达·伽马也因此得到了葡萄牙国王的额外封赐，被封为印度和海上事务顾问、维迪奎埃拉伯爵。1524年9月，达·伽马第三次去印度，并被葡萄牙王任命为印度总督。达·伽马的航行使西欧直通印度的新航路终于开辟成功。

这一时期，西班牙人则选择向西方进行海上探险，寻找另一条通往东方的新航路。这种选择与著名航海家克里斯托弗·哥伦布的建议有关。哥伦布出生在意大利港口城市热那亚，经常在地中海和北海航行，熟悉地中海和东大西洋沿岸的航路。他很早就信奉地圆说，也推崇熟悉东方的旅行家马可·波罗，是一个典型的拜金狂，对东方的黄金与财富十分渴求。早在 1474 年，他就产生了从欧洲一直向西到达东方的想法。在向葡萄牙政府提出西航印度的建议遭到拒绝后，哥伦布于 1486 年举家迁往西班牙，其西航计划得到西班牙国王的肯定。1492 年 4 月，他与西班牙国王签订著名的《圣大菲协定》。协定规定：西班牙国王是一切新发现土地的宗主和统治者，任命哥伦布为上述地方的总督、钦差大臣和海军司令，有权获得当地总收入的 1/10。1492 年 8 月 3 日，哥伦布受西班牙国王派遣，率领 3 艘百十来吨的帆船，从西班牙巴罗斯港扬帆出大西洋。经七十昼夜的艰苦航行，1492 年 10 月 12 日凌晨终于发现了陆地，即巴哈马群岛东南方的萨马纳岛。哥伦布当即以西班牙国王的名义将其占领，命名为“圣萨尔瓦多”（意为“救世主”）。哥伦布错误地认为该地就是印度，称当地居民为“印第安人”，并向他们查询黄金产地。之后，哥伦布率队继续南下，先后到达古巴、海地，在海地建第一个殖民据点“圣诞城”，留下数十人驻守。1493 年 1 月 16 日，哥伦布率两只船出发返航，3 月 15 日回到巴罗斯港。此后，哥伦布又三次重复他的向西航行，登上了美洲的许多海岸。不过，直到 1506 年逝世，他一直认为他到达的是印度。后来，一个叫作亚美利哥的意大利学者，经过多方考察，才知道哥伦布发现的是一个原来不为人知的新大陆，这块大陆被命名为“亚美利加洲”。哥伦布的远航开辟了从西欧通向美洲的新航路，打破了美洲封闭隔绝的状态，为日后西方人对美洲的殖民掠夺奠定了基础。

哥伦布航海活动的成功，在西欧掀起了一股前往“新大陆”探险的狂潮。为了找到一条直通东方而获取大量财富的新航路，西班牙当局继续支持远洋探险活动，促成了费尔南多·麦哲伦（约 1480—1521 年）的环球航行。麦哲伦出生在葡萄牙，曾参加葡萄牙在非洲、亚洲的殖民活动，深信当时流行于西欧的地圆说。1517 年，他曾向葡萄牙国王提出这一计划，遭到拒绝后迁居西班牙，请求西班牙国王支持。经过协商，两者签订远洋探险协定：任命麦哲伦为新发现地带的总督和钦差大臣，分享殖民活动所取得的收益，由西班牙国王提供必需的大船、物资、武器和保障供应人员。1519 年 9 月 20 日，麦哲伦率领 265 人分乘 5 艘船，向西横穿大西洋，到达巴西沿岸后便南下探寻穿越陆地的海上通道。1520 年 10 月，他率领的船队驶进南纬 52 度处的一个海峡，经过一个多月的艰难航行，在 11 月 28 日驶出海峡，进入浩翰无边的“大南海”。在此后的 3 个多月里，船队在“大南海”里航行顺利，没有遇到一次风暴，于是麦哲伦便称它为“太平洋”，这个名称一直沿用至今。然而，这三个多月的海上航行，也使麦哲伦的船队饱受饥饿、疾病的折磨。1521 年 3 月，船队历尽千辛万苦到达菲律宾。麦哲伦因介入岛上部族纠纷，被当地居民杀死。最后，船队只剩下 1 艘帆船和 10 多名船员。他们向西穿过印度洋，绕过非洲南端的好望角，终于在 1522 年 9 月回到原出发地西班牙。麦哲伦船队首次完成了人类历史上绕地球一周的伟大的环球航行。

在葡萄牙和西班牙人海上探险的同时，其他大西洋沿岸的英国、法国和尼德兰等也纷纷卷入参与竞争，派遣探险队到海上去探寻去东方的海路，一直延续到17世纪初。纽芬兰、北美洲、澳洲等地相继被发现。

新航路的开辟，有力推动了西方文明史的发展进程，同时也开启了世界各地区文明尤其是东、西方文明的碰撞与交流。

随着新航路的开辟及其随之而涌动的西方殖民主义浪潮，为正处于从封建制度向资本主义过渡的西欧，提供了强大的驱动力。首先是引起了商业革命，这主要表现为商业活动范围的扩大、商品种类的增多、经营方式的改变和商路商业中心的转移，欧洲与亚洲、非洲之间的商业迅速拓展，并开始与美洲有了商业联系。美洲、亚洲、非洲的众多商品，开始大量出现在欧洲市场上。尤其是美洲的特定农产品，如玉米、马铃薯、烟草、可可等，传到欧、亚、非诸洲，成为人们生活中的必需品，也因此促进了城乡人口的增长。同时，欧洲的商路和商业中心也逐渐从东地中海沿岸转移到了大西洋沿岸，意大利的商业城市趋于衰落，代之而起的是里斯本、塞维尔等城市。稍后，北海两岸的港口更是后来居上，安特卫普、伦敦等日益繁荣，愈来愈占有海上贸易的中心地位。为了有效地处理繁荣的商品货币关系，股份公司、交易所相继出现。从殖民地掠夺和开采的大量廉价的贵金属，也开始源源不断地流入欧洲，引起金银的贬值和物价的飞涨，引发了价格革命。16世纪，欧洲的黄金从55万公斤增加到119万多公斤，白银从700万公斤增加到2 140万公斤。西班牙从殖民地得到的金银最多，物价必然上涨得最多最快，16世纪时平均上涨4.5倍，粮价上涨5倍。英、法、德国则一般上涨2到2.5倍。价格革命颠覆了传统的经济关系。按固定数额征收货币地租的封建主收入大大减少，更快地走向衰落。物价上涨使靠工资为生的工人实际工资下降，日趋贫困，新兴的资产阶级、新贵族则通过使用廉价的劳动力和高价出售产品，经济实力急剧增长。马克思曾指出："在十六世纪和十七世纪，由于地理上的发现而在商业上发生的并迅速促进了商人资本发展的大革命，是促使封建生产方式向资本主义生产方式过渡的一个主要因素。世界市场的突然扩大，流通商品种类的增多，欧洲各国竭力想占有亚洲产品和美洲富源的竞争热，殖民制度，——所有这一切对打破生产的封建束缚起了重大的作用。"① 由新航路开辟及殖民掠夺导致的欧洲的商业革命和价格革命，是资本原始积累的重要因素之一，它们用经济的杠杆加速了西欧封建制度的没落和资本主义的发展，推动了近代西方文明的日益形成。

新航路开辟和随之而来的殖民掠夺，对世界历史发展进程同样也产生了深远的影响。在新航路开辟之前的数千年中，由于种种历史条件的严重制约，各地区、各

---

① 《马克思恩格斯全集》第25卷，人民出版社，1974，第371-372页。

国之间虽然存在着不同程度、不同方式的交流，但交往的层面也多停留在物产和生产技艺的领域内，且相互往来多依赖陆路而靠人力、畜力进行，深受地域壁垒的阻隔。因此，各地区、各国实际上仍然大体上处于相互封闭或自我隔绝的状态。自从新航路开辟后，各地区、各国之间的交流步入了一个崭新的历史时期，逐渐呈现出一个多维度与立体式的格局。在“西力东渐”的浪潮中，西欧人通过海路进行的殖民扩张，用武力打破了各地区、各国之间长期存在的封闭性与隔绝性。一方面，西方的殖民侵略将亚洲、非洲和美洲许多国家变为其殖民地或半殖民地，给这些地区的人民带来殖民掠夺、奴役的巨大灾难。但另一方面，整个世界逐渐有机地连接起来，物种、技术的交流与人种的重新分布也随之大规模地进行，大大促进了不同文明之间的联系。非西方尤其是东方的人民，在切身感受到西方殖民者的血腥暴力和残酷掠夺时，也逐渐接触到西方较为先进的生产技术、社会制度与思想文化，由此而必然要从中寻找变革传统的武器。正是在东、西方文明的冲突与交融中，世界文明的发展开始了新的历史大跨越。

参考书

Alan Bullock, *The Humanist Tradition in the West*, New York: R. S. Means Company, 1985.

Loraine Boettner, *The Reformed Doctrine of Predestination*, Michigan: WM. B. Eerdmans Publishing Company, The Reformed Press, 1936.

E. Cassirer et al., ed. *The Renaissance Philosophy of Man*, Chicago: University of Chicago Press, 1948.

A. G. Dickens, *The Age of Humanism and Reformation*, *European in the Fourteenth*, *Fifteenth and Sixteenth Centuries*, London: Prentice-Hall International, Inc., 1977.

Daniel Garber & Michael Ayers, ed. *The Cambridge History of Seventeenth-Century Philosophy*, Cambridge: Cambridge University Press, 1998.

J. W. Zophy, *A Short History of Renaissance and Reformation Europe*: *Damces over Five and Water*, New Jersey: Prentice Hall International Ltd., 1997.

雅各布·布克哈特：《意大利文艺复兴时期的文化》，何新译，商务印书馆，1988。

托马斯·马丁·林赛：《宗教改革史》（上卷），孔祥民，令彪，吕和声等译，商务印书馆，1992。

佩里·安德森：《绝对主义国家的系谱》，刘北城，龚晓庄译，上海人民出版社，2001。

马克斯·韦伯:《新教伦理与资本主义精神》,于晓,陈维纲等译,生活·读书·新知三联书店,1987。

G. R. 埃尔顿编:《新编剑桥世界近代史》第 2 卷,中国社会科学院世界历史研究所组译,中国社会科学出版社,2003。

李平晔:《人的发现:马丁·路德与宗教改革》,四川人民出版社,1988。

朱孝远:《欧洲涅槃:过渡时期欧洲的发展概念》,学林出版社,2002。

刘明翰,朱龙华,李长林:《欧洲文艺复兴史·总论卷》,人民出版社,2008。

孟广林:《欧洲文艺复兴史·哲学卷》,人民出版社,2008。

张箭:《地理大发现研究(15—17 世纪)》,商务印书馆,2002。

第五章 启蒙运动与工业革命

第一节 近代理性之光

一、从“自然神论”到“天赋人权说”

17、18 世纪，随着欧洲资本主义的发展，新兴资产阶级日益成熟，开始独立登上政治舞台。与之相应，反神权、反专制的思想解放运动——启蒙运动逐渐在欧洲兴起。这一运动与 16—17 世纪欧洲文明的变革息息相关。宗教改革有力削弱了基督教对社会的思想统御，科学革命则拓展了人类认识自然与社会的能力，推动思想家大胆探索上帝与自然的关系。

在启蒙主义的理论中，“自然神论”引人注目。“自然神论”在英国大致滥觞于 17 世纪，代表人物是廷德尔、洛克等。他们主张，上帝创造万物后，不再介入人与自然的关系，不再干预人类活动，人和自然一直按自身规律有序运行。自然界的规律就是自然运行与演化规则，即自然法则，人类的规律就是人类理性与智慧。自然法则充分证明，人类拥有理性和智慧，以此确立宗教信仰、建立社会体系、组织社会生产，人类理性的源头同样是上帝理性和智慧。由此，他们主张以“理性宗教”代替“天启宗教”，反对盲从教会教条，不承认“神迹”或违背自然规律的奇迹。

法国“自然神论”兴起于 18 世纪，更注重社会实践，在思想方法上更多唯物元素，更少先验论，代表人物是启蒙思想家伏尔泰、孟德斯鸠、狄德罗、卢梭等。“自然神论”注重从人类社会性与民族性阐述上帝、人、国家之间的关系。伏尔泰主张，上帝将理性诉诸自然，保持其合理存在，人类的道德与伦理证明了上帝的存在。上帝赋予人类以理性的基本元素：人性、正义、自由、平等，法律与社会秩序则以上述元素作为基础。孟德斯鸠提出“自然法”与“人为法”概念，即自然界的法则与人类法则同出一脉，自然法构成人类生存的基础，体现了爱好和平、追求安全、利益共享等基本原则。人类为了实现利益最大化，不断修改法律，以“人为法”替代“自然法”，“人为法”将实现“自然法”所追求的目标。卢梭则强调人类起源于自然，上帝赋予人类以美德，使人类超脱自然界。人类的自然本性随社会参与而遭侵蚀，社会参与包括社会生产与社会分工，破坏了人类的自然状态，导致私有制，进而伤害到人类美德、信仰以及社会秩序。上帝的存在既体现为人类拥有理性和智慧，还在于人类拥有情感，保持信仰上帝的本性，人类恢复本性的途径就是宗教。

“自然神论”的产生与盛行，改变了欧洲以基督教为核心的宗教信条，将人性、理性、科学等理念带入欧洲人的认识论和方法论，以教会、圣经以及宗教狂热为主导的社会生活由此发生变化，近代自然科学得到进一步发展，唯物主义科学世界观开始萌发。

为了给资产阶级的社会政治变革开辟道路，启蒙运动的思想家同时也提出“天赋人权说”，注重探讨人类权利的来源、表现以及存在方式，突出人类在自然界的主体地位。

“天赋人权说”强调，人类的权利来自上帝，神圣不可侵犯，个人权利是上帝与每个人达成的约定，每个人都有权捍卫自己的权利不受侵犯；人类的本性形成于自然状态，每个人出生即获得相应权利，可以平等享有这些自然权利，权利是人类的固有品质，受自然法则和人类理性支配；人类的平等权利包括生存权、自由权、平等权、财产权等，这是人类的基本权利；个人权利高于一切，每个人的权利都优于他人，对个人权利的限制，需要共同力量的保护。

“天赋人权说”明确提出资产阶级反抗封建君主专制与教会神权的诉求，推动近代资产阶级人权思想体系的形成，为近代社会政治制度的确立奠定了思想基础。

二、从“三权分立说”到“社会契约论”

“三权分立说”与“社会契约论”，构成了启蒙运动政治思想的轴心，集中表达了启蒙思想家反对君主专制与教权禁锢的抗争精神。

在 1690 年发表的《政府论》中，洛克提出关于分权思想。他指出，为避免出现独裁，国家权力分为立法权、行政权和外交权，以立法权最重要。议会在人民委托下掌握立法权，负责制定国家法律。国王掌握行政权，必须按国家法律履行权责，不能将行政权凌驾于法律之上。国王掌握外交权，代表人民对外缔结条约、宣战、媾和。立法权与行政权须分立并相互制约。

1748 年，孟德斯鸠发表《论法的精神》，进一步阐述了分权与制衡思想，最终形成“三权分立”学说。在他看来，法的精神反映了人类理性，目的是保障人类的自由平等的天赋权利。由此，国家的政府权力就应按照这种精神分权制衡。

政府权力分为立法权、行政权和司法权，立法权负责制定国家临时和永久立法，拥有创制权和否决权；行政权负责国家对外宣战与媾和，派遣并接纳外交使节，维护社会安定；司法权负责惩戒犯罪，裁决诉讼。立法权由人民集体享有，由议会掌握；行政权执行国家意志，由国王掌握；司法权由法院掌握，其成员来自人民。三种权力分治和制衡，为的是防止权力滥用，确保人民政治自由。

作为欧洲启蒙主义思想的一部分，“社会契约论”的目标也是反对君主专制。洛克进一步发展了霍布斯的社会契约思想，指出人类订立契约，并非源于自然状态的竞争天性和个人权利，而是源于自然状态中的平等和自由。人民通过订立契约而非授予信用，将裁决权交给统治者，统治者必须向人民保证和平与安全，统治者只是人民自由权利的保管者而非主人。人民虽然订立契约、授权给统治者，但只是出让部分权利而未放弃全部权利，尤其没有出让在任何情况下放弃生命或防止他人伤害自身的权利。当统治者威胁其人身与财产时，人民有权选择新的统治者。

在洛克思想的基础上，卢梭将社会契约思想发展到一个新高度。1762 年，卢梭发表《社会契约论》，提出完整的社会契约理论。即每个订约者将一切权利交给统治者，订立社会契约需要全体一致通过，唯此才能确保订约者完全平等。人类订立契约的目的就是建立一个道德共同体，以共同力量保护订约者人身和财产安全。国家主权由人民共同意志组成，公意至高无上，不可分割、转让或替代。法律体现并记录了公意，指导公意的判断并非始终明智。政府只能在公意的委托和监督下执行法律、行使权力，政府并非社会契约的直接结果，主权者可根据需要，限制、改变或收回交付政府的权力。在此基础上，卢梭更进一步提出“人民主权说”，强调人民在国家与社会生活中的主导地位，人民主权高于一切，国家制度、法律、权力机构以及意识形态都必须服务于人民。人民作为国家与社会的主人，既可选择制定符合自身需要的法律，也可创建能够贯彻自身权益的政府，以此构建理性的公民社会。

“社会契约论”的提出及其持续深化，对推动欧洲启蒙思想的深入发挥了巨大作用，为 18 世纪末 19 世纪初欧美资产阶级革命提供了理论指导。

第二节　启蒙运动与社会变革

一、苏格兰启蒙运动

启蒙运动在 17—18 世纪的欧洲风行一时，在各国表现不尽相同。虽然苏格兰远离欧洲大陆，地域狭小偏僻，资源和人口有限，但其政治与文化条件特殊，其启蒙思想与科学探索独树一帜，进而成为欧洲启蒙运动的领跑者。在英国资产阶级革命后，苏格兰与英格兰联合建立不列颠王国，建立完整的国家、法律、社会制度。这使苏格兰能够尽享制度红利，在自由氛围中推进文化与思想进步，促进经济与科技发展。除具有宽松的政治与社会环境，苏格兰还确立以长老会为中心的国教，建立了特有的宗教-社会秩序，为推动世俗宪政体制、平民意识、工商契约模式等奠定了基础。

以圣安德鲁斯大学、格拉斯哥大学、阿伯丁大学、爱丁堡大学等为基地，苏格兰启蒙思想家、教育家以及科学家以科学探索精神认识世界，他们不仅长于思想、学说以及理论建构，还注重科学实验以及技术进步，注重将理论、经验以及知识运用于社会实践。

苏格兰启蒙运动名家辈出，例如亚当·斯密、大卫·休谟、亚当·弗格森、弗朗西斯·哈奇森、约翰·缪尔、托马斯·里德和杜格尔德·斯图尔特、约瑟夫·布莱克、威廉·卡伦、威廉·里奇曼、詹姆斯·瓦特等。其研究与创新领域覆盖自然科学、社会科学以及人文科学等领域，其学说与理论博大精深，形成系统的思想体系与科学体系，其技术成果几乎改变了人类的发展进程。

在哲学领域，弗朗西斯·哈奇森是苏格兰启蒙运动的奠基人，也是苏格兰哲学之父，他提出人性至善理论，强调仁爱是人类行为的唯一动因，道德感是人类心灵的天然感知力，可以支持或批判人类行为，道德服务于大多数人的幸福。这一伦理观奠定了古典功利主义的思想基础，为苏格兰启蒙运动奠定了基石。大卫·休谟提出精神哲学，包括认识论、经验论、社会伦理等，强调感性知觉是人类的唯一认识对象，人类无法在知觉之外理解其来源，外部世界的因果关系与客观规律均源于人类知觉。

亚当·斯密是政治经济学的创立者，提出市场经济运行的理论模式，被视为西方的“经济学之父”和“自由企业的守护神”。在《国富论》一书中，斯密反对国家垄断的重商主义，强调市场经济。他强调，确保个人生存与发展是国家建立经济体制的前提，社会进步取决于个人自由，每个人都有权支配自己的财产，这是推动社会进步与福利的前提。国家应倡导自由贸易和商业自由，实现国与国、人与人的自然分工，政府应确保人与人公平竞争，确保国家和平与安全。亚当·斯密等人还提出社会发展四阶段说：渔猎采集社会、畜牧社会、农耕社会、商业社会，对财产意识、私有制度、社会不平等的根源展开分析，总结人类文明进步的规律。

在社会学领域，亚当·弗格森等人提出公民社会概念。在《文明社会史论》一著中，他认定人类社会经历了三个阶段：野蛮阶段、未开化阶段、文明阶段，强调个人自由幸福和社会利益必须保持一致，为个别利益而竞争将损害社会利益，为公众利益而竞争将推动社会进步。在公民社会，社会分工能推动国家经济发展，但也会导致腐败，抑制腐败的最佳途径就是提倡个人美德。每个人自由表达诉求，将推动社会进步，而缺乏自由的秩序，将会危害公民社会。

在医学领域，亚历山大·普里默斯创立了人体生理学理论。在他以及一批学者的努力下，苏格兰各大学陆续开设人体解剖学课程，使之成为外科学的一部分，约翰·亨特成为病理解剖学奠基人。詹姆斯·林德发现坏血病成因，提出以柑橘补充维生素C的治疗方法。威廉·卡伦提出糖尿病概念，将安慰剂及其疗法引入医学治疗。经过持续努力，苏格兰的解剖学、临床医学、外科学等持续发展，医学技术不断成熟。

在法学领域，乔治·麦肯齐率先提出犯罪学概念，同时还提出道德哲学问题，强调国家法治的作用，以及法律对社会健康的重要性。詹姆斯·达瑞坡则提出苏格兰法律原则，奠定了苏格兰法律的思想基础。布克顿勋爵也对苏格兰和英格兰的法律关系展开研究。另外，斯蒂尔子爵和麦肯齐爵士推动苏格兰法律机构建设，麦肯齐在爱丁堡建立律师图书馆等。这些实践推动了苏格兰乃至英国的法典化运动，为苏格兰民主与法制建设开辟了道路。

与此同时，在文学、历史学、农学、地理学、植物学、化学、城市学等领域，苏格兰学者同样做出了重大贡献，他们著书立说，展开富有成效的实践。例如，詹姆斯·哈顿提出火成岩学说，詹姆斯·安德森提出土地出产物与地价的关系问题，威廉·卡伦提出植物生长与土壤的关系问题等。在科学研究和实验中，最引人注目的成果当属蒸汽机。在前人研究的基础上，詹姆斯·瓦特制造了具有实用价值的蒸汽机，拉开了蒸汽机时代的序幕。

苏格兰启蒙运动展示了科学与理性在近代欧洲文明发展中的重大作用，其在自然科学、社会与人文科学等领域取得的成果，直接影响到苏格兰乃至英国的发展进程，对欧洲文化、思想以及科技产生巨大影响。

二、法国启蒙运动与百科全书派

18世纪的法国是西欧启蒙运动的中心。与其他国家相比，18世纪的法国面临着更深刻的社会矛盾与变革，由此而酝酿的启蒙运动声势最为浩大，在思想主旨上具有共同的明确性，在与旧思想的决裂上具有鲜明的彻底性，在理论的建构上显示出更突出的创新性与成熟性，影响也最为深远，堪称西欧各国启蒙运动的典范。恩格斯对这一特征则曾做了准确的揭示："在法国为行将到来的革命启发过人们头脑的那些伟大人物，本身都是非常革命的。他们不承认任何外界的权威，不管这种权威是什么样的。宗教、自然观、社会、国家制度，一切都受到了最无情的批判；一切都必须在理性的法庭面前为自己的存在作辩护或者放弃存在的权利。"① 在这一运动中，著名启蒙思想家接踵而至，各种政治学说层出不穷。伏尔

① 《马克思恩格斯选集》第3卷，人民出版社，2012，第391页。

泰、孟德斯鸠、狄德罗、卢梭、魁奈、孔狄亚克、爱尔维修等，都从不同角度阐述了民主与自由理念。

在政治上，启蒙思想家提出一系列政治学说与理论，例如“自然神论”“社会契约论”“三权分立说”“人民主权说”等，系统论述了其在自然、社会、国家、法律等领域的启蒙观点，提出资产阶级自由、民主、平等与博爱等思想。在激烈批判封建君主专制与教会神权的基础上，他们要求以公民社会代替封建等级社会，以体现君主、贵族与平民等共同利益的君主立宪制度代替封建专制；以进步与科学代替宗教愚昧与落后；以人民权利的平等和自由代替封建特权。

在经济上，启蒙思想家提出重农主义与重商主义，主张发展农业、商业和贸易，从根本上扩展国力，推动社会繁荣。作为“重农学派”代表，魁奈在《经济表》中对人口、消费、需求、价格、价值的关系展开系统研究。即国家财富主要表现为土地拥有量，因为土地是财富的源泉，国家要想富强，必须有巨量土地以及强大的农业生产能力，国家还须干预或者抑制经济活动。“重农学派”的激进代表梅叶反对贵族剥削穷人，号召农民反抗王权，主张消灭私有制，建立公有制。作为晚期重商主义的代表，柯尔贝尔提倡增加国库收入，鼓励发展工业和手工业，强调国家干预经济，支持商业流通，扩大海外贸易和殖民扩张，不断开拓新市场等。

启蒙思想家推出许多极具内涵的佳作，发展了法国启蒙思想体系，深化了启蒙思想实践，推动了社会变革。笛卡儿的《方法论》、伏尔泰的《俄狄浦斯王》和《哲学通信》、孟德斯鸠的《论法的精神》和《罗马盛衰原因论》、卢梭的《论人类不平等的起源和基础》和《社会契约论》、狄德罗的《哲学思想录》、《对自然的解释》和《怀疑者漫步》、拜尔的《历史与批判词典》和《关于孔德的思想》、摩莱里的《巴齐里阿达》和《自然法典》等，都是极具思想启蒙的力作。

1751—1780 年，狄德罗担任主编的《百科全书》出版，该书堪称启蒙思想的集大成者。该书内容包括政治、经济、科学、文化、医学、工程、航海、军事、艺术、手工业等，涉及各个学科，触及社会生活各个领域，荟萃当时最知名的思想家与来自各领域与行业知名的科学家、工程师、航海家、博物学家、医生、旅行家等。以《百科全书》为核心，法国启蒙运动产生了独特的百科全书派，该学派活跃于 18 世纪后半期，为启蒙运动的核心思想与理念进步，以及科技创新做出了突出贡献。

与先前启蒙思想中的经验论、唯理论、先验论不同，百科全书派主张唯物主义和无神论，其方法论和世界观更积极。该学派否定基督教的基本信条，否定宗教化世界观，反对教会与教士的迷信与欺诈行为，尤其反对经验哲学。该学派认为，物质自身拥有活力与运动规律，物质和运动密不可分，无须外力介入；世界具有统一性，最终统一于物质。宇宙万物由多变的元素构成，它们互相转化，处于普遍的因果关系中；人类历史是自然科学与人类思想发展的综合产物，科学的进步将完全替代或者消除宗教。

百科全书派还提出进步的政治主张，强调人人生而平等和自由，自由和平等不可转移，这是人类的自然权利，人类通过订立社会契约，脱离野蛮的自然状态，建立国家、制定法律，就是要保护自由和平等。其中，自然法则成为人类的共同理性和正义，构成人为法的基础。由此，他们反对封建专制王权，反对封建等级制度和特权，反对天主教会和宗教迷信，倡导开明君主制度，主张以法律限制君主的权力；强调人民的自由必须通过法律来维护，法律至上。

作为法国启蒙运动的一个风向标，百科全书派所宣传的价值观、伦理观以及世界观，发展并深化了欧洲启蒙思想与理论，推动了启蒙思想与欧洲政治、社会、文化生活相互融合，加速了欧洲社会变革的进程。

三、开明君主制及其实践

开明君主制又称“开明绝对君主制”“仁慈专制主义”，是启蒙思想家所提出的主张。针对法国的君主专制，魁奈强调，欧洲应以中国王道式的政治模式为蓝本，对专制君主制实施改造，使之趋向合理化。戏剧家格林男爵也主张开明君主统治。在他看来，理想的开明君主不仅要坚持正义，还要自我不断鞭策，处于人民监督下，不滥用权力。人民应该服从君王的命令或者国家法律，而非君王本身。君主的权力并非神授，而是得自人民订立的契约。被誉为“欧洲良心”的伏尔泰在系统论及君主开明制时指出，人类在法律上生而平等且自由，但在财产权利上并不平等，人类需要在自然法基础上建立公正的法律秩序。伏尔泰进一步认为，奉行儒家教义的中国是开明君主专制的典范。中国皇帝勤政爱民，宽宏大量，中国实现了信仰自由，各种宗教均可自由传教，国家秩序井然，人人友爱，社会和谐。欧洲应学习中国统治模式，由开明君主实施统治，通过自上而下的制度改革，改变封建制度中的不合理之处，代之以符合理性的社会制度。英国君主立宪制就是一种理想的开明君主制模式，值得欧洲各国仿效。

在伏尔泰等人倡议下，欧洲掀起一场开明政治浪潮，各国君主为变革图强，竞相聘请伏尔泰等进步学者为资政，就治国理政提出建议，实施政治改良，均以实施开明君主制为傲。俄国的叶卡捷琳娜二世、哈布斯堡王朝的特蕾莎和皇帝约瑟夫二世、普鲁士的腓特烈二世堪称开明专制君主的典范。

1762 年，叶卡捷琳娜女皇亲政。她深受启蒙运动的影响，多次与伏尔泰联系，甚至邀请伏尔泰赴莫斯科，以便随时资政；叶卡捷琳娜还向狄德罗提供资助，奖掖其对启蒙运动的贡献。为了改变俄罗斯的落后局面，她鼓励发展资本主义工商业，取消贸易限制，减少各种苛捐杂税；鼓励文学创作，营造宽松的文化氛围，力促莫斯科成为欧洲新文化中心。同时，叶卡捷琳娜不断强化专制体制，加强对地方的控制，颁布《俄国贵族权利、自由和特权诏书》，对贵族实施怀柔和管制并重的政策。

在哈布斯堡王朝，特蕾莎于1740年亲政后，在强化政治集权的同时，取消地主担任国家收税人的特权，废除领主裁判权，减少农民的劳役地租和代役租，增加国家财政。同时推进义务教育，开发民智；设立皇家学院，向维也纳大学提供资助，设立医疗系，推动科学研究；废除火烧女巫陋习，废除酷刑制度和死刑，缓和社会矛盾。继特蕾莎之后，其子约瑟夫二世在加强皇权统治的同时，在匈牙利、加利西亚、布科维纳等地建立移民区，鼓励发展工商业，扩大地产和资本。1781年，约瑟夫二世颁布《宽容令》，实施宗教宽容政策。接着又连续颁布赦令，废除境内农奴制度，限制贵族特权，解散修道院，没收教会财产。

普鲁士国王腓特烈二世则是启蒙时代最知名的开明君主。他自称是启蒙思想家的朋友，在波茨坦修建无忧宫，邀请全欧洲知名学者前往，以便聆听思想家的启蒙。启蒙思想家伏尔泰、数学家莫佩尔蒂、哲学家拉美特利、作家亚尔尚侯爵等都曾做客无忧宫，提供资政建议。为加强集权，他实施全方位改革，推行高效的公务员制度；颁布宪法草案，推进法律面前人人平等的原则；实施宗教宽容，对胡格诺教派实施开明政策；鼓励教育与科技进步，推进强制义务教育制度；鼓励重商主义，广泛兴修水利，改善农业生产条件；建立现代征兵制度，推动现代化军事体制建设等。这些措施为普鲁士开启近代化进程奠定了基础。

尽管受到启蒙思想的影响，但开明君主制并未践行自由、平等的启蒙理念，存在着自身无法克服的逻辑矛盾，不过是各国君主为维护专制权力而推行的一种政治手段，无法从根本上解决欧洲各国的政治、经济与社会矛盾。

四、北美的新教复兴运动与“大觉醒运动”

新航路开辟后，欧洲开启了大规模海外探险与殖民，北美大陆逐渐被纳入世界殖民体系中。1620年，来自英国的102名移民搭乘“五月花号”轮船来到弗吉尼亚，他们订立《“五月花号”公约》，开启了北美大陆移民生活。随着英国资产阶级革命开启，越来越多的清教徒、王党分子、失势贵族、贫民，甚至还有许多罪犯进入北美大陆，使英国人从几个零散的殖民据点扩展到13个殖民地，东海岸殖民地逐渐连成一片。同时，越来越多的荷兰人、德国人、法国人、爱尔兰人、北欧人也移民到北美。这些新移民拥有不同的宗教信仰，既有天主教徒，也有新教徒，新教徒又分为圣公宗、清教、长老宗教派、达尔文教派、路德教派、加尔文教派等。他们信仰虔诚，生活严谨，执念单一，追求执着。

18世纪上半期，北美13个殖民地分别为英王直辖殖民地、公司或业主殖民地、自治殖民地。这三种殖民方式互不相属，导致英国在北美的殖民统治相当松散，由此为北美的文化传播与思想启蒙提供了宽松环境。另外，北美殖民地经济有一定发展，人民生活有较大改善，商业主义盛行，物质主义与拜金主义极为普遍，这些都严重削弱了殖民地的宗教信仰、规约与章程。与此同时，欧洲启蒙思想在北美广泛流传，追求自由、平等、民主和进步，成为北美以宗教觉醒为纽带的思想启蒙与变革的基础。

1719年，荷兰宗教改革会牧师弗里林海森在新泽西传教，传播福音，就此开启北美新教复兴运动。受虔敬派思想影响，弗里林海森号召北美人民悔改自新，以便灵魂重生，通过重新信奉基督，树立宗教情感。继弗里林海森之后，长老会牧师基尔伯特·坦南特在新布鲁瑞克传道，对北美流行甚广的公理宗与安立甘宗提出批评。坦南特注重培养和教育青年牧师，保持新教思想世代传播。坦南特及其父在1736年创建“木屋学院”，作为传播新教思想的据点。

北美新教复兴运动持续了半个世纪，其思想基础极为广泛，既有流行于英国的福音奋兴派思想，也有流行于荷兰和德国的虔敬主义。新教复兴运动的基本主张包括：第一，信徒必须虔诚信仰上帝，时刻表现上帝的爱，信徒在个人生活中要坚持严格的道德标准；第二，信徒必须有强烈的宗教感情，坚持悔罪信念，反省自身过失，使自己的灵魂重生。作为北美思想解放运动，北美新教复兴运动与欧洲启蒙运动无法相提并论，但两者实际上同出一辙，均是近代思想解放的重要内容，为欧美各国社会革命奠定了思想基础。

“大觉醒运动”堪称北美的启蒙运动，是北美新教复兴运动的高峰，它突破宗教信仰的局限，确立了北美地区新的价值观、宗教观与方法论，其影响并不止于宗教领域，而是深入北美人民的社会生活。这一运动开启于18世纪30年代，领导人为新英格兰神学学派奠基人暨公理会牧师爱德华兹、基督教福音派牧师怀特菲尔德等。“大觉醒运动”的传播者虽然宗教思想各异，但都坚持新教教义，要求北美人民按照新教原教旨主义来规范和建构其社会生活。该运动从新英格兰首先开始，然后向南方扩展，传及北美大陆13个殖民地，最终成为北美特有的启蒙运动。

爱德华兹是北美最具影响的传道者与北美启蒙思想的开启者。他坚持“因信称义”说和原罪说，宣称上帝拥有绝对主权，重视心灵感受和真理，强调个人重生得救，教会也因纯洁而重生，坚持圣徒应由选民组成。他还指出，基督徒的最高美德是爱上帝，人的感情在宗教生活中极为重要，是表达人爱上帝的通道，但滥用情感是亵渎人对上帝的爱。

怀特菲尔德在1735年参加英国福音奋兴运动，从1739年起，他在3年内7次赴北美巡回布道。他的布道语言生动，说理透彻，富有感染力，极受民众欢迎，在北美各地激起了新的宗教热情，以致英国国教教会宣布暂停其圣职，防止北美地区的宗教活动失控。但怀特菲尔德在长老会赞助下继续布道，并放弃卫理公会的说教，转而从长老会教义中吸取加尔文宗的信条。他认为人人都可通过《圣经》和灵光与上帝沟通，强调必须实行宗教信仰自由与宗教宽容，让每个人都可通过自己的善行而得救。由此，他反对官方教会的烦琐教义和仪式，支持民主和独立的教会，支持由教徒选举教职人员。此外，他还反对宗教专制和压迫，鼓吹民主平等、信仰自由和人民主权。

以爱德华兹、怀特菲尔德为先导的“大觉醒运动”，全面推动了北美地区宗教生活的自由化、个人化和民主化。前者对新教思想做出系统深入的解读，推动了北美地区新教思想体系的发展；后者则以鼓动宗教情感的奋兴传道方式，推动了北美地区各种教区制度的瓦解，加速了各种旧式教会的分裂，削弱了传统教会在组织、观念以及职能等方面对北美人民的束缚。这些都对北美独立运动产生了积极的催化作用。

第三节　科技发展与第一次工业革命

一、牛顿力学体系

如果说文艺复兴与启蒙运动推动了近代西方精神文明的建构与社会变革，那么，以牛顿力学体系为基础的科技进步，则有力促进了近代西方物质文明的发展。

牛顿力学体系是16世纪欧洲科学革命所导致的自然科学成果积累的产物。哥白尼、布鲁诺、开普勒与伽利略关于天文学以及天体物理学的学说，打开了人们探索宇宙空间物质运动运行规律的视野。笛卡儿的形而上学认识论和本体论，将物理学、数学等纳入统一的认识体系中，冠之以机械唯物主义的方法论，使自然科学摆脱经验哲学的影响。而培根的逻辑归纳方法与唯物论，更将自然科学研究方法建立在实验科学的基础上。所有这些，都促进了牛顿力学体系的建构。随着资本主义经济的发展，英国工场手工业大规模兴起，雇佣劳动普遍化，现代商业交流愈加频繁，社会生活日趋规范与稳定，且进行了政治体制的渐次变革。宽松且稳定的政治、经济与社会状况，为牛顿的科学研究营造了良好氛围。

牛顿的研究范围很广泛，涉及物理学、力学、数学、天文学、光学、哲学。牛顿力学体系不只是力学学说，它不仅融会力学与天文学，还运用多学科观点与方法，其重点是经典力学，包括万有引力定律、第一定律、第二定律与第三定律。

1687年，牛顿提出万有引力定律。这一定律认为，自然界任何两个物体均相互吸引，引力的大小与两物体质量的乘积成正比，与两物体间距离的平方成反比。地球自身有足够大质量，其引力足以抓紧地球上所有东西；地球围绕太阳运转，月球围绕地球运转，两者有相同的运动规律，但月球除受地球引力外，还受太阳引力；行星运转有运动规律，木星和土星的卫星围绕其运转，也有相同的运动规律。万有引力定律将人类对天体运动的研究真正建立在力学理论基础上，由此创立天体力学，使人类得以近距离探测宇宙的奥妙。

与此同时，牛顿还详细阐述了惯性、加速度、作用与反作用这三个概念，提出一套物质运动的理论。第一定律亦称惯性定律，认为任何物体都保持静止或匀速直线运动，直到受到其他物体的作用力，迫使其改变这种状态，物体这一固有属性就是惯性；力在本质上是两物体间的相互作用，力有物质性，不能脱离物质而存在，但力可以改变物体的运动状态，与物体运动的速度无关，只与物体运动中的加速度有关。第二定律强调，物体受到外力作用时会产生加速度，加速度的方向和外力的方向相同，加速度的大小和外力的大小成正比，与物体的质量成反比；力和加速度同时产生、变化乃至消失。与正方向相同的力或加速度均取正值，反之则取负值。第三定律指出，两物体间的作用力和反作用力处于同一条直线，大小相等，方向相反；作用力和反作用力没有主次、先后之分，同时产生并消失；作用力和反作用力施于不同物体，不能抵消，必须是同一性质的力；作用力和反作用力适合所有物体运动，与参照系无关。

牛顿的三大定律有许多预设前提，第一定律只在惯性参照系中成立，第二定律仅针对力的作用效果、物体惯性大小做出定量描述，更多强调力与物体惯性的矢量变化与瞬时关系。第二定律只适用低速运动的物体或低于光速的运动物体；只适用宏观物体。第三定律强调绝对时空、相应的超距作用，并未考虑相对时空及其作用。人们常用力学原理和标准解释一切，将自然界运动归结为机械运动，将一切运动的动因归结为力，忽略了自然界与人类发展的复杂性和特殊性。

牛顿经典力学推动了机械唯物主义自然观的形成，将自然界中起作用的原因归结为自然界规律使然，有利于促使科学家探索自然界规律；刺激科学家运用分析和解剖方式，通过观察和实验获得更多经验材料。这种思维方式虽然忽视了理论思维的作用与事物之间的联系，但对科学发展极为必要。

牛顿力学体系深受欧洲知识界推崇，一度被当作物理学以及其他自然科学学科的研究基础。在18—19世纪，牛顿力学体系的研究论断、逻辑方法、学术判断，均成为欧洲科学界共同遵循的规范，支配着大多数自然科学学科的发展与演化。许多物理学定律由此衍生，在推动类似力学、物理学、热学、数学等学科持续深化的同时，加速了上述学科中各分支的扩展，为近代学科体系的完善做出贡献。

牛顿力学体系的方法论和认识论也受到普遍推崇，例如分析和综合相结合的方法、公理化方法、科学的简单化原则、寻求因果关系中相似性的统一原则、在实验基础上发现物体普遍性原则、甄别归纳结论的原则等。这些科学原则与方法对近代学科的科学化与系统化、认识观与方法论的现代化等都产生了巨大影响。正是牛顿力学体系所开创的科学实验模式，使科学逐渐摆脱经验论和先验论的影响，在世界观与方法论上逐渐确立了唯物主义辩证法，推动了近代自然观与科学观形成。

二、英国技术革命

在启蒙运动的熏陶以及牛顿力学体系的推动下，在君主立宪制所确立的有利于资本主义发展的法律与制度环境中，英国率先成为欧洲技术革命的弄潮儿，在科学传承、学科建设、科技创新、人才培养等方面走在欧洲前列。

17世纪，科学研究与技术发明在英国频现高潮。各种学术组织层出不穷，科技活动趋向制度化。17世纪40年代，约翰·威尔金斯创建哲学学会。1660年，旨在促进工艺和技术的科学运用的英国皇家学会宣告成立，逐渐成为最高科研机构，指导并规划国家整体科研，为科技发明制定规则，提供支持。许多知名科学家均为皇家学会成员，牛顿曾出任会长。皇家学会下设众多专业委员会，负责指导各专业领域科技发展。皇家学会还创设机关刊物《哲学学报》，刊登会员研究报告、学术论文以及学术通信等，推动学术交流。

在天文学领域，1663年，苏格兰天文学家格里高利设计望远镜。1668年，牛顿发明反射式望远镜，避免折射望远镜的色差问题，能较好观测月球与行星。1673年，胡克制造第一台反射望远镜，可以观测火星的旋转和木星大红斑等。1675年，皇家格林威治天文台正式建立，天文学家弗拉姆斯特德出任首任馆长。天文台负责修订行星运行表与恒星方位表，进一步使航海术与天文学精确化。牛顿借助天文台对月球的最新观测和发现，不断修正关于月球的理论。天文学家哈雷发现彗星回归现象以及月球长期加速运动，制定了包括380颗恒星方位的南天星表。

在化学领域，波义耳深化了英国化学研究，揭开近代化学序幕。1661年，波义耳发表《怀疑派化学家》，认为世界形成于基本的化学元素①。此后，波义耳又陆续出版了大量著述，在广泛开展化学研究的基础上，最终提出“波义耳定律”，即在定量定温下，气体的体积与气体的压力成反比。波义耳还最早将化学分析方法用于临床医学，开创了临床化学分析研究。

在物理学领域，威廉·吉尔伯特在1600年发表《磁石论》，开创了近代电学和磁学研究。胡克被誉为“英国的双眼和双手”，通过测试弹簧，他提出“胡克定律”，即弹性体变形与力成正比。该定律成为一种基本力学定律，被广泛用于弹性力学与材料力学。胡克还制造真空泵、显微镜，协助波义耳发明抽气机，发明回光信号机等。牛顿则通过棱镜光谱实验，提出光学和颜色理论。在流体力学上，牛顿提出流体学理论，即流体粘性阻力与剪切率成正比，这种阻力与液体各部分之间的分离速度成正比。在热学上，牛顿提出冷却定律，即当物体表面与周围形成温差时，单位

---

① 此前，古希腊哲学家柏拉图提出“四元素说”，即世界形成于火、土、水、气四种元素；而帕拉塞尔苏斯则提出“三要素说”，即世界形成于硫、汞、盐三种元素。

时间单位面积上散失的热量与这一温差成正比。在声学上，牛顿提出声速与大气压强平方根成正比，与密度平方根成反比。约翰·哈里森制造航海精密计时器，使长距离海上航行成为可能，推动了航海业革命。

在医学领域，在医学家哈维等人血液循环理论的基础上，英国神经解剖学家托马斯·威利斯在1664年发表《大脑解剖》，提出大脑动脉环，即脑组织的动脉在脑底形成环状结构，将双侧大脑半球和前、后循环联系在一起。胡克通过显微镜的观察，在1665年发表《显微制图》，又称《显微图谱》，首次提出细胞是生命的基本结构单元，为近代医学革命奠定了基础。

在农学领域，英国农业器具与播种技术创新走在欧洲前列。1701年，杰斯洛·图尔发明条播机，利用机械弹簧装置，连续且均匀播撒种子，代替人力撒种。1714年，图尔发明马锄，即以两匹马牵引的无轮双犁刀中耕犁，代替人力除草。1731年，图尔发表《马力中耕农法》，进一步完善农耕方法，提高耕种效率。查尔斯·汤森德发明新型农业耕种法，以植物轮作法替代中世纪的三区轮耕法。这种耕作法可补充土壤肥力，增加耕种产量。从18世纪50年代起，被誉为现代育种之父的贝克威尔，发明人工交配选种法，以现代育种技术培养了许多优良牲畜品种，例如长角肉牛、莱斯特绵羊、夏尔重挽马等。

在英国技术革命中，科学界群星璀璨，名家辈出，他们在科学研究中勇于探索，不断创立新的理论与学说，开辟新的学科领域，并且将这些科学理论用于实践，不仅推动英国在工艺与技术领域走在欧洲前列，而且也推动了欧洲近代科学的巨大进步。

三、"蒸汽时代"与大机器生产

在新科学观和自然观的推动下，在技术革命营造的氛围中，从18世纪60年代起，英国率先开启一场史无前例的工业革命（The Industrial Revolution），并在19世纪初向欧洲与北美大陆扩散。在这场生产力的巨大变革中，蒸汽机的发明堪称锁钥，它标志着英国工业革命的发端。

1698年，英国工程师托马斯·萨弗里发明蒸汽排水设备，被称为"矿工之友"。这一实用型工业蒸汽机利用真空原理，先将抽水箱充满蒸汽，然后使箱内蒸汽冷凝为真空，再靠压力使坑道积水进入箱体，最后蒸汽压力将水排出。1698年，法国物理学家丹尼斯·帕潘研制成功离心泵蒸汽机。1705—1706年，英国工程师托马斯·纽可门发明大气式蒸汽机，利用活塞推动蒸汽做直线上下运动产生热力驱动。

1765年，格拉斯哥大学仪器修理工詹姆斯·瓦特对纽可门蒸汽机实施改造，发明单动式蒸汽机。该蒸汽机在活塞与铁桶结构中加入蒸汽冷凝器，将汽缸壁与凝汽器分开，在汽缸壁外加装夹层，用蒸汽加热汽缸壁。瓦特蒸汽机减少了冷凝过程中的热消耗，既省时又省燃煤，热效能高。1782年，瓦特进一步改造蒸汽机，将单动式蒸汽机升级为联动式蒸汽机，使瓦特蒸汽机得以在全国推广。除大规模用于工业生产，瓦特蒸汽机还被广泛用于交通运输、炼铁等行业，成为工业革命的标志。由此，英国彻底以机械能代替以人力畜力为主的传统能源，人类进入以蒸汽机为主要能源供给、以技术创新和大机器生产为内容的蒸汽时代。

作为工业革命的首发地，英国的纺织业、冶铁业、交通运输业和农业取得重大进步。自16世纪“圈地运动”开始后，纺织业获得充足的原材料和雇佣劳动力。从18世纪初起，纺织业出现一系列技术创新，发展迅猛。1733年，凯伊发明“飞梭”，将传统手掷梭子的速度加快一倍。1760年，凯伊与其子发明“自动飞梭”，提高织布效率。1765年，哈格里夫斯发明“珍妮纺纱机”，同时可使用8个纱锭纺丝，最后可同时使用80个纱锭。1769年，阿克莱特发明水力纺纱机，利用水力转动纺织粗纱，推动了纺纱业发展。1779年，克隆普顿结合“珍妮纺纱机”和水力纺纱机之长，发明“骡机”，可同时使用300到400个纱锭纺纱，提高了纺织效率。1785年，托马斯·贝尔发明滚桶印花机，在加快纺织品漂白速度的同时，亦使漂染颜色更鲜艳。1793年，美国发明家惠特尼发明轧棉机，快速分离棉籽与棉絮，增加棉花产量，将生产效率提高50倍。上述技术发明与科技成果被迅速运用于纺织生产，全面改变了纺织业的生产状况，使纺织业迅速成为英国工业革命的主导产业。

冶铁业也是英国产业结构中的支柱产业，技术创新速度很快。1709年，达比发明“鼓风炉炼焦法”，先去除煤中杂质，形成焦炭，再以焦炭在高炉中炼铁。此法确保了生铁产量，提高了成品品质，附带出产大量煤气，由于成本降低而得以在生铁工场迅速普及。1760年，约翰·史密顿发明圆筒鼓风炉，利用蒸汽强化鼓风效果，提高炼铁温度，加快炼铁速度。1783—1785年，亨利·康特和彼得·奥尼尔斯发明“搅炼法”和“反焰炉”。前者通过不断搅动铁流，去除杂质，增加碳质，提高成品质量；后者将燃烧室独立化，将燃烧段和加热段分开，充分吸收余热，提高炼铁炉温度，以便达到最佳效果。炼铁业的成长带动了机械制造业、采矿业、建筑业、交通运输业、纺织业等的发展，从整体上推动了工业革命进程。

在工业革命中，交通运输业将各行业生产有效连在一起。1769年，法国工程师尼古拉·古诺特发明蒸汽驱动三轮机车。1784年，英国工程师威廉·默多克发明四轮蒸汽机车，使蒸汽汽车速度更快，路程更远。1801年，英国工程师理查德·特里维西克发明轮轨蒸汽机车，使用车头带动有轨火车。该机车使用蒸汽机动力牵引机车，开创了世界交通史上机车运行的先河。

1814年，英国工程师史蒂文森对轮轨蒸汽机车实施改造，发明首台火车头，该火车可拉动八节车厢，载荷30吨，每小时运行4英里。史蒂文森此后又发明负重更多、速度更快的火车，建成从利物浦到曼彻斯特长达30公里的首条铁路，推动了交通运输业发展。与陆地交通运输业发展同时，1807年，美国发明家罗伯特·富尔顿发明“克里蒙梭号”蒸汽机动力轮船，开创了蒸汽航运史的先河。

除上述行业外，工业革命的影响遍及社会生活与生产。1774年，英国工程师约翰·威金森发明钢钻。1792年，苏格兰发明家威廉·默多克发明煤气与瓦斯灯。1796年，奥匈帝国作曲家阿洛伊斯·塞内菲尔德发明平版印刷术。同年，英国工程师詹姆斯·帕克发明水泥。1797年，英国发明家亨利·莫兹利发明螺纹切削车床，用于将钢板和钢条制成钢铁器具，奠定现代机器制造的基础。1799年，意大利物理学家亚历山德罗·伏打发明伏打电池，推动了电学研究的深化。1812年，特列维西克发明“科尔尼锅炉”。1815年，英国化学家汉弗莱·戴维发明煤矿安全灯。1844年，英国工程师威廉·费阿柏恩发明“兰开夏锅炉”等。

大机器生产推动了英国工业革命进程，技术创新遍布工业生产的每个领域，新技术与新发明转化为社会生产力，不仅带动了行业进步，也推动了社会经济发展。大机器生产亦改变了英国旧的阶级关系与社会结构，撬动了旧的社会政治与法律秩序，塑造了新的社会规则、范式以及法律。更重要的是，从工场手工业向机器大工业过渡的影响还从西方扩展到世界其他地区，推动了近代早期资本主义世界工业体系的形成。

参考书

Magaret C. Jacob, *The Enlightenment: A Brief History with Documents*, the Second Edition, Boston and New York Bedford/St. Martin's Press, 2001.

Vincenzo Ferrone, *The Enlightenment: The History of an Idea*, Princeton and Oxford: Princeton University Press, 2017.

Franklin Le Van Baumer, *Modern European Thought: Continuity and Change in Ideas, 1600–1950*, New York: Macmillan Publishing Co., Inc, 1977.

Peter N. Stearns, *The Industrial Revolution in World History*, Boulder: Westview Press, 2007.

罗伊·波特：《启蒙运动》，殷宏译，北京大学出版社，2018。

阿瑟·赫尔曼：《苏格兰：现代世界文明的起点》，启蒙编译所译，上海社会科学院出版社，2016。

沃农·路易·帕灵顿：《美国思想史》，陈永国，李增，郭乙瑶译，吉林人民出版社，2002。

赫伯特·巴特菲尔德：《近代科学的起源：1300—1800年》，张丽萍，郭贵春译，金吾伦校，华夏出版社，1988。

严鹏、陈文佳：《工业革命——历史、理论与诠释》，社会科学文献出版社，2019。

亚·沃尔夫：《十六、十七世纪科学、技术和哲学史》，周昌忠译，商务印书馆，1985。

默顿：《十七世纪英格兰的科学、技术与社会》，范岱年等译，商务印书馆，2000。

第六章

近代西方政治文明的建构

第一节 英国革命

一、革命风暴与君主专制的覆灭

在 17 世纪的西方，英国率先爆发了资产阶级革命。这一革命最终促成君主专制的覆灭与立宪君主制的诞生。

斯图亚特王朝詹姆士一世 1603 年上台后，推行专制统治。在理论上，他鼓吹"君权神授"与"君权至上"，声称"君主由上帝创造，只对上帝负责"，进而渲染君权高于法律，"是国王创造了法律，而不是法律创造了国王"。在体制上，他还断定英国实行的是"君主创制的宪政王权"（constitutional monarchy created by kings），国王可以掌控法庭与议会，统治国家，任何机构与臣民必须绝对效忠王权。对此，新兴资产阶级、新贵族利用清教运动与议会展开斗争，积极发掘《大宪章》限制王权的精神，勾勒出"自由权利"和"议会主权"的政治蓝图。

1625 年查理一世继位后，继续宣扬"君权神授"，视议会与法律为无物，为维持奢靡生活而横征暴敛，在宗教上拂民意而行，为获得权威不择手段，进一步激化了社会矛盾。新兴资产阶级将君主专制视为阻碍英国发展的羁绊，从 1640 年起，掀起革命风潮。查理一世为应付战争，召开废止多年的议会，筹措经费。议会为限制王权而通过《大抗议书》，列举查理一世的罪行，要求变革专制王权制度，限制王权，建立对议会负责的政府。查理一世对此予以拒绝，甚至出逃并且挑起内战。但王军在马斯顿荒原战役、纳西比战役中连遭败绩，克伦威尔和费尔法克斯率领议会军击败王军。1649 年，查理一世被送上断头台，斯图亚特王朝的君主专制终于覆灭。

二、“光荣革命”与立宪君主制的确立

1653 年，克伦威尔建立护国主政体，实施军事独裁，但该体制很快因克伦威尔的离世而瓦解。1660 年，议会与斯图加特王朝妥协，查理二世发表《布雷达宣言》，宣布大赦革命者，承认革命期间的财产和土地变更以及宗教信仰自由。但查理二世复辟后倒行逆施，反攻倒算。1662 年和 1675 年，查理二世两次发动对荷战争。1679 年，英国议会通过《人身保护法》，防止对革命者实施报复。查理二世还对议会中的不同派别实施分而击之策略，不断恢复王权专制统治。

在查理二世之后，詹姆士二世继位。他无视议会反对，公开天主教信仰，迎娶信奉天主教的王后，公开扶植天主教徒，迫害国教徒，在外交上公开迎合法国国王路易十四。1687 年，由于在宗教政策上出现分歧，詹姆士二世重蹈父兄覆辙，悍然解散议会。1688 年，詹姆士二世发布“赦令宣言”，激起民众普遍抗议，引发国王与教会的严重对立。这些举措使詹姆士二世声名狼藉，威信大损，其统治基础被动摇，而且严重侵犯新贵族和资产阶级利益，使双方矛盾激化。

在资产阶级革命后，新贵族和资产阶级掌握了议会，控制了国家政权，但他们害怕斯图加特王朝君主反复无常，害怕在大革命中获得的政权、土地、财产以及地位得而复失。为了保证詹姆士二世百年后王位不受天主教控制，议会中各大派别抛弃政争，决定废黜詹姆士二世，邀请信奉新教的荷兰执政奥伦治亲王威廉与王后玛丽称王执政，彻底断绝詹姆士二世信奉天主教的子嗣继位。

玛丽与奥伦治亲王是詹姆斯二世的女儿和女婿，早就觊觎英国王位，对詹姆士二世的许多政策心怀不满，因此慨然接受邀请。1688 年 1 月，奥伦治亲王率大军渡过英吉利海峡，进军伦敦。詹姆士二世众叛亲离，无力阻止玛丽与奥伦治亲王的大军，大军受到议会代表、地方官员以及民众的普遍欢迎。最终，詹姆士二世逃离伦敦，漂流海外。1689 年初，玛丽与奥伦治亲王威廉正式出任英国国王，实行双王共治，即玛丽二世和威廉三世。由此，英国以不流血的方式实现了王位更迭，史称“光荣革命”。

在“光荣革命”中，英国新贵族和资产阶级以温和的方式维持了资产阶级革命的胜利成果，稳固了其在国家政治、经济与社会生活中的主导地位，杜绝专制君主卷土重来，以较小代价捍卫了国家的民主、自由和平等理念，为英国近代社会发展与进步奠定了基础。

“光荣革命”后，荷兰执政奥伦治亲王威廉与玛丽成为英国新统治者，共掌国

政。为了避免重蹈覆辙，英国议会决定制定一套严格的法律制度，将王权牢牢限定在国家法律框架内，以有限君主权力代替绝对君主权力，以法律确保议会在国家生活中的核心地位，确保新贵族和资产阶级的既得利益不会受损。这套法律制度不同于议会以前的立法与修法，确立了资本主义化的国家体制与法律原则，为英国立宪君主政体奠定了基础。

1689 年 10 月，英国上院和下院召开联合会议，共同商定《国民权利与自由和王位继承宣言》，又称《权利法案》。该法案对国王、议会、法院的权限做出规定：不经议会同意，国王不得终止法律，不得擅自废除法律，不得设立钦差法庭审理宗教事务，不得随意征收金钱，不得在国内征募或维持常备军，不得对向其请愿的民众实施判罪或控告。议会必须通过自由选举产生，议员可以在议会自由演说、辩论或议事，不应因此受到弹劾或讯问；议会应经常召开，以便及时解决各种案件，修正并维护法律。《权利法案》既强调议会与法律至上，又强调王权有限，规定议会掌握国家立法、财政、军事、司法等权力，可通过立法，有效控制国家大政方针，对国王及国家权力机关形成制约。王权必须置于法律监督下，不得随意征税，不得阻止国民请愿，不得终止、废止或干涉任何法律，不得干涉司法，不得干扰国民的宗教自由。

1701 年，议会还通过《王位继承法》，规定王位不能传给天主教徒，国王必须是国教徒，国王不得与天主教徒结婚，由此彻底断绝天主教王室成员觊觎王位的野心。

通过上述立法，英国确立了“王在法下”和“议会至上”两个基本的政治原则。从此，议会始终处于政治核心地位，控制了立法权、司法权、财政权、军事权、王位继承权、国王经济权等，空前强化了对王权的限制。这既保留国王个人尊崇、显贵的身份与地位，同时又建构议会的最高权威。正是在这种以“旧瓶装新酒”的方式所构建的君主立宪制下，国王仍旧高坐于原来的王位，成为王国的最高首脑和权力源头，表面上按惯例享有诸多传统特权，如批准议会法案，解散议会，任命上院议员与大臣，担任军队最高统帅，对外代表国家宣战、媾和、委任和撤换使节等。然而，由于议会已是英国真正的最高权力中心，国王不再拥有“绝对主义”的统治实权，开始成为具有政治符号象征意义的“虚君”。以议会为中心的政治体制使国王丧失了专制统治的法律与制度依据，只能在议会的权力制约与法律框架下行使权力。君主立宪制的确立，使英国避免了政治反复与社会动荡，为英国近代化进程的迅速拓展提供了制度环境。同时，这也为人类政治体制从传统向现代的变革提供了一个历史样本，被视为西方资产阶级宪政体制建构成功的一个典型。

三、政府责任内阁制与英国政党政治的萌发

“光荣革命”后，原来国王控制的枢密院沦为国家政策咨询机构，政府实行责任

内阁制。首先，内阁阁员不再由国王直接任命，改由下院议员充任，他们既具有民选身份，亦作为议会多数派代表出席内阁会议。其次，内阁不再直接向国王负责，而向议会负责，向国王报告成为例行公事。最后，内阁成员数量有限，渐趋固定，仅限于关乎国家重大利益的核心部门的官员。内阁确立的方针与政策必须与议会多数派一致。随着英国宪政体制的不断成熟，在 18 世纪早期罗伯特·沃波尔、小威廉·皮特等强势人物的作用下，责任内阁制不断发展。同时，与选举制与议会政治连接在一起的政党制也逐渐形成。在查理二世执政后期，围绕身为天主教徒的詹姆士是否能够继承王位，国会内部发生争论。议员们分为两派，相互攻讦。其中，支持派被称为“托利党”，反对派被冠名为“辉格党”，两派在议会中展开争斗。

随着两党活动日趋正规化和系统化，议会逐渐养成政治运作规则与习惯。两派在斗争中逐渐形成互动模式，形成议会政治的工作程序，包括议事、咨询、议案等程序。议会据此展开政治活动，甚至两派的相互掣肘与攻讦，亦构成议会政治的主要内容。为了确保国家决策顺利执行，在每次议会选举后，一般多由占据多数席位的党派组成内阁，其领导人经国王任命担任首席内阁大臣，以此确保内阁施政有效且高效。毋庸置疑，英国议会的传统、规则以及程序，为政党制度的形成与发展提供了重要支撑。在政党不断纷争与分化的基础上，19 世纪英国正式形成近代社会两大资产阶级政党：保守党与自由党，这两大政党完全继承了“托利党”与“辉格党”的政治传统，进一步规范政党制度，辅之以更广泛的社会民众支持。1832 年，在两党政治的作用下，英国议会实施广泛改革，正式结束王权对议会的控制，结束上院对下院的制约，全面深化资产阶级下院选举制度，推动近代资产阶级政党政治走向成熟。

第二节　独立战争与美国的形塑

一、从《常识》到《独立宣言》

17—18 世纪，北美殖民地人民强烈反抗英国的高压政策，走上摆脱殖民统治、建立独立国家的道路。托马斯·潘恩的启蒙思想，有力推动了北美人民的革命斗争，为美国的形塑开辟了道路。

1776 年，潘恩发表《常识》，阐述了北美人民争取独立的必然性与合理性，提出北美独立运动的目标，即彻底摆脱英国殖民统治，建立民族独立国家。潘恩指出，北美大陆是上帝挑选的欧洲移民避难所，而英国距离北美路途遥远，英国与北美分属于不同体系，英国属于欧洲，北美只属于自身。由此，北美大陆承担着上帝赋予的历史使命，理所当然要排斥英国带有封建专制色彩的奴役。潘恩强调，英国君主制以奴役他人为前提，既不光荣，也不神圣，国王的存在造成国家贫困、卖官鬻爵、四分五裂。英国君主制剥夺了人民的选择，让整个世界充满战争与罪恶。世袭制是对后世子孙的侮辱和欺骗，它使低能者和愚蠢者凌驾于人民之上。潘恩呼吁，北美只属于北美人民，它不需要君主，只需要建立在神法与《圣经》基础之上的宪章，法律就是北美地区的国王。

作为指导北美独立运动的一部纲领性文件，《常识》在推动北美独立运动中发挥了重要作用。受《常识》与北美独立运动的影响，1776 年 7 月，北美大陆会议通过《独立宣言》。该文件阐述了北美独立运动的合法性与正义性，强调人人生而平等，拥有上帝赋予的生命权、自由权以及追求幸福的权利，创建政府的目的是保护这些权利；任何政府对上述权利构成威胁，人民都有权改变和废除政府。同时，该文件有力抨击了英国国王强加给北美的专制暴政与战争，宣称北美殖民地有权获得完全独立和自由，取消对英王效忠的一切义务，断绝与英国的一切政治关系，建立美利坚合众国作为自由独立的主权国家。

《独立宣言》作为北美人民建立民族国家的一个重大政治文件，继承了启蒙思想中的民主与自由政治思想，阐扬了北美人民的思想传统，为北美建立独立自由的民族国家奠定了法理基础。更重要的是，《独立宣言》为北美人民战胜英国殖民者，持续推动独立战争指明方向，进而为独立后美国确立民主宪政体制奠定了坚实基础。

二、从波士顿倾茶事件到萨拉托加大捷

北美独立运动是反抗英国严酷殖民统治的产物。为了使北美殖民地服务于自己的工业经济与对外贸易，英国对北美殖民地实施严格限制，禁止发展任何不利于宗主国经济的产业，并从北美殖民地大肆攫取经济利益、廉价资源以及税收好处，以转嫁经济难题。1764 年，国会通过《食糖法》，禁止进口外国甜酒，对进口蜜糖征税。1765 年，国会通过《印花税条例》，即北美所有正式文件都须贴印花，据此缴纳印花税。1767 年，国会通过《汤森法》，该法案包括税收法、赔偿法、海关法、海事法庭副专员法、纽约抑制法等，一揽子增加北美殖民地的税收。1773 年，国会通过《茶叶税法》，规定禁止北美贩卖私茶，由东印度公司垄断北美所有茶叶贸易，英国对北美的茶叶税率甚至一度高达 120%。

从 18 世纪 60 年代起，北美各地展开反殖民斗争。1770 年春，“波士顿惨案”爆发，英军打死打伤 11 名示威群众，北美人民开始对英国展开全面抗争。他们自发组织起来，建立各种俱乐部、团体与组织，举行游行、示威、请愿、抗议等，甚至许多地区还组建各种民兵武装，用武力保卫自身的权利。1773 年 11 月，4 艘满载茶叶的英国货船停靠波士顿港口。北美激进民族组织“自由之子”成员趁黑夜摸上货船，将 342 箱茶叶全部倒入大海。“波士顿倾茶事件”是北美殖民地与英国矛盾进一

步激化的导火索。1775 年 4 月，英国驻军前往康科德搜捕民兵组织领导人，清剿民兵组织军火库。英军在莱克星顿与北美民兵发生遭遇战，英军死伤数十人，被迫撤军。“莱克星顿的枪声”打响了北美独立战争第一枪，揭开了北美人民武装起义的序幕，北美独立运动由此进入武装起义阶段，很快建立“大陆军”，由乔治·华盛顿担任大陆军总司令。与此同时，北美决定组建海军。6 月 17 日，大陆军与英军在邦克山发生战斗，接下来的一年中，大陆军不断重创英军。1777 年，由于屡遭败绩，英军不得不退守萨拉托加，最终放下武器投降。萨拉托加战役鼓舞了北美人民争取独立自由的战争士气，使大陆军赢得了战争主动权，为美国赢得许多欧洲国家的外交支持。该战役后，法国、西班牙与荷兰等公开支持美国，对英宣战。俄国与普鲁士等国订立武装中立联盟，反对英国海上封锁政策，使美国独立战争获得有利的国际环境。1781 年 10 月，英军统帅宣布投降，美国至此赢得独立战争的胜利。

1783 年 9 月，美、英两国正式签署《巴黎条约》，英国承认北美 13 个殖民地为独立国家，双方划定在北美地区的边界线。英国只承认美国占有密西西比河以东的领土，并宣布撤出军队，双方互相承认债务，互相释放战俘等。至此，美利坚合众国作为一个新兴的民族独立国家，正式出现在西半球。

三、从《邦联条例》过渡到《联邦宪法》

从 18 世纪 70 年代初开始，为了表示脱离英国殖民统治的决心，北美 13 个殖民地就尝试制定各种基本法律文件，代替有殖民主义色彩的英国法律。但鉴于经济与社会发展水平参差不齐，各殖民地对国家政治与法律的诉求不一样，对未来美国的设想很难达成一致。

1776 年，北美第二次大陆会议召开，13 个殖民地的代表宣布美利坚合众国正式建国，同时起草了一部具有宪法性质的《邦联和永久联合条例》，又称《邦联条例》。1781 年 3 月，《邦联条例》正式生效。《邦联条例》反映了各州对美国宪政制度的共同理解，即 13 个州在独立战争中必须联成一个整体，北美必须建立一个统一民族国家，美利坚民族必须提出共同的政治与社会诉求。北美 13 个州由于各自利益有别，在独立战争中有不同的政治与军事需要，均排斥建立中央政府，害怕建立过分强大的中央政府会危及公民自由与地方利益。许多小州对大州心存忌惮，害怕强大的中央政府只会有利于他人而不利于自己。

《邦联条例》设立邦联政府机构以及一院制邦联议会，不设国家元首，由邦联议会充当最高政府组织，负责外交，有权对外宣战、媾和、派出外交使节。未经邦联议会同意，各州不得与外国签署条约或者缔结联盟。邦联议会负责调解各州矛盾与利益冲突，协调各州在疆土、边界、资源以及人员方面的矛盾；另外，邦联议会还负责管理各州邮局，收取邮资；邦联议会同时负责管理相关印第安人事务、对外借贷举债、铸造硬币、确定国家度量衡标准、建设公共设施、征召军队等，但不得损害各州利益。邦联议会无权要求各州强制执行指令，不直接向各州征税，只向各州募集或摊派。邦联议会由 13 个州委派代表组成，各州委派代表最少 2 人，最多 7 人，虽然数量不等，但各州在国家决策中只有一票表决权，可以自由发表言论或者展开辩论。在邦联议会制下设置“合众国委员会”，每州派一名代表，该委员会负责在议会休会后行使管理国家日常事务的职能，负责任命相应的委员会和官员，管理国家公务。

邦联政府权力松散、有限且单一，各州享有较大权力。《邦联条例》规定，各州保留主权、自由与独立，同时保留未经条例明示的各项权利与司法权。各州均设有政府、议会与法院等，拥有征兵、征税、发行纸币等权力。在《邦联条例》下，美国更像一个由多个主权国家组织的联合体或者联盟，而非一个完全统一的主权国家。这一联盟使美国既不能及时、有效应对各种危机，也很难适应独立后资本主义快速发展的需要。中央政府权力过于松散、有限，导致各州相互掣肘，难以形成完整和统一的国内市场，导致邦联缺乏足够的政治权威，难以催生强大的综合国力。国家持续出现财政亏空，政府入不敷出，无力兑现独立战争中发行的战争债券，这就不可避免地引发政治骚乱、经济混乱、社会动荡。1786 年，马萨诸塞州爆发“谢斯起义”，邦联政府用一年时间平息了事态。在国际贸易中，由于经济与贸易政策不统一，各州相互竞争和拆台，美国与欧洲各国很难展开对等竞争。

从 1786 年开始，美国有识之士提出修改《邦联条例》，适应邦联国家对内谋求国民安定与经济发展、对外积极拓展等需要。在华盛顿支持下，约翰·汉密尔顿联络詹姆士·麦迪逊、约翰·杰伊等人，共同推动修宪运动。1786 年 1 月，来自五个州的代表在马里兰安纳波利斯召开会议，正式就修改《邦联条例》向各州发出呼吁。1787 年 2 月，邦联议会正式批准修改《邦联条例》，授权汉密尔顿、麦迪逊等起草修改条例意见。

1787 年 9 月，美国 13 个州代表在费城召开制宪会议，正式通过《联邦宪法》，美国至此以联邦制代替邦联制。《联邦宪法》内容简单，只有七项条款，但却概括了宪政体制的核心原则和要义，包括人民主权原则、民主共和原则、分权与制衡原则、自由与理性原则等。宪法规定，美国建立两院制议会：众议院与参议院，众议员按照各州人口比例选举产生，每两年选举一次；参议员由每州选举两人，任期六年，每两年改选其中三分之一。两院拥有立法权，包括规定和征收税收、招募陆海军、以国家名义借贷、铸造货币、确定度量衡的标准、设立邮局并且开辟邮路、促进科技发展。同时，《联邦宪法》规定，总统作为国家行政首脑，掌握行政权力，每 4 年一任，有权提名各行政部门主管领导，监督并领导各行政部门，有权任命政府官员；总统有权在征得参议院同意的情况下签署条约，有权在参议院同意后任命驻外大使、最高法院法官等；总统作为军队统帅，有权在战时调动军队；在总统因叛国与贿赂而犯罪时，议会有权对其展开弹劾。此外，《联邦宪法》还规定，司法权属于最高法院，最高法院法官由总统提名，由参议院批准；最高法院的司法权源于宪法，施用范围包括所有普通法及衡平法所涉及的案件、涉及大使与其他使节或领事的案件、一切有关海事法和海事管辖权的案件、以合众国为当事人的诉讼、两个州或数个州之间的诉讼、一州与另一州公民之间的诉讼等。针对所有案件，在遵照国会所规定的例外与规则的基础上，最高法院有上诉审理权。一切罪案，除弹劾案外，均由陪审团审判等。

《联邦宪法》空前扩大了联邦政府所拥有的权力，弥补了《邦联条例》在国家权力机制中存在的空白，在美国权力架构中逐渐形成大一统的宪政体制。这一宪政体制既保持了资本主义制度下政治民主、自由与平等理念，也保持了足够的政治灵活度。更重要的是，这一宪政体制全面满足了新兴的美利坚合众国快速推动政治民主化、经济现代化、社会进步的需要，为近代美国确立先进、规范的国家法律与社会规则奠定了重要基础。

四、三权分立与美国宪政

《联邦宪法》在美国确立了一种全新的现代宪政体制。依据宪法，美国的宪政建立起三权分立架构。三权分立不为美国专擅，其他欧洲国家亦有，但美国的三权分立最具特色，拥有许多欧洲国家不具备的内容，贯彻“三权分立”原则最彻底，成效最明显。由此，“三权分立”原则深入美国政治体制的肌理深处，成为贯穿国家治理理论、政党政治实践以及现代政府理念的一种基本精神。

美国三权分立架构贯穿联邦、州以及地方三个层级，三者相互联系，上下对应。根据分权与制衡原则，美国实现行政、立法以及司法三者分离与制约，确保承载三种权力的国家机构相互监督，相互牵制，保持国家权力均衡，运转稳定，既不会因国家权力过度集中而出现滥权，又不会由于单一权力倾斜而出现政策偏差。

美国三权分立架构并不是一种单一存在，还以政党制度、文官制度以及选举制度等作为支撑，始终表现为开放的、宽松自由的权力分配制度，这一制度架构只在原则上规定了国家权力在行政、立法与司法三个方向的设置与运转，在联邦、州以及地方三个层面规定了国家权力关系与规则，最终确立了美国宪政体制的发展方向。

美国自建国后就出现了两党制，政党制度成为美国保持国家权力有效、高效运转的支撑。两党制使议会的立法权有效分治，在两党间保持均衡，有效防止了一党独大可能造成的立法权不当使用。两党制也使政府的行政权力运作与议会的政党政治运作相匹配，从而在立法权与行政权、议会与政府之间实现了有效衔接，进而确保了立法权与行政权能够相互牵制，始终保持平衡。

美国文官制的出现稍晚于政党制，但对完善三权分立架构同样意义重大。为了弥补立法权与行政权之间的权力真空，为了有效保持政党政治运行的有效性，为了保持行政权力运行的持续与稳定，文官制确立了政治中立、任职终身、职业化等原则，使文官成为有效执行立法权、行政权、司法权的中坚力量。此举有效填补了三权分立架构中的权力缝隙，使三权分立架构的权力运行规则真正落到实处。

美国三权分立架构体现了各个社会阶层、利益集团以及组织的政治诉求，推动了各方利益趋向妥协。美国在建国之初，各个社会阶层、利益集团、党派等一直存在矛盾，无法在相对狭窄的邦联制政治通道中找到出口，因此纠结于各种旧的矛盾中。以汉密尔顿、麦迪逊为代表的政治精英，之所以设计《联邦宪法》，用其代替《邦联条例》，恰恰说明旧的邦联体制已无法有效弥合各个阶层与利益集团之间的分歧与裂痕，必须以一种全新的联邦体制取而代之，三权分立架构正是以这种利益协调与合作为基础。

以三权分立架构为驱动的美国宪政，既推动了政治民主化的持续发展，也缓解了由于不同利益集团彼此分歧而造成的社会分裂与对立，为资本主义的迅速成长提供了政治保证，不仅有力促进了美国的崛起，而且在世界上树立起资产阶级政治体制的典型样板。

第三节　法国大革命及其政治成果

一、从攻打巴士底狱到《人权宣言》

随着新航路的开辟、科学革命以及启蒙思想运动的启动，法国的封建统治秩序发生动摇。专制君主制受到普遍质疑，封建等级制度更是饱受诟病，成为众矢之的。18 世纪，法国资产阶级与社会各阶层相继掀起了一次次旨在改变现行政治体制、建立理想政府的革命风潮。

从 18 世纪中叶起，法国的社会矛盾空前激化。由于王室的肆意挥霍，国家债务持续增加，财政状况恶化，引发社会的强烈不满。为此，路易十六被迫召开长期停开的“三级会议”，寻求解决方案。1789 年 5 月 5 日，三级会议正式召开。第三等级代表包括作家、银行家、工业家和知识分子，代表了新生资产阶级的利益。在会议上，路易十六试图控制会议进程与议题，让各等级代表达成有利于王室消费的税收法律。但第三等级毫不妥协，坚决要求将三级会议变成能够代表全体国民意志的国民议会，由此制定宪法，有效制约国王权力。少数开明教士与贵族对这样的要求也积极支持。面对这种情况，路易十六调军镇压，但难以控制局面。7 月 14 日，在风闻国王将要解散制宪会议、逮捕会议代表的消息后，巴黎市民奋起反抗，展开起义。在三级会议代表的领导下，起义人民组成“国民自卫军”，向象征封建专制统治的巴士底监狱发动进攻，最终攻占这一堡垒。其后，起义队伍迅速攻占其他要地，基本上控制了巴黎。为此，路易十六被迫接受起义军的要求，恢复财政部长内克的职务，任命拉法叶特担任国民自卫军司令，承认新组建的巴黎市政府。制宪会议得到社会各阶层一致拥护，由此成为国家最高权力机构。以此为标志，法国革命进入一个新阶段，资产阶级大革命拉开序幕。

攻打巴士底狱后，法国各地爆发一系列起义。在各大城市，起义者推翻当地旧政权，改组市镇政府，组成以第三等级为主体的新政权。在农村，农民起义者夺占庄园、修道院以及各种公共设施，烧毁各种人身契约、税入凭证、地契等法律文书。不仅如此，制宪会议还在8月通过一系列决议，废止教会十一税、教士与贵族在法律与免税方面享有的各种特权。至此，法国旧的制度、机制、法律均被打破，在自由主义思想的指导下，法国资产阶级革命迎来了首个高潮。

8月27日，制宪会议通过《人权宣言》。作为近代国家关于人类权利的首部正式法律文件，《人权宣言》将启蒙思想运动中关于人类自由、民主、平等、博爱的理念以法律文件的方式固定下来，将其变成国家法律。《人权宣言》宣称：人人生而平等，拥有自由、财产与参政议政的权利，法律面前人人平等；主权在民，任何团体与个人都不得行使未经明确授予的权力；公民及其代表有权确立赋税征收，包括用途、税额、税率、时间以及方式等。制宪会议通过一系列法令以及《人权宣言》，有力推进了法国的民主化进程，并对西方以及世界产生了深远影响。

二、君主专制的终结与共和制度的创建

《人权宣言》通过后，路易十六对此予以漠视，并密谋调集更多的军队镇压。巴黎人民对现实政治深感不满，急切希望深化革命形势，改善困苦的生活状况，建立民主、自由和平等的社会秩序。10月5日，一些巴黎家庭主妇游行示威，在宣传家马亚尔的鼓动下，游行人群喊着“向凡尔赛进发”的口号，并于10月6日在梅力葛女士领导下冲入王宫，路易十六不得不进行对话，最终答应示威妇女的要求，从凡尔赛宫返回巴黎，批准制宪会议确立的“八月法令”与《人权宣言》。这场运动被誉为“凡尔赛妇女运动”，它使国王的权威受到公开质疑，一直被奉为经典的“君权神授”神话破产，为此后资产阶级大革命持续深入奠定了基础。

“凡尔赛妇女运动”后，法国革命形势持续深入。路易十六被迫返回巴黎，在政治上做出让步。自1789年12月起，制宪会议完成宪法文本，通过一系列改革法案：将全国划为83个行政区域，各区域行政长官经选举产生，由制宪会议任命，各行政区取消关税壁垒，在全国实现统一关税；废除封建特权，包括各种贵族封号、爵位与称谓，取消封建等级制度；取消封建行会制度，制定有利于资本主义发展的新行

业规则与章程；建立并完善国家最高司法与审判制度，实施陪审团制度；教会脱离罗马教廷管辖，隶属国家管理，取消教会特权，实施政教分离。

1791 年 6 月，路易十六出逃，被发现并被押回巴黎。该事件激起人民的愤慨，建立共和制度成为共识。9 月，路易十六被迫签署宪法草案，法国建立君主立宪制，实施三权分立。

法国革命形势的深入发展，遭到欧洲各君主制国家的抵制。普鲁士与奥地利王室发表联合声明，公开声援路易十六，威胁对法国实施军事干预。1792 年 4 月，法国向奥地利宣战。王室与贵族里通外国，导致普奥联军进入法国境内。巴黎群众拿起武器保卫家园，立法议会亦宣布法国进入紧急状态。8 月 9 日，立法议会代表与起义者代表组成"起义公社"，抓捕并囚禁国王与其他王室成员，终止国王权力。立法议会宣布废黜国王，同时召开国民公会，宣布结束君主立宪制。代表金融资产阶级利益的吉伦特派上台后，宣布实施新土地法，废除封建土地制度。与此同时，巴黎人民组成志愿军，高唱《马赛曲》奔赴前线。9 月 20 日，法军在瓦尔密打败普军，改变了战争形势。法国国民公会正式召开，21 日通过决议，宣布建立法兰西第一共和国。11 月，国民公会经过讨论，通过处死国王的议案。1793 年 1 月 21 日，路易十六被送上断头台。

由于经济危机重重，巴黎群众在 1793 年 5 月再度发动起义，推翻吉伦特派统治，代之以激进的雅各宾派。6 月 24 日，法国国民公会通过"1793 年宪法"。该宪法进一步发展了民主与自由理念，强调公民的政治自由权利，深化了"1791 年宪法"的基本法治精神，推动了民主共和制度的发展。在此基础上，国民公会还颁布 3 项土地法令，废除农民承担的一切封建义务，使无地农民通过赎买、分配等方式获得土地，较彻底地解决了土地问题，从根本上稳固了民主共和制度的经济基础，确保了大革命的胜利成果。

1794 年 7 月，各种反雅各宾派的政治力量联合发动"热月政变"，确立热月党人统治。热月党人大力推行经济放任政策，振兴工业、农业和商业发展，纠正雅各宾派的过激政策，镇压"无套裤汉"反抗行动以及王党分子叛乱。为了防范王党复辟，国民公会通过共和国第三宪法，宣布法兰西成立共和国，国民公会为最高立法机构，其成员每年选举三分之一，其他三分之二由原国民公会议员充任。10 月 25 日，国民公会解散，设五百人团与立法团取而代之，成为最高立法机构。与此同时，"五人督政府"宣告成立，成为最高行政机构。

然而，督政府统治遇到严峻挑战，王党分子蠢蠢欲动，巴黎人民与民主派亦对其统治极为不满，反法联盟时刻准备入侵法国。督政府无力应对危局，法国急需政治或军事强人支撑危局。1799 年 11 月，督政府将军拿破仑发动"雾月政变"，成立执政府，担任第一执政，建立军事独裁统治。为此，拿破仑推出共和八年宪法，宣布法国为民主共和国，废除封建等级制，加强中央集权，规定第一执政有权任命政府部长、各行政区长官、陆海军军官、驻外大使等；国家立法权不再属于五百人团与立法团，而是分属国务院、咨议院、立法团以及元老院；建立直接听命于第一执政的专政机构，包括司法部、巴黎警察总署以及近卫军。另外，改革各级法院，取消陪审制度，扩大执政府的司法影响；法国还与罗马教廷达成协议，教皇承认大革命期间的教产变更具有合法性，而天主教在法国获得国教地位。

三、帝国诞生与《拿破仑法典》对革命成果的巩固

跌宕起伏的革命过程及其引发的社会动荡，促使各个阶层期盼建立一个强大的国家政权，确保社会迅速走向稳定，由此对铁腕人物拿破仑寄以厚望。1802 年，在拿破仑推动下，国家立法机构通过共和十年宪法，赋予第一执政更大权力，宣布拿破仑为终身执政。1804 年 5 月，法国再度修改宪法，将共和制改为帝制。12 月，罗马教皇庇护七世在巴黎圣母院为拿破仑举行加冕仪式，拿破仑称帝，法国由此进入法兰西第一帝国时代。

拿破仑帝国建立后，延续了执政府的各项政策，大力推进有利于工业、农业与商业的政策，建立各种政府管理机构，制定行业政策、规章与标准，给本国企业提供补贴，实行出口贸易补贴，提高进口关税，缩小外国商品进口量，着重发展军事企业，鼓励发展基础较为薄弱的企业。鼓励发展农业，改良畜牧品种，实行农田轮作制，禁止盲目开发森林与荒地等。这些政策对推动帝国经济发展发挥了重大作用，再加上拿破仑持续发动战争，扩大了经济市场，扩展了法国在欧洲的贸易规模，为拿破仑帝国不断赢得对外战争的胜利奠定了经济基础。

在发展经济的同时，拿破仑帝国还致力于对外扩张。在法国大革命爆发后，普、奥等国连续实施军事干涉，拿破仑帝国建立后，英、俄等国又组织了第三次反法联盟。拿破仑不断扩大对反法联盟的战争，取得诸多重大胜利，占领多个国家或地区，驱逐当地统治者，建立以法国为模本的社会制度，进而扩大了资产阶级革命的影响。但在滑铁卢战役与莱比锡战役中被击败后，法兰西第一帝国最终失败，拿破仑亦被流放圣赫勒拿岛，并病逝于此。第一帝国退出历史舞台，但却留下一份宝贵遗产，即《拿破仑法典》。在第一帝国时期，拿破仑先后颁布 3 个法典：民法（1804 年）、商法（1807 年）、刑法（1810 年），其中以民法最有意义，这部民法典又被称为《拿破仑法典》。

《拿破仑法典》的来源较丰富，包括罗马法、反映法国日常生活的习惯法、反映法国封建分封关系与形态的王室法、大革命时期形成的各种法律思想与成果。该法典所涉猎的范围非常广泛，总计有 35 章、2 881 条款，主要反映了 4 个基本法律原则，即自由和平等原则、所有权原则、契约自治原则、过失责任原则。此外，该法典还涉及经济自由等原则。上述原则直接体现了资产阶级自由、民主、平等以及法

制精神，有助于破除封建化等级制度、特权、习惯与观念。作为一部系统、规范、完整的成文法典，《拿破仑法典》代表了近代世界法律思想、规则以及制度的最高成就，不仅推动了法国近代法制化进程，也对欧洲其他国家的法制化产生重大影响。

第四节 普鲁士的改革

一、斯泰因-哈登堡改革与“普鲁士道路”

普鲁士人于10世纪在勃兰登堡正式建城。15世纪，普鲁士公国在条顿骑士团基础上建立。1701年，勃兰登堡选帝侯腓特烈三世获得奥地利哈布斯堡王室承认，建立普鲁士王国。普鲁士对内发展经济、对外武装扩张，在短期内成为军事大国，在近代欧洲政治格局中占据重要地位。

由于常年用兵，普鲁士国家财政紧张。在拿破仑战争中战败后，普鲁士遭到肢解，只保留四个省。严重的危机，使封建贵族、新生资产阶级以及下层群众都强烈要求改革。受法国的影响，普鲁士精英与普通民众都渴望推行法国式的变革，废除旧的封建关系，包括封建特权、封建依附关系、等级制度，最终实现富国强民的目标。

1807年9月，国王威廉三世任命施泰因男爵担任首相，拉开改革序幕。通过《十月赦令》，规定自1810年圣马丁节起，废除各种世袭和契约式的封建附庸关系、封建等级制度与等级关系，废除庄园农奴制，允许土地自由买卖，普鲁士从此只有自由人。农民可以自由获得地产、自由选择职业、自由结婚。建立城市管理法规，规定城市有自治权，拥有自主的财政管理权力；与此同时，设立市政府和参议院，规定市民在满足一定财产权要求后，可拥有选举权与被选举权。宣布取消枢密院，代之以国务院，下辖内政、外交、财政、司法以及军事等部门，国务院直接隶属于国王，普鲁士由此从君主专制政治转向官僚政治。

继施泰因之后，开明派贵族哈登堡侯爵出任普鲁士首相，继续推进改革事业。1810年10月，哈登堡颁布《财政敕令》，宣布营业自由，规定政府将征收普遍营业税，取消营业税和行会，行会成员可以自由选择是否留下或退出。1811年9月，《关于调整地主和农民关系的敕令》规定，农民在向庄园主赎买后，可以把土地转为自身财产。哈登堡改革使普鲁士摆脱了封建庄园制经济的桎梏，以此为契机而走上农业资本主义化道路，即“普鲁士道路”。此外，普鲁士还推行军事改革，建立近代化的军队。推进教育改革，提高国民的文化素质。通过这些改革，普鲁士在德意志诸邦中脱颖而出，进而为其在19世纪统一德意志诸邦、建立统一的德意志帝国奠定了基础。

斯泰因-哈登堡改革本身为贵族和容克地主阶层所领导，不可避免会带有某种封建性，这就注定普鲁士近代化的进程充满曲折。1815 年，波旁王朝在法国复辟，大规模恢复旧秩序。俄国、奥地利以及普鲁士三国君主组成“神圣同盟”，也宣称致力于维持欧洲的既定秩序。封建主义在欧洲大规模回潮，对普鲁士产生诸多影响。在此情况下，容克地主、贵族对斯泰因、哈登堡倡导的农奴制改革提出异议。在各种压力面前，1816 年，普鲁士发布《皇家公告》，将此前全面恢复农奴为自由人的做法，改为逐步恢复或者部分恢复，并提出了一些苛刻的条件。

1848 年，欧洲革命遍及欧陆，打击了欧洲封建专制制度与“神圣同盟”，迫使各国统治者不得不顺应民意，以某些自由主义政策代替保守且落后的专制统治。由此，普鲁士在 1850 年颁布《调整地主和农民关系法》，在保留农村土地所有制的前提下，无偿取消部分农民不太重要的封建义务；对于那些与土地关系密切的封建义务，如强制劳役和地租，允许农民以支付高额赎金的方式予以免除。由此，普鲁士以赎买而非革命方式，使大量农民丧失小额份地，土地迅速集中，开始向资本主义大农业生产方向发展。同时，赎买政策让农民付出巨额代价，大量赎金成为普鲁士农业资本主义发展的原始资本。此外，大量失地与破产农民不得不流入城市，成为工厂企业的雇佣工人，为资本主义发展提供了众多劳动力。所有这些，都为普鲁士在近代化进程中的不断崛起开辟了道路。

二、俾斯麦统一与军国主义的滋生

到 19 世纪中叶，随着农奴制退出历史舞台与资本主义经济迅速发展，普鲁士在德意志邦联中的影响持续扩大，渴望完成德意志的政治统一。容克贵族俾斯麦在 1862 年出任普鲁士首相后，鼓吹德意志各邦团结一致，以“铁血政策”实现统一。为此，他绕开国会阻力，不经国会认可，利用宪法漏洞实施军事改革，强化普鲁士军事力量，为武力统一做好准备。同时，他清除封建障碍，制定有利于资本主义工商业发展的政策，订立统一关税制度，在维护王权的基础上，在北德意志扩大民众选举权，实施普选制。在充分准备的基础上，1864 年，俾斯麦以领土纷争为借口，与奥地利组成联军，对丹麦发动进攻并迅速获胜。接着，俾斯麦又将矛头对准奥地利，通过外交攻势孤立奥地利，为普奥战争创造最佳外部环境。1866 年 6 月，普鲁士在德意志邦联议会中提出改革邦联的新计划，旨在夺取对德意志领导权，遭到奥地利反对，战争爆发。普鲁士击败奥地利，迫使其割地赔款，奥地利为此退出德意志邦联，普鲁士成为德意志邦联新领袖，这为俾斯麦进一步推进铁血政策提供了支撑。这次战争使普鲁士统一北德意志诸邦，为日后统一战争做好了准备。普鲁士迅速崛起打破了欧洲战略平衡，严重危及法国在欧洲的大国地位，普法战争遂在 1870 年 7 月爆发。普鲁士军队不断取胜，9 月 2

日，拿破仑三世在色当投降。1871 年 5 月，双方签署《法兰克福和约》，法国割地赔款。普鲁士最终完成统一德意志民族的大业，建立了强大的德意志帝国。

在德意志近代民族国家的建构与统一中，容克地主贵族始终扮演主导角色。德意志帝国创建后，这种所谓的“容克主义”一直在国家政治与经济生活中发挥重要作用，导致普鲁士资本主义发展存在封闭性与落后性。“普鲁士道路”实际上就是容克地主贵族领导的农业资本主义改造，即大量乡村地主、庄园主、贵族乡绅等通过赎买方式实现土地所有权变更，成为农业资本家，推动自给自足的庄园农奴制经济转变为带有浓厚封建色彩的资本主义农业经济。同时，普鲁士的资本家、银行家、商人大多出身于容克地主贵族，他们依靠家族财力与特权，较早涉足工业、手工业、商业等领域，蜕变为资产阶级新贵族。但他们在思想、文化以及意识形态等领域保留了旧传统，使近代普鲁士资本主义镌刻上封建主义烙印。由此，在德意志民族统一进程中，以俾斯麦为代表的容克地主阶级充分利用资产阶级的软弱性，以铁血政策压制资产阶级自由派，导致资产阶级三权分立制度、民主与自由理念、自由市场规则、公民社会精神等无法生根发芽。国家权力为容克地主掌握，议会成为权力摆设，专制权力不受任何限制，其决策与施政缺乏必要监督。

“容克主义”的盛行，导致德意志帝国资本主义发展先天不足，社会肌体浸染封建主义和保守主义，对外富有扩张性与侵略性。由此，本具有尚武传统的普鲁士，在对外扩张过程中逐渐形成由容克地主贵族组成的普鲁士军官团。他们世代相袭，垄断军事指挥权，通过持续战争，掌握大量财富。政治上，他们成为普鲁士专制君主的统治工具，受到国王的重用。国王对之授予许多封建特权。军官团内部等级森严，构成普鲁士等级制度的一部分。在三次王朝战争中，普鲁士军官团与容克地主阶级主导的政治官僚体系持续互动，由此而滋生出德意志的军国主义。军国主义强调以暴力方式实现国家利益最大化，包括使用武力威胁、武装侵略等。此外，军国主义还强调以军事方式参与国家政治、经济与社会生活，包括对国民经济、自然资源、国家财政等实施准军事化管制，对自由与民主思想形成压制。军国主义虽然在促进德意志统一上发挥了重要作用，但却成为德意志帝国的历史包袱，从根本上延缓了普鲁士资本主义自由与民主化进程。

第五节　日本“脱亚入欧”

一、西学的传播与德川幕府改革的失败

日本地处东亚，从 11 世纪末一直处于幕府统治下。中国和日本一衣带水，日本文化在历史上深受中国传统文化的影响，但日本一直游离于以中国为核心的东亚宗

藩朝贡体系之外。到了近代，日本通过明治维新开始全面效法西方国家进行改革，经济上模仿西方的资本主义工业化推行“殖产兴业”政策，政治上效法西方的君主立宪制及政党政治，文化上实行所谓的仿效西方思想文化与生活方式的“文明开化”，最终实现了“脱亚入欧”与“全盘西化”。由此，日本尽管在地缘上属于东方，但却被归为“西方文明”的范畴。

在大航海时代开启后，日本开始与欧洲各国沟通。伴随西欧近代化进程开启，日本许多知识分子接触西欧科学与文化，学习并引进各种学科知识，将其用于教育与思想启蒙。近代日本有两次大规模思想与学术引进：一是17世纪初引入并翻译荷兰科学与学术著述；二是18世纪中叶引入英、法等国的科学理念与学科知识，翻译西欧各国学科著述。前者被称为“兰学”，后者被称为“洋学”，这两次学科与知识引进，成就了日本早期思想启蒙，为日本近代社会转型奠定了重要基础。

17世纪初，日本处在德川幕府的统治之下。幕府将军出任征夷大将军，外设“亲藩”“谱代”“外样”三种藩国大名，内设中央官、地方官等，建立了一套完整的政治统治体制。为了稳固专制统治，德川幕府实行闭关锁国，禁绝民间与外部接触，隔绝一切政治、思想与文化交流。为了维持日本经济与贸易需要，幕府将出岛设为唯一对外交流窗口，负责与西班牙、葡萄牙以及荷兰交往。

从16世纪中叶起，葡萄牙耶稣会教士开始将天主教传入日本，使之在九州等地迅速扩展，欧洲文化思想与科技成果同时亦传入日本。17世纪初，荷兰开始与日本进行经济与文化交流。与前者相比，荷兰传入的文化思想与科技成果，其领域、种类、规模进一步扩大，代表更先进的科技与文化理念，包括航海、造船、冶铁、枪炮制造、测量等科技，以及医学、博物学、天文学、物理学、化学、语言、地理、历史等学科。荷兰人还在出岛设置商馆，既开展通商贸易，亦开展文化交流。同时，幕府宣布解除西洋书籍进口禁令，大量欧洲科技与文化著述传入日本，覆盖了近代早期科技、文化、学术、逻辑等领域。

事实上，“兰学”并非出自零散的荷兰著述翻译或者创作，而是源于大规玄泽所著《兰学阶梯》，该书系统介绍了西学在日本的发展历史，以及学习荷兰语的语法，对引进荷兰学术、技术、学科以及思想文化具有重大意义，因其发音和字义而被统称为“兰学”。“兰学”的兴起，加速了西方近代科学知识、技术、文化传播，对于启发日本民智、改良社会、政治进步发挥了积极作用。不过，到德川幕府时代中晚期，“兰学”传播由于涉及幕府政治改良而遭到压制。19世纪，“兰学”逐渐式微，代之以英、法、德等国倡导的科技与思想文化，“洋学”开始在日本传播，使近代欧洲科技、文化、思想全面进入日本，尤其欧洲工业革命所孕育的实证精神、科学方法论、现代逻辑等，打破了日本旧的文化与思想束缚，对日本近代社会转型提供了强大的驱动力。

从19世纪30年代起，日本出现大量学塾，例如伊东玄朴的“象先堂”、绪方洪庵的“适塾”、西博尔德的“鸣泷塾”等，这些学塾集中教学，以传播洋学知识与技术为主导，大规模培养具有近代科学思想与技术的知识分子，为日本近代高等教育体系的形成奠定了基础。学塾教育重视“实理”与“实用”，重视科学主义与实证精神，进而推动了日本文化体系改造，在科学主义基础上重新塑造世界观、道德观、价值观，这对近代日本社会的转型与新文化体系的确立意义重大。

在与西方交流日渐增多的同时，日本内部矛盾不断激化。幕府及藩阀大名与下层武士之间矛盾升级，封建特权阶层与农民、町人之间的对抗加剧，各地持续出现农民起义与平民暴动。在外交上，日益崛起的沙皇俄国向远东持续扩张，前锋直抵北海道，其通商、护侨以及开埠要求给幕府也带来巨大压力。内外交困的局面迫使幕府进行改革，以维护自己的统治。

从 18 世纪上半叶起，幕府将军德川吉宗开始推行“享保改革”，采取诸多措施：首先是加强幕府权威，削减将军直属家臣（旗本），废除旗本世袭制，裁减与将军保持主从关系的武士（御家人）。再就是设置目安箱，接受町人上诉，了解日本社会底层要求。同时，广开财源、大幅削减幕府开支，充实国家府库，平抑米价，减缓社会矛盾。此外，引进西方科技与思想，学习西方语言、文化以及技术，鼓励学术创作与研究。政府还进一步加强幕府武备，平抑抗命藩阀，应对外来威胁。“享保改革”取得一定收效，但德川纲吉辞世后，改革陷入停顿，幕府统治再度陷入危机。

18 世纪末，松平定信在日本推行“宽政改革”。首先是在全国宣传儒家教化思想，提倡节俭生活，禁止官员腐化堕落，整肃武士阶层纲纪。其次采取措施限制大商人的行业垄断，打破其商业特权，降低商品价格。大力发展农业，鼓励粮食种植，禁止农民外流，鼓励农民回归故乡，由政府发给路费，保障耕地。在思想文化领域，发布出版统制令，钳制自由声音，严禁出版议论或者讽刺时政的刊物，限制浮世绘与文艺小说等作品的出版与传播。“宽政改革”难以解决各种社会问题，注定不可能成功。

从 19 世纪 30 年代起，日本社会矛盾再度激化。1841 年，幕府首席老中水野忠邦主导“天保改革”，加强幕府将军权力与地位，监督与管制藩阀大名；打击商业资本，禁止物价上涨，废除同业公会对商品的垄断；强迫外流农民返乡，禁止从事副业生产。在对外关系上，让大名向有要求的外国船只提供燃料、淡水和食品，缓和日本与列强的关系，同时加强武备，以西式方法训练炮队等。然而，“天保改革”同样也以“守旧”为宗旨，注定难以成功。

日本在江户时代推行的三次改革均以失败告终，虽然有助于缓解社会矛盾，但旨在强化幕府的封建专制统治，无法真正解决社会发展带来的社会矛盾，因而未能顺应时代趋势，开启日本近代化的进程。与幕府改革同时，萨摩藩、长州藩、肥前藩等西南诸藩也展开改革。西南诸藩封建的历史包袱较少，通过改革拥有了强大的经济与军事力量、较高的农业经济与商品经济水平、开明的社会风气，对日本日后的全面改革产生了重要影响。

二、“西力东渐”的冲击与明治维新

在“西力东渐”浪潮的冲击与日本社会“故步自封”的格局下，日本近代化的进程最终是在欧美列强坚船利炮的驱迫下启动的。其时，日本国力弱小，经济落后，文化封闭，很快成为欧美列强觊觎和染指的对象。1853 年 7 月，美国东印度舰队抵达江户湾，用武力胁迫幕府签署美日双方通商条约，向美国商品打开国门。1854 年 2 月，美国舰队再度进入江户湾，要求幕府将军履约。幕府屈从美国的要求，双方签署条约，赋予美国以最惠国待遇，日本开放函馆、下田，负责向美国舰只提供食物和淡水，确保遇难船员能得到救助与安全保障。日本“闭关锁国”的状况由此被彻底打破。接着英、法、俄等欧洲列强相继强迫日本签订不平等条约。西方列强的严重威胁，使日本面临两种严峻的历史选择，要么成为西方列强的殖民地，陷入“被近代化”的境地；要么效法西方列强，“脱亚入欧”，主动步入资本主义近代化的道路。

随着大量欧美商品进入日本，下层武士破产沦为浪人，农民破产失地，成为流民，社会矛盾日益加剧。幕府将军的专权与颟顸，也引起国内的普遍不满。由此，在反对幕府的斗争中，日本逐渐形成“尊王攘夷”思想，即“尊王论”与“排外论”。其中，“尊王论”出自儒家学说的“名分论”，鼓吹“尊王大义”，主张恢复古代天皇的绝对权威，提倡“尊王敬幕”的政治理念，主张在日本建立以天皇为中心的王权体制。“排外论”的思想基础是国体论与神国思想，强调天皇是日本国体，代表了日本的神国属性，即日本是世界中心，日本人是神的后裔，会得到神的眷顾。日本社会出现混乱，源于幕府订立的不平等条约，这些条约并未得到天皇批准，不具备合法性。恢复日本稳定的途径就是驱逐一切外国力量。“尊王论”与“排外论”构成日本“尊王攘夷”思想的主体，两者互为补充，反映了各种社会进步力量的变革要求，代表了日本近代社会的发展方向，为此后日本社会变革奠定了思想基础。

在“尊王攘夷”思想指导下，西南诸藩率先出现旨在富国强兵的“尊王攘夷派”，领导人是长州藩教育家吉田松阴及其学生高杉晋作、久坂玄瑞，参加者包括萨摩藩与长州藩的藩阀大名、下层武士阶层、农村富裕农民、城市商人阶级和开明学者，以及要求政治改革的官吏。他们来自不同阶层，各有利益诉求，但都对现状不满，都痛恨幕府统治腐败无能。但幕府将军不愿退出历史舞台，将政府保守派公卿、不愿改革的藩阀大名等组成“公武合体派”，强化幕府政治权力，压制“尊王攘夷派”。在斗争中，“尊王攘夷派”借口幕府签订的条约未经天皇首肯，要求天皇下诏废除条约，驱逐外国殖民者。1858 年 10 月，幕府将军镇压“尊王攘夷派”，制造

"安政大狱"。作为报复，"尊王攘夷派"18名武士以清君侧之名，颁布"斩奸旨趣书"，刺杀幕府重臣井伊直弼，酿成"樱田门外之变"。1863年初，天皇下诏要求幕府限期废除不平等条约，驱逐外国人。"尊王攘夷派"放火焚烧英国驻日使馆，许多与外国使馆有接触或勾结的幕府官员受到攻击，许多外国商人被驱离。5月，幕府政府宣布"攘夷"。6月，幕府宣布实施封馆闭港，驱除外国人。由此，尊王攘夷运动进入高潮。

1864年8月，幕府发动政变，驱逐长州藩"尊王攘夷派"。与此同时，美、英、法、荷等国海军炮击长州藩下关，迫使长州藩与列强签订《下关条约》。另外，幕府派大军征讨长州藩，尊王攘夷运动失败。面对严峻形势，资产阶级知识分子、下层武士、市民、农民都认识到，幕府已成为外国人的傀儡，单纯依靠"攘夷"，无法使日本摆脱殖民地的命运，只有推翻幕府统治，才能驱逐外国势力，真正建立以天皇为中心的国家新体制。从1865年春起，"尊王攘夷派"在下关起兵，拉开倒幕运动序幕。倒幕运动坚持"减免租税、四民平等"等主张，得到下层群众支持。1866年，萨摩藩、长州藩、土佐藩、肥前藩缔结秘密联盟，约定共同推翻幕府统治。1867年，明治天皇上台，与倒幕派联合。次年1月，天皇发布《王政复古大号令》，责令幕府将军德川庆喜辞职，交还统治大权。德川庆喜为此调集军队，与倒幕派军队展开战争。双方在伏见、鸟羽交战。幕府军队失败。天皇下达"征讨庆喜令"，对幕府武装发动全面进攻。5月3日，德川庆喜被迫签订协议，交出武器装备和军舰，交出统治权，幕府政治体制寿终正寝。

在德川幕府的统治结束后，天皇正式亲政，在1868年3月发布《五条誓言》，公开提出建立以天皇为中心的中央集权制度，发展资本主义经济，废除等级制度，学习西方科技文化等。4月，天皇发布《政体书》，提出建立三权分立权力架构，设立职官制度、府藩县治理制度等。9月，江户更名东京成为首都。10月3日，新政府确定年号"明治"，开始实行以"维新"为目标的改革。

在政治上，废藩置县，加强中央对地方的控制。将全国分为东京、大阪、京都共3府以及若干县，府县长官均由中央任命。旧藩主一律变成藩知事，由中央统一任命，保留俸禄和华族地位。同时，废除封建等级制，实施皇族、华族、士族、平民一律平等的"四民平等"制度。除与天皇有亲缘关系的皇族外，允许作为公卿诸侯的华族、以武士为主的士族、以工商农执业者为主的平民相互来往与通婚；政府以发行公债方式，收回华族与士族的俸禄；废除华族、士族的封建特权，逐步改革并取消封建身份制度；颁布《户籍法》，建立新型户籍制度，便利国家对人口的统计和掌控。

在经济上，学习西方科学技术、设备与管理方法，殖产兴业，全面推动资本主义经济发展。设置工部省，统一管理国家内外贸易；取消藩阀大名在各地的关卡，统一国内市场，鼓励工商业资本主义发展；取消各种限制和不利于资本主义发展的同业公会，抑制带有封建色彩的行业垄断；统一国家货币，成立国家银行，建立健康有序的金融环境；允许所有人自由从业，保持经济活动的自由和自主；废除原有土地政策，允许土地自由买卖；改善交通条件，以募资方式兴建铁路。

在教育上，推行义务教育制度，开化民智，向西方学习。颁布教育改革法令——《学制令》，设置文部省，统一规划全国教育与人才培养；在全国设置大、中、小三级学区制度，设置不同数量的大学、中学、小学，实现全国义务教育制度；选派考察团赴欧洲考察，派遣留学生赴欧美各国学习；大幅增加教育开支，提高教师待遇与地位，引进国外教育人才，发展高等教育、普及初等教育、重视职业教育，提高国民素质；颁布《教育敕语》，鼓吹忠君爱国与武士道思想。

在军事上，建立近代化军队，增强军队战斗力。实施征兵制，打破武士特权，废除封建军制，规定全国男子均有服兵役的权利和义务，建立直属中央的常备军；建立天皇主导的军事领导体制，设置兵部省，设置陆军省和海军省；按照德国军制，陆军分常备军、预备军、国民军，设置步兵、炮兵、骑兵、工兵与辎重兵五个兵种，设置陆军士官学校与陆军大学，培养陆军人才；按照英国军制，海军设置常备海军舰队、海军兵学校、海军操练所、海军大学等，培养海军人才；在全国设置不同类型与职能的兵工厂和造船厂，大力发展军事工业。

在思想文化与社会风气上，实施文明开化，按照西方文化与思想理念改造日本。普及西方文化、传统与习俗，推行全盘西化政策，包括西方饮食、服饰、发型、交往礼节、卫生习惯、公众卫生等，改变旧的陈规陋俗。同时引进欧美各领域学术著作，组织专业人才集中翻译，传播和吸收西方社会文化与理念。

“明治维新”开辟了日本近代社会转型的广阔道路，使日本政治、经济、社会、军事以及文化等均发生变化，资本主义迅速发展。这一变革带来的富国强兵，更使日本彻底摆脱了沦为欧美列强殖民地的命运，实现“脱欧入亚”的目标，最终成为亚洲唯一未被殖民化的国家。然而，“明治维新”只是一场由天皇和新兴资产阶级联合发动的政治改良，这使得日本社会仍保留了大量封建残余，为日本日后的发展留下了诸多严重隐患。

三、自由民权运动及其对宪政发展的推动

明治政府建立后，国家政权基本上被西南诸藩控制，各种社会矛盾并未消除。自 19 世纪 70 年代起，日本社会出现社会民主化、政治自由化等声音，多个社会阶层与利益集团提出要求，敦促政府实现更大范围的民主选举，完全废止藩阀制度，通过对外扩张为日本争取更大空间。由此，自下而上争取民主权利的自由民权运动得以酝酿与爆发。自由民权运动的领导者既有士族出身的政府官僚以及知识分子，还有小地主和小资产阶级，下层士族、城市平民、农民等均参与其中。

1873年，前政府参议板垣退助创建“爱国公党”，提出《爱国公党本誓》，以政党政治的方式推动社会民主化。1874年1月，板垣退助联合他人撰写“设立民选议院建议书”，要求实施更广泛的议会选举，建立立宪制政体，保证国民政治权利。这些呼吁在日本引起强烈反响。1874年4月，板垣退助创立日本首个民权组织“立志社”，研究各国法律思想与制度。在其带动下，日本各地建立“自助社”“石阳社”等多个民权组织，鼓吹天赋人权学说、社会契约论、人民主权思想、边沁的功利主义学说，积极主张建立立宪君主制。5月，明治政府与民权组织代表在大阪召开会议，就建立政党、设立议会达成四项协议，推动了日本社会自由与民主运动的发展。

1875年2月，“立志社”“自助社”“石阳社”等地方民权组织联合建立“爱国社”。“爱国社”以《合议书》为指导方针，强调国家观念的主导地位，提倡个人自由主义，增进天皇权威，推动日本成为世界强国。同时强调所有会员一律平等，拥有自由权利，会员和睦相处，为实现民主目标共同努力。民权组织还通过受其控制和影响的杂志，例如《评论新闻》《草莽杂志》《近世评论》等，宣传各种自由与平等思想，例如开设国会、减轻地税、推动地方自治、修订不平等条约、扩大国家权益等。

1877年初，西乡隆盛发动“西南战争”，要求推动政府内部改革，维护士族阶层利益，在海外用兵。叛军的要求契合了“爱国社”的政治与社会理念，吸引了大量会众参与。但“西南战争”最终以叛军失败而告终，“爱国社”不得不放弃以武装抗争方式争取自由民主权利。6月，“爱国社”向政府递交请愿书，要求开设国会。“爱国社”提出，西方国家之所以物产丰富、国力强盛、学术精湛，根源是建立了君主立宪制，人民享有自由民主和参政权利；政府应停止征收高税收补贴特权阶层，推行有利于中小资产阶级的改革，增强国家资本积累、发展自由资本主义；修改日本与欧美列强订立的不平等条约，对外扩展国家权益。

1878年9月，“爱国社”在大阪召开重建会议。1880年，“爱国社”改名“国会期成同盟”，要求政府尽快开设国会。这一要求得到全国民众支持，迫使明治政府最终同意设立国会，并以天皇诏令方式予以确认。自由民权运动取得胜利，承认政党合法以及政党政治。1881年10月，以“国会期成同盟”为基础，板垣退助成立“自由党”。“自由党”作为日本首个资产阶级政党，在党章中设定了政党目标，即扩大自由、改良社会、保障权利、增进幸福。“自由党”的创设，带动了日本政党政治的迅速发展。继“自由党”之后，日本各地迅速建立许多政党，例如大隈重信的“立宪改进党”、福地源一郎的“立宪帝政党”等。这些政党的创建以及政党政治的持续发展，在推动日本国民政治觉醒的同时，进一步推动了日本立宪政治的普及与发展。

自由民权运动的兴起，推动了日本政治民主化进程，政党政治、议会政治等相继萌发，各种社会团体不断涌现，国家政治开始出现新的变化，这对于日本社会的近代化转型具有重大意义。

参考书

Paul R. Waibel, *Western Civilization：A Brief History*, the First Edition, London：Wiley-Blackwell, 2020.

Jeremy D. Popkin, *A New World Begins：The History of the French Revolution*, New York：Basic Books, 2019.

Andrew Gordon, *A Modern History of Japan：From Tokugawa Times to the Present*, The Fourth Edition, Oxford：Oxford University Press, 2019.

罗杰·奥斯本：《钢铁、蒸汽与资本：工业革命的起源》，曹磊译，电子工业出版社，2016。

基佐：《1640年英国革命史》，伍光建译，译林出版社，2016。

阿尔贝·索贝尔：《法国大革命史》，马胜利，高毅，王庭荣译，北京师范大学出版社，2015。

艾林·布林克利：《美国史》，陈志杰，杨大昊，王辉等译，北京大学出版社，2019。

邢来顺、吴友法主编：《德国通史》，江苏人民出版社，2019。

瓦·奥·克柳切夫斯基：《俄国史》，张草纫，浦允南译，商务印书馆，2013。

坂本太郎：《日本史》，汪向荣，武寅，韩铁英译，中国社会科学出版社，2008。

鲁斯·本尼迪克特：《菊花与刀》，黄学益译，中国社会科学出版社，2008。

新渡户稻造：《武士道》，张俊彦译，商务印书馆，2020。

马克斯·韦伯：《新教伦理与资本主义精神》，于晓，陈维纲等译，生活·读书·新知三联书店，1987。

第七章

西方文明形态的发展与变迁

第一节　欧美工业经济形态

一、第二次工业革命与西方物质文明的发展

受第一次工业革命影响，欧美各国特别重视科技创新，重视科技发明在工业发展中的应用。第一次工业革命始于18世纪70年代，终于19世纪40年代，以蒸汽机技术、纺织、煤炭、冶炼等为标志，形成以纺织业、煤炭采掘、冶铁业等主导的产业发展方向；第二次工业革命则开启于19世纪60—70年代，在电力、化学、交通运输、钢铁冶炼等领域取得突破。与第一次工业革命相比，第二次工业革命对西方物质文明的发展产生了更持久的重大影响。

第二次工业革命在能源领域取得突破，为工业发展提供了取之不竭的动力源。1831年，英国科学家法拉第发现电磁感应现象，提出发电机原理，制成发电机。1866年，德国工程师西门子通过电磁铁制造磁场，制造大功率直流发电机，为电力广泛用于工业生产开辟了道路。1882年，爱迪生制成直流电发电机，建成全世界首个火力发电站，将输电线联成电力网络。同年，法国人德普勒发现远距离输电法，使远距离输电成为可能。1884年，特斯拉发明交流电发电机与电子感应发电机，建立交流电系统等。电力的发明与远距离传输，为电气工程发展奠定了基础，人类就此进入全新的电气化时代。随着电力广泛使用，大量电器产品纷纷问世，例

如电灯、电车、电钻、电焊、电话等，这些发明创造推动了欧美工业发展的规模与速度，提高了欧美各国人民的生活水平。

在第二次工业革命中，内燃机技术在众多应用技术发明中最为引人瞩目。1876年，德国人奥托发明煤气四冲程内燃机。1883年，德国工程师戴姆勒发明汽油内燃机，为内燃机作为交通工具动力源提供了支撑。1885年，德国工程师本茨制造全世界首辆汽车，本茨亦被称为“汽车之父”。1897年，德国工程师迪塞尔制造柴油内燃机，进而为汽车、火车、轮船、飞机的普遍使用提供了强大、便利的动力基础。1896年，美国人福特发明四轮汽车。1903年，美国人莱特兄弟发明飞机，实现了人类在天空遨游的梦想。这些科技发明建构起欧美各国现代交通运输体系，人类进入汽车时代，不仅改变了工业结构与布局，还带动了一系列附加产业的蓬勃发展，实现了人类社会生产与生活方式的巨大变革。

正是在科技发明与应用的推动下，除了汽车工业外，诸多新的工业领域不断涌现。在通讯业领域，1837年，美国摩尔斯发明电磁电报机，在华盛顿与巴尔的摩之间建立电报线，完成电报传讯的“摩尔斯电码”。1876年，美籍英国人贝尔发明电话，成功实现远距离通话。1894年，意大利人马可尼发明无线电报，实现了跨大西洋无线通讯联络。同年，俄国科学家波波夫也制成无线电接收机，制成全世界第一个接收天线。通讯业的发展，推动了欧美工业体系的发展与完善，也空前促进了社会信息的相互联通。

钢铁冶炼方面的成就同样凸显。1856年，英国人贝塞默发明“转炉炼钢法”，优化“搅拌炼钢法”；不久，德裔英国人西门子发明使用蓄热式平炉的炼钢方法。1864年，法国人马丁发明“平炉炼钢法”。1879年，英国冶金家托马斯发明“碱性转炉炼钢法”，在冶钢工业树立了一座里程碑。从此，大量优质钢材被迅速用于工业制造，成为工业发展最重要的原材料。

石油工业相继诞生并迅速崛起。1859年，美国人德雷克在宾夕法尼亚泰特斯维尔开凿全世界第一口石油井。1861年，美国第一船煤油向欧洲出口，石油产业迅速走向国际化。1863年，美国石油巨头洛克菲勒创建“精炼炼油厂”。1870年，洛克菲勒建立“标准石油公司”，实现石油垄断。以此为契机，石油工业迅速发展，开始从美国走向全世界。内燃机的发明及其大规模运用，加快了石油采掘、提炼以及相关的化工制造。

化学工业也脱颖而出。1856年英国人发明合成苯胺紫染料。1867年，美国人发明使用水解食盐方法制造烧碱的化学工艺。同年，瑞典化学家诺贝尔先发明代那迈特炸药，以后又陆续发明甘油炸药与无烟炸药。1869年，美国人使用樟脑增塑纤维素，制成塑料。1891年，法国人贝桑松建成首个人造丝厂。1895年，美国建成首个以电热法生产电石的工厂，开创乙炔化工业。大量新型化工产品的出现，使化工业很快成为新工业体系的一个支柱型产业。

新兴工业的层出不穷，使欧美资本主义发展持续获得新的增长点，工业生产内容不断丰富，生产环节愈加细致，生产规模不断扩大，生产技术与工艺不断提高，生产体系与布局不断完善。由此，欧美资本主义经济再度迎来新的发展高潮。

第二次工业革命在欧美多国同时出现，许多后起的资本主义国家，例如美国、德国、日本、俄国、意大利，几乎集两次工业革命于一身，交叉发展。德国与美国资本主义工业发展规模与速度，在19世纪后半期迅速超越英国与法国等老牌资本主义国家，改变了全世界资本主义的工业布局，在整体上带动了资本主义工业文明的发展与进步，促使欧美各国资本主义政治、经济、社会与文化形态发生新的变化，进而强化了欧美各国在全球的影响以及主导地位。

二、从自由资本主义到垄断资本主义

新航路开辟后，欧洲资本主义始终以自由发展模式向前发展。在早期资本主义发展时期，欧美各国倡导自由市场经济，强调自由竞争原则，推行自由放任政策，尤其强调政府不干涉国家经济生活。在自由市场原则的主导下，欧美资本主义获得巨大成功，各国均建立了完整的自由经济体系，确立了资本主义政治、社会与文化等形态。但这样的发展也为欧美各国带来一系列矛盾。例如，私人占有生产资料与社会生产规模不断扩大之间的矛盾、资本主义周期性危机规律、资产阶级与无产阶级的剧烈分化与对持续立等。这些矛盾由来已久，渐成固化之势。第一次工业革命后，这些矛盾并未受到抑制，反倒有越演越烈之势，资本主义大机器生产不断扩大，生产资料、劳动力以及生产经营方式持续集中，全面加剧了资本主义的各种固有矛盾及其危机。

在第二次工业革命的影响下，西方资本主义发生全面变化。这种变化并未止步于欧美工业生产结构调整，同时也带来资本主义发展方向、路径、规则、内容及其影响的变化。此后，欧美资本主义生产方式更趋多样化，生产力规模与体量持续放大，生产方式更趋复杂化。不仅如此，资本主义生产关系内部发生改变，包括生产资料占有、产品分配关系等。在此情况下，欧美资本主义进入到垄断资本主义亦即现代资本主义阶段。

与自由资本主义相比，垄断资本主义呈现诸方面的基本特征。它首先表现为跨越领域、区域以及国家的存在。从19世纪60年代起，随着科技的持续进步与工业生产的不断拓展，为了攫取更高利润，欧美各国建立多种垄断组织，例如托拉斯、卡特尔、辛迪加以及康采恩等。这些垄断组织的运转各自有别，均按照各国发展需要、行业规模、企业竞争力等创设。它们一般由几个大企业合并或联合组成，或控制某个生产领域，或控制某个生产部门及其相关产业链条，或跨越部门或者行业，并且跨越地区或者国家而运行。这些垄断组织在各个行业、国家、地区具有不同表现形式，但都表现出对利润毫无节制的追求，对行业规则以及国家经济政策施加影响，甚至对国家政治实施渗透与干预。

工业资本与银行资本的结合也构成垄断资本主义的一大基本特征。为了攫取超高利润，垄断组织不只在工业生产与经营中强调工业资本、技术、标准以及规则的统一，同样也强调银行资本的运作。和自由资本主义相比，垄断资本主义对银行资本的认知和定位发生变化，即银行资本由单纯的经济信贷与财政信贷职能，已经变成垄断产业链中的一个重要环节，运用银行资本的重要性丝毫不亚于工业生产本身，甚至远超后者。金融资本的形成及其运作，构成垄断资本也是垄断生产的一部分，先是迫使大量中小企业破产，然后实施收购。金融资本通过资本杠杆，支配大于自身几倍、几十倍的企业或产业链，进而影响并控制国民经济。金融业与工业结合，催生了金融寡头，他们通过高度集中的资本运作，直接操纵某些行业或部门存在与发展，进而染指国家经济生活，甚至插手国家政权，影响国家的内政外交决策，使国家政治、经济、军事以及外交完全服务于利益集团或者个人，严重削弱了欧美资产阶级深以为傲的自由民主理念与制度。

垄断资本主义还特别重视垄断工业及其产品与垄断资本的对外输出。为了实现超高利润，垄断组织力图实现跨越行业、国家以及地区的垄断目标，严格控制商品的价格与标准，以此控制产业链条，包括上下游相关产业与市场等。此外，通过垄断资本对外输出，欧美各国利用资本优势，在全世界掠夺资源、占领市场，轻松获取高额利润。由此，加速了欧美各国资本主义垄断化程度，推动了国际垄断资本形成，使之在全球经济与产业布局中发挥作用。大量跨国公司形成国际垄断同盟，对全球经济实施瓜分，影响并左右国际经济、财政、金融以及贸易方向。

欧美垄断资本主义的形成及其发展，同时也驱动其政治形态发生变化，这种变化集中体现为帝国主义出现。大量金融集团与寡头涉足国家政治生活，以各种方式左右国家政策，向政府施压，参与国家治理，导致国家权力与垄断资本高度结合。这就不可避免造成欧美各国政府服务于金融集团，促使政府职能异化，政府蜕变为金融集团控制国家生产资料、劳动力、市场、资本等的代理工具。垄断组织与国家权力结合，增强了垄断组织的实力与影响，加速了各国垄断资本集团的矛盾与竞争，推动了欧美各国争夺世界殖民体系霸权与优势地位，其结果必然导致世界殖民地瓜分高潮迭起，以及欧美列强之间频繁爆发战争。

垄断资本主义发展的同时也呈现出明显的两面性与矛盾性。它虽然使欧美各国在科学技术、国家福利、人民生活、社会文化等方面都大有建树，高速推动了西方文明的进步，但也带来消极、负面的影响，不仅对资本主义民主、自由以及平等理念与制度造成伤害，而且也埋下帝国主义战争的祸根，并给亚非拉带来殖民化进一步扩大的恶果。

三、欧美经济新形态

进入垄断资本主义后，西方经济发生全面变化。以垄断组织为纽带，欧美各国的生产方式、产业方向、产业结构以及相关国家产业发展的理论与政策等均发生重要变化，出现迥异于自由资本主义的一些新形态。

首先是传统资本主义生产模式发生变化。欧美各国生产模式持续趋向集约化、现代化以及机械化，以新科技为先导的生产模式受到普遍推崇。19 世纪末，欧美各国陆续推出“流水作业法”“轮带传输作业”“装配线作业”等，通过加大单位时间内的工作强度，大幅提高劳动生产效率。同时，将同一件工业产品分割为不同程序与环节进行生产，再通过各个程序与环节密切合作，最大程度缩小工作时间与成本，避免工时与原材料浪费，有效增加产量和利润。

其次，随着生产模式的变化，欧美垄断集团获得剩余价值的方式也相应改变，不再追求延长工时、降低工资等简单方法，而是通过改进与优化技术、管理以及程序等方法实施高效剥削。由此也导致企业利益分配的变化，即资本家拿出部分利润用于工人福利，通过改善工人生活，缓和劳资对立，稳步扩大生产。

最后，欧美各国主导型产业较前发生变化。在垄断资本的作用下，钢铁业、化工业、石油工业、通讯产业等成为各国主导型产业，铁路建筑、飞机制造、汽车制造等产业也发展迅速。1870 年全球钢产量只有 52 万吨；到 1900 年达到 2 830 万吨。1870 年全球石油产量只有 80 万吨，而 1900 年达到 2 000 万吨。1870 年全球船舶总吨位只有 1 680 万吨，1900 年达到 2 620 万吨。1870 年全球铁路总长度为 21 万公里，1913 年达到 110.2 万公里。这些主导产业的规模很大，技术含量高，示范性与传导性强，带动了其他附加产业的兴起。交通运输业快速发展，有力促进了钢铁冶炼、石油采掘、橡胶轮胎制造、零部件制造、机械与化工制造、电子通讯等制造业的发展，另外还带动了保险业、金融业、租赁业等行业的勃兴。

19 世纪后半期欧美主导型产业的高速增长，不仅推动了西方经济的发展与繁荣，也促使各国的产业结构发生变化，第一、第二产业在国民经济结构中的比重下降，第三产业占比上升。一方面，在垄断组织作用下，欧美各国农业逐渐实现现代化、集约化、机械化，从业人口减少，技术含量提升，产量增加，人均粮食、乳制品与肉类产品供应迅速提升。其中，美国、加拿大、澳大利亚、阿根廷等国均出现超大规模世界级知名农场，四国均成为全球最重要的农产品和畜牧产品基地。另一方面，重工业与轻工业中科技含量高的新兴产业发展迅速。在工业布局中，低产值产业比重不断下降，高产值产业比重不断上升，大量传统产业被边缘化，处于没落状态，例如纺织业、印染业、煤炭采掘业等。

与此同时，第三产业中大量新产业出现，各种传统产业的联系不断增多，在传统产业结构中衍生出服务业，且呈现泛化趋势，例如金融服务、法律服务、教育服务、运输服务、餐饮服务、住宿服务、租赁服务等。作为连接不同产业的纽带，服务业在产业结构中的比重持续上升，市场份额越来越高。

随着欧美垄断资本主义的持续发展，传统的经济理论与产业政策发生重大调整。自由资本主义理论已不再适应经济持续扩大的需要，迫切需要新的经济理论取而代之。以德国经济学家施穆勒为代表，欧洲经济学界推出“新历史学派”，提出一套与垄断资本主义经济相适应的新逻辑。该理论否认社会存在普遍的经济规律，强调心理、道德、国家在经济生活中的重要地位；主张扩大国家职能，强化国家干预经济生活。有人甚至鼓吹国家政权与金融资本结合，强调以国家政策为先导推动各国垄断资本输出。

新经济理论推动了欧美产业政策的更新。各国竭力推动工业发展本土化，以自身作为世界经济结构的生产中心，将亚非拉等不发达地区当作原材料、农产品以及初级工业品的供给中心。另外，各国按照自身需要，重点发展自主型产业。例如，美国重点发展重工业，包括汽车制造与机械制造，还有钢铁业、造船业、建筑业、军火工业、金融业、服务业等。英国着重发展船运业、造船业、金融业、畜牧业等。法国主要发展服务业、金融业、冶金业、奢侈品制造业以及农业等。德国则主要发展化工医药业、光学工业、机械制造、电器制造、汽车制造等。

欧美经济新形态推动了西方经济的繁荣，但经济垄断化程度加深必然使经济危机发生频率加快，危害程度进一步加大。同时，它必然使得各国垄断组织与资本之间的竞争愈加激烈，各国矛盾与对抗不断升级。此外，它也使世界经济布局进一步固化，欧美各国始终处于全球产业链的顶端，把持主导性产业、先进技术、经济决策权等，而广大不发达国家则处于这一链条底端，不得不向欧美各国提供原材料、农产品以及初级工业品，充当其垄断经济的附庸。

第二节　资本主义政治生态的延续与变动

一、在自由和保守夹缝中的英国

第二次工业革命后，随着垄断资本主义迅速发展，欧洲资本主义政治生态在延续以往的基本概貌时也发生了某些变化。作为老牌资本主义国家，最早创立议会制、政党制、内阁制、文官制的英国，在这方面堪称典型。

在这一时期，英国逐渐丧失世界头号工业大国的地位，被后起的美国与德国超越，在世界经济格局中的地位逐渐下降，导致英国政治、社会、文化以及意识形态等渐趋保守。对英国资本主义政治生态而言，自由出自传统，保守源于困难。

在国家统治上，英国开始从单纯的民族国家治理转向帝国治理，从维护国家利益转向维护英帝国利益。从16世纪起，英国开始海外殖民，但殖民地大多被用于发展商业资本主义，并未成为工业资本主义的依托。在两次工业革命中，殖民地开始被英国纳入工业资本主义体系，众多利益集团、党派、社会阶层都积极支持对外建立超级殖民帝国，以此补偿英国在与欧美列强竞争中的颓势。由此，英国在全世界大肆殖民扩张，足迹遍及亚非拉三大洲，通过武装侵略、颁布特许状、商业欺诈等手段，在19世纪末建立了一个庞大的殖民帝国。在英帝国殖民制度建构中，英国的治理理念呈现多重矛盾。英帝国既要建立民主制度与法律，又要防范殖民地民主力量壮大；既要众多殖民地服务于帝国利益，又要使自身的殖民统治较其他列强更文明。

在国内，英国政党政治理念与实践也在发生变化。从18世纪初起，英国开启两党制。代表土地贵族的托利党与代表工商业资本家的辉格党轮流执政，两党互相监督，在议会中互相诘难。这种正反相依、彼此视同仇雠的执政理念，成为英国政党政治的传统。19世纪30年代，在托利党与辉格党基础上演化而来的保守党与自由党，继承了这种政党运作方式，以此维持英国的政治平衡，防止国家内政外交政策出现偏差。自第二次工业革命后，英国逐渐形成从中央到地方的一揽子政党选举体系，两党制向现代政党制发展。从19世纪70年代起，两党执政理念开始趋同。无论是保守党还是自由党，在外交上一致支持殖民扩张，支持建立英帝国，支持英国与欧美列强围绕殖民地展开争夺。在内政中，两党都支持国家实施自由主义改革，包括实施选举制改革、议会制改革、文官制改革，不断完善国家治理机制，最大限度缓和劳资关系，缩小社会对立与阶级差别。这种变化的原因之一，就是传统的两党制政治分野发生变化，保守党过去一直是地主和贵族阶层的代言人，但许多工业资本家也参与其中，开始成为垄断资产阶级的政党；而代表工商业资本主义利益的自由党，由于议会制与选举制改革，选举基础发生变化，导致其从19世纪80年代后逐渐陷入衰落，其选民逐渐倒向各个工人政党，此举加剧了政党政治理念与实践的变化。

英国阶级关系以及工人运动也随时代的变迁而变化。英国最早出现资产阶级与无产阶级，其矛盾与对立构成近代英国社会运动的一项主要内容。第二次工业革命启动后，英国成为欧美列强中工业化程度最高的国家之一，资产阶级垄断了资本、技术、原材料、市场等，掌握政治、军事、社会与文化资源，对工人阶级形成严酷的剥削和压迫。由此，英国工人阶级的反抗意识最早而且最强烈，他们建有全世界最早的工会组织，数量多且影响大，因而能够发起西方垄断时代最具影响力的社会反抗运动——1836—1848年的宪章运动。在这次运动中，英国工人提出自己的政治纲领《人民宪章》，要求取得普选权，以便有机会参与国家的管理，进而通过政治变革来提高自己的经济地位。宪章运动虽然失败，但仍有重要的历史意义，被看作是世界上第一次广泛的、真正群众性的、政治性的无产阶级革命运动。马克思和恩格斯正是以英国工人运动为参照，揭示了资本主义社会的剩余价值规律，提出科学社会主义思想以及社会主义革命理论。

英国工人运动的发展也有其时代局限性，未能涉及夺取政权的政治革命。虽然在工人运动的推动下，英国产生了许多工人政党和组织，如19世纪80—90年代，英国创设了“社会民主同盟”“费边社”“独立工党”等，但这些组织带有极其浓厚的工联主义和社会改良主义色彩，既强调工人通过持续斗争来争取自身利益，又鼓吹资产阶级与无产阶级之间的调和，强调以温和方式推动工人运动与社会进步。

19世纪后半期，不论英帝国政策，还是英国的两党政治，抑或是英国工人运动，无不在保守与自由之间摇摆，在改革与守旧中碰撞。这种局面，反映了英国从自由资本主义向垄断资本主义过渡时期社会政治新旧交替的境况与问题。不过，摇摆不定的英国最终还是走向帝国主义，其内外政策对未来欧洲乃至世界的发展、安全以及稳定产生了重大影响。

二、从“第二帝国”到“第三共和国”的法兰西

拿破仑战争后，波旁王朝在法国复辟，其倒行逆施引发了资产阶级的反抗，以波旁王室为首的封建贵族与资产阶级展开了一轮又一轮博弈。1830年，“七月革命”爆发推翻了波旁王朝。以路易·菲力浦为首的金融贵族集团所建立的“七月王朝”，全面打击封建势力，巩固资产阶级革命的胜利成果，推动了法国工业在20世纪30—40年代取得长足进步。不过，由于小资产阶级、下层人民与金融贵族集团之间的矛盾不断扩大，1848年“二月革命”推翻了金融贵族集团统治，建立了资产阶级临时政府。临时政府通过“法兰西第二共和国宪法”，但路易·波拿巴篡夺了革命成果，在1852年1月颁布“法兰西第二帝国宪法”，法国开始第二帝国时代。

第二帝国沿袭了第一帝国的政治统治手法，在其首个发展阶段，着力推行资产阶级独裁统治，以皇帝为首，金融、商业和工业资本家共同掌握政权，皇帝间接掌握立法权，可任命立法院院长，负责各选区立法议员候选人提名。皇帝还完全控制行政权，可任命从中央到地方所有官员。皇帝还建立警察系统，直接受命于他，严格监视和控制新闻、出版和言论自由。这种独裁统治空前强化了帝国统治秩序，在彻底摧毁封建贵族复辟与反抗的同时，也对小资产阶级、工人与农民的反抗运动形成有效压制。在第二个发展阶段，帝国的政策有所变化，实施自由主义与民主主义政治改革，扩大议会民主，加强立法院权力，推动地方自治，放松对公民言论、出版等控制，扩大帝国统治基础。这一系列先紧后松的治理方式，不仅有助于法国从资本主义专政平稳过渡到民主政治，而且也推动了帝国社会经济的迅速发展，对法国从自由资本主义迅速向垄断资本主义过渡具有重大意义。

与统治方式的调整相对应，第二帝国积极倡导发展资本主义经济，由国家统一制定经济政策，重点发展大工业，冶金业、采煤业等大规模使用大机器生产，建立各种垄断组织。在提倡机器生产的同时，鼓励零散的中小企业生产，将中小企业集中于生产轻工产品，例如奢侈品、服装业等。此外，还鼓励科技创新与发明创造，注重将新科技成果用于经济生产，以此提高企业生产效率；积极发展对外商品贸易，协同与欧洲其他国家的关税，推动工商业发展；积极发展金融银行业，鼓励海外投资，积极扩展海外市场。

为了满足大工业资本家与金融资本家对海外市场的需要，第二帝国更是大力推进海外殖民扩张，不断向北非、中非、印度支那半岛、南太平洋、中美洲等地拓殖侵略，最终建立了一个仅次于英国的庞大海外殖民帝国。这些海外殖民地满足了帝国工业与金融资本的原材料市场、商品市场与资本市场需要，为帝国经济发展提供了强大助力。

不过，在第二帝国统治下，垄断资本主义的发展也积累了严重的社会矛盾，包括资产阶级自由派与专制政权的矛盾，无产阶级与资产阶级的矛盾，法国与普鲁士的矛盾等。1870 年 7 月，普法战争爆发，法国因连续战败而投降。9 月初，巴黎人民发动起义，推翻第二帝国统治，建立法兰西第三共和国，以此为标志，法国进入第三共和国时期。

按照 1875 年颁布的第三共和国宪法，法国采取了资产阶级民主共和制。议会制由两院组成，掌握国家立法大权。其中，参议院由间接选举产生，众议院采取直接选举。总统作为国家元首，由参议院与众议院组成的国民议会选举产生，拥有立法提案权，可以任命政府官员，在参议院同意下还可解散众议院。然而，总统颁布的每一项命令均需内阁部长附签，否则无效，这种设计实际上导致总统成为一种权力象征。第三共和国总理由众议院多数党领袖出任，名义上掌握行政权力，向总统提出内阁成员名单，和总统共同负责国政。内阁向参议院负责，但内阁无权要求总统解散议会，无权实行议会重选。议会掌握共和国立法权，少有其他权力羁绊，但由于实施多党制，因此很难形成统一意见，进而限制了议会立法权。这一共和政体实际上是共和派与保皇派相互妥协的产物。不论在参议院还是在众议院，共和派与保皇派轮流执掌大权，总统和总理在多数情况下亦由两大派别轮流出任。这种特殊的政治安排导致第三共和国无法形成政治共识，政府在施政中游离于左派和右派之间，在多数情况下将持续发展国民经济，视为政治正确、治理有效的重要依据。在外交上，政府经常表现出民族主义、扩张主义甚至殖民主义倾向，以此平息国内政治论争，缓和社会矛盾。

正是基于上述政治格局，法国未在经济、军事乃至社会等领域取得重大成就，但整体发展相对平稳。除去一度深受民族、政治以及经济难题困扰的“德雷福斯案件”“布朗热事件”“巴拿马运河丑闻”等外，第三共和国并未出现颠覆性的民众革命或保皇党复辟。不过，相对中庸的政治制度设计虽保证了国家政治、经济发展的稳定，但不足以确保法国在世界殖民扩张竞争与在欧洲争夺霸权的斗争中轻易获胜。

三、美国“揭露黑幕运动”与“社会进步运动”

美国黑人奴隶制在南北战争后被废除，工业资本主义发展逐渐占据绝对优势。具有地理优势、资源优势与民主理念优势的美国，在“西进运动”与第二次工业革命的推动下，社会经济快速发展，从自由资本主义转向垄断资本主义。在这一时期的西方国家中，美国企业的垄断程度最高、规模最大，托拉斯不仅实施行业与部门垄断，还染指并控制国家经济命脉。1901 年，美国铁路网被六个垄断公司控制。19 世纪末，美孚石油公司的石油销量占全国的 84%，占全国石油出口的 90%。

19 世纪后半期，美国逐渐成为世界最大经济体，资本主义发展的红利完全为垄断集团掌握，巨额财富被垄断集团与寡头掌握，民众生活水平与经济发展不相称。同时，为了攫取利润，美国的资本垄断集团与寡头肆意掠夺财富，侵犯公众利益，破坏生活环境，滥用自然资源，造成严重的政治、经济与社会问题。社会财富遭到肆意浪费，自然资源与环境受到破坏，中小企业主与农场主大规模破产，社会分化严重，劳资双方冲突不断，社会风气日趋败坏。这些严重的社会问题遭到美国知识界的公开批评。

在这一时期，美国作家通过各种作品揭示各种社会丑恶现象，新闻记者则通过报刊文章揭露各行业、政府、法院以及立法机构的丑陋现象。由于新闻记者们与文学家专注于揭露社会问题，引起垄断寡头与政府不满，被讥讽为“扒粪者”，即“黑幕揭露者”。以此为标志，美国掀起“揭露黑幕运动”。在这场运动中，各种官商勾结、政府与立法机构徇私枉法、企业利欲熏心、寡头为富不仁等现象纷纷被披露于众，受到社会批判与道德谴责。这场运动得到民众的支持，美国政府亦通过一系列立法与改革措施，旨在去除社会弊端，改善民生和环境，促成社会公正。对于推动美国社会民主化、自由化与公正化，揭露黑幕运动发挥了积极作用，彰显了社会监督的重要性。从此，美国新闻媒体形成担当社会监督的传统，通过不断发现各种政治、经济、社会问题，督促政府和社会各界推动社会改良。

在“揭露黑幕运动”的推动下，从 19 世纪 80 年代起，美国展开“社会进步运动”，中小企业主和农场主、企业管理者、政府公务员以及知识分子等都参与其中。该运动的目标更宏大，既要修正美国资本主义体制中的种种误区，解决垄断资本主义高速发展带来的各种问题，又要重建遭到破坏的社会价值体系，建立良性而非急功近利的经济规则，让公众重新恢复对美国政治、经济、文化与价值观的信心。

鉴于“社会进步运动”的发展与垄断资本无限扩张的种种弊端，美国政府开始寻求以立法方式规范垄断组织。1890 年，国会通过《保护贸易及商业以免非法限制及垄断法案》，简称《谢尔曼反托拉斯法》，明确禁止企业实施各种限制性贸易，反对任何垄断贸易的行为。这一法案影响遍及美国全社会，推动了垄断资本主义的有序发展。

与垄断资本主义发展相应，美国产业工人的规模不断扩大，劳资双方的矛盾日显突出。工人组织起来，积极要求改善工作环境与公平对待。1886 年，"美国劳工联合会"（劳联）宣告成立。这一组织由熟练技工组成，提出许多旨在维护工人利益的要求，积极参加社会改革。1905 年，"世界产业工人联合会"（产联）宣告成立。该组织成员多为非熟练工人，他们主张通过罢工争取劳工立法，改善生活条件，支持政府解决社会贫困问题。劳工运动的勃兴推动了垄断集团与寡头对财富分配政策的调整，促进政府以立法方式提高工人地位，缓解了社会的矛盾对立。

鉴于工业化造成环境破坏，政府与国会联手展开治理。1878 年，国会通过《自由伐木法》和《伐木与采石法》，旨在保护森林和山脉。1888 年，政府成立"地质勘查局灌溉处"，负责统筹西部干旱土地的水利灌溉。1891 年，国会通过《森林保留地法》，收回 1 300 英亩森林，建立 15 个森林保护区。1902 年，国会通过《垦殖法》，在西部建立数百个水坝，建立全覆盖灌溉体系。通过上述立法与机构，美国建立了良性的生态系统，实现了工业发展与环境保护同步的目标。

值得注意的是，美国妇女在社会进步的追求中也毫不逊色。从 19 世纪 70 年代起，美国女权主义者发起"自主母亲运动"，争取妇女权益。1874 年，美国妇女成立"妇女基督教禁酒联盟"，抵制酗酒恶习给家庭、社会带来的损害。1889 年，美国社区改良运动领导人简・亚当斯在芝加哥贫民区建立"赫尔会馆"，致力于改善当地妇女生活水平，增强其生活自立能力，缩小社会差别。1890 年，美国成立"全美妇女选举协会"，争取妇女与男子获得同等选举权。同年，"美国妇女俱乐部大同盟"宣告成立。该组织要求妇女走出家庭圈子，投身社会改革，争取选举权，获取纯净食品、保护女工和童工等。

通过社会进步运动的持续推进及其政府的应对措施，美国垄断资本主义所滋生的社会混乱局面受到抑制，社会矛盾得到抑制与缓和，环境与资源得到有效保护，这些都为美国现代资本主义更大规模的发展奠定了重要基础。

四、德国"二元制君主立宪制"与社会改良

在德意志帝国建立后，俾斯麦积极推动制定帝国宪法。1871 年 4 月，以君主立宪制为核心的帝国宪法草案获得议会批准，正式颁布实行。帝国宪法既体现了容克地主贵族的政治意志，又部分反映了新兴资产阶级的政治、经济与社会诉求。这种政治妥协决定了帝国政治制度不可能完全体现资产阶级民主自由精神，也不可能继续推行封建专制统治，只能两者兼顾。

根据帝国宪法，德意志体实行“二元制君主立宪制”。在国体建设中，帝国实施联邦制。帝国由22个邦国与自由市组成，每个邦国或自由市均保留国王或者执政，邦国或自由市只能享有教育、卫生、地方行政管理等有限权力，与帝国及其邦国、自由市有关的军事、外交、财政、税收、立法以及司法等大权，则由帝国统一掌握，由皇帝及其所属的宰相与内阁负责。

在政体建设中，帝国实施君主立宪制。皇帝是帝国元首，掌握最高行政权、武装力量指挥权，职位世袭。作为最高权力拥有者，皇帝有权否决议会各项议案，有权任命和罢黜内阁成员，甚至有权任命或指定议员。宰相虽是内阁首脑，有权提出内阁名单，但须直接听命于皇帝。虽然宰相兼任帝国参议院议长，但所有决策无须向议会负责，只能向皇帝负责。议会实行两院制：参议会和帝国议会，参议会掌握帝国最高立法权，其成员由各邦统治者和自由市代表组成，多数为容克地主贵族。帝国议会由选民直接选举产生，成员多是新兴资产阶级。虽然帝国议会拥有部分立法权，但所有法案均须参议会和皇帝批准。

在“二元制君主立宪制”中，皇帝始终处于权力核心，不论掌握大部分立法权的参议会，还是掌握行政权的内阁，都要向皇帝负责。帝国的立法与行政均取决于皇帝的意志。新兴资产阶级注定只能在帝国议会中发挥有限作用，他们所掌握的立法权既要受到皇权制约，又要受到容克地主贵族的压制。这就决定了资产阶级在帝国君主立宪制中无法获得充分的话语权，亦无法确保其利益不受伤害。

在“二元制君主立宪制”中，司法权无法堪比行政权、立法权，司法权既不能有效制约议会，更不能限制皇权。因此，“二元制君主立宪制”算不上是真正的三权分立架构，只能算一种不完整的代议制政治，资产阶级行民主之名，容克地主贵族实施专制之实。这就决定了帝国政治、军事、外交、社会以及文化政策，只能服务于皇帝与容克贵族，无法服务于新兴资产阶级。

由于普鲁士依靠军事手段统一德意志诸邦，普鲁士军官团始终在帝国政治、经济以及军事生活中占据重要地位，构成“二元制君主立宪制”的一个重要支撑。这就决定了帝国军队不可能中立。事实上，皇帝与容克地主贵族以及资产阶级都需普鲁士军官团有效维护帝国统治，持续实施殖民扩张、与欧洲列强争霸。

帝国“二元制君主立宪制”带有浓厚的封建主义和军国主义色彩，集中反映了德国作为后起资本主义国家的诸多政治与社会特征。帝国建立后，由于赢得巨额战争赔款，夺占了阿尔萨斯和洛林矿藏，国内市场迅速形成，资本主义经济发展迅猛。在第二次工业革命的推动下，从自由资本主义转向垄断资本主义。与此同时，面对工人运动与社会主义思想传播，为了确保帝国统治，俾斯麦开始推行国家社会主义政策，即俾斯麦式的社会改良主义：强调国家高于一切阶级、阶层、组织与集团，国家超越阶级斗争与利益集团竞争；鼓吹德意志人既要爱国又要忠君，爱国主义与忠君主义始终统一；强调以改良否定革命，声称帝国各项社会政策的目标是实现包括各个社会阶层在内的国家共同体利益。

基于上述的统治方略，俾斯麦主导了一系列社会保险政策，将社会各阶层纳入帝国社会保障体系。1881 年，德意志皇帝颁布“谕告”，宣布帝国的社会保险与救济方针，即：工人因工伤事故、伤残和年老而出现经济困难时，将由政府提供基本生活保障，工人有权得到政府救济。1883 年，议会批准政府的《疾病保险法》，凡参加疾病保险的工人，须承担 70%的保险金，由资本家承担 30%的保险金。1884 年，议会又通过《医疗保险法》和《工伤事故保险法》。上述法案扩大保险所涉及对象，除产业工人外，邮政、电报、铁路等行业工人乃至军队官兵也被纳入其中。此后，政府又陆续将更多人群纳入保险体系。1889 年，议会通过《养老和伤残保险法》，将所有工作人员纳入养老与伤残保险体系，保险金额由劳资双方平分，国家统一向每份保险提供一定数量的补贴。参加养老金保险的人员，从 75 岁开始领取养老金；参加残疾保险的人员，在投保五年后可领取伤残补贴。《养老和伤残保险法》反映了帝国以发放养老金方式缓解劳资矛盾的设想，旨在通过老有所养抵消工人反抗与社会革命运动。

德意志帝国最终建立起较完整的社会保障体系，开创了近代西方社会保险制度的先河。但俾斯麦的社会改良并非完全是温和的，它也包含赤裸裸的政党打压与社会整肃措施。例如，俾斯麦政府曾颁布压制天主教的法令，颁布旨在打压社会民主党的“非常法”等。总之，帝国通过软硬兼施方式，强化“二元制君主制”下的社会政治统治秩序。

五、日本“天皇体系”

“明治维新”后，日本形成以天皇为中心的近代国家管理制度，体现为既有天皇权威，又实现贵族、地主、中下级武士以及新兴资产阶级相互妥协、合作的“天皇体系”。为了迅速“脱亚入欧”，日本积极向欧美各国学习。1871 年，日本派代表团赴欧美各国考察，除学习欧美各国物质文明外，还注重借鉴欧美政治文明，尤其对历史处境与日本相似的德意志帝国情有独钟。

1875 年，明治天皇发布立宪政体诏书，提出以渐进方式建立君主立宪政体。1881 年，天皇又颁布《开设国会之诏敕》，正式建立国会。次年，伊藤博文等人再次受命考察欧洲，研究“二元制君主立宪制”。1883 年，日本成立宪法取调局，负责起草宪法草案。1889 年，天皇正式颁布《大日本帝国宪法》，建立立宪政体，正式确立“二元制君主立宪制”，即所谓的“天皇体系”。在这一体制中，作为国家最高象征的天皇神圣不可侵犯，拥有至高无上的权力，总揽包括立法、行政以及司法在内的一切大权，在政治、经济、军事、外交、财政等领域拥有绝对权威，任命文武官员，统帅陆海军，负责宣战、媾和以及缔结条约。同时，设立枢密院，由元勋与德高望重的国务大臣出任其成员，作为审核重大国务的最高咨询机构，帮助天皇判断时政、做出御裁，因为与天皇始终保持密切接触，枢密院深为天皇倚重，因此其实际地位高于内阁与议会。

议会在名义上是最高立法机构，分为贵族院和众议院，前者由皇族成员、华族、天皇御封的议员组成，后者由公民选举产生。议会实际上并非立法机构，只是赞襄天皇立法的辅助机构，议会的所有重大事项均听命于天皇。在理论上，议会有权审议并批准预算，有权监督行政权力，但实际上并无决策权。议会各项决议均需获得天皇同意，只有天皇批准后，议会各项决议才能成为立法，才能付诸实行。因此，议会只有讨论和推断立法的权力，并无制定立法的权力。

日本内阁在名义上是最高行政机构，但从总理内阁大臣到其他国务大臣施政均须取得天皇认可。内阁直接对天皇而非对议会负责；内阁针对国务的所有决议，必须事先呈请天皇御览，获得批准后方能付诸实施。因此，内阁只是天皇行使国家行政大权的辅助或执行机构，并不具备独立的行政权力。司法权名义上保持独立，但权力由天皇授予法院。司法省负责司法裁判所，司法大臣负责行使司法行政监督权。大审院是日本最高法院，下设控诉院、地方裁判所和区裁判所，大审院、控诉院、地方裁判所、区裁判所等共同构成日本裁判所体系。在裁判所之下设有检事局，其下再设裁判官和检事。受欧洲大陆司法体系传统的影响，日本裁判程序特别强调职权主义，追求专业化。

在“天皇体系”中，除上述权力架构遵守三权分立的基本原则外，还有许多特殊的权力设置。例如，在权力架构顶层，天皇还设置重臣会议、御前会议等，专门负责向天皇提出问政咨询。这些机构虽然是临时性机构，但在日本政治、外交、安全等重大事务中却发挥着超出内阁和议会的重要作用。

军队是“天皇体系”的重要支撑。由于军队在倒幕战争中发挥了重要作用，军队首脑在明治政府中大规模任职。日本军队只听命于天皇，无法在国家政治生活中保持中立，无法超越政党利益与政治集团利益，这就不可避免地为军队及其首脑介入甚至把持国政埋下伏笔，为近代日本形成以军部为核心的“天皇体系”奠定了基础，推动了现代日本军国主义体制的形成及其发展。

在宪法中，国民的基本权利虽一再被提及，但这些权利以法律名义提出，而法律规定实际上是直接溯源到皇权的。因此，国民所拥有的真正自由权利实际上非常有限。“天皇体系”无法真正体现资产阶级倡导的“主权在民”“自然权利”等精神。

“天皇体系”虽然推动了日本资本主义的发展，但日本社会存在的封建专制主义、军国主义等并未消除，这也使得日本在摆脱被欧美国家奴役的命运后，必然要迅速走上侵略亚洲邻国的扩张道路。

第三节　思想文化与科学的发展

一、现实主义与自然主义的文学艺术

在近代启蒙运动、科学革命与民主自由思潮的推动下，欧美社会的思想文化与科学在垄断资本主义阶段继续发展。工业大生产带来的经济繁荣，既为思想文化与科学提供继续拓展的物质基础，也将资本主义固有的矛盾凸显出来，促使知识文化界对之进行深度反思，进而进行新的创造。

现实主义的涌现，堪称19世纪欧洲主流社会思想的典型。这一思想强调近距离观察现实生活，尽可能客观、真实、准确地反映人类社会生活的细节，强调以公正和冷静的眼光对待人生与世界，理智看待现实生活中存在的矛盾，深入思考人类的命运与社会发展，以便最终找到能够切实改善社会生存环境的路径。与早期欧洲理性主义强调理性、浪漫主义等倾向不同，现实主义最迫切、最集中的诉求，就是深入生活、再现生活以及服务生活。

现实主义涵盖的范围很广，人文社会科学多个领域都有不同程度的显现。在文学领域，反映现实主义的优秀文学作品层出不穷。在这些作品中，有法国司汤达的《红与黑》、巴尔扎克的《人间喜剧》、福楼拜的《包法利夫人》、莫泊桑的《羊脂球》等；英国狄更斯的《双城记》、萨克雷的《势利小人集》、夏洛蒂的《简爱》、艾略特的《亚当·比德》等；美国欧·亨利的《麦琪的礼物》与《警察与赞美诗》、马克·吐温的《汤姆索亚历险记》、斯托夫人的《黑奴吁天录》等。这些优秀的文学作品深刻揭露了欧美各国社会现状，对资本主义社会的种种弊端及其带来的人性扭曲与社会不公，展开鞭辟入里的剖析与批判。

在艺术上，现实主义绘画反对新古典主义创作，反对浪漫主义的想象性创作，强调通过写实绘画技法，主张反映艺术作品的背后真相。由于切中时弊，欧美各国涌现出一批绘画佳作。法国杜米埃的《三等车厢》、库尔贝的《奥南的葬礼》《采石工》《筛麦的妇女》、米勒的《拾穗者》和《春》、罗丹的《加莱义民》和《思考者》；德国门采尔的《轧铁工厂》、莱布尔的《教堂中的三个妇女》、布莱兴的《威廉三世的棕榈树庭院》等，堪称这类作品的典型代表。它们具有强烈的写实性与批判性，通过高超的艺术表现力来针砭社会黑暗，唤醒人民的社会良知。

从19世纪下半期起，欧美各国出现自然主义思潮。和现实主义相似，自然主义也强调贴近观察社会与人的现实生活，确保作品的真实性与客观性；反对就所见所闻做出总结。自然主义在艺术上追求实录式生活以及照相式印象，避免任何主观认知或过度想象，反对运用技巧来过度加工与修饰作品。受心理学、生理学、遗传学等自然科学的影响，自然主义还推崇实证主义，重视科学实验方法，强调以科学方法看待外在世界，运用科学逻辑观察人类社会与自然的关系。既要在认知过程中保持科学态度，保持绝对中立和客观，又要在不得不做出基本判断时，拒绝各种政治倾向，不为任何道德和道义原则所绑架。自然主义的优秀文学作品很多，具有代表性的有法国左拉的《卢贡·马卡尔家族》与《我控诉》、龚古尔兄弟的《修女菲洛梅娜》和《勒内·莫普兰》等；英国莫利逊的《陋巷故事》、勃兰兑斯的《十九世纪文学主流》、吉辛的《黎明的工人》和《四季随笔》；德国豪普特曼的《日出之前》和《织工》、拉贝的《饥饿牧师》与《运尸车》；美国德莱塞的《“天才”》与《嘉莉妹妹》、杰克·伦敦的《野性的呼唤》与《马丁·伊登》、克莱恩的《红色英勇勋章》和《街头女郎梅季》等。这些作品真实地反映了欧美各国错综复杂的社会矛盾，反映了自然主义作家对社会的忧思与批判。

在艺术领域，巴比松画派是法国自然主义艺术的代表，引领欧美各国自然主义艺术潮流。该画派崇尚回归自然，强调以写实主义风格再现大自然之美。代表作品有多比尼的《瓦兹的落日》与《收获葡萄》、卢梭的《枫丹白露的林间小路》与《林荫路》、米勒的《牧羊女》与《雏菊花束》、杜米埃的《男仆和恶棍》、迪普雷的《奥伯特沃兹的水闸》与《池塘边的栎树》、特罗扬的《暴风雨将临》与《去耕作的牛群》等。这些作品通过描述并再现自然之美，表达人与自然的关系，集中反映了自然主义画家为摆脱社会黑暗而寄情山水的诉求。

二、自由主义的社会科学

在经历资产阶级革命、工业大革命、社会进步运动的洗礼后，欧美各国自由主义出现新变化。在当时许多学者看来，古典自由主义的传统定义、方法论、世界观已经过时，无法解释欧美社会出现的所有问题。由此，他们不再满足于对自由的表面化解释，而是着眼于重新定义自由主义的基本原则，在现实社会生活中加以运用，进而剖析自由主义与其他各种社会思想的关系。

在 19 世纪欧美自由主义思想中，贡斯当、密尔等人的思想颇具代表性。贡斯当认为，公民拥有不属于任何社会权力的诸多权利，例如个人自由、宗教自由、言论自由等等，这些权利皆为神圣，社会权力不能以任何借口对之加以侵犯。财产自由是所有个人自由的基础，社会权力不能侵犯个人财产自由。密尔则强调，个人是社会和历史的主体，社会价值始终要体现所有人的价值；个人价值在政府和社会中的地位至关重要，因为只有重视和发展个人权利，才能推动社会进步。因此，政府和社会的首要职责就是保障个人自由。

在自由阶段向垄断阶段的过渡中，自由主义作为一种意识形态，始终贯穿于欧美政治、经济、文化以及宗教等领域，推动了对民主政治、公民权利、市场经济等问题的讨论。同时，它也促使欧美哲学家、音乐家以及文学家以不同方式表达对自由主义的理解，抒发自由主义的思想情怀。

在沿袭古典自由主义传统时，经济自由主义学说出现新变化。这主要表现为从保护个人权利与自由出发，强调政府保护企业与个人的财产权利。经济自由主义承认并肯定集体、社会乃至国家的价值，认为保持个人自由与社会自由并不矛盾。但它更强调对政府功能的合理定位，即政府应去除制约自由市场发展的各种限制，为社会提供高质量的公共财产，例如国家基础设施建设、社会公共产品、民众卫生与福利保障等，还要为企业与个人的经济活动提供必要的政策与服务支持。同样，个人通过努力而获得更多财富，反过来又可以给政府带来更多税收，最终使国家受益。经济自由主义既强调经济自由放任，也强调人口与经济发展的关系，这一思想的代表是马尔萨斯及其“人口论”。马尔萨斯提出，人口增长与生产资料供给存在密切关联，生产资料按照算数方式增长，人口则会按照几何方式增长；通过战争、自然灾害、瘟疫等途径，人类在人口增长与生产资料增长之间保持平衡。

在这一时期，欧美国家的民族观、国家观、帝国观因受自由主义的影响而发生变化。自由主义与民族主义相结合，最终催生了民族自由主义、自由民族主义等新理念。它们都强调民族情感与民族文化认同的作用，强调尊重民族自决的权利，提倡尊重民族的传统文化、习俗与疆域，实现民族融合，在此基础上建立统一的民主政治共同体。在德国，以尼采为代表，激进民族主义者主张通过集权和威权方式建立包括所有日耳曼民族在内的德意志帝国；以韦伯为代表的温和派民族主义者，则主张以温和与理性方式建立民主化德国，最终与欧美列强展开合作。而以密尔为代表的自由主义者认为，英国之所以伟大，原因在于其秉持独树一帜的文化精神，不仅较其他欧美国家拥有更大优势，而且较殖民地更先进、文明程度更高，而人类的自由权利只有在更高文明阶段才能实现。英国在政治上天然拥有创建英帝国的合理性，英帝国不仅可以民族文化为基础构建一个具有强大凝聚力的政治共同体，还可同化文明程度低的殖民地，将其直接带入较高文明阶段。

受自由主义影响，欧美政治哲学亦出现变化。罗尔斯是新自由主义的代表。在《正义论》一著中，他强调具有普遍理性的新契约论，呼吁建立在现代社会制度上的新契约，平等地分配社会价值，包括自由、财富、机遇与自尊等。同时，在政治上要确保公民的平等自由，包括言论、思想等自由；在经济上要平等分配收入和财富，确保制度设计与安排都对每个人平等。新自由主义在自由之上又增加了正义的内容，丰富和发展了洛克的自由主义政治哲学，扩展了自由主义的内涵以及解释，赋予自由以更广泛的社会含义、更强烈的现实关注。

自由主义体系始终坚持保护个人财产与自由，注重发挥自由市场的作用；同时也倡导在民主宪政体制下的有限的政府干预，始终提倡文化多元主义，主张以个人主义代替社会主义。这些主张推动了欧美社会思想的演变。

三、从浪漫主义到表现主义的文艺与建筑

浪漫主义是19世纪上半期欧美各国最富影响的一种社会思潮，给欧美音乐、绘画、诗歌和建筑都打上了浪漫主义印记。

在音乐表达上，浪漫主义运用富于想象的思维、夸张手段，理想化描述中世纪，崇拜大自然等，展现出一种全新的艺术风格，催生了许多音乐大家与优秀作品。其中有意大利作曲家帕格尼尼的《第一号、第二号小提琴协奏曲》、罗西尼的《塞维利亚的理发师》与《赛米拉米德》、威尔第的《茶花女》与《阿依达》；法国音乐家柏辽兹的《幻想交响曲》与《拉科奇进行曲》；德国歌曲家韦伯的《自由射手》与《华丽回旋曲》、音乐家门德尔松的《春之歌》与《e小调小提琴协奏曲》、舒曼的《狂欢节》与《童年情景》以及勃拉姆斯的《c小调第一交响曲》与《匈牙利舞曲》；奥地利舒伯特的《小提琴奏鸣曲》与《小提琴幻想曲》；波兰音乐家肖邦的《c小调革命练习曲》与《波洛涅兹舞曲》等。这些浪漫主义作品带有空想和主观成分，感情色彩浓重，富有艺术张力，极具个性特征。它打破了程序化的音乐表达，不再追求固定形式的乐句和旋律，曲式结构灵活多变，能够更自由地运用和声与和弦，最大限度表达作者的情绪与诉求，保持作品的完整性。

受浪漫主义的熏陶，一批绘画杰作应运而生。其中，有法国德拉克洛瓦的《但丁之舟》《希奥岛的屠杀》《自由引导人民》、席里柯的《梅杜萨之筏》、格罗的《阿布基之战》与《拿破仑在埃洛战场》；英国富塞利的《梦魇》、康斯太布尔的《干草车》与《滑铁卢大桥之开放》、布莱克的《善良天使与邪恶天使争夺孩子》与《尼布甲尼撒》；德国弗里德里希的《雾海中的漫游者》与《复活节的清晨》、龙格的《时代之早晨》与《雪中墓地》；西班牙戈雅的《卡洛斯四世全家像》、《1808年5月3日的屠杀》与《裸体玛哈》；美国科尔的《哈德逊河清晨》和《河套》、宾厄姆的《沿密苏里河顺流而下的皮毛商人》等。这些绘画作品以著名事件、传说、风景作为创作题材，构思大胆，富于想象，风格新奇且独特。它们以饱满的激情、深刻的寓意与明快的色调，有力针砭了社会时弊，表现出很强的艺术感染力。

19世纪后半期，欧美资本主义进入垄断阶段，社会矛盾与日俱增。在人文艺术领域，浪漫主义的主导地位开始消退，象征主义大放异彩。象征主义的绘画代表性作品不少，有法国莫罗的《莎乐美》与《施洗约翰的头在显灵》、夏凡纳的《贫穷的渔夫》与《希望》、雷东的《在梦中》与《独眼巨人》；比利时赫诺普夫的《爱抚》与《自我封闭》、恩索尔的《1889年基督降临布鲁塞尔》；荷兰托岁普的《女人的肖像》；瑞士勃克林的《死岛》与《与死神的自画像》、德国克里姆特的《女人的三阶段》《吻》《处女》；挪威蒙克的《呐喊》与《生命之舞》等。这些作品注重个人感受，很少关注社会，其创作大都出自艺术家的内心与想象，有主观冥想成分，在表

现手法上更注重联想、对比、烘托、映衬，目的是展示作者犹豫、彷徨、颓废等情感。象征主义的绘画主题是阴暗和没落的，基调是晦暗和悲观的，多数作品采用黑白两色，强调作品的质感与对比度。

象征主义诗歌也很有成就，其代表作品包括法国波德莱尔的《恶之花》与《巴黎的忧郁》、魏尔伦的《农神体诗》与《美好之歌》、兰波的《醉舟》与《地狱一季》、马拉美的《海洛蒂亚德》等；奥地利里尔克的《图像集》与《新诗集》；爱尔兰叶芝的《奥辛之浪迹》与《驶向拜占庭》；美国艾略特的《荒原》与《四个四重奏》等。象征主义诗歌不同于古典主义诗歌，不追求直抒胸臆的叙述，而是采用迂回、隐晦、曲折的方式，用晦涩与朦胧的语言表达作者心意。同时，这类作品也渲染作者内心世界与外部世界相契合，倾诉作者超越感官的思想体验，展示混合一切认识的感知意向。

象征主义的音乐作品同样出色，例如法国德彪西的《被遗忘的小咏叹调》与《月光》、德国瓦格纳的《众神的黄昏》与《帕西法尔》等。前者在音乐中运用不寻常的表现方式，包括含蓄的词句、迷离不定的意向、奇异的旋律，为作品罩上一层神秘面纱，使听者产生强烈的心理感受。后者则运用整体艺术观，将诗歌、音乐以及戏剧等融汇一体，使其音乐作品会集艺术性、哲理性、文学性与神秘性于一身，强烈地渲染了音乐释放的空间与魅力。

无论在形式、内容上还是在技巧与风格上，象征主义的文学艺术都在近代欧美文化体系中独树一帜。它所提供的一些基本元素，更为日后欧美后现代文学艺术留下了可资借鉴的思想资源。

四、自然科学理论的进步与突破

19 世纪是欧美各国科技发展的黄金期。与之相应，天文学、生物学、心理学、物理学、化学、地理学与地质学等领域的科学理论出现明显的进展，不仅拓展并深化了人类对自然界和人类自身的认知，还催生了许多跨学科领域。这些科学理论孵化并孕育出许多科技成果，被直接用于人类社会生活与生产，成为近现代欧美文明进步的重要支撑。

在物理学领域，能量守恒与转化定律作为标志性的科学理论，推动了人类物理学的认知。该理论源于传统物理学定律，创立了一套热力学定律。1842 年，德国物理学家迈尔提出能量守恒概念，后经英国科学家焦耳、德国科学家赫尔姆霍茨多次实验，最终形成完整的理论。该理论在化学、光学、物理学、机械动力学、电磁学等领域发挥作用，为人类深入认识自然界提供了理论指导。

细胞学说、生物进化论、遗传学则是生物学领域的代表性理论。1838 年，德国植物学家施莱登提出细胞是植物结构的基本成分。1839 年，动物学家施旺提出动植物均由细胞构成。1858 年，德国病理学家魏尔肖提出细胞分裂说，即细胞通过分裂产生新细胞，以新代旧，最终促成生物有机体生长。细胞是有生命的独立单位，在生命组合中作用巨大，主导生物有机体的生老病死。1859 年，英国博物学家达尔文发表《物种起源》，提出生物进化论。达尔文反对上帝造人说与物种不变说，在法国科学家拉马克的生物演化学说的基础上，达尔文强调生物由低级向高级不断进化的系统理论，将生物学真正建立在科学基础上。奥地利牧师兼业余科学家孟德尔通过长期培植和观察豌豆性状变化，以及豌豆的配对实验，提出生物遗传的两大基本规律——遗传分离规律与基因自由组合规律。孟德尔的早期遗传学理论在揭示生物有机体遗传基本规律的同时，提出了生物进化的更加细致、科学的依据，为现代生物遗传机制研究奠定了重要基础。

作为 19 世纪自然科学三大发现，能量守恒与转化定律、细胞学说、生物进化论为近代科学发展与进步发挥了重大作用，同时也为辩证唯物主义自然观的提出奠定了基础。

天文学领域的代表性成果是康德-拉普拉斯的“星云论”。1755 年，德国哲学家康德提出“星云说”，认为太阳系是微粒通过万有引力聚集在一起的，大微粒通过不断吸引小微粒，最终形成团块状引力中心——太阳；不断吸附外围微粒形成其他引力中心——其他行星。拉普拉斯在 1796 年提出太阳起源于星云的科学假说，即：类似大气的稀薄液体是构成行星的基本物质，以太阳自转方向相同的方向运动，构成太阳系运动的基本特征。康德-拉普拉斯的“星云论”从哲学与科学角度诠释了太阳系的形成与运动，确立了天体力学这一新学科。

被誉为“现代地质学之父”的英国地质学家莱伊尔，在地质学领域取得重要成就，他的“地质渐变论”是欧美各国最重要的地质学理论。这一学说与法国科学家居维叶的“地球表面灾变论”相似，但莱伊尔强调地质渐变理念，即地球表面所有现状均非偶然，都是地球在长期运动中逐渐形成的，包括陆地升降、海洋潮汐、大气层降水、河流流动、风力侵蚀等。要想探知古代地球变化，必须从现代地球变化的条件入手。

在化学领域，1865 年，英国化学家纽兰兹将 61 种化学元素按照能量递增顺序排位，发现每七个元素就会出现性质相似的元素，提出元素八音律。正是在此基础上，俄国化学家门捷列夫经过长期探索与化学实验，在 1869 年 2 月发现并提出著名的化学元素周期律，为科学家准确发现各种新元素提供了重要的参考依据。

在地理学领域，“大陆漂移说”是最具影响力的地球运动理论。对地球大陆如何形成，科学界很早就提出漂移观念，培根和洪堡都曾提出大陆海岸线相似之说，奥地利科学家修斯、美国地质学家泰勒也都提出大陆漂流的观点，德国科学家魏格纳者最终完成了这一理论。1912 年，魏格纳正式提出“大陆漂移说”。该理论认为，地球在远古时期是一个完整的大陆板块，在天体引力和地球自转产生排斥力的作用下，分裂为若干板块，最终形成今天的各大洲和各大洋。“大陆漂移说”为此后的“地球膨胀说”“地幔对流说”“海底扩张说”“板块构造说”等奠定了基础，全面拓展了地球运动理论研究的广度与深度。

19 世纪人类在自然科学理论上所取得的重大成就，引发了强烈的科学连锁反应，推动了大量跨学科理论、新知识与新领域的产生，全面深化了人类对自然界、人类社会以及人类自身的认知，强化了人类不断探索物质世界与精神世界的能力，进而为现代世界新的方法论、知识体系以及学科体系奠定了理论基础。

五、弗洛伊德的“心灵拷问”

近代以来，西方人一直致力于探索自然界生命的奥秘。维萨里的“解剖学”、哈维的“心脏血液说”与“胚胎学”等，均围绕人体物理结构与特性展开，始终停留在生命的物质层面，而从精神层面对生命奥秘的解读，却存在严重的缺失与谬误，以至于蒙上宗教的神秘面纱。

随着近代科技的发展，人们在探索人的生命奥秘时，既注重考量生理结构，也开始探索精神结构，弗洛伊德提出的“心灵拷问”就是这方面的重大突破。

19 世纪初，德国赫尔巴特提出心理学概念及其论证方法，即认知过程与心理过程相对一致，教育过程与认知过程相对一致。稍晚，法国夏尔科通过催眠方式治疗癔症，开创神经病理学先河，为创建心理病学奠定了基础。另外，法国心理治疗家伯恩海姆与皮内尔分别提出“精神神经症”与“躯体神经症”等。在前人成果的基础上，1895 年，奥地利精神病医师与心理学家弗洛伊德提出“精神分析”理论。

经过大量科学实验与病例研究，弗洛伊德在 1899 年发表《梦的解析》，完整提出“精神分析法”。该书阐述了探知人类梦境的基本方法、手段、路径以及规则，认为梦是人的一种潜意识，梦的形成源于人对自身欲望的压制；梦的显性表现是人所记忆的内容，隐性表现是试图掩盖的真实内容。《梦的解析》推动了人类潜意识的研究，开创了人类审视和思考自身精神世界的先河，正式创立精神分析学。

在其精神分析理论中，弗洛伊德确立了精神分析理论的支点，例如“潜意识论”“人格结构论”“性本能论”“心理防御论”等。其中，“潜意识论”将人类意识分为潜意识、前意识以及意识，这三种形态存在于不同人格层次，都属于人类心理活动。潜意识就是无意识，主要指人类在原始状态下的本能需求，是人类受到道德与习俗压制的心理状态，反映了人类的性本能；意识是人类直接感知到的心理状态；前意识则是介于无意识与有意识之间的心理感知状态。

弗洛伊德进一步把人类人格结构分为“本我”“自我”“超我”三部分。“本我”是人类的无意识本原，包括人类生存的基本生理需求、冲动和生命，提倡自我满足，追求快乐原则，属于最低层次人格。“自我”源于一定环境，使人类某些本能得到满足，追寻现实性原则，属于中间层次人格。“超我”源于价值观念、伦理经验、社会文化、道德规范等，使人的本能冲动受到道德约束，反映了人类的社会性，遵循道德原则，使人类行为更完美，属于最高层次人格。在弗洛伊德看来，如果这三种人格层次相互协调，人格就会呈现一种完整体系，表现出某种完美和理想状态；反之，如果三者相互冲突，无法协调矛盾，人类就会出现精神疾病。弗洛伊德还将人格当作一种遗传，否定了人格的社会性与普遍性，强调人类在原始状态中的无意识冲动，是人格追求的一种动力。

在《性学三论》等著作中，弗洛伊德叙述了“性本能论”。在他看来，人类所有精神活动源于本能，本能体现在人类有意识与无意识的互动中。人类基本的本能首先是生存，其次是死亡和攻击。性本能属于人类的生存本能，即人类所有感官享受，决定人类一切行为。人类性心理有五个阶段：口唇期、肛门期、性器期、潜伏期、两性期。口唇期是婴儿出生至一岁，婴儿用嘴吮吸获得快感，以此满足“原欲”需要；肛门期是指儿童进入一岁至三岁，通过排泄等行为获得快感；性器期指儿童进入三岁至六岁，对自身生殖器感到好奇，产生恋父或恋母心理；潜伏期是指儿童进入六岁后，性心理发展出现停滞或倒退；两性期指儿童进入十一岁或十三岁，出现青春期叛逆意识。

作为其“精神分析法”一部分，弗洛伊德的“心理防御论”指出，人类在人格自我层面，需要抵制各种压力，既有来自本我的欲望，又要防御外部环境压力，由此形成心理防御机制。这种机制是一种特殊心理，具有潜意识的自我防御功能，可帮助人类建立心理平衡，克服由于压力而产生的烦恼与焦虑，治愈心理疾病，从个体需要转向社会需要。不过他也指出，心理防御机制在特殊条件下也会造成个体心理疾病，损害心理健康，造成心理障碍以及破坏行为。

弗洛伊德以“精神分析法”为先导的心灵拷问，反映了人类对精神世界的探索与有关人的心理层面上的科学认知，为现代心理医学奠定了重要基础。此外，它对欧美现代人文社会科学也产生了巨大影响，诸如文学、哲学、宗教学、历史学、伦理学的不少著作乃至艺术作品，也时常带有“精神分析法”的印痕。就此而言，弗洛伊德的成就不失为人类思想观念与方法论的一次革命。

六、新学科与交叉学科

随着 19 世纪欧美科学技术的迅猛发展与自然科学理论的不断突破，新学科与交叉学科如雨后春笋般出现。欧美各国政府对此十分重视，在其有效组织和指导下，大学教育体制的改革，国立研究机构的建立，专利保护制度的完善，各种协会的成立，以及对新发明与新技术转化的推动，都促成了这一学科发展的新局面。其时，新学科与交叉学科或源于传统学科分化，或由多个学科相互借鉴产生，或应社会生产生活之现实需要出现。作为新学科与交叉学科的代表，遗传学、电磁学、应用数学与免疫学相继产生。

遗传学学科基于拉马克与达尔文的生物进化理论而诞生。1866 年，孟德尔提出遗传定律，即遗传的基本单位是遗传因子。1886 年，荷兰植物学家佛利斯提出生物进化源于不连续变异，提出突变规则。1903 年，美国生物学家萨顿提出染色体是遗传因子载体，深化了孟德尔的遗传定律。1909 年，丹麦生物学家约翰森确定基因是控制生物性状与遗传规律的关键。同年，美国科学家詹森斯提出染色体在减数分裂中的交叉现象，提出基因连锁现象；美国科学家摩尔根通过果蝇实验，提出基因学说。作为一门新学科，细胞遗传学在短期内迅速形成学科体系，并且衍生出微生物遗传学、分子遗传学等，推动了人们在微观世界对生命秘密的探求。

科学实验与社会需要，催生了电磁学、电工学以及无线电学等新学科。1820 年，丹麦物理学家奥斯特发现电流磁效应。同年，法国物理学家安培发现电流间的相互作用，提出“安培定理”。1827 年，英国物理学家欧姆发现电阻中电压与电流的正比关系，提出“欧姆定理”。1831 年，英国物理学家法拉第提出电磁感应定律。1840 年，英国物理学家焦耳发现电流通过导体时，在单位时间产生热量与导体电阻和电流强度平方的乘积成正比。1849 年，德国物理学家基尔霍夫发现电路网络定律，确立电工学。1865 年，英国物理学家麦克斯韦确立“麦克斯韦方程组”，提出电磁场理论，为现代无线电学奠定了理论基础。1888 年，德国物理学家赫茨通过电磁波试验，证实电磁波传播速度等于光速。

在数学学科中，公理化代数系统得到发展。19 世纪 20—30 年代，法国数学家伽罗瓦提出“群论”，以结构研究代替计算。1834 年，英国数学家哈密顿以广义坐标与动量作为典型变量建立动力学方程，确立动力学定律。1835 年，德国数学家格拉斯曼提出代数乘法，创立抽象几何学。19 世纪中叶，英国数学家西尔维斯特与凯莱共同提出“矩阵理论”，为代数不变量理论奠定了基础。德国数学家克隆尼克提出有限阿贝尔群概念，与另一德国数学家狄德金联手，共同创立“环论”，奠定实数理论的基础。1872 年，德国数学家康托尔发表集合理论，证明有理数可数，实数不可数。1910 年，德国数学家施坦尼茨提出包括群、代数、域等在内的代数体系，开创抽象代数学。

应用数学的进步，同样推动了数学新学科发展。19 世纪 30 年代，德国数学家高斯将复数引入数论，创立复整数理论，为推出超几何级数、统计数学、复变函数论、椭圆函数论等奠定了基础。法国数学家柯西提出极限概念，建立微积分中的分析体系，形成复变函数的微积分理论。德国数学家魏尔斯特拉斯以 ε-δ 语言在数学分析领域提出实分析和复分析，推动了现代分析学的发展。1851 年，德国数学家黎曼提出“柯西-黎曼方程”，确定函数几何学。1853 年，黎曼又定义了“黎曼积分”，确立复变函数论。1874 年，德国数学家康托尔创立集合论，发展了牛顿和莱布尼茨创立的微积分。由此，级数论、函数论、变分学、微分方程等一批新应用数学分支学科孕育而生。

生态学也是19世纪的代表性新兴学科。18世纪中叶，瑞典博物学家林奈首次运用植物学、动物学、地理学来研究外部环境的功用，开创了生态研究先河。德国植物地理学家洪堡结合气候与地理因素，提出物种分布规律。1859年，英国博物学家达尔文提出生物进化论，研究生物与环境的关系。1866年，德国生物学家海克尔提出“生态学”词汇。1869年，德国哲学家黑格尔正式赋予“生态学”明确的思想内涵，进一步明确了生态学发展方向。

免疫学作为一个医学新学科，推动了19世纪医学的整体进步。18世纪，英国医生詹纳通过观察挤奶女工患牛痘自愈，发明人工免疫天花法，开创免疫学研究先河。19世纪中叶，法国科学家巴斯德通过观察啤酒和葡萄酒变酸，发现酵母菌，发明酿毒疫苗，提出“巴氏灭菌法”。1877年，法国免疫学家巴斯特与德国细菌学家郭霍共同创立固体培养基分离细胞的技术。1881年，巴斯德发现预防炭疽病的疫苗，1885年发现预防狂犬病的疫苗，进而提出人工接种免疫学原理。1891年，德国细菌学家贝林发明血清疗法，发明治疗白喉的抗毒素。20世纪初，法国细菌学家卡默德和动物学家介兰通过培养治疗结核菌的疫苗，发明卡介苗，消除结核菌。通过研究，科学家确立了体液免疫说与细胞免疫说，两者构成免疫学的基本理论。

除上述新学科与交叉学科外，19世纪兴起的新学科还包括物理光学、光谱学、化学热力学、化学动力学、流体力学、气候学、天体物理学、宇宙学等。这些新学科提出许多新理论，空前发展了近代科学体系，加快了向现代科学体系的过渡，推动了西方文明的迅速拓展。值得注意的是，除自然科学外，此时人文社会科学同样出现许多新学科与交叉学科，例如历史语言学、考古学、人类学、民族学，甚至还有种族优生学、种族人类学、种族心理学等。这些新学科与交叉学科在深化人类社会科学知识的同时，也因其包纳某种负面元素而给人类社会的发展留下了某些忧患。

七、科学技术创新

在资本主义高度拓展以及自然科学理论、新学科与交叉学科迅速勃兴的推动下，19世纪的西方科技发明亦呈现爆炸式增长。科技创新离不开科学理论的指导以及新学科体系的支撑，更离不开持之以恒的科学实验。许多科技创新直接源于资本主义经济繁荣与物质生活的需要，被用于社会生产与生活，科技创新与人类社会生活从未如此紧密地连在一起。

按照学科门类，这一时期欧美代表性的科技成果大致可分为化学类、物理学类、电磁学类、医学类、汽车制造类等。这些门类的科技创新不仅具有强大的科学拓展性，还有巨大的生产应用价值，不仅改变了人类社会生产与生活条件，而且反过来又进一步推动了科学技术的持续创新。

在医学上最具代表性的科技创新当属消毒技术和无菌技术发明。继巴斯德等科学家发明免疫方法后，科学家开始通过抗毒素、疫苗介入、血清注射等方法，治疗天花、白喉、淋巴鼠疫、结核菌、破伤风等。以此为契机，科学家通过消灭致病细菌中的病原体与衣原体，抑制病毒和细菌。这些科学认知成为医学界共识，推动了医学界大规模使用消毒灭菌技术，使许多传染病、瘟疫以及疑难病症得到有效治疗。鉴于细菌是感染的最大根源，19 世纪 60 年代，英国医生李斯特发明外科防腐技术，即医生在手术前必须洗手，使用经消毒处理的器皿和敷料，同时在手术室喷洒石炭酸，以此消毒和杀菌。另外，医生必须在手术后消毒灭菌，防止细菌或病毒进入暴露伤口引发感染。这种消毒灭菌方法使手术死亡率大幅下降，使无菌与消毒技术持续发展，推动了欧美各国外科医学革命。

通信技术的科技创新同样引人瞩目。1837 年，美国发明家莫尔斯发明电报机与电码，通过电脉冲信号建立不同组合，以代表不同字母的信号传递信息。在借鉴西方成果的基础上，俄国物理学家波波夫发明无线电接收装置，实现远距离发送和接收。1895 年，意大利发明家马可尼发明能发射电磁波信号的无线电装置，实现远距离电码通信。1896 年，斯特拉发明使用蒸汽驱动的振荡器，通过产生各种频率传输能量。1906 年，美国通用电气公司制成 80KHZ 高频信号发生装置，发明无线电话。1876 年，美国发明家贝尔发明电话机，发明家格雷亦发明相同装置。1877 年，美国发明家爱迪生发明碳粒送话器。欧美各国通信技术的飞速发展，实现了人类远距离信息传递，将西方文明的发展提升了一个新台阶。

19 世纪还是化工合成技术高速发展的时代。1828 年，德国化学家维勒发明人工合成尿素，打破了无机化学与有机化学的界限。德国化学家哈伯发明合成氨，这些有机化学产品推动了农业发展。1839 年，美国发明家古德伊尔发明橡胶硫化技术，打开高分子化工业的大门。1856 年，英国发明家珀金用苯胺合成苯胺紫染料，仿制与天然茜素相同的化工物。1867 年，瑞典发明家诺贝尔发明代那迈特炸药。1869 年，美国发明家海厄特通过天然纤维素硝化制成赛璐珞，塑料从此被用于人类生活，被用于电气工业与仪器制造业。19 世纪 90 年代，德国和美国开始用隔膜电槽与水银电槽生产有机化工品，开启了电化学工业与制药工业。这些化工合成技术都带动了新型产业，改变了人类生活方式，丰富了人类的生活内容。

汽车制造技术持续成熟，成为科技创新的又一大内容。自德国工程师本茨发明首台汽车后，汽车制造技术不断完善。1888 年，英国发明家邓禄普发明充气轮胎。1889 年，德国发明家戴姆勒发明可用于汽车的四速齿轮传动装置。1891 年，法国发明家潘赫德与莱瓦索尔发明发动机前置、后轮驱动的汽车结构与汽车专用底盘。1892 年，美国发明家杜里埃发明喉管型喷雾化油器。1894 年，法国发明家米其林发明可拆卸充气轮胎。1895 年，莱瓦索尔发明手动齿轮变速传动装置。1896 年，美国发明家福特发明两缸四轮汽车。1897 年，英国兰切斯特汽车厂使用高压润滑装置。1898 年，法国发明家雷诺发明用于汽车驾驶的万向节，以伞齿式减速传动装置代替链条装置。1899 年，德国戴姆勒汽车厂使用带水箱的蜂窝状散热器、分档变速器、脚踏加速器等装置。汽车制造技术井喷式的发展，为汽车制造业大规模生产与更新创造了条件，进而形成以汽车制造为纽带的产业链条。

放射性的发现与放射性技术的运用，同样是 19 世纪科技创新的典型成果。1895 年，德国科学家伦琴利用真空玻璃管与小型高压机器的科学实验，发现"X 射线"。"X 射线"旋即被用于医学诊断与治疗，由此确立医疗影像技术，同时推动了晶体结构、光电效应等研究，这对于 20 世纪多项重大科学发现产生了直接影响。1896 年，法国科学家贝克勒发现铀盐具有天然放射性。1896 年，科学家居里夫妇发现放射性元素镭，1897 年又发现钍及其化合物的放射性，在 1898 年又发现稀有元素钋。1899 年，英国物理学家卢瑟福鉴定出镭的放射性，提出卢瑟福模型。在上述研究的基础上，粒子物理学与原子核物理学最终创立。1900 年，法国科学家维拉德发现 γ 射线，由于 γ 射线具有强大穿透力，被迅速用于医学治疗与工业探测。1902—1903 年，卢瑟福与索迪共同发现放射线及其元素的衰落期。大量放射线元素陆续被发现，最终推动原子核能量聚合与衰变理论产生，由此发现更多稀有元素，为更大规模核开发与利用奠定了基础。

19 世纪的科技创新不仅加速了资本主义经济发展，而且推动了人类社会生活水平持续提高，不仅为西方近代文明向现代文明过渡提供了条件，而且对世界各地也深有影响。

八、社会主义思想与运动

自近代以来，特别是随着工场手工业向大机器生产过渡，无产阶级与资产阶级的斗争日益展现。与之相应，19 世纪初，空想社会主义思想进一步发展。法国圣西门提出实业制度，即资本主义只是过渡，必将让位于人民自由、社会安定的理想形态。傅立叶提出理想社会"法郎吉"，提出消除脑力与体力劳动之别，消除城乡差别，重视教育、解放妇女。英国欧文提出和谐公社（新拉纳克），将生产与教育相结合，解决资本主义剥削问题与社会对立。欧文甚至在美国建立"新和谐公社"，将和谐公社思想付诸实践。上述思想及其实践具有历史局限性，并未取得成功，但为科学社会主义思想的诞生提供了重要启示。

随着思想文化的推进，德国古典哲学在 18—19 世纪获得重大发展，其方法论与逻辑论持续深入。在古典哲学基础上，唯物主义与辩证法孕育而生，前者强调物质第一性与精神第二性，后者强调事物对立统一、联系发展。不仅如此，英国古典政治经济学亦获得进展，在自由市场原则的基础上，该理论提出经济自由主义、生产过剩与危机、劳动双重性、社会资本再生产等新理念，揭示了欧美各国资本主义生产、剥削、利润以及危机的部分真相。这两种思想与空想社会主义一道，为科学社会主义体系提供了重要的思想来源。

19 世纪上半期，在欧洲工人运动推动下，无产阶级革命导师马克思和恩格斯对空想社会主义、古典哲学、古典政治经济学等展开系统研究，结合参加欧洲工人运动的亲身经验，近距离观察资本主义生产与扩大的规律，最终提出科学社会主义理论。作为一种完整的社会思想体系，科学社会主义包括了诸多重要的观点，即资本主义危机说、无产阶级革命说、无产阶级专政说、共产主义目标说等。资本主义危机说强调，资本主义固有矛盾不可克服，危机无法避免，生产资料私人占有与社会生产无限扩大的矛盾持续，公有制最终将代替私有制。无产阶级革命说认为，资本主义是一种落后的社会形态，在人类发展中必将为更先进的社会主义形态代替；无产阶级作为先进生产力代表，将打破资产阶级维系的国家机器，代之以公正合理的国家机器。无产阶级专政说认为，无产阶级将以专政方式改造旧的社会形态，消灭一切阶级，社会主义形态代替资本主义形态，最终进入共产主义形态。

科学社会主义并不止步于空洞的思想与理论演绎，而是直接孕育于工人运动中，并在无产阶级运动中得到运用。19 世纪上半期，欧洲爆发三次工人运动，即法国里昂工人起义、德国西里西亚纺织工人起义、英国宪章运动，标志着工人阶级登上历史舞台，无产阶级成为一支独立的阶级力量，以政治斗争代替经济斗争。欧美各国工人为了维护自身利益，建立了许多工会和互助会等组织，将零散的工人斗争联合起来，形成工人运动，进而推动欧洲社会主义发展，为全世界工人运动联合创造了条件。

1847 年 6 月，马克思和恩格斯对德国流亡工人在英国组织的“正义者同盟”进行改造，建立“共产主义者同盟”，提出“全世界无产者联合起来”口号，标志着全世界首个无产阶级政党建立。11 月，“共产主义者同盟”制定行动章程，提出消灭资产阶级专政机器、建立无产阶级专政的目标。1848 年，马克思发表《共产党宣言》，阐述了科学社会主义基本理论，提出无产阶级革命的指导方针、目标与手段，标志着马克思主义正式诞生，这对于指导世界社会主义运动具有划时代意义。

1863 年 7 月，英国工人联合会召开会议，声援波兰人民起义。1864 年 9 月，工人联合会再度召开会议，成立“国际工人协会”，亦称“第一国际”，马克思起草了《国际工人协会成立宣言》与《协会临时章程》。第一国际提出，工人阶级的目标是推翻资本主义统治，建立无产阶级政权，各国无产阶级应联合起来，组成反对资产阶级的统一战线。第一国际推动了国际工人运动，便利了马克思主义理论传播，为全世界各国建立无产阶级政党创造了条件。

1871 年 3 月，法国巴黎工人发动起义，建立巴黎公社。巴黎公社结束第二帝国统治，尝试实施无产阶级专政，建立国民自卫军，限制资产阶级企业，照顾城市贫民利益，实施政教分离，赋予妇女选举权，设定最高工资标准。在巴黎公社的推动下，欧洲社会主义运动持续发展。第一国际解散后，欧美各国工人代表在 1889 年 7 月创建“第二国际”，确立世界无产阶级运动的新方向，设立“五一劳动节”，保护劳工利益。

随着科学社会主义理论的传播，1917 年，俄国爆发十月革命。列宁及其领导的布尔什维克党，最终推翻了沙皇专制统治，建立了一套全新的社会主义政治与经济制度，在现代西方文明之外，开辟了人类另一种新兴文明建构与发展的新方向。

九、社会达尔文主义

在垄断资本主义时期，欧美各国资本主义经济虽获得重大发展，但在政治、社会、文化以及思想等领域却不断趋向保守。19 世纪后半期，随着欧洲列强对殖民地争夺日趋激烈，各种极端思想与理论在欧洲甚嚣尘上，社会达尔文主义堪称其中的典型。

英国社会学家斯宾塞是社会达尔文主义的主要代表。他在这一理论中认定，人类与其他生物的表现形态尽管不同，但两者都拥有三大功能系统：保持系统、分配系统、调节系统。人类社会就像生物有机体一样，拥有一套进化规律，强调优胜劣败，适者生存，这种生存法则确保人类社会能够去劣存优，始终保持发展动力。以此为基础，斯宾塞还强调，人类社会发展规律存在于个人、民族以及国家中。个人是否勤奋、智慧以及有能力，直接决定其拥有的社会财富与地位，决定了个人能否支配社会或者被淘汰；优秀民族将在生存竞争中战胜并支配劣等民族，建立自上而下的民族统治秩序；拥有强大综合国力、科技实力、优良社会制度、先进文化理念的国家，将战胜并支配弱小、贫困以及愚昧的国家，最终获得世界统治权。

社会达尔文主义将生物进化规则用于解释人类社会发展，将自然界的丛林法则套用于人类社会，混淆了人与动物的根本界限，忽视了人类社会的道德理念与理性原则，忽视了科学知识与技术在社会发展中的重要地位。此外，社会达尔文主义还忽视了欧美资本主义的固有矛盾，无法正确解释欧美列强的竞争，只能将此归结为弱者淘汰和强者胜出。更为荒谬的是，社会达尔文主义将殖民地半殖民地人民视为未开化的野蛮人，将欧美殖民者视为文明的输出者和传播者，为列强殖民争夺或战争提供“合理”解释；将世界少数民族视为劣等民族，将欧美各民族视为优等民族，为欧美列强推行种族歧视政策寻找借口；将资本主义剥削与竞争制度理想化与合理化，将不同阶级的矛盾视为优胜劣败的自然选择。

由于满足了欧美各国竞争、扩张与对抗的需要，社会达尔文主义得到各国青睐。在思想上，社会达尔文主义在欧美各国知识界获得许多应和，衍生出许多思想变种，与种族优越论、种族优生学、种族心理学等极端主义理论遥相呼应。在实践上，社会达尔文主义成为欧美推行内政外交政策的重要依据，在各国政府决策或国家行为中多有体现。

第四节　欧美经济社会的结构与生活

一、人口、商业与贸易

在第二次工业革命对工业化进程的持续推进中，欧美各国的人口数量、人口结构、地理分布、阶级成分、社会分层等都发生明显变化，社会经济活动也有相应的调整。

生产力飞速发展与科技进步迅猛，使西方人的生活物资日益丰富，生活环境与卫生条件进一步改观。由此，民众死亡率下降，人口寿命延长，人口数量快速增加。与之相应，欧美各国出现大规模人口流动。流动人口加速了工业城市兴起，农村人口向城市大规模迁移，成为雇佣工人。农村人口比例下降，城市人口比例上升，城市化进程持续展开。同时，为了寻求更大的发展空间，欧洲各国技术工人及其家属也持续向美洲大陆移民，他们将先进的技术与管理经验带入美洲，直接推动了美国资本主义快速发展。此外，南北战争后，美国东部和东北部地区居民向南部、中部、西部大规模迁移，由此推动了美国工业发展，加速了美国内部市场的形成与新经济布局的铺开。

在社会财富空前增长的格局下，随着人口的增长与流动，不同社会阶层的利益、生活方式、社会诉求不断趋于固化，对国家生活的影响不断提升。从 19 世纪后半期起，中产阶级力量不断强大，他们超脱传统的阶级定义，其成员有小资产阶级、城市知识分子、职员阶层等，他们掌握一定的社会资源，在各行各业中承担重要责任，有效维系社会机器运转。中产阶级改变了旧的阶级分界，推动欧美各国社会结构由金字塔结构转向纺锤状结构。

在这一时期，欧美各国商业与贸易关系同样发生变化。在旧的国际经济与贸易结构中，欧美各国把持商业与贸易主导权，制定国际或者区域规则。19 世纪后半期，东南欧为奥斯曼帝国控制，东欧受德国与俄国影响，西欧、中欧与北欧的内部市场基本上趋于饱和。19 世纪 70 年代初，欧洲出现大规模经济衰退，美、法、德、俄等国放弃低关税政策，放弃自由贸易政策，实施高关税与贸易保护政策。英、法、德、美等国从未终止贸易竞争。19 世纪 80—90 年代，欧美各国经济持续走低，各国商业与贸易关系始终处于紧张状态，商业与贸易都采取贸易保护政策，不愿实施贸易联合或关税合作。这就注定欧美各国商业与贸易政策是消极和对抗的，甚至是损人利己和不道德的。保守的商业与贸易政策，不可避免地加剧了各国贸易竞争，直接引发了贸易对抗与贸易战。

为了减轻贸易对抗与竞争，欧美各国将资本、工业品、技术转向殖民地，以此稀释贸易竞争的压力。英国拥有众多殖民地、大规模船队以及工业生产链。因为此类投资可轻易获得巨额回报，较国内产业通过技术创新、生产改造、市场重塑等收效更大。这种稀释经济危机、转嫁贸易压力的做法为欧美各国采纳，但也使英国身患“英国病”，经济长期低迷。

法国在 19 世纪后半期的商业与贸易中表现突出。法国金融资本主要集中在信贷而非工业领域，因为高利贷资本输出获得的巨额利息远超工业利润所得。通过增加对俄国与东欧国家的资本输出，法国获得稳定且丰厚的利润。法国同时还加大海外殖民地投资数额，以高风险追求高利润。19 世纪 70—80 年代，巴拿马运河开凿案就是法国海外资本输出的一次失败案例。

从 19 世纪后半期起，美国开始积极扩展商业与贸易。以西进运动为先导，持续开拓并完善国内市场，推行强势的商业与贸易政策，以期形成更大规模的经济。另外，美国也积极加强与欧洲列强的商业与贸易竞争，持续加强海外投资和资源控制，美国投资开凿的巴拿马运河在 1904 年正式动工，历时 10 年完工。美国以 1 000 万美元获得运河运营权，在运河经营中获得巨大收益，直接强化了其在西半球的经济霸权。

作为后起的工业强国，德国从 19 世纪后半期开始大力推进关税与贸易保护政策。为了能与列强展开更有力的贸易竞争，德国大力推动航运业与造船业，积极拓展并扩大海外贸易。德国还积极发展交通运输业，兴修了横贯全国的铁路网，在东欧各国与奥斯曼帝国竭力扩大市场、增加投资、强化影响。从俾斯麦时代开始，德国就一直积极筹措建设穿越奥斯曼帝国向中东扩展的“柏林-伊斯坦布尔-巴格达铁路”（3B 铁路），以便建立一条连接中欧与中东的陆路交通线。

19 世纪末欧美主要国家的商业与贸易政策，适应了欧美资本主义从自由阶段向垄断阶段过渡的需要，加速了世界市场形成，但同样也引发世界市场不平衡，使欧美等国成为“中心”，殖民地半殖民地成为“边缘”，欧美等国制定国际商业与贸易规则，向殖民地输出资本、产品与技术，而殖民地只能向欧美各国输出工业原材料与初级农产品，听从欧美列强确定的秩序与规则。这种极不平衡的国际分工制度，不仅抑制了世界文明发展的脚步，亦使欧美列强最终深受其害。

二、城市、卫生与生活

在近代早期欧美城市，商业经济占主导地位，社会需求有限，阶级关系简单。在两次工业革命的推动下，欧美各国城市格局发生变化，并且快速发展。鉴于旧城市的规模、功能、定位、理念等都不适应现代社会发展的需要，各国都对之予以不同程度的改造，促使旧城市逐渐转向新兴工业城市。新的城市逐渐拥有强大的经济功能、完备的公共设施、严格的城市法律，还有独特的城市文化、系统的城市管理机构、不同城市间的协作等。一些大城市，如伦敦、伯明翰、利物浦、曼切斯特、巴黎、柏林、纽约、费城等，逐渐成为社会生产与生活的中心。作为欧美各国的经济枢纽，这些大城市还形成以自己为中心的都市辐射带。另外，它们还在国际经济、金融、贸易等舞台上发挥中转与连接功能。这些大城市在经济上连在一起，形成巨大的城市群落，进而形成城市生产带与城市生产链，推动欧美各国经济与国际贸易的发展。

持续经年的工业化，也催生了大量的新型城市，改变了过去欧美各国城市的地理分布与基本格局，形成许多城市群落。在一些自然条件优越、交通便利、资源丰富、人口密集的地区，逐渐形成一批新兴工业城市，它们以单一工业生产体系为城市职能，集中发展某项或几项产业，在区域产业链条中发挥作用。这些新型城市朝气蓬勃，经济发展强劲，具有鲜明的文化特色，成为工业文明发展的又一标志。

工业化固然推动了旧城市改造，但也暴露出城市发展存在的问题。大量农村人口进入城市，导致城市住房、基础设施、生活物资、公共服务等资源极度紧张，旧的城市设施无法解决由于人口剧增带来的压力。欧洲许多工业城市的供水系统非常简陋，无法满足新增人口的需要，而且也由于工业污染而无法正常饮用。另外，旧的城市排污系统过于简单，容量很小，无法有效化解和疏导各种废水与废物，其结果必然导致城市生活环境恶化，人类健康受损。由于贫民居住区数量过多、人口稠密，居住与卫生医疗条件较差，社会资源匮乏，基础设施不足，导致霍乱、天花、结核病、疟疾等频繁爆发，严重危及大众健康。另外，工业化加剧了欧美各国城市分化，不同阶层的生活范围、方式、内容、文化相去甚远，冲突频发。工业化除导致环境污染、资源紧张外，也加剧了社会贫困、道德低下、城市犯罪等问题，导致不同阶层、文化与宗教冲突。

针对上述状况，欧美各国陆续启动公共卫生建设，增加公共卫生开支，完善公共服务体系。从 19 世纪 50 年代起，欧美各国陆续通过各种公共卫生法案，以立法方式大规模推进公共工程、公共卫生、公共文化事业。为此，各国建立了一系列专门负责的行政机构，进一步协调政府、地方、企业之间的关系，将公共卫生、城市文化等纳入统一管理。以英国为例，国会在 1848 年、1875 年通过两部《公共卫生法案》，不断细化城市公共卫生项目及其管理，持续完善从国家到地方的公共卫生管理，推动食品监管与制造、城市引水系统管理、城市与社区医院设置、街道清洁卫生、垃圾集中管理、城市排污系统改建等，加速现代城市建设。

欧美各国还持续加大城市建设与改造力度，重新规划城市，加快基础设施建设，不断理顺经济发展、人口居住、城市管理之间的关系。以法国为例，巴黎在 1852—1870 年实施大规模城市改造，拆除旧城墙与许多旧建筑，推进网格状主干道建设，在干道两旁种植统一树种，从更长远角度规划城市建设与发展。其他不少国家在城市规划与建设中，也陆续实施道路拓宽、新老城区分离，加强绿地建设、照明系统建设与公地保护，为实现城市经济与生活现代化创造条件。

到19世纪后半期，随着欧美各国城市的拓展，中产阶级以及其他阶层逐渐形成相对稳定的生活定式。各大城市的生活设施日趋完备，大量百货商店、酒吧、饭店、交易所、医院、教堂、剧场、音乐厅等如雨后春笋般出现，便利和丰富了市民的生活。城市管理机制也不断完善，设置市政府，下辖财政、警察、卫生、税务等职能部门，负责城市具体管理。各城市都有市议会，负责制定各项城市法规，事无巨细，从垃圾存放的时间与地点，到城市慈善与救济，事关民生每个细节，都成为议会议题。议会还负责监督政府机构，向相关负责官员提出质询等。城市文化也愈加丰富。城市都设有大量教堂，供不同教派信徒祈祷与告解，负责市民婚丧嫁娶。教堂不仅是市民的精神寄托，也成为市民交流信息与感情的主要平台。城市还建有歌剧院、音乐厅、体育场、饭店，用于市民娱乐、消遣、锻炼与休闲。另外，城市设有不同层次的学校，负责儿童与青年的教育培养。许多城市的大学与科研机构还负责高等教育与人才培养，肩负科学研究与实验的任务。城市还有自己独属的报纸、球队、乐团、吉祥物等，甚至还有各自标志性树种、花卉、建筑，以此作为城市文化的象征，集中展示其特有的文化内涵。

三、婚姻与家庭

日益兴起的欧美工业文明，对人们的社会生活方式与道德观念形成巨大影响，婚姻与家庭关系随之不断变化。

近代以来欧美各国婚姻关系沿袭基督教的传统。基督教为婚姻罩上一层神圣外衣，即婚姻必须是男女双方相爱，彼此庄严承诺，对上帝做出神圣承诺。婚姻是为了生儿育女，具有天然的神圣性、独立性和唯一性。坚持一夫一妻制、夫妻平等、婚姻神圣，这一直是婚姻关系的核心内容。宗教改革运动后，婚姻观念在新教道德与伦理体系中进一步完善，被社会各阶层普遍接受。不过，由于政治、经济与社会地位特殊，男权主义在婚姻中一直处于主导地位，这种倾向在工业文明的建构与发展中又不断强化。相较女性，男性拥有更多的工作机会、更大的发展空间、更便利的工作条件，在婚姻生活中亦享有更多选择权，这势必造成婚姻关系不平等。这一现象在19世纪逐渐发生改变。

第二次工业革命推动欧美资本主义迅速发展，新生产领域与科技创新创造了大量工作机会，推动了社会职业化进程，由此使大量女性能够摆脱家庭束缚，有机会成为职业女性，在经济上更加独立。女性不仅可以走出家庭，和男性一样接受教育与职业培训，承担和男性同样重要的工作，还可像男性一样获得事业成功，甚至取得更突出的成就。虽然这样的局面并未从根本上改变男性的社会角色与家庭角色，并未淡化多数女性的妻子与母亲身份，但对以经济关系为基础的旧式婚姻观念带来有力冲击，改变了女性在婚姻关系中的被动与从属地位，使女性在婚姻生活中开始具有话语权与选择权。

女性社会地位的持续改善，离不开19世纪欧美各国婚姻法律的完善。以英国为例，1839年，国会通过《幼儿监护法》，规定夫妻双方对子女培养与教育有同样的权利。1857年，国会通过《婚姻诉讼法》，正式实现离婚合法性，女性可以通过离婚保护自身权利，改变了婚姻受教会束缚的传统，推动了婚姻关系走向世俗化和法制化。1870年，国会通过《已婚妇女财产法》，确保已婚女性可拥有并支配其劳动所得，确保女性可以独立支配部分财产，而不必依赖丈夫。1882年，国会再度通过法案，确保已婚女性可拥有并支配陪嫁财物。这些举措提高了女性在婚姻中的地位，为欧美其他国家所效法。

工业文明也给婚姻与家庭带来相当大的消极影响。在极度享乐主义与拜金主义的熏陶下，离婚率持续上升，娼妓制度半合法化，婚姻关系的功利化逐渐浮现，独身主义也日渐盛行。婚姻关系的严重异化，使相关的一些基本法律与道德标准不断受到挑战，新教伦理体系中的许多观念受到质疑，婚姻的神圣性与唯一性原则遭到侵蚀与破坏。

工业文明对家庭观念与生活也带来很大影响。中产阶级所追求的家庭生活范式，成为全社会的共识。中产阶级主张个人在商业世界中全力拼搏，运用聪明才智，通过努力获得高薪报酬，获得社会承认，借以改善家庭的境遇。商业世界充满竞争、对抗与压力，甚至还充斥各种意识形态与政治、不道德因素。而家庭生活属于私人领域，让人感到恬静、放松、快乐，因此必须将商业活动与家庭生活截然分开。在家庭生活中，夫妻双方的角色有所变化，过去男主外、女主内的“两分领域”被打破，许多女性走出家庭，步入职场，社会地位大幅提升。不过女性多参与教堂、慈善、医疗、卫生等领域的工作，不足以在整体上撼动欧美各国的职业结构。

这一时期的中产阶级普遍讲究高尚的生活品位、严格的家庭道德，不仅提倡整洁得体的服装与优雅的社交生活，而且强调每个成员的家庭义务，营造家庭成员之间团结友爱的氛围。维持家庭稳定不再是夫妻任何一方的单向责任，而是家庭每位成员共同的责任。不过，婚姻关系的变化也给家庭稳定造成一定冲击。

工业文明将许多现代化元素汇入家庭观念。在家庭生活中，许多守旧、保守的传统被日益改变。夫妻双方对家庭事务有平等决策权，家庭财产双方共有，共同负责子女教育与培养等，都成为家庭生活的时代特征。此外，家庭趋向小型化，独立性进一步凸显，家庭成员的个人主义价值取向日益浮现。

参考书

Jerry Z. Muller, *The Mind and Market: Capitalism in the Western Thought*, New York: Anchor Books, 2002.

Philip T. Hoffman, *Why Did Europe Conquer the World*, New Jersey: Princeton University Press, 2015.

Donald Sassoon, *The Anxious Triumph: A Global History of Capitalism, 1860－1914*, London: Penguin, 2019.

乔治·杜比主编：《法国史》，吕一民，沈坚，黄艳红等译，商务印书馆，2010。

丁则民、黄仁伟、王旭：《美国内战与镀金时代》，人民出版社，1990。

于尔根·奥斯特哈默：《世界的演变：19世纪史》，强朝辉，刘风译，社会科学文献出版社，2016。

彼得·沃森：《思想史：从火到弗洛伊德》，胡翠娥译，译林出版社，2018。

理查德·韦南：《20世纪欧洲社会史》，张敏，冯韵文，臧韵等译，海南出版社，2012。

弗洛伊德：《梦的解析》，周艳红，胡惠君译，北京理工大学出版社，2009。

达尔文：《物种起源》（1 3册），周建人，叶笃庄，方宗熙译，商务印书馆，1963。

王玉仓：《科学技术史》，中国人民大学出版社，2000。

第八章
走向现代世界的西方

第一节　“文明”秩序的动荡

一、殖民地瓜分狂潮

19 世纪后半期，西方资本主义从自由阶段进入垄断阶段。欧美帝国主义列强致力于将世界各个国家或地区纳入资本主义体系，在“文明输出”的旗帜下，在全世界掀起瓜分殖民地的狂潮。同时，由于发展速度不同，改变了欧美列强的传统力量格局，新旧帝国主义列强力量失衡，使得大国之间的权益纷争日显激烈。为了缓解矛盾，欧美列强持续展开对话、协商以及合作，协调各方在殖民地争夺中的冲突。

在垄断资本主义时代，欧美列强对殖民地的争夺，不只是夺取更多的原材料、更大的海外市场，而是夺占更大的势力范围，占据更有利的地缘战略地位。列强对殖民地的掠夺也不再是单纯的军事侵略，而是更复杂的海外资本输出，包括工业资本与金融资本，目的是加强对殖民地的经济控制。

19 世纪末，英、法、美、德、日、意、俄等国都进入帝国主义行列。以德国、美国、日本为代表的后起帝国主义列强，其经济规模、科技成果、综合实力、国际影响等均赶上或超过老牌列强，要求重新分配殖民地，全面扩大自身势力范围。英、法等国作为世界殖民体系的维护者，并不愿轻易让出已据有的殖民地盘。于是，激烈冲突乃至战争变得不可避免。

为了有效进行殖民争夺，德国制定了野心勃勃的条顿非洲计划，目的是控制非洲中南部地区。为此，德国先后夺取多哥、西南非洲、喀麦隆、部分东非等，建立非洲殖民帝国。为了夺取小亚细亚地区，德国还制定“3B 计划”，试图修建一条柏林-拜占庭-巴格达的铁路，向小亚细亚扩展经济影响。此外，德国还以赎买方式占据加洛林群岛、马绍尔群岛、马里亚纳群岛，在亚太地区站稳脚跟。德国还强迫清政府租借山东胶州湾，占领青岛，将山东变成其势力范围。

在明治维新后，日本脱亚入欧，迅速走上殖民扩张道路。1876 年，日本迫使朝鲜签订《江华岛条约》，将朝鲜变成半殖民地。1894 年，中、日两国爆发甲午战争，日本抢占朝鲜半岛、中国台湾与澎湖列岛等，将朝鲜变成殖民地。1904 年，日本与俄国在中国东北发生战争，抢占中国东北南部地区、俄国占据的库页岛南部地区。在俄、德、法三国的压力下，日本强迫清政府出资 3 000 万两白银，作为日本放弃占领中国辽东半岛的代价。

英、法两国作为老牌殖民国家，同样不满足已有的殖民地，不仅不愿向后起列强出让殖民地，还竭力扩大已有的势力范围。为了在非洲占据优势地位，英国制定“开罗-开普敦计划”，确保英国能建立一个贯通北非到南非的庞大帝国，控制包括苏伊士运河和南非好望角在内的两大东西方海上通道。法国也制定“2S 计划”，建立一个从塞内加尔到索马里、贯通西非与东非的庞大帝国。上述计划不仅要占有更多殖民地，还要扩大在非洲的势力范围，在世界地缘政治中占据更有利的战略地位。

在亚洲、非洲和太平洋地区，仍有大量国家与岛屿未被纳入殖民统治体系。即使已被列强控制的地区或国家，其国际地位也不稳定。因此，欧美列强持续出现殖民争端的焦点，不仅包括非洲，还涉及世界其他地区，例如奥斯曼土耳其帝国所属区域，包括小亚细亚、中东等。

二、一战与凡尔赛-华盛顿体系的建构

在 19 世纪后半期欧洲列强争夺殖民地和势力范围的斗争中，列强为赢得更多优势，订立一系列政治、经济与军事条约。1879 年，德国与奥匈帝国结成同盟国集团，意大利后来加入。1892 年，俄国与法国结成协约国集团，英国亦很快加入。两大军事集团争夺范围极广，既有殖民地与势力范围之争，还包括欧洲政治、经济、社会以及军事主导权之争。19 世纪末 20 世纪初，欧洲两大军事集团竞争愈演愈烈，将欧洲推向战争边缘。

20 世纪初，欧洲东南部民族主义盛行，希腊、塞尔维亚、保加利亚、罗马尼亚先后赢得独立或自治，土耳其在该地区的统治岌岌可危，相继爆发了与土耳其的两次巴尔干战争，德、俄、英、法等列强的影子在战争中随处可见。由此，更大规模的冲突与战争逐渐酝酿成型。

1914 年 7 月，奥匈帝国王储费迪南大公夫妇在出访塞尔维亚首府萨拉热窝时被刺。奥匈帝国就此向塞尔维亚宣战，随后，德、俄、法、英等国陆续加入战团，第一次世界大战爆发。主要交战国一方是德国、奥匈帝国、土耳其、保加利亚，另一方是英国、法国、俄国、塞尔维亚等。虽然双方都打着保卫祖国、维持国际和平的旗号，但除塞尔维亚的战争行为具有民族自卫性质外，其他交战国的行为都不具备任何道义，都属于赤裸裸的利益和霸权争夺。这场战争历时四年，全世界有 30 多个国家参与。以英、法、俄为代表的协约国集团最终在 1918 年秋取得胜利，迫使德国与之正式签署投降协议。

在一战中，列强使用了所有先进武器装备，包括芥子毒气、坦克、飞机等，造成难以计数的人员伤亡。战争改变了欧洲力量格局，德国沦为战败国，奥匈帝国陷入分裂，奥斯曼土耳其帝国面临被瓜分的命运。英、法等国虽是战胜国，但在战争中被空前削弱，从一流国家变成二流国家。俄国爆发十月革命，建立了首个社会主义国家。种种迹象表明，欧洲作为资本主义文明中心的地位被空前动摇。与此同时，美国迅速崛起，逐渐向具有全球性影响的大国与强国转变，这又为西方文明的继续发展奠定了基础。

一战结束后，英、法、美等战胜国代表开始筹划建立战后国际新秩序。1919 年初，27 个战胜国代表齐聚巴黎，召开战后国际和平会议。苏俄和德国等欧洲地缘大国缺席会议，注定这次会议无法真正缔造和平，只能是战胜国对战败国的国际清算。为了实现自身利益最大化，各方在会议中钩心斗角。美、英、法三国始终操控会议。最终，战胜国签订一系列条约。对德《凡尔赛条约》不仅严格限制了德国军队数量与装备，而且规定莱茵河左岸由协约国占领，阿尔萨斯和洛林归属法国、石勒苏益格与荷尔施泰因归属丹麦、麦默尔归属比利时、东普鲁士归属波兰、但泽为国际自由市等。德国的所有殖民地以委任统治方式瓜分，德国还须支付 2 260 亿金马克战争赔款等。同时，战胜国还签署了针对奥地利、匈牙利、保加利亚的条约，均以清算战败国为目标。此外，按照美国总统威尔逊的“十四点计划”，战胜国还签署《国际联盟条约》，建立负责维护战后国际和平秩序的国际联盟，处置各种相关国际问题。

上述条约共同构筑了英、法等国主导的国际新秩序——凡尔赛体系，该体系缓解了列强的矛盾，确立了列强在欧洲、中东、北非地区的统治。但这一体系既未体现国际正义，也无法实现真正的和平与稳定。

紧随其后，美、英、法等国着手塑造亚太区域秩序。1921 年秋，美国、英国、法国、日本、意大利、荷兰、比利时、葡萄牙、中国在华盛顿召开会议，共同协商亚太地区列强的殖民利益。美、英、法、日四国签署《四国条约》，确立列强尊重各自在太平洋地区岛屿与属地权利的基本原则，以四国联盟代替英日同盟，实际上既限制了英国在太平洋地区的影响，又限制了日本在国际社会的后援，为美国大规模进入太平洋区域创造了条件。1922 年 2 月，美、英、日、法、意五国签署《五国限制海军军备条约》，又称《五国条约》，规定签约国在太平洋区域发展主要海军力量的比例，美、英两国是《五国条约》的最大赢家，而日本则受到限制。继之签署的《九国公约》，则确立列强在中国“门户开放、机会均等”原则。

通过上述条约，欧美各国与日本等建立华盛顿体系，调整了列强在亚太地区的利益，减缓了列强军备竞赛所引发的区域紧张，确立了战后亚太区域政治与安全秩序。美国在华盛顿体系确立了其在亚太地区的优势，有效抑制了日本的影响，但却使中国被数个帝国主义列强共同支配。当然，帝国主义列强之间的固有矛盾，也使这一体系注定无法长久维持。

第二节 美国、欧洲、日本的危机与躁动

一、“新政”与美国自由主义消退

一战后，西方社会开始了一段时间相对的稳定与发展，但其背后却存在难以解决的固有矛盾，这种矛盾在经济、政治与国际关系中都有展现，最终难免酝酿出的种种危机，再次将现代西方文明推向困境。

美国在战后继续奉行经济与贸易自由政策，迎来经济高速成长，股市繁荣，科技先进，海外市场持续扩大，国际金融中心也从欧洲转至美国。由于率先采用泰罗制，工业制造业迅速发展，美国也成为世界工业中心。然而，美国经济繁荣潜藏着巨大危机，过度和提前消费蔚然成风，透支了个人信用，扩大了政府债务，导致投入再生产的资本缺乏。资本市场虽然使股票与证券市场繁荣，却无助于积累国民财富。垄断资本为了追求最大利润，盲目扩大生产，更导致生产与消费严重失调。

1928 年，以奥地利为起点，经济危机迅速扩至全欧洲。受其影响，美国在 1929 年爆发经济大危机。股票市场崩溃，中产阶级一夜间走向赤贫。生产过剩使大量工厂倒闭，即使美国引以为豪的汽车业，在危机高峰时也只能保持 5%的开工率。由于生产过量，大量农产品不得不废弃，中小型农场纷纷倒闭。由此，失业人口在短期内激增，最高峰时达到 1 700 万。由于世界各国都以贸易保护主义政策应对危机，贸易战与关税战不断扩大，美国经济所倚重的海外市场萎缩，经济发展失速。胡佛政府对危机听之任之，继续采取自由放任政策，更使美国经济危机形势持续恶化。

1933 年，美国民主党人罗斯福当选总统，开始推行新政。罗斯福新政涉及范围几乎包括所有经济领域，从工农业生产到证券市场，从救济失业人口到白宫改革。新政改变了美国历史上任何一届政府处置经济危机的做法，开启了政府运用行政手段介入国家经济生活的先河。

罗斯福新政的核心是确立一系列经济立法，政府依法重建美国经济与社会秩序。在工业领域，制定旨在尽快恢复工业生产秩序的产业复兴法，成立全国产业复兴管理局，指导劳资双方订立行业公平竞争规则，由各行业确定生产规模、产品标准与价格、工人工时与工资标准、市场分配，由资本家、工人以及消费者共同监督。制定蓝鹰标志，凡符合标准的挂牌企业，可优先得到政府贷款和政策支持。在金融领域，制定紧急银行法、黄金法、证券法等，淘汰资质差、信誉差、能力不足的银行。同时放弃金本位制，政府回购所有民间黄金，集中作为国家财政储备，建立联邦储备机构，恢复大银行信用，保证小储户存款，建立新的国家信用系统。此外还整顿证券市场，打击买空卖空的投机行为，规范证券营业与信贷市场。在农业领域，制定农业调整法，支持生产能力强、技术先进、抗压能力强的大农场，对愿意降低产量、愿意消除过剩农产品的农场或农户给予补贴，全面降低现有的农业生产产量，尽快实现供需平衡。在社会就业领域，制定公共工程法案与劳工关系法，成立公共工程署、田纳西水利管理局等机构，统筹全国失业人口的救助，所涉及的公共工程包括水利工程、高速公路工程、政府公共设施等。为此，政府采取以工代赈的做法，改变单纯向失业人口提供补贴的做法，大规模发展基础建设项目，招揽并吸收失业人口，既减少失业人口，又降低单纯救济，恢复就业市场正常的供需关系。在社会保障领域，制定社会保障法，规定政府、企业雇主、雇员三方共同缴纳社会保障基金，确保工人能够在年老退休后获得养老金和保险。政府让失业人员在再就业之前获得必要的失业补助，同时确保拥有年幼子女的妇女、残疾人等都能得到社会补助。在行政领域，以总统行政命令方式，对联邦政府机构实施改革，对臃肿、低效的联邦机构实施裁撤和兼并，加强国家行政管理。组建白宫办公厅、联邦预算局、国家资源计划处、人事管理联络处、政府报告署等新机构，加强联邦政府对国家经济、社会、资源、人员使用的统筹能力。

随着美国经济危机得到缓解，罗斯福新政中的许多法案因最高法院宣布违宪而被废除，但新政的许多成果得以保留，尤其是美国政府对经济危机采取的行政干预手段，更为此后美国政府解决自由市场问题开创了先例。此后，历届美国政府都采取了自由市场与国家宏观引导相结合的施政方略，抛弃了欧美资本主义几个世纪以来尊奉的绝对自由主义。新政使美国自由主义走上一条改良之路，推崇相对自由而非绝对自由，将自由主义与实用主义紧密结合。这种转变预示着美国自由主义的消退，也预示着美国资本主义开启了一个新的发展阶段。

二、“失落与隐忍”的英国

巴黎和会后，由于美国并未参加国际联盟，对《凡尔赛条约》多有异议，英、法两国担负一战后欧洲安全秩序的领导责任，尤以英国的作用与影响更突出。一战加速了英国的衰落，其军费开支近百亿英镑，舰船与海外贸易损失惨重。这些都使英国作为世界一流大国的地位与信心遭受重挫，不得不以有限实力支撑宏大目标。由此，英国政府在战后内政中极为谨慎，在外交上保持低调，不论对待国内经济、社会与安全困境，还是应对外部威胁与挑战，始终保持隐忍和克制，采取选择性应对政策。既要维护其既得利益，保持其大国形象与国际话语，又要以圆滑、机巧的手段，避免危机进一步扩大、伤及自身核心利益。这样的格局，直接助长了保守主义思想的蔓延，这反过来又助推了英国内政与外交的保守化倾向。

20世纪20—30年代，英国内政明显转向封闭和保守，传统的两党政治发生变化。两党制创建后，一直奉行保守党与自由党轮流执政格局。一战后，自由党衰落，工党崛起，迅速成为全国第二大政党。1924年1月，工党获得大选胜利，英国开启保守党与工党轮流执政的新政治格局。同时，鉴于苏俄爆发十月革命，英国国内出现恐共反共情绪。针对英国社会进步活动，政府的反应敏感且过度。1924年7月，英国左翼报纸《工人周报》编辑坎贝尔发文，呼吁英国士兵不要将枪口对准罢工工人，司法机构遂以煽动罪对坎贝尔提出起诉（坎贝尔案件）。10月，英国《每日邮报》以阴谋颠覆英国政权为名，刊登了共产国际主席季诺维也夫发给英国执委会的信件，政府为此向苏俄提出抗议。尽管苏俄与英国共产党均否认该信件存在，但政府始终坚持其既定立场。此外，针对1926年英国工人大罢工，保守党政府拒绝工人提出增加工资与福利的正当要求，导致这场罢工以失败告终。

英国对殖民地则采取以退为进的政策。一战后英国损失巨大，对殖民地的控制有所放松，殖民地民族解放运动持续高涨。基于这种情况，在压制殖民地独立运动的同时，英国推行分而治之政策，强力与怀柔手段并用。此外，英国还提出自治领概念，继续维持对殖民地的掌控。1931年，英国议会通过《威斯敏斯特法》，英国与其他自治领共同组成英联邦。英联邦成员国一律平等，均尊英女王为英联邦元首；自治领为独立主权国家，可以拥有议会，可以制定法律，享有独立外交，其议会暨法律与英帝国的议会暨法律完全平等。英国欲图以这种独表面上“平等”的独特方式，来维持“日不落帝国”岌岌可危的败象。

在外交上，英国对大多数国际危机和挑战均采取容忍和退让政策。面对德国法西斯扩军备战之举，1935年，英国与德国签订《英德海军协定》，公开放弃限制德国军备的国际规定。1938年，德国宣布合并奥利地，并对捷克斯洛伐克苏台德区实施侵略，英与法、意、德等国签署《慕尼黑协定》，公开同意将苏台德区割让给德国。1937年，日本制造七七事变，发动全面侵华战争。1939年4月，日本借口天津英租界发生刺杀汉奸事件，封锁英租界。英国旋即与日本签订《有田-克莱琪协定》，承认日本有权清除不利于日军的敌对行动，英国驻华官员与侨民不支持反日行为。英国更拒绝对日本实施经济制裁，也拒绝向中国提供援助，旨在避免与日本发生冲突，尽可能维持其在远东的既得利益。

英国表现出的退让与隐忍，虽源自国力衰落，但其主观思想存在投机性。这种妥协与退让给国际政治与安全带来严重影响，弱化乃至践踏国际公理与正义原则，助长德、日、意法西斯主义的侵略意图，使凡尔赛-华盛顿体系走向崩溃，国际安全形势再度趋向紧张化。

三、“沉沦与迷惘”的法国

法国在 19 世纪末是世界上的强国，拥有庞大的殖民地势力范围。但法国同样出现衰落之势，政治生活日趋保守，经济发展放缓，这一趋势因一战而进一步加剧。由于法国东部与东北部一直是一战的西线主战场，法国的战争损失比英国更大，这导致其在战后特别注重防范和压制德国。然而，这种过度戒备和防范的警惕心理，使法国在欧洲安全事务上一直患得患失，忽左忽右，无法实施维护国家利益的政策平衡点，这也造成 20 世纪 20—30 年代法国发展的迟缓乃至停滞。

在思想文化领域，法国失去了启蒙运动所营造的先进性，不仅无法继续引领欧洲思想文化进步，还出现有悖传统的颓废、极端的反主流文化。享乐主义、存在主义、意识流、超现实主义理念风靡一时，这样的思想动向加速了法国社会的沉沦。

在政治上，法国在第三共和国时代一直实行多党代议制政治，国家权力一直为议会掌控，政府的维持、决策、执政等均听凭议会决策。由于议会充斥着左翼、中立、右翼等各种政治力量，政府在 20 世纪 20—30 年代更迭频繁，国家始终无法形成一项持久且有效的政治方针，始终缺乏一个强有力的权力中心。

在外交上，法国不乏抑制德国之举，但均未收到良好效果。自 1923 年鲁尔危机后，法国基本上丧失了对欧洲事务的话语权，热衷于追随英国，竭力推行绥靖政策，希望以暂时的妥协与退让，换取一时苟安。针对德国法西斯一再违反《凡尔赛条约》的挑衅行为，法国亦听之任之，甘于牺牲弱小国家利益，以此换取国际社会安全与稳定。

四、德国、意大利的法西斯思想与纳粹运动

德国是一战的始作俑者，但它不仅未获得殖民地的扩展，还在凡尔赛-华盛顿体系中丧失大片疆域，殖民地被托管，军备受到限制，必须支付巨额战争赔款。这一状况导致德国政治、经济与社会混乱，激发了德国民族主义浪潮。

一战后，德国政治与社会一直处于松散状态，各种政党由此纷纷涌现。德国工人党作为一个地方小党，强调犹太人应为德国战败负责。一战退伍下士希特勒在 1920 年 4 月加入该党，在获得领导权后，旋即对工人党实施改造，更名“国家社会主义工人党”，简称纳粹党，同时设计党章，制定党纲（十五条纲领）与党纪，建立党的基本组织架构；以冲锋队作为党的基本武装，并且建立党卫军。经过改造，

纳粹党成为一个组织严密、目标明确、行动有力的法西斯政党。

1923 年 11 月，在慕尼黑发动“啤酒馆暴动”失败后，希特勒等人开始通过选举方式夺取政权。希特勒在入狱期间口授《我的奋斗》，系统阐述了纳粹党的目标、方针与政策，为纳粹运动提供了重要指导。随着纳粹运动不断深入，纳粹思想不断发展，逐渐形成法西斯主义思想。这一思想吸收了地缘扩张主义学说，强调现有的疆域和资源不足以支撑德国存在，德国的生存必须通过流血和牺牲才能实现。只有持续扩张，德国才能获得更大的发展空间，否则德意志民族就会退化，就会失去存在基础。同时，这一思想鼓吹种族主义，强调日耳曼民族是世界文明的创立者，是全世界最优秀的民族，理应控制并统治全世界。认为其他民族都是劣等民族，或是世界文明的破坏者，或是世界文明的寄生者，对文明进步毫无贡献，只能坐享其成，必须接受日耳曼民族的统治。此外，这一思想还强调德国出现的民族与社会危机，根源在于现代资本主义社会过度强调民主与自由，导致社会无序化。因此，解救德国民族危亡与社会危机的最佳途径，就是实施权力集中，改变国家的无序化发展，建立强人领导下的有序发展模式。这一思想还带有明显的反犹主义倾向，强调犹太人是世界文明的天然破坏者，背负着原罪，应为德国战败负责。

1933 年 1 月，纳粹党在全国大选中获胜，成为全国第二大政党，希特勒成为总理。纳粹党上台后，积极推行对内独裁、对外侵略的政策。为推行独裁统治，纳粹党一手制造了国会纵火案，以此为借口通过《特别授权法》，取缔一切政党，宣布德国共产党为非法组织，将大量共产党人与社会进步人士逮捕入狱，建立纳粹党一党独裁政治。另外，纳粹党还大规模焚烧书籍，将大量宣传自由、民主以及进步思想的书籍付之一炬，代之以法西斯思想。

1934 年，希特勒与军界首脑会晤，双方达成一致。在军方支持下，希特勒继兴登堡之后出任总统，集总统、总理以及三军统帅职务于一身，就此建立第三帝国。接下来通过国家干预经济，制定四年计划，实现垄断资本对国民经济的超级控制；大力发展军事工业，持续加速国家基础设施建设，增加全国就业，使国民经济军事化，有效缓解经济危机，推动经济持续高速发展。通过《纽伦堡法案》，公开迫害犹太人。纳粹党还利用德国人民反感《凡尔赛条约》的民族情绪，公开违反条约限制，大肆扩军备战，利用英、法等国的绥靖政策，不断吞并周边国家疆土，持续实施领土扩张，最终将人类命运置于危险与灾难中。

在同一时期，法西斯纳粹运动也在意大利出现。1861 年，以撒丁王国为中心，意大利建立了统一国家。由于历史的原因，意大利资本主义发展先天不足，国家政治制度的建构远欠完善，其从自由资本主义向垄断资本主义的过渡，缺乏必要的经济与政治基础。虽然是一战战胜国，但意大利并未在列强对战败国的瓜分中获得明显好处，反而在战争中遭到沉重打击，战后国民经济濒临破产，国家债台高筑，引发了民众强烈的不满情绪。不少城市出现占领工厂运动，农村出现占领农场运动，占领者自行组织生产、收买劳动产品、开垦公共用地、有效组织市场交换，社会秩序混乱，意大利垄断资产阶级的统治被严重削弱。

在社会动荡的背景下，社会民主党人墨索里尼在1919年组成“法西斯战斗团”，不断渲染极端民族主义，扩大其政治影响，就此开启意大利法西斯运动。1921年，墨索里尼将“法西斯战斗团”更名为“国家法西斯党”，吸收大量地主、资产阶级、小资产阶级等参加。墨索里尼亲自拟定法西斯党纲，鼓吹国家至上论和民族至上论，宣称只有实行国家法西斯化，摒弃共产主义与无政府主义，才能实现意大利民族与国家利益最大化。任何政党与个人都必须无条件服从并执行法西斯决策。此外，还鼓吹职团主义，鼓吹阶级调和，强调法西斯统治是超越阶级的，以劳资合作消除阶级矛盾。党纲进一步鼓吹“大意大利主义”，主张积极对外扩张。与此同时，墨索里尼招募退伍士兵、流氓无产者、激进小资产阶级分子等，建立法西斯武装“褐衫队”，打压其他政党，镇压民众。这些政策得到垄断资产阶级、地主、贵族以及中产阶级等支持，法西斯运动也得到发展。

1922年秋，在垄断资产阶级、贵族以及军队的支持下，“国家法西斯党”发起武装夺权运动，逐渐控制北部和中部地区，并向罗马进军。在墨索里尼胁迫下，意大利国王正式授权墨索里尼组阁，建立以他为首的法西斯政府。意大利法西斯政权建立后，迅速走上对内独裁、对外扩张的道路。1925年，墨索里尼政府公开取消资产阶级民主宪法，代之以法西斯新宪法。同时通过《新闻法》，宣布取缔新闻自由。1926年通过《政党法》等特别法案，公开宣布除“国家法西斯党”外的所有政党和组织均为非法组织，共产党、社会党等进步政党由此遭取缔。1927年通过《劳动宪章》，推行职团主义，在意大利实行职业工团制度，将全国各行业工会交国家统一管理，建立不同行业的职业工团，由工团负责协调工人与资本家的纠纷，将自由市场与国家控制结合在一起，杜绝工人罢工运动。

墨索里尼政府一直幻想建立意大利帝国，将地中海变成帝国的内湖。1934年，法西斯政府通过《国民军事化法案》，对全国适龄男性实施军训，为侵略战争准备后备兵员。不久，墨索里尼派军队入侵埃塞俄比亚，在1936年5月宣布埃塞俄比亚为意大利殖民地。

意大利与德国的法西斯运动相互呼应与配合，构成20世纪20—30年代欧洲法西斯运动的主体。两国不仅在意识形态上相互支持，而且还在政治、军事上相互倚重，互为支撑。1936年10月，意大利与德国签订协议，组成“柏林-罗马轴心”，建立法西斯联盟，逐渐将欧洲卷入战争旋涡。

五、“武士道”与日本军国主义

明治维新后，日本“脱亚入欧”，走上资本主义道路。由于封建传统的深厚影响与思想启蒙的不充分，日本政治体制与法制建设迟滞不前，难以给资本主义发展提供必要的支撑，只得依赖持续的对外殖民扩张与掠夺。

一战爆发后，日本出兵中国山东，接管了德国在山东的殖民利益。随着中国反殖民化斗争的展开以及欧美列强的重返东亚，日本单独控制中国的企图遭到有力挑战。为了应对这一局面，日本国内各种右翼力量尤其是军部中下层军官蠢蠢欲动，试图依靠进一步发动侵略战争实现征服中国、称霸亚洲的迷梦。

1921 年秋，日本陆军驻德国、瑞士、意大利等国武官永田铁山、冈村宁次、小畑敏四郎以及东条英机在德国巴登巴登召开会议，商定《巴登巴登密约》，提出消除派阀体制、实施总动员体制、建立八纮一宇的新日本等主张，由此拉开日本军国主义化序幕。这些中下层少壮军官不满财阀经济体制，反对以出身而不以军功为晋升标准的军部人事制度，强调传统武士道所恪守的尊君、重诺、轻生命、敢战斗的精神，鼓吹以天皇为中心、为天皇尽忠的皇国观，提倡以死明志、义勇奉公的忠诚信念。军国主义的兴起，为日本法西斯化开启了大门。日本军部所辖陆军省、海军省、参谋本部、军令部、教育总监部、宪兵司令部等，都陆续建立法西斯组织，例如双叶会、一夕会、王师会、樱会等。这些法西斯团体的成员极为复杂，既有高级军官，也有少壮派军官，他们利用自己的特殊地位及其所掌握的权力，大肆在军部、本土暨外派驻军之间游说串联，宣传军国主义，鼓吹对外侵略。一些中下层军官甚至发动兵变，以下克上，推动军部高层采取行动。受此影响，日本民间也出现大量法西斯团体，例如犹存会、行地社、黑龙会等，在各地收集情报、制造骚乱、展开舆论宣传。

日益急剧的法西斯化进程，导致了整个日本政局的动荡。1930 年代，少壮派军官开始了暗杀财阀及其政治代言人的行动。1936 年 2 月，军部的极端派别皇道派军官发动“二二六政变”，袭击首相冈田启介等阁员。政变遭到镇压后，日本建立广田弘毅为首的新内阁。不过，在军国主义势力的影响下，新内阁强化了军部对内阁的控制，恢复军部大臣现役制，即陆军大臣和海军大臣均由现役军官担任，只要军部不配合内阁，不推荐大臣人选，内阁就无法组成或只能倒台。此外，广田内阁还采取准战时经济体制，实行国民经济战前准备，使资源调配、工业生产、经济布局服从未来战争需要。这些都表明，日本已在国家体制上走向军国主义。

随着日本法西斯化，日本海外驻军频频发动与推进侵华战争。1931 年，在军部纵容和暗中支持下，日本关东军发动蓄谋已久的九一八事变，接着侵占中国东三省。同时，侵华日军还入侵热河、内蒙古等地，扶植各种汉奸政权，并加紧向华北地区渗透，建立亲日政权。1932 年，日本侵略军又向上海发动进攻，制造“一·二八事变”，扩大侵华范围。同时，日军在东三省建立傀儡政权伪满洲国。1933 年 3 月，日本借口国际联盟处置东三省事变不公平，宣布退出国际联盟，为进一步扩大对华战争制造借口。1937 年，日本华北驻屯军制造七七事变，发动全面侵华战争。

在法西斯化的过程中，日本还与德国、意大利法西斯紧密配合。伪满洲国成立后，德国与意大利很快予以承认。1936 年 1 月，日本与德国签署《日德关于共产国际的协定》，一年后，意大利加入该协定。至此，德、日、意法西斯国家组成法西斯统一战线，相互配合，一步步将人类引向第二次世界大战的灾难。

第三节　西方殖民化挑战与世界各地的回应

一、殖民主义的扩展与黑奴贸易

随着新航路的开辟与欧美资本主义工业文明的兴起，西方列强的殖民主义侵略在世界各地扩展。这一日益高涨的“西力东渐”的浪潮，对非西方世界的历史进程产生重大而深远的影响。

葡萄牙与西班牙是最早对外殖民的欧洲国家，两国凭借独特的地理优势，从 15 世纪开始海外探险，寻求传说中的财富，开辟通商贸易渠道，代替奥斯曼土耳其帝国崛起后中断的中西陆路通道。

从 1497 年葡萄牙探险家达·伽马进入非洲东海岸起，葡萄牙开始大规模殖民侵略。到 16 世纪中叶，葡萄牙在非洲陆续占领几内亚、安哥拉、莫桑比克、蒙巴萨；在亚洲占领了马六甲、科伦坡、苏门答腊、爪哇、婆罗洲、摩鹿加群岛、中国澳门等；在美洲占据巴西，其殖民地星罗棋布，遍及非洲、亚洲、南美洲。与之相比，西班牙从 1519 年开始海外殖民侵略，先后占领古巴、巴拿马，深入南美洲太平洋沿岸地区以及北美西海岸地区。到 18 世纪，西班牙殖民者建立以南美洲为主的殖民统治体系。稍后，被誉为“海上马车夫”的荷兰，借助其强大的航海、船运与贸易能力，也迅速走上海外殖民侵略道路，在亚洲、美洲和非洲抢占了许多殖民地。

英国与法国虽然都是后起的殖民国家，但其殖民活动却展示了新的广度与深度。从 16 世纪起，英国就开始海外殖民活动，包括贩卖黑奴，劫掠葡、西两国运往欧洲的金银与香料。在打败西班牙、荷兰之后，英国开始大规模海外殖民侵略的历程。在这一过程中，英国持续发动殖民战争，直接削弱竞争对手；或通过大规模自愿或非自愿海外移民，不断开拓新殖民地。同时，在殖民地设置垄断商贸公司，加强宗主国与殖民地经济联系，为宗主国经济发展提供支撑；在殖民地建立代理统治机构，扶植代理人，对殖民地进行管控。从 17 世纪初开始，英国部分清教徒向北美移民，在东海岸逐渐开辟 13 个殖民地。1668—1711 年，英国探险家发现澳大利亚东岸和新西兰，旋即开始移民。1808 年、1843 年、1861 年、1874 年，英国相继占领非洲塞拉利昂、纳塔尔、尼日利亚、黄金海岸。1874 年，英国占领斐济。1876 年，英国完全控制印度。1878—1879 年，英国占领阿富汗等。

此外，英国还通过与其他列强的战争，夺占其殖民地。1713 年，英国先控制法属新斯科舍半岛、纽芬兰、哈德逊河沿岸，然后控制西属直布罗陀海峡、梅诺卡岛等。七年战争后，英国从法国抢走加拿大、密西西比河以东地区、格林纳达、圣文森特、多米尼加，塞内加尔等；从荷兰抢走多巴哥，从西班牙手中夺得佛罗里达等。通过 300 多年殖民扩张，英国在 19 世纪末成为“日不落帝国”，其殖民地遍布亚洲、非洲、大洋洲、南北美洲等。据统计，到 1876 年，英国拥有的殖民地面积达 2 250 万平方公里，控制人口 2.5 亿多。到 1914 年，英国控制的殖民地范围扩大至 3 350 万平方公里，控制人口 3.9 亿。

法国从 17 世纪初开始海外殖民，以科学与贸易探险为先导，辅之以武力征服。同时，法国持续推进海外贸易，建立诸多公司，实施经济殖民。在美洲，法国在 17 世纪前期分别进入阿卡迪亚、魁北克与蒙特利尔，建立殖民据点，不久又在五大湖区和俄亥俄河流域扩张。1682 年，法国进入密西西比河流域，建立路易斯安那。最终，法国在北美建立幅员广阔的殖民地——“新法兰西”，范围包括加拿大、阿卡迪亚、哈德逊湾、路易斯安那、纽芬兰。此外，法国还在加勒比地区控制大量岛屿，在南美洲建立法属圭亚那。在非洲，法国从 18 世纪初进入马达加斯加岛、戈雷岛、塞内加尔。1815 年，法国控制毛里塔尼亚。1830 年，法国占领阿尔及利亚、突尼斯、利比亚等。1856 年，法国以“合作方式”开凿埃及苏伊士运河。19 世纪 80 年代，法国占领加蓬。19 世纪 80—90 年代，法国占领刚果、中非，建立法属几内亚，控制法属苏丹，占领布基纳法索。1883—1887 年，法国占领吉布提等。在亚洲，法国于 17 世纪末侵占南亚次大陆加尔各答的金德纳格尔、马德拉斯的本地治里。1767 年，法国购买留尼旺岛。1893 年，法国建立印度支那联邦。经过二三百年殖民侵略，法国也建立起庞大的法兰西殖民帝国，面积达 1 234 万平方公里，仅次于英国这一“日不落帝国”。

西方对外殖民侵略并不止于上述国家，许多后起的列强也参与其中，例如普鲁士、比利时、挪威、丹麦以及美国、日本等，虽然它们所占据的殖民地半殖民地数量有限，但同样构成西方列强构筑世界殖民统治体系的组成部分。

西方持续不断的殖民侵略，最终将世界范围内的不发达国家或者地区强制纳入其殖民统治范围，打断了亚洲、非洲以及南北美文明的自然演进过程，确立了西方在全球的强者身份与霸权地位。

在殖民侵略的过程中，西方人为获取巨额利润，不断进行贩卖黑人奴隶的罪恶行径。葡萄牙最早在非洲西海岸购买黑人奴隶。从 16 世纪初起，葡萄牙人对南美洲殖民征服后，更将众多的黑奴贩卖至南美洲。同时，西班牙在美洲大陆实施殖民征服后，也从非洲大规模买入黑奴，集中贩运至南美殖民地，强迫其从事农业劳动、金矿与银矿采掘。荷兰接着跨入贩卖黑奴的行列。到 18 世纪初，荷兰的黑奴贸易占到欧洲黑奴贸易一半以上。

随着资本主义经济迅速发展，英、法两国很快成为最大规模贩卖黑奴的国家。另外，瑞典、丹麦、普鲁士等国也加入贩卖黑奴行列。到 18 世纪下半叶，黑奴贸易已成为非洲-欧洲-美洲之间最主要的国际贸易之一。在西方，英国贩卖的黑奴数量最大、规模最大，盈利也最多。据统计，在整个黑奴贸易时代，仅英国经手贩卖的黑奴数量，几乎达到其他国家贩奴总数的四倍。英国许多工业城市成为贩卖黑奴的重要港口，例如普利茅斯、利物浦等，而利物浦更是全欧洲贩卖黑奴的中心。

周转于欧洲-非洲-美洲之间的黑人奴隶贸易，以牺牲黑人的幸福与生命为代价，被称为“三角贸易”。欧美各国则是这种血腥贸易的受益者，它们从中获得资本主义早期经济发展所需的原始资本。

二、西方文明主导下的世界殖民体系形成

作为世界资本主义经济结构的一部分，非西方世界的各殖民体系并非孤立存在，而是与欧美资本主义发展紧紧相连。作为西方文明的附属物，世界殖民体系并非单纯的经济关系，还包含政治、社会、文化、思想、意识形态等内容，其影响并不限于经济领域。

在新航路开辟前，世界各地处于封闭、割裂、自我发展状态，尽管世界某些地区有一定联系，但却是片段和零散的，并未形成规模。相对于资本主义生产关系已萌芽的欧洲，亚非拉均处于文明的自我演进中。新航路开辟后，欧洲各国海外贸易、殖民扩张持续展开，与欧洲资本主义发展紧紧连在一起的世界殖民体系逐渐建构起来。

15 世纪末至 18 世纪中期是世界殖民体系的肇始与拓展阶段。这一时期，以葡萄牙与西班牙在西印度群岛、南北美洲、印度、东亚建立殖民据点为起点，西、葡两国将殖民地金银制品、香料、矿藏、农产品大规模运往欧洲。虽然这些金银制品并未直接推动西、葡两国资本主义发展，但借两国之手推动了荷兰、英国、法国等的资本主义经济。因此，西、葡两国所占据的殖民地，最终与欧洲资本主义间接连在一起。荷兰、英国、法国等卷入早期殖民活动后，其殖民地自占领之日起，就被纳入正在形成的欧洲资本主义经济体系中，成为原材料与工业品市场，沦为欧洲资本主义经济体系的附庸。

18 世纪中后期至 19 世纪中期为世界殖民体系快速扩张的时期。第一次工业革命兴起后，欧洲从手工工场生产进入大机器生产，有力推动了欧洲资本主义发展，进而加剧了西方海外殖民的扩张。与早期殖民活动不同，西方各国进一步扩大殖民活动范围，将触角伸向全世界，既抢夺殖民地资源，也开始经营殖民地，包括建立殖民机构，扶植统治代理人，实施文化与意识形态灌输等。同时，欧美各国的殖民地争夺不断加剧，以英、法为代表新的殖民列强崛起，取代西、葡、荷等旧殖民

势力。

19 世纪后期至 20 世纪初则是世界殖民体系最终确立的时期。随着第二次工业革命兴起，欧美资本主义进入垄断阶段。列强在垄断化竞争中为占有更多资源与更大市场，掌握更多国际话语权，持续展开殖民地争夺，甚至不惜发动战争，以此实现殖民地再分配。鉴于垄断普遍化，资源、市场、技术、劳动力等生产要素不断集中，殖民地成为帝国主义链条中的重要一环，世界殖民体系最终形成。

世界殖民体系不仅导致了西方与非西方世界的两极对立，也促使西方内部为争夺殖民地而发生冲突与战争。

三、西方文明冲击下的亚、非、拉文明的嬗变

在欧洲列强持续殖民侵略的过程中，亚洲、非洲、美洲绝大多数国家或地区都沦为殖民地或半殖民地。西方文明的冲击，在很大程度上改变了这些地区固有的社会形态，也促使它们的传统文明发生不同程度的嬗变。

在被殖民化的过程中，亚洲、非洲、美洲国家或地区在政治上或者直接建立外国代理统治机构和寡头政治机构，或者保持受欧洲列强控制的封建王朝。它们在经济上建立了混合型殖民经济结构，其中，既有外国资本控制的殖民资本主义，也有民族资本控制的民族资本主义，还有自然经济形态下的农业经济；它们在文化思想上既保留了传统的文化与思想模式，也受到近代欧美资本主义思想文化的影响，形成特有的殖民地社会形态。

美洲的殖民化开启最早，肇始于新航路开辟后。16 世纪初，西班牙先后征服玛雅、阿兹特克、印加等印第安人王国。从 1535 年开始，西班牙又陆续征服秘鲁、哥伦比亚、智利、委内瑞拉、阿根廷、巴拉圭与乌拉圭。经过近半个世纪的殖民扩张，西班牙最终征服了除巴西外南美洲大部分地区。不仅如此，西班牙人还向北美洲不断扩大殖民势力范围，陆续占领佛罗里达、加利福尼亚等地。而葡萄牙则在 1500 年入侵巴西，将其变成殖民地。到 16 世纪中叶，西班牙、葡萄牙基本上完成了对美洲大陆的殖民征服与占领。在其殖民地，西、葡两国运用武装掠夺、灭族杀戮、商业欺骗等方法，大肆掠夺美洲的黄金、白银、香料等贵重物资，大规模杀戮美洲印第安人，向南美大陆大规模输入天主教、宗主国文化。同时，两国建立了一套从中央到地方的殖民统治制度，派驻军队。为进一步强化殖民统治，西、葡两国通过各种鼓励政策与奖掖措施，持续推动民众向南美大陆大规模移民，使之参与当地殖民管理工作，并成为南美大陆的上层统治阶级。

经过几个世纪的殖民化，南美大陆最终建立了一套殖民统治秩序。在殖民当局支持下，白人贵族、商人、地主等大规模收购、兼并和侵占印第安人土地，通过商业与贸易，建立足以控制国家经济的种植经济与矿藏资源经济，进而持续染指甚至

影响国家政治，把持政治与军事权力，形成以军事强人为中心的政治运作方式，此即南美独有的所谓“考迪罗主义”。

亚洲殖民化进程涉及每一个国家或地区，但以中国、印度、土耳其最具代表性。印度在16世纪初就开始遭到葡萄牙、荷兰、法国等国殖民侵略。英国从18世纪中叶起开始对印度进行殖民征服。在这一过程中，英国充分利用东印度公司，采取商业掠夺与殖民战争相结合的方式，通过在土邦王公贵族中挑动矛盾，分化印度各地的抵抗力量，最终各个击破，实现对印度分区域占领的目标。在为期百年的殖民征服中，英国先后吞并孟加拉、奥德、马德拉斯、迈索尔、马拉特、海德拉巴、旁遮普、信德等地，最终在19世纪50年代末将印度完全变成殖民地。为了实行持久稳固的殖民统治，英国融合自身制度与文化，结合印度自身特点，建立了一套行之有效的殖民统治制度，由英国单独控制印度财政大权，行政管理权则交给其代理人。为了打破莫卧儿王朝封闭落后的专制统治，英国殖民者还大量吸收印度土邦王公、新兴资产阶级以及知识分子参加英印政府，甚至还鼓励民族资产阶级建立政党，设置议会以及法院等现代国家机器，以此体现资产阶级的自由与民主。正如马克思所言：“英国在印度要完成双重的使命：一个是破坏的使命，即消灭旧的亚洲式的社会；另一个是重建的使命，即在亚洲为西方式的社会奠定物质基础。”①

作为东方大国的中国，自16世纪就逐渐成为西方殖民侵略的一大对象。在1840年鸦片战争后，英国迫使战败的清政府签订《南京条约》，让其割地赔款、开放口岸。此后，英、法、美、德、俄等国又陆续强迫中国签订一系列不平等条约，迫使中国不得不向列强提出的各种殖民要求做出妥协。通过持续发动殖民战争、签订各种不平等条约，列强得以在中国大肆圈占势力范围，建立租借地，还在中国各地设厂办矿，任意掠夺资源，传播宗教思想与文化。由此，西方列强肆意干涉中国内政，破坏中国国家的主权与领土完整，向中国倾销大量外国工业品以获取暴利。中国的自然资源被廉价出卖，本土手工业与农业频频遭受冲击，封建自然经济濒临瓦解，中国逐渐成为半殖民地半封建社会。

在17世纪后期，另一个亚洲大国奥斯曼土耳其帝国也频频遭受西方列强的殖民侵略。法国夺占阿尔及利亚、利比亚，俄罗斯夺占黑海东海岸，英国向埃及与中东实施渗透，使帝国许多地区事实上沦为列强的殖民地。与此同时，列强还有意扶植帝国境内拥兵自重的封建领主，绕开帝国与各地区订立条约，肆意破坏帝国的权威与完整。此外，列强还利用帝国经济发展困难、财政恶化的困境，恶意向帝国提供借款，以此强化帝国对欧洲列强的经济依赖，使之陷入巨额外债陷阱中难以自拔。到19世纪，奥斯曼土耳其也沦为半封建半殖民地国家。

从新航路开启后，西方人也开启了对非洲的殖民化进程。由于非洲幅员辽阔，

① 《马克思恩格斯选集》第1卷，人民出版社，2012，第857页。

海岸线漫长，气候与自然环境恶劣，西方列强在前期以“三角贸易”为核心，对非洲沿岸地区的人口、黄金、钻石以及其他资源实行殖民掠夺。从19世纪70年代开始，伴随资本主义从自由阶段向垄断阶段过渡，西方列强加快对世界范围内殖民地的争夺，首先掀起瓜分“奥斯曼遗产”的殖民扩张狂潮。法国更是一马当先，率先入寇马格里布。法国利用殖民投资、大规模移民以及武装入侵等多种方式，先后占领了阿尔及利亚、突尼斯、摩洛哥。另外，英、法两国还利用商业投资与贸易等手段，向埃及实施渗透，英国获得在埃及修建铁路的权利，法国获得开凿苏伊士运河的权利，逐渐控制苏伊士运河以及埃及的国民经济命脉。

与此同时，欧洲列强首先以科学考察、殖民探险、经济开发等名义深入非洲内陆展开活动，随后开始掀起一场瓜分撒哈拉沙漠以南非洲的狂潮。在西非，法国先后占领了塞内加尔、达荷美、象牙海岸、几内亚海岸等；英国先后占领冈比亚、塞拉利昂、黄金海岸、尼日利亚和阿散蒂王国等；德国则控制了多哥和喀麦隆。在东非，英国先后控制了亚丁湾、索马里北部、肯尼亚、苏丹、桑给巴尔等；意大利控制了厄立特里亚海岸，进犯埃塞俄比亚，与英、法两国共同控制索马里。在中非，英国先后控制尼亚萨兰、北罗得西亚、南罗得西亚、塞拉利昂；法国占领刚果河流域地区、赤道非洲、乍得、加蓬等，与比利时、德国共同瓜分刚果。在南非，英国先占领贝专纳、津巴布韦，之后通过对布尔人的战争，统一南非，将其变成殖民地；德国则控制了纳米比亚等。在欧洲列强激烈的殖民争夺中，非洲在短时间内被列强瓜分殆尽。据统计，在1876年，欧洲列强在非洲的殖民地只占其总面积的10%。到1884年，欧洲列强在非洲殖民地的占比达25%；到1900年，列强在非洲的殖民地占比达90%，欧洲列强几乎将整个非洲都变成其殖民地。非洲殖民化速度之快，面积之大，竞争之激烈，远远超过亚洲，开创了世界殖民主义历史之最。

西方殖民主义的野蛮侵略与征服，必然引发当地人民的强烈反抗，由此，各地反殖民化的斗争浪潮渐次涌起。随着西方文明与非西方国家、地区文明的碰撞和交融相继展开，各地的反殖民化斗争逐渐摆脱原始的、自发的单纯武装反抗的状态，转而从随之而来的“西学”浪潮中吸取营养，酝酿建构新的社会制度为目标的民族独立解放运动，由此促使本地文明由传统向现代的形态嬗变。

从18世纪末19世纪初开始，南美各国开始了轰轰烈烈的反殖民斗争。1804年，海地赢得国家独立，成为美洲首个摆脱殖民统治的民族独立国家。1811年，巴拉圭、乌拉圭、智利、秘鲁、巴西、墨西哥等地宣布独立。1826年1月，西班牙殖民军全部撤离秘鲁卡亚俄港。至此，西、葡两国正式结束了在南美洲长达300多年的殖民统治。在反殖民化进程中，除巴西通过不流血方式外，美洲国家均通过武装斗争方式赢得民族国家独立。各国在摆脱殖民统治后，均按照三权分立原则，建立了资产阶级宪政体制。不过，独立后的美洲各国始终难以摆脱殖民时代留下的政治、经济、社会以及文化印记，国家发展停滞不前。

非洲的反殖民化斗争最初规模较小，影响十分有限。在欧洲列强掀起瓜分非洲的狂潮后，非洲一些地区开始出现了一些民族解放运动。1881年，苏丹爆发了马赫迪领导的反英大起义，起义军领导人号称马赫迪救世主，屡次打败英国殖民军，其继承人甚至还仿效欧洲国家，建立由参众两院组成的国会。1895年，埃塞俄比亚掀起反抗意大利殖民侵略的战争，最终赢得胜利，有效维护了国家的独立与完整，为非洲反殖民斗争树立了光辉榜样。19世纪后期，埃及爱国军官阿拉比发动起义，并于1879年组建祖国党，要求实施宪政改革，彻底摆脱英、法两国殖民控制。一战爆发后，随着本土资本主义的发展，埃及反抗英国殖民统治的斗争展现出新态势。埃及民族资产阶级组成“华夫脱党”，订立《民族要求宪章》，要求英国放弃对埃及的控制，承认埃及为独立国家，提出旨在谋求埃及独立地位的政治纲领。广大民众也以和平抗议与武装反抗的方式对此积极支持。通过艰苦斗争，迫使英国殖民当局1922年宣布承认埃及的独立地位，将埃及从苏丹体制改为国王统治，但仍旧不放弃控制。1923年4月，埃及仿效英、法等国的体制，正式颁布埃及王国宪法。这部宪法反映了埃及资产阶级的政治要求，宣布埃及为君主立宪制国家。在1924年举行的选举中，“华夫脱党”在选举中获胜，组成第一届资产阶级政府。至此，埃及的护宪运动取得阶段性胜利，虽然英国继续得以在埃及驻军、把持埃及财政，但是埃及所建立的资产阶级政体，有力推动了北非的民族解放运动。

在亚洲，随着世界殖民体系的形成与“西学东渐”浪潮的涌动，本土民族资本主义开始发展，思想启蒙运动也随之萌发。由此，各个国家开始出现追求民族独立解放的资产阶级改良运动与革命，提出民族国家与共和政治理念，将亚洲的反殖民化斗争持续推向新的高潮。这一进程被誉为“亚洲的觉醒”，在中国、印度、土耳其等国集中体现出来。

在中国，开明官僚与资产阶级知识分子率先行动起来，探索救国救民之路。容闳、黄遵宪、严复等早期思想启蒙家，翻译西方名著，负笈海外，引进西方科技等，推动中国“西学东渐”风潮，开启了近代中国的思想与文化启蒙。从洋务运动到戊戌变法，中国开明官僚与资产阶级知识分子在拯救民族危亡的道路上做出许多努力，虽历经挫折，但从未止步。一直到20世纪初，中国民族资产阶级建立同盟会等资产阶级政党组织，最终于1911年发动辛亥革命，推翻清王朝，建立亚洲第一个资产阶级共和国。

在反抗英国殖民征服的过程中，自19世纪开始，印度人民和土邦王公贵族从未放弃武装斗争，迫使殖民者不得不做出让步，实施一些改革。1885年，印度民族资产阶级建立了国大党，在英印殖民当局所谓法律允许的范围内展开议会斗争，领导印度反殖民斗争不断深入。20世纪初，为了应对列强之间的战争，英国在一战前向印度许诺，如果印度在战争中出兵、提供作战资源与物资，就可在战后建立独立国家。为此，印度在一战爆发后迅即参战，向欧洲、中东、地中海地区派出百万军队。

然而，英国在一战胜利后拒绝兑现承诺，再度引发圣雄甘地领导下的印度争取民族独立的斗争浪潮。甘地提出“非暴力不合作”思想，呼吁印度民众以和平方式全面抵制英印殖民当局的统治。虽然两度遭到镇压，但动摇了殖民当局的统治基础。二战爆发后，英国擅自宣布印度参加对德作战，导致印度民意沸腾，国大党与殖民当局的矛盾再度激化。由于英国不愿满足国大党渐进自治的要求，国大党在 1942 年 8 月通过决议，要求英国退出印度，而英国则以战争为借口，对国大党的“退出印度运动”实施镇压。二战结束后，印度民族独立运动再次高涨。由于英国在战争中实力受损，无法继续维持其殖民统治，英国决定放手。1947 年 6 月，英印总督蒙巴顿制定《蒙巴顿方案》，将南亚次大陆一分为二，印度与巴基斯坦分别宣布独立，印度民族独立运动取得胜利。

土耳其的反殖民化斗争，也随着形势的变动出现新气象。从 19 世纪 30 年代开始，一些开明的土耳其王公贵族，开启了一场旨在挽救民族危亡的“坦齐马特改革”，试图引进西方先进的思想、文化、科学以及技术，对内实施全面改革，推动奥斯曼土耳其帝国走上强国富民的资本主义道路。但改革并未取得成功，土耳其仍旧处于西方列强的控制之下。一战爆发后，英、法等国强化了对土耳其的分割与占领，帝国面临亡国境地。为拯救民族危亡，在凯末尔将军领导下，资产阶级知识分子、商人、农民、士兵等奋起反抗。1920 年初，在凯末尔号召下，帝国议会召开会议，通过具有“土耳其独立宣言”之称的《国民公约》，明确要求废除不平等条约，强调帝国领土神圣不可分割。鉴于苏丹政府完全沦为英、法等国控制的傀儡，1920 年 4 月，土耳其大国民议会在安卡拉召开。该议会汇集了各种爱国力量，甚至包括苏丹政府中的开明派，议会正式成立以凯末尔为首的资产阶级新政府。新政府完全实行资产阶级代议制，不仅体现了主权在民、权力制衡思想，而且在组织上与苏丹政府彻底切割。新政府建立后，宣布废除苏丹政府与列强签署的所有不平等条约，不承认列强对土耳其的分割。在外交上，新政府利用英、法等国与苏俄的矛盾，获得苏俄的军事与经济援助。凯末尔还制定有效的军事作战方针，避实击虚，率领爱国武装与欧洲列强支持的希腊侵略军连续激战，最终取得胜利。1922 年 11 月，大国民议会宣布废除苏丹制，结束奥斯曼土耳其帝国统治。至此，凯末尔领导的民族救亡解放运动取得全面胜利。由此，土耳其建立资产阶级共和国，并于 1924 年 3 月宣布废除哈里发制度，凯末尔当选为共和国总统。以此为起点，土耳其展开资产阶级世俗化改革，建立资产阶级代议制民主政治，鼓励发展资本主义工商业，废除伊斯兰教在国家社会生活中的地位，实施政教分离。由此，土耳其摆脱殖民主义和帝国主义枷锁，改变了上千年的政治、社会以及文化传统，走上了现代化世俗国家发展的道路。

第四节 新科技革命与思想文化的嬗变

一、从“相对论”到“量子力学理论”

20世纪开启后，在近代文明成果的基础上，欧美现代科学技术在许多方面取得重大突破。新科技革命改变了过去科技革命发生与进步的路径，也改变了科技成果的应用通道，表现出跨国家、跨领域、跨学科等特点。新科技革命的进步，思想理论的发端与发展，是新科技革命的先导，其中最具标示性影响的有爱因斯坦的相对论、普朗克和海森堡的量子论、沃森与克里克的分子生物学、维纳的系统论等。

1905年，德国科学家爱因斯坦提出狭义相对论（特殊相对论），提出时间和空间具有可变性，强调时间和空间是统一而且相对的。狭义相对论的新时空观修正了牛顿的近代宇宙观与物理观，奠定了现代物理学基础。1915年，爱因斯坦提出广义相对论（一般相对论），强调引力质量与惯性质量是等效的。广义相对论强调的等效理论与广义协变理论，其核心在于强调力在本质上是一种几何现象，表现并作用于弯曲的时空概念中。爱因斯坦的相对论颠覆了人类关于自然与世界的许多传统理念，其“时间与空间具有相对性”“四维时空”“弯曲空间”等理念是对自然界及其运行规律的总结，改变了牛顿的能量守恒定律，其相对性原理深化了人类对天体结构及其演化、宇宙构筑及其演化等的深入认识，推动人类形成更全面、更深入的自然与宇宙观念，例如有限无边宇宙论、大爆炸宇宙学说、黑洞理论等。

量子力学理论同样诞生于20世纪初。和传统物理学相比，量子力学将研究目标锁定为微观物理世界，研究微观粒子的运动规律。该理论包括辐射量子假说、光量子理论、原子理论、量子电动力学、测不准原理等。1900年，德国物理学家普朗克提出辐射量子假说，即电磁场与物质交换以间断方式完成，能量大小与辐射频率成正比。1905年，爱因斯坦提出光量子理论，即光量子具有的能量与动量，与辐射的频率与波长直接相关。1913年，丹麦物理学家玻尔提出原子量子理论，即原子具有特定的能量，从一个定态转向另一个定态，只能吸收或辐射能量。1926年，奥地利科学家薛定谔提出波动力学概念，提出微观体系的运动方程。德国科学家海森堡、玻恩、约尔当等提出矩阵力学，即根据原子辐射中光谱线的强度与频率，探知电子在原子中的运动轨道。1927年，海森堡提出测不准理论，即宇宙具有不可改变的特性，即科学家不能同时掌握电子的运动轨道以及电子的特定位置等。量子力学理论所涵盖的上述学术假说，包含着大量计算公式、方程与模型，这些假说相互补充，构成量子力学理论。通过观察与研究微观世界结构与运动规律，量子力学理论弥补了传统物理学的诸多不足，完善了人类对自然界的认识。

分子生物学取得的成就同样重大。欧美生物学界很早就认定基因是人类繁衍的基本生命物质。1908 年，美国科学家摩尔根提出“摩尔根定律”，即处于同源染色体上两对或多对基因，按照连锁和交换规律繁衍；处于非同源染色体上两对或多对基因，则按自由组合规律延续。从 20 世纪 30 年代起，美国生物学界经过长期研究，确认染色体的基本物质是蛋白质与 DNA，DNA 是基本的遗传物质。1945 年，薛定谔提出遗传密码假说，即遗传物质是一种信息分子，通过排列组合存储遗传信息。1951 年，英国物理化学家富兰克林使用 X 射线测晶法，拍摄 DNA 首张晶体衍生照片。英国科学家威尔金森提出 DNA 三股螺旋组成说。1953 年，英国科学家克里克与美国科学家沃森发现人类染色体的基本物质——脱氧核糖核酸（DNA）与 DNA 的双螺旋体结构。分子生物学领域取得的巨大突破，奠定了现代生物学基础，确定了分子遗传学的基本解释模式，人类从此发现 DNA 在生命中的重要作用，发现人类生命延续的奥妙，这对于医学、遗传学、生物化学、生命科学等发展意义重大。

系统论的诞生同样构成现代新科学革命的重要标志。1925 年，英国哲学家怀海德提出系统思维，即只有将生命视为一个整体，才能解释生命现象。奥地利科学家贝塔朗菲提出一般系统论，即必须将有机体视为一个整体与系统，才能发现各个不同层次，由此提出以系统观、动态观与层次观研究生命。美国数学家维纳提出控制论，强调每个系统都有一个信息传递与处理过程，都会根据周边环境变化实施自我调整。在此基础上，申农提出信息论，强调通信与控制系统中存在信息传递规律，在信息传递中会出现信息所包含的能量与物质增加。作为系统论的延伸，比利时科学家普利高津提出耗散结构论，即一个不平衡系统通过物质、能量与信息交换，就是能量耗散，从无序转为有序，形成有序结构。系统论的提出以及相关科学理论的出台，持续推动了系统论作为一门完整科学理论的发展与深化，推动了系统论在社会实践中得到普遍运用，带动了社会各领域的综合发展，推动了各学科的联合协作。

欧美现代科学的思想与理论，在人类现代文明的建构中发挥了重要作用，推动了西方乃至世界各地现代文明的发展呈现跳跃式、综合化、全局性特点，人类文明从未像现代阶段那样，在短时期内呈现迅速发展的趋势。

二、从原子能开发到电子技术运用

随着现代科学思想与理论的持续发展，同时也随着战争、生产与探索自然需求的扩大，欧美科学技术取得重大进展，其中既有具标志性意义的重大科技成果，也有被运用于某些具体领域的重要技术创新。

原子能技术得到开发与应用。美国在二战中率先研究原子弹，利用原子弹投掷加速了日本法西斯投降。二战后，原子技术进一步发展，原子能开发与利用被提上议事日程。各国利用核反应堆技术，实现核燃料大规模可控式链式反应，通过核裂变产生巨量热能，经过蒸汽发生器，将热量转递给回水，再以蒸汽推动汽轮发电机发电。由于核原料体积小，占用面积小，投资少，所产生的动能大，核能这一新型能源得到普遍开发与利用，欧美各国均建立核发电站，其中以美国核电站数量最多。例如，美国三浬岛核电站、大岩角核电站、阿尔科核电站、洋基核电站等，英国卡德霍尔核电站、奥德伯里核电站等，法国马尔库勒核电站等，都是世界闻名的核发电站。原子能的开发与利用，满足了人类电力匮乏的种种弊端。

航空航天技术发展迅速。首先，喷气式飞机取代螺旋桨式飞机，使航程、速度、载重、升高等指标迅速提升，推动了飞机从军事领域转向民间，加速了航空业崛起。航空业带动了其他相关产业发展与技术进步，包括飞机制造业、电子产业、橡胶工业等，相关技术包括电子通信、橡胶制造、材料、飞机仪表、飞控、雷达、声波等。其次，继德国在战争期间发明 V2 导弹，人类在导弹发射、新材料、卫星通讯、宇航、火箭与卫星回收、载人航天等方面进展神速。美国在 20 世纪 60—70 年代实施阿波罗登月计划，首次实现人类登陆月球，迈出人类探索宇宙的重要一步。

计算机技术的发明。1945 年 6 月，美籍匈牙利科学家冯·诺依曼发表“存储技术通用计算机方案”，确立计算机五个核心部分：运算器、逻辑控制装置、存储器、输入设备、输出设备，同时确立二进位制计算机运算语言。1946 年 2 月，美国率先推出世界首台电子管计算机。此后，计算机先后经历晶体管时代、集成电路时代、大规模与超大规模集成电路时代、人工智能时代，一直到网络时代。计算机技术的发展趋势是体积越来越小，功能越来越大；计算机从最初用于军事部门转向政府和企业，再进入千家万户，直至被用于社会各部门，最终成为现代人类社会生活与生产的重要工具。

人工合成材料技术的革新。首先，在现代化工领域，美国走在各国前面。1922 年，美国生产人造纤维丝。1923 年，美国建成世界首个石油化工厂，通过乙烷和丙烷分解生产乙烯。1928 年，美国推出无色树脂。美国在 20 世纪 30 年代利用合成丙乙烯生产有机玻璃、聚氯乙烯、聚乙烯等合成材料。另外，美国推出氯丁橡胶，德国推出丁晴橡胶和丁苯橡胶等，均推动了合成橡胶工业发展；美国和德国还大规模生产工业纤维。其次，在医药领域，1928 年，英国科学家弗莱明、弗洛里发现青霉素，提纯制作盘尼西林，用于治疗各种炎症，开辟人类制造抗菌素药物的新篇章。最后，瑞士化学家穆勒在 1945 年发明 DDT，既可杀死蚊虫，又可有效控制疟疾传播。DDT 一经问世，旋即在全世界推广和普及，被普遍用于农业生产与生活环境治理等。

生物技术不断取得突破。首先，在分子生物学领域，欧美各国在 20 世纪 30 年代提出胚胎分割与移植技术，将其普遍用于动物繁殖和优良育种。1945 年，荷兰医学家发明血液透析装置，用于肾病治疗。1957 年，英国医学家伊萨克斯发明干扰素，用于治疗病毒。从20世纪70年代起，科学家将胚胎移植技术用于治疗不孕不育。1974年，美国科学家科恩将金黄色葡萄菌质粒上的抗青霉素转至大肠杆菌内，开始转基因技术应用研究。20世纪70年代末，日本科学家以氟碳化合物乳剂为原料，发明人工血液。其次，在基因技术领域，美国科学家尼隆伯格、科拉纳等人在1966年破译以64种组合方式组成DNA碱基的遗传密码。1969年，美国科学家科恩成功分离首个基因。1971年，美国科学家内森发现DNA限制性内切酶。1980年，美国科学家高登培育成功首个转基因小鼠等。最后，在农业技术领域，美国孟山都公司在1956年发明“草克死”“草毒死”两种农药，大规模治理虫害。从20世纪70年代起，美国利用计算机技术实施土地普查，对土壤灌溉实施科学控制，用遥感技术监控病虫害与林业生产等。

欧美新科技革命的成果很多直接造福于人类，在推动社会生产率、探索外层空间、提高人类生活质量等方面作用凸显。受此影响，世界其他地区、国家的科学技术也很快发展，由此而促进西方文明乃至整个人类文明迅速演化与发展。

三、科学的进步与困惑

欧美的新科技革命使人类深化了对自然与宇宙的认识，人与自然的关系变得更加密切，从而能够更好地利用自然资源，服务于人类社会发展需要。但人类在强化自身能力、利用自然资源造福的同时，亦频繁遭到自然的“反噬”，其程度与科技进步往往成正比，这就不可避免地导致人们的科学认知与理论陷入困惑。

通过新科技革命，人类开启了许多未知的科学领域，在已知科学领域的认知亦不断深化。不过人类也感受到自身认知能力相当有限。人类不能停留或满足于已有的科学认知，还需要探索更多的未知领域，获得更多的科学知识。人类对微观世界的认识，从分子到原子再到原子核，直至质子和中子。微观世界的最小单位可以无限分割，而人类的认知能力无法解决该问题。

科学技术给人类带来了福祉，增强了人类的整体社会生产能力，确保了人类的社会生产保持高效，提高了人类生活水平，减少粮食匮乏、资源短缺、物资不足等带来的困扰，推动了现代文明进步。但是科技进步同样给人类带来伤痛甚至苦难。例如，在冷兵器时代，虽然战争频仍，但由于兵器杀伤力有限，战争的伤亡相对有限。进入热兵器时代，随着兵器杀伤力持续提高，战争带来的死伤率急剧提升。及至热核时代，原子弹给人类带来的杀伤力是毁灭性的，造成的毁坏是永久性的，既体现在物质层面，又体现在精神层面。

科学技术给人类带来的许多影响是不可逆的，人类只能按照既定的逻辑与方法，以更先进的知识和技术解决现存矛盾与问题。现代社会开启后，这种逻辑与方法形成某种定式，即人类依靠持续的技术进步实现社会发展，然后再以更先进的技术，解决在人类社会发展中的新问题，周而复始，最终形成某种科学进步的逻辑。在这种循环中，人类自身在文明演进中的作用被一再削弱，似乎只是这一逻辑中的某个环节。

在现代社会急剧变动的背景下，人类在自然科学技术上的变革，对人类的认识论与方法论产生重大影响，这使人类看待自身的价值理念、社会行为、自身利益、精神世界等都出现一系列变化。由此，现代人文社会科学领域产生大量新的规则、理念与理论。这一新的学术趋势给人类民主、自由、进步等理念带来新阐释，扩展了现代文明的深度和广度，带给人类更大程度的思想自由，为人类制度、物质、精神生活添加了新内容。但同时，这些新的阐释产生了不少相互抵牾、冲突的理论模式，给现代文明带来许多矛盾与困惑。例如，西方既有美、英、法等国的民主主义，也有德、意、日等国的法西斯主义；既有和平国家尊崇的国际和平主义，也有法西斯国家推行的地缘扩张主义；既有欧美各国推崇的人道主义与民族平等主义，也有法西斯国家鼓吹的种族主义。现代人文社会科学的拓展，也使人类对自身思想、文化与意识形态的反思不断创新与发展，这体现在文学表达中的象征主义、表现主义、意识流、超现实主义、未来主义等，哲学探讨中的现象学、存在主义、分析哲学、结构主义等，史学研究中的文明史、新史学、新马克思主义史学、全球史与计量史学等。这些人文科学的成果从不同侧面与层次对文明发展的要素展开分析，许多反思甚至以反社会、反主流等方式呈现。

社会科学领域的成就同样引人瞩目，涉及政治、经济、社会、法律、教育、军事等有关人类社会发展的多个领域，更直观地表达了对现代社会问题的看法，并且提出旨在解决矛盾的新思路。以一战后欧美各国风行的“凯恩斯主义”为例，强调政府通过扩张性经济刺激，扩大社会需求，实现经济增长目标。这种政府导向与介入式的资本主义发展思路，明显有别于欧美各国延续数百年的市场导向型发展模式，有效地克服了欧美各国由于经济过度自由发展而出现的困境，为欧美各国开辟了一条新的发展路径，成为现代欧美各国的主流经济思想与理论。

在对世界发展模式的探索中，欧美社会科学领域并非都是积极进步的，其中也出现许多反科学的理论，诸如“西方中心论”、沙文主义、种族主义、扩张主义等，都是带着西方人固有的优越感与“有色眼镜”来考量问题。至于法西斯主义，更是将世界拖入毁灭边缘，最终给人类文明带来巨大灾难。所有这些都证明，欧美科学技术革命与人文社会科学的发展，在给西方乃至世界文明带来繁荣与福祉的同时，也产生一系列的严重问题，造成人类在发展与停滞的交相更替中陷入进步与困惑的循环境地。

四、多元化的文学艺术

在科学技术革命与人文社会科学进展的推动下，随着现代社会生活的丰富化与复杂化，欧美各国的文学艺术也出现前所未有的多样化趋势。

在文学领域，欧美各国文学家突破旧的文学书写范式，改变了传统文学写作的对象、意境与方式，着力表现作者强烈的个人感觉、意识以及价值批判。象征主义文学一直主张，作家必须在自身与创作人物之间找到平衡，深入神秘的理念世界，采用有韵律的表达方式，使作品具有某种音乐性、暗示性与表意性。表现主义文学强调，应该通过反传统的非现实手法，以作家感受作为写作的中心，以刻画人物内心世界的变化作为聚焦，以创作者心理代替真实世界的变化。意识流文学则主张，文学创作应遵守文学人物的整体意识及其变化规律，让流动、变化的意识表现客观世界，最大限度淡化作家在文学创作中的作用。超现实主义文学提倡，文学创作的主体不是现实世界，而是潜意识世界，作家需按照直觉展开文学创作，探索反对传统的文学表达方式与写作技巧。魔幻现实主义文学则倡导，以富有魔幻色彩的表达方式，将幻想、神话、现实连在一起，通过虚夸的情节、夸张的表述、荒诞的安排等展现文学主题。

欧美现代文学改变了传统文学主题，更强调对作家心理世界、主观感受以及意识形态的表达，强调揭示人物心理与意识。同时，现代文学也改变了传统表达方式，强调以虚幻、夸张、无意识以及纯主观等方式再现文学主题。这从一个侧面反映了知识分子以另类方式对现代世界的思考，借以表达他们对现实社会的不满与批判。

在电影艺术领域，欧美各国同样开创了新局面，取得突出的成果。20 世纪 20—30 年代风行于德、法等国的先锋派电影，无疑是欧美各国电影艺术的典型代表。先锋派电影改变了电影的商业定位，否定电影的大众性，不以赚钱为目的，其成果多以电影短片为主，在形式和内容上都开创了电影艺术新篇章。先锋派电影沿袭了现代派艺术的许多思想、理论与表现手法，以梦境或幻境作为电影心理活动的内容，在表现手法上强调纯视觉效果。它通过非常规聚焦镜头、慢动作、透视或者加速蒙太奇等手法，表现电影所描述的心理世界；通过移动摄影机、场景布置、交叉剪辑等途径，勾勒电影人物的心理活动与精神状态；通过控制叙事节奏，表现非传统的电影故事程序。先锋派电影包括纯电影、达达主义电影、超现实主义电影、表现主义电影等，它继承了现代艺术的各种思想理论，将文学、艺术、绘画以及美术等多种表达方式结合在一起。

欧美各国在音乐领域上的成就也给人带来了新的艺术享受。在传统古典音乐的基础上，欧美各国出现印象主义、表现主义、新古典主义、电子音乐、爵士乐等新音乐形式。其中，印象主义音乐在20世纪初兴盛于欧洲，它强调音乐表达中旋律、和声以及节奏的和谐，强调柔和的音乐风格，反对激情的音乐风格；强调朦胧、隐晦的音乐表达，反对平铺直叙的表达；强调音乐环境的多变与起伏，反对平稳、呆板的氛围。表现主义音乐反对传统的旋律、和声以及节拍等，注重通过不规则节奏、不连续旋律等方式，来表达作曲家的内心感受与情感诉求。新古典主义音乐崇尚音乐节奏与韵律的平衡，提倡纯音乐，尤其是规范的曲式结构，但在和声与配器中强调多变、多元、新奇的表现风格。电子音乐则通过运用电子乐器，用电子技术处理乐曲，来表达音乐家享受超越自然界以外的音乐感受，将现代科技与传统音乐表现结合在一起，在倾吐音乐家对未来音乐的期待中，表达对现代生活的担忧与对未来生活的期许。这种音乐形式最初主要以欧洲为舞台，后来才传播到世界各地。

爵士乐的舞台主要是在美国，产生于20世纪初，由美国传入欧洲。这种特殊的音乐表现方式以布鲁斯音乐曲调为主，融合黑人灵歌、古典音乐等成分，形成一种曲调哀怨，带有悲伤、忧郁色彩的音乐形式，在表现技巧上采取音阶变化、切分音节、双拍节奏等形式。这种音乐强调即兴表演，风格别致，反映现代音乐中的民族主义音乐趋向。

欧美各国在美术领域的重大进展，不仅表现为大量绘画佳作问世，而且在绘画风格上形成一批新的艺术流派，例如野兽派、立体派、表现主义、未来主义、色彩抽象主义等。野兽派绘画产生于20世纪初的法国，强调运用浓重和斑斓的色彩，采取简单、粗放以及直接的画风，不追求精致造型，不追求透视与比例的和谐，通过画家对画料平涂，直截了当地表达画家对外部世界的视觉感受。这种独特的绘画方式体现了其背后蕴藏的象征主义精神，表达了画家直觉的艺术感受。立体派绘画强调运用直线与曲线，将三维画面变成两维或者平面画面，以轮廓、堆块、图形组合，形成一个新的立体绘画空间，通过对不同视点的观察而得到不同的画面，再将这些画面组合在一起，以此表达画家的观点与思维逻辑。表现主义绘画注重画家的自我感受，强调对事物的客观形态做出各种夸张、怪诞的艺术再现，画家以这种荒唐的艺术方式，来宣泄对社会现实的不满，表达内心的愤懑与忧虑。未来主义绘画否定所有即存的艺术成果，否定一切形式的艺术模仿、高雅风格以及艺术批评。未来主义绘画强调通过运用运动中的线条与块面，表达画面的内部张力，寓含对未来世界的期许。

欧美各国现代美术创作的风格不拘一格，但其中却反映了同样的艺术理想，即突破传统美术体系的特殊方式，以新的绘画艺术风格来展现对现实社会弊端与矛盾的的愤懑和不满，建构一种理想的艺术新境界。

总之，欧美各国现代文学艺术发展的多元化，从一个侧面反映了西方政治、经济、社会、文化以及意识形态深刻、急剧的变化，折射出欧美知识界对这些变化的精神反映与理想诉求。

第五节 西方基督教信仰的嬗变

一、现代社会变动与西方基督教世界的“信仰危机”

19 世纪，随着西方殖民主义瓜分世界浪潮的涌动，天主教、新教等大力组建传教组织，将基督教传播至亚洲、非洲、澳洲的广大地区，成为世界上传播地域最广、人数最多的宗教。然而，基督教在现代西方社会的发展进程中，却日益遭受严重的“信仰危机”，为现代西方文明打上鲜明的现代精神烙印。

自 19 世纪后期开始，现代社会发生一系列巨大变动，对基督教信仰逐渐产生深刻影响。随着现代化进程的推进，西方各种社会弊端日益凸显。资本主义的发展，导致了人们的独立性、自主性进一步加强，促使人们追求自由化、个人奋斗、竞争的价值取向更加浓烈。同时，资本主义所导致的人的“异化”，也使得拜金主义、纵欲主义、个人主义在社会上更为盛行。随着社会生产与竞争的无序化，西方国家相继爆发了经济危机；而国家之间市场争夺的加剧与势力范围的划分，又先后促成了两次世界大战。这些都使社会矛盾不断激化。贪污腐败、失业、战乱与道德败坏，对西方人的思想观念予以巨大冲击，西方人长期形成的“西方文明优越”论与“西方中心论”开始受到自我怀疑与自我否定，由此也对西方固有的基督教信仰形成冲击。在非西方地区，殖民地、半殖民地国家反帝、反殖斗争运动逐渐蓬勃展开，风起云涌。特别是二战后诸多民族国家的独立、解放与以苏联为首的社会主义阵营的崛起，有力地遏止和削弱了西方阵营的力量，对西方的基督教势力也形成有力冲击。这些国家新组建的教会以爱国为旗帜，与政府密切合作，先后与罗马教廷断绝了关系。在部分国家和地区，如罗马尼亚和苏联的西乌克兰，天主教组织还被并入东正教会。这些变化使罗马教廷失去了占总数三分之一的信徒。

现代社会的巨大变动及其所带来的种种社会问题，拆穿了基督教“上帝万能”的神话，对基督教以“上帝”为轴心的神本观形成有力的挑战。早在 19 世纪后期，德国哲学家尼采借用一位疯人之口向世界疾呼：“难道我们没有听到那正在埋葬上帝的挖掘墓坑者的吵嚷声吗？难道我们没有闻到神的腐臭吗？——即使上帝也会腐坏！上帝死了！上帝真的死了！是我们杀害了他！”尼采的这一呼吁，从一个侧面反映了西方人传统的神圣信念发生崩溃。尼采企图创立一种“超人”来取代上帝之地位，滑向了虚无主义无神论的极端。这从一个侧面揭示了西方社会中普遍存在的信仰危机，也反映了基督教发展所遭遇到的窘境。1918 年，德国历史学家斯宾格勒出版了《西方的没落》一著，又一次在西方思想文化界引起强烈震撼。该书以其所标立的历史循环论的“文化形态史观”来探讨世界七大主要文明的兴衰，认定一切文明都必然有一个由兴向衰的演变过程，作为尚未僵死的西方的基督教文明，目前也已显示败相，开始走向没落。斯宾格勒的理论实际上正是西方社会所普遍经历的信仰危机的体现。不过，处于信仰危机的广大社会人群，在找不到一个新的权威信仰的情况下，最终必然要回归于传统的基督教信仰之中来寻找心灵的解脱与慰藉。法国学者卡雷尔（1873—1944 年）对西方“近代野蛮主义”的批判，正是这一普遍的社会心态的折射。作为一位著名的医学家，卡雷尔对人的精神、心理问题进行了多年研究，撰写出《未知的人类》。这部畅销于 20 世纪 30—40 年代欧美社会的著作，是围绕着对近代西方工业化所导致的人被“异化”的批判而展开的。在书中，他描绘了近代西方文明的“黑暗”图景，特别是物质进步对个人及其心理状态的伤害，攻击科学家的发明为工业化铺平了道路，导致工业世界的人的“身体和意识”被遗忘，使有思想、有情趣的人转变成一个动物与一台机器，个人成为一台巨大机器上的齿轮。卡雷尔还对近代西方文明中的社会平等、文化平庸、技术无序、酗酒嗜药等所谓的“野蛮的”生活方式进行了批判。卡雷尔认为，为了摆脱这样的生活，就必须来一次道德与社会上的革命，以创造社会的物质力量与精神力量的平衡，由少数具有禁欲主义、神秘主义之宗教理念与信仰的文化精英来领导大众，按照中世纪社会的模式来组建修道院、骑士制与行会为一体的社会。

卡雷尔的社会理想正是西方基督教社会普遍的信仰危机的产物，但他所提出的解决危机的方案却是一个“乌托邦”。事实上，随着社会现代化不断向纵深拓展与各种矛盾的日益凸显，西方社会在解决信仰危机的重大问题上做出了种种尝试与努力，力图按照现代社会的变动来重新整合基督教的信仰，或探讨基督教信仰与现代社会生活密切契合的道路。

二、现代基督教神学传统的裂变

自 20 世纪以来，为应对现代社会剧烈变动所带来的巨大挑战，基督教各主要派别特别是新教开始对神学传统进行深刻反思与修正，尽量在思想信仰上与组织形式上与现代社会生活趋同、结合起来，力图通过解决一系列重大现实问题来求得发展。现代基督教神学传统由此发生深刻裂变，呈现出多元化与世俗化的特征，为现代西方文明打上鲜明的时代烙印。

早在 19 世纪末 20 世纪初，所谓的“自由派神学”就在西方世界兴起。这一神学否定传统教义的宇宙观和形而上学体系，肯定理性的权威与效能；认定耶稣教诲仍是现代文明发展的精神动力，只要用新的科学、哲学与伦理将传统信仰加以改造与熔铸，以内心所体验的“上帝之爱”来规范现代生活，就能认知到上帝的存在而获享永福。“自由派神学”的主旨，实际上是按照现实的需要来改造神学传统，为资本主义的合理性与永恒性做出理论注释。一战爆发后，乐观与自信的“自由派神学”思潮在欧洲受到重创，但却在美国以芝加哥神学院为中心得以继续发展。

一战后西方世界的社会动荡与经济萧条，催生了“危机神学”思潮。德国学者巴特所著的《上帝的话与神学》《神学与教会》等，集中反映了这一思潮。巴特悲观地认为，当今现实社会面临着深重危机，残酷的商业竞争与世界大战，尖锐的阶级对立与普遍的道德败坏，都将“人世变成了炼狱”。这一“人世的危机”主要是由于世人与上帝的隔绝而所致。上帝与世人、天国与尘世之间存在着本质对立的两极，其中的“距离”是无限的，是人的具有相对性与有限性的思想、行为所难以弥合与超越的，人不能以自己的主观努力而抽身于罪恶的深渊，逃脱上帝的审判与惩罚。现实世界的危机正是上帝对人的否定。在此情况下，人们只有摈弃高傲与自信，以虔诚的信仰和谦卑的态度来接受上帝启示，获得上帝的拣选与救赎，这是“唯一的选择”。巴特的“危机神学”是对“自由派神学”乐观主义精神的否定。它致力于在“原罪”信条中去揭示人的存在本质与悲剧性结局，在耶稣福音中去重新寻觅信仰的真谛，以期在时代危机中进行神学的重新建构，对现代西方基督教新教神学的发展具有重要启示意义。因此，它的产生，被西方学者称之为“人类思想史中的一次哥白尼式的转折”。

“社会福音运动”在19世纪末至20世纪30年代在欧美各国影响广泛，在美国尤其盛行。它十分关注社会伦理问题，从神学的角度来研究失业、童工、福利、城市贫民、工人罢工等社会问题，阐发基督教福音的社会意义。该运动的神学家信仰的是支持人们争取正义、反对邪恶，以及根除疾病、贫穷与压迫的“战斗上帝”，宣称教会不仅要虔诚布道，而且有责任重视人权等问题，参与社会建设与改革。美国新教浸礼会的神学家劳申布什（1861—1918年）是这一运动的杰出代表，他撰有《基督教与社会危机》《社会福音神学》等著作，提出教会应以耶稣为表率，承担起救赎整个人类的神圣责任，建立普遍实现基督教之福音的全新、崇高的社会秩序。“社会福音运动”虽然关注基督教信仰与现代社会的结合，但其理想带有浓厚的宗教人道主义与和平主义的乌托邦的色彩，因而在20世纪20年代后渐趋衰落。不过，它的主张逐渐被新教主要宗派所吸收。

一战结束后，欧美社会的基督新教还兴起所谓的“新正统派神学”，在美国最为兴盛，其代表人物L. H. 尼布尔撰有《基督教现实主义与政治问题》《信仰与历史》等著作。这一流派坚持传统的“原罪”说与“救赎”论，否定人能靠主观努力获得拯救，但也提倡教会在现实生活中的责任。在该流派看来，现代文明中的混乱、动荡与衰败，只有依靠宗教才能根治。因此，神学家应当在现代社会变革中宣传上帝的本质、意志及其审判与恩典，来揭示上帝神权制约下的秩序。“新正统神学”强调基督教对变动中的现实社会的整治与规范作用，推动了基督教对社会生活的渗透，故而在西方一度风行。

在20世纪中期，欧美各国还出现所谓的“上帝已死派”神学。其时，德国神学家朋谔斐尔发出“上帝已死”的惊世之语，并以此为命题对基督教做出了所谓的“非宗教性解释”。他认为，上帝并非彼岸世界的“假设”或超验的存在，而是存在于真正的现实生活中的世界之主。因此，人们不应当仅仅从理念上去寻觅上帝，或者在感到软弱、绝望时才期盼上帝，而应当在现实生活的积极行动中去体验上帝。上帝在世上是软弱无力的，但上帝却与世人同在，并仍给人以帮助。“作为非宗教的基督教”，教会也处在现实生活的中间，必须从政治、社会、道德诸方面承担起维护正义、阻止邪恶的责任。朋谔斐尔的观点，到60年代在西方神学界引起大讨论。1957年，美国的新教神学家瓦汉尼发表《上帝之死》一著，认为在当下“基督教之后”的时代世俗化已使人们失去了所有对上帝的超验的感知，上帝之死已是“一种文化事实”。1963年，英国圣公会主教罗宾逊发表《对神老实》一著，认为既然人们失去了对传统的“上帝”观念的兴趣，那么还不如对“上帝”持老实态度，重新探索新的信仰道路。这一观点引起普遍反响，该著在西方发行数百万册。在美国，汉密尔顿等神学家还宣称，为了解放人类，人们必须否定上帝。正是上帝的死亡使人从一种异化的权力下解脱出来，开始对自己的今生今世负起完全的责任。实际上，该流派并不主张无神论，而是要求放弃那种僵化、抽象的“上帝”观及其不关注现实的宗教态度，强调神学应当与世俗生活融为一体，关注并着力解决重大的社会问题。

“上帝已死派”神学反映了在世俗化浪潮冲击下神学家与传统上帝观的决裂。但是，基督教一旦失去了“上帝”这一信仰权威，也就失去了理论体系的中枢。因此，这一流派不可能产生持久影响。事实上，基督教要关注并参与到变动的现代社会之中，就必须根据现实状况来整固与更新传统，而不是彻底否定传统。正因为如此，20世纪60年代起源于德国的基督新教“希望神学”，强调对上帝的权威信仰应该包括变革社会的政治活动，上帝是引导人类走向自由和正义前途的力量。德国新教神学家J. 牟特曼在1964年发表的《希望神学》就强调，上帝的启示是通过人类解放和实现社会正义的政治活动来达到的，上帝并非存在于“彼岸”，而是正在降临于现世。他还从法兰克福学派的社会批判学说中汲取营养，将“希望神学”转换成“政治批判的十字架神学”，宣称在十字架上受难的基督将引领大众走出压迫剥削、贫困、暴力、种族歧视、生态毁坏的死亡之谷，达到正义、民主、文明的未来。

三、“黑人神学”与“妇女神学”的兴起

二战后基督教神学传统所经历的最激进、最重大的变革，就是20世纪60年代强调摆脱各种形式压迫的美洲“解放神学”异军突起。这一流派常常运用马克思主义的社会经济分析方法来诠注《圣经》，突出其中论及社会正义的经文，进而提倡

“政治的神学”与“革命的神学”，形成了“新政治神学”的特征。它的兴起不仅掀起了教会基层的革新运动，而且与广大民众的政治解放运动结合起来，在社会上产生了重大深远的影响。

在拉美“解放神学”的影响和激励下，北美“黑人神学”逐渐兴起。这一流派实际上源自美国黑人反对种族歧视、压迫的民权运动，其端绪可以上溯于18世纪后期。皈依基督教的黑人逐渐觉醒，把《圣经》改造成为反抗种族歧视与迫害的精神武器，创立了黑人教会。1773年，南卡罗莱纳州出现了美国历史上第一个黑人教会。此后，黑人教会团体纷纷涌现，在黑人群体中成立互助团体或慈善机构与学校，积极宣传种族平等的思想，“黑人神学”渐显端倪。

到20世纪50至60年代，随着黑人民权运动的大规模展开，“黑人神学”的形成获得坚实的社会基础。黑人民权运动最初表现为非暴力宣传、游行示威，后来发展到武装抗暴斗争。在斗争中，杰出的黑人民权运动领袖马丁·路德·金(1929—1968年)，宣传上帝对所有不同肤色、不同种族与民族、不同社会地位的人的宏大无私的爱，通过非暴力的民权斗争运动，在美国建立一个黑人与白人平等和睦、休戚与共的新社会。他的主张有力地促进了“黑人神学”的兴起。1968年，黑人牧师艾伯特·克利奇发表了《黑人的救世主》，号召黑人信奉本种族的耶稣，争取自身的解放。1969年，美国医学教授J. H. 科恩发表《黑人神学与黑人权力》一书，次年又出版了《黑人解放神学》一著，真正奠定了黑人神学的理论基础。接着，美国的“黑人教士全国委员会”(NCBC)发表《关于黑人神学的声明》，提出“黑人神学就是解放神学”的口号。此后，有关“黑人神学”的思想逐渐在美国社会流传，并传播到国外。

“黑人神学”是对传统基督教神学进行有力批判的产物，它提出为一切被压迫者服务的新神学观，因而被誉为“穷人的福音”。在该学说看来，白人教会曾维护奴隶制，鼓吹白人至上的教义，是富人的工具，是种族主义的象征，它并没有宣传上帝的真福音，实为“基督之敌”。有的黑人教会一味模仿白人教会，鼓吹“来世”说教，难以肩负消灭种族歧视与阶级压迫的使命。“黑人神学”进而认定，基督教在本质上是一种解放宗教，基督的启示同被压迫者争取权利的正义斗争紧密相联。因此，黑人教会应果断地抛弃对来世的幻想，投身于黑人民权运动。这些主张有力打破了白人统治阶级对基督教解释的垄断，为广大黑人与其他被压迫民族的反抗提供了强大精神动力。不过，“黑人神学”将“上帝”与耶稣都诠释为黑种人，反对民权运动中的非暴力抵抗主义。有鉴于此，许多黑人神学家后来逐渐修正了偏激的观点，主张清除黑人神学中的“种族主义”因素。

在20世纪60年代末和70年代初，美国还出现了所谓的“妇女神学”，它的酝酿与美国社会女权运动密切相联。早在19世纪中期，不少妇女支持北方资产阶级反对南方奴隶主的“内战”，由此获得参与公共组织管理与从事其他职业的权利。内战后，美国妇女又纷纷卷入传教活动和世俗事务，建立组织为消除性别歧视而斗争。到了20世纪前期，美国女权运动所涉猎的范围更加广泛，如选举、种族平等、男女就职与同酬平等。这些运动促成“妇女神学”的产生。

20世纪60—70年代，美国天主教的女权主义者M. 黛莉先后出版了《教会与第二性》《超越天父：试论一种妇女解放哲学》等著作，为美国的“妇女神学”奠定了理论基础。这一流派的主要宗旨是争取妇女在社会、经济和宗教领域的解放，其理论轴心则是人道主义妇女观。在妇女神学家看来，传统神学的语言与思想充满了对妇女的歧视，教会被看作是压迫妇女的首要工具。妇女和其他被压迫者一样具有共同的命运，应当奋起斗争，肩负起解放被压迫者以及自身的使命。妇女神学家还对基督教神学进行了新的诠释。黛莉强调一种女权主义的宗教灵性，反对为上帝与基督涂抹上父权主义的色彩。她指出，妇女具有完美的人性，也具有聪明才智。《圣经》中的任何条文，如果不符合妇女解放的原则，都应当加以修正。一些妇女神学家还借鉴“人道主义的马克思主义”来批判传统神学与社会弊端，不仅主张改革教会，而且主张进行社会革命。天主教的女权主义者R. 罗瑟尔撰写了《论性别歧视与上帝》《新妇女、新世界》等著作，她力图将“妇女神学”与“黑人神学”结合起来，试图阐明性别歧视、种族歧视与阶级压迫这三者之间的内在联系。她坚持认为，如果女权运动只关心性别歧视，那么它就仍然是白人阶层的运动。“妇女神学”的兴起，反映了广大美国妇女争取平等的经济、政治权利的呼声与愿望，体现了现代妇女的观念更新，对于促进现代西方文明的进一步发展，具有重要意义。

四、“教会再合一运动”

20世纪以来，随着科学、文化的昌明与社会变革的逐一推进，各种新的神学思潮、宗教运动兴起，教会的神学传统受到巨大挑战。在此情况下，基督教会内部的各个派别为复兴宗教神学对社会的影响，都希望各派消除彼此之间的隔阂与争夺，实现有机联合。由于国际关系的密切与复杂，尤其是国际势力集团之间、国家之间与不同宗教信仰之间的对峙与冲突不断发生，使得“和平”这一时代呼声应运而生，四处回响，由此为基督教内部的联合搭建了一个新的舆论平台。20世纪“教会再合一运动”正是在这样的历史背景下酝酿的。

“教会再合一运动”主张基督教各教派、各宗派之间，以及同其他宗教和神学之间相互对话、协商或联合，实现“教会一家”，走向以“自由、和平、公义”为基础的“大社会”。这一运动滥觞于第一次世界大战后，为英、美等国的新教教会所首先发起。因为在基督教三大教派中，天主教和东正教分别以罗马教皇和各地东正教牧首为中心，宗派组织较少；而新教派系林立，至今已有近百个宗派，教会团体不计其数。故“教会再合一运动”的首倡者最先来自新教，一般认为以1910年在爱丁堡召开的世界宣教大会为其起点。1948年成立的世界教会联合会则是这一运动史上的里程碑。参加这一机构的有来自100余个国家的300多个教会组织，包括新教与东正教会。二战后，罗马天主教也逐渐卷入这一运动。在1962年10月开幕的第二次梵蒂冈宗教会议上，17个非天主教会团体史无前例地派遣了其官方观察员列席会议。“梵二会议”后，天主教终于接受了追求基督教各个宗派之间的共性。

作为基督教应对现代社会发展的必然产物，“教会再合一运动”也经历了一个历史演进过程。20世纪初，该运动本来是主流派教会团体用来对抗世俗化、现代化思潮冲击的策略，希望借助于合作获得生存与发展，有效展开与其他有影响的文化或宗教势力的竞争。特别是二战之后，随着新的政治形势与教会危机的显现，各主流教会当局为适应挑战，被迫改革传统的神学理论、宗教礼仪与神职人员结构，由此而使得这一运动开始超脱于宗教派别的结构与对抗之上，而趋于一种世界范围的新联合。在此情况下，各派之间的传统分歧与对抗开始消解，相互之间的宽容、交流与合作日渐密切。与此同时，“教会再合一运动”的发展，为基督教会注入了广泛参与现代社会生活的新活力。随着教派大联合逐渐展开，基督教不仅关注教会内部的神学事务，而且将视野投向复杂的现代社会，参与讨论与解决现代化进程中所出现的重大问题。由美国等国宗教界在1970年发起创建的世界宗教和平大会，在20世纪70年代就召开了三次大会，旨在促进各宗教间的对话与合作，争取实现国内的社会和谐与国际合作，促进大国的裁军与禁止核武器，以图建立一个完美的理想社会——“世界共同体”。由此，和平发展、建立公正合理的国际经济新秩序、推动禁止核武器与裁军、解决能源危机与环境污染、促进人权状况的改善等，就成为该会议的讨论议题。而参加者除了不少国家的基督教各派团体外，还有来自各地的佛教徒、穆斯林、印度教徒等。“教会再合一运动”的发展，表明基督教仍旧是现代西方文明发展中不可或缺的重要因素，同时也是现代国际关系中的一支重要势力。

五、天主教的“梵二会议”及其影响

所谓的“梵二会议”，即1962年10月11日至1965年12月8日罗马天主教会在梵蒂冈召开的第二届大公会议，大公会议又称为公会议，即全体主教会议之意。这是罗马天主教在现代召开的第一次大公会议，在整个基督教的历史上，这也是规模最大、参加人数最多、发表文件最多和涉及内容最广的一次会议。在会议开幕当天，参加的人数就达2 500多人，其中有来自教廷全体枢机、各教会机构和组织的负责人、世界各地140个国家和地区的主教大主教2 200名，还有400多年来第一次应邀参加的非天主教宗教团体的观察员。基于人类社会全球化与现代化的历史大趋势与教会所面临的种种危机，这一会议审时度势，根据现实社会变动的要求与教会自我发展的需要，采取了许多重大举措，由此而掀起了天主教的现代革新运动。

“梵二会议”正是在这样的背景下召开的。

在“梵二会议”上，教皇约翰二十三世发表了《世上和平》这一通谕，系统阐述了天主教教会革新政策的总方针，宣告罗马天主教会为“适应时代”，决定“对教会实行革新”，教会向全世界开放，教会要“与所有一切有良好愿望的人对话”。“梵二会议”所决定的对教会的革新，包括在神学、组织与礼仪诸层面上的改革。

为了给天主教会革新与开放提供理论基础，“梵二会议”对传统神学进行了新的诠释，强调教会与现世的联系，论证教会存在于世与关心世俗事务的必然性与合理性。由此，他们构建了一个新的神学体系。这一体系的理论核心是“基督中心”论。通过对传统“三位一体”教义中兼具神性与人性的“圣子”基督之品性的阐发，着重论证上帝将整个世界交付于人，人类是世界的主宰，通过“完人”“最高榜样”之基督的中介作用，人类达到最终的归宿——上帝。“基督中心论”旨在重塑造教会的神圣、崇高的形象，为基督教在现代的复兴鸣锣开道。

“梵二会议”一反天主教抱残守缺、冥顽不化的态度，对社会的现实变动给予某些认同与肯定。基督教史上破天荒地宣布，世俗世界中确有真、善和正确的东西，应当从中学习、借鉴。由此，会议在“上帝一直安排一切”的总前提下，承认了人的肉体需求与现世权利，承认人的宗教信仰与世俗事务的自主权。会议还宣布科学与信仰来自同一真理，承认人们自由进行科学研究的权利。这实际上反映了天主教对基督教民族化与“多元化”趋势的认可，以及与各基督教会和其他宗教和解的愿望。此外，该会议还表示展开对包括“无神论者”“唯物主义者”在内的一切人的对话。这样的情形表明，面对着世界文明现代化与多元化发展的历史趋势，罗马教会开始放弃了“唯我独尊”的传统立场与对“世界真理”“神学真理”的垄断，放弃了传统的对人类世俗社会、科学和宗教“异端”存在的否定，转而在变动中的现实世界探寻立足与发展的空间。

为了强化教会内部的团结，并使教会适应于现代世界的生存方式，“梵二会议”决定进行改革，强调团体的作用，主张教皇与教会共同管理教会；注意发挥一般神职人员和信众的作用，分权给地方教会和地方主教，加强教会内部的沟通与对话；简化礼仪，允许使用地方语做礼拜，放宽对斋戒的限制等，并对此做了诸多具体的规定。

从根本上说，“梵二会议”并没有放弃教会根深蒂固的“神本观”，没有放弃教会对世俗事务的干预，没有放弃罗马教廷对教会的神圣至尊的权威。它在会议上号召要“要特别谴责无神论共产主义”，而在会议后则采取措施镇压拉美的解放神学运动。尽管如此，“梵二会议”表明，天主教会已经不再满足于补缺塞漏的些许改良，而是决心顺应当代社会现代化、世俗化与多元化发展潮流，进行重大革新，期以实现基督教本身的现代化进程。它的召开，对天主教乃至整个基督教的发展无疑具有重大深远的历史影响。

六、电子教会——基督教传播方式的革新

20世纪，与基督教神学传统发生变革的同时，其传播的方式也出现前所未有的革新，这就是利用现代化科学技术来进行布道的“电子教会”（electronic church）问世。

“电子教会”滥觞于20世纪20年代的美国。1921年，为了迅速传教，及时吸引信徒的皈依，美国宾夕法尼亚州匹兹堡髑髅地圣公会创办了第一家基督教无线电广播电台。此后，一些宗教派别纷纷仿效。1939年，保守的基要派为谴责自由派的“背叛行为”，由其著名牧师查理士主持“传统信仰复兴节目”，成为美国受到信众欢迎、频率分布最多的广播节目，全国60%的合法电台予以转播，每周听众多达两千万人。1945年，“全国宗教广播电台”（NRR）问世，影响不断扩大。到1977年，它拥有850名成员和325个广播台站，新教国内节目的85%以上、国外节目的75%都由其主持。

到了50年代，随着电子技术的发展与广泛应用，电视布道的方式迅速崛起。70年代后，在“基督教新右翼”的大力倡导与扶植下，一个庞大的跨越国界的电子教会在美国产生。据统计，1987年，全美有200多个基督教电视台。众多的宗教广播与电视节目，不仅扩大了对信众的影响，而且每年为教会获得数以亿计的捐款收入。

在宣讲信仰的过程中，美国一些电子教会还充分考虑到信众现代生活的特点和需要，采取了内容丰富、寓“教”于乐的方式。有的组织信徒驾车到郊外收看有关宗教的电视讲座、主持礼拜与答疑；有的在布道的节目中还夹杂了新闻、文学、商业广告、娱乐等节目；有的则开办附设的各种学院。一些宗教布道者甚至因此而成为具有雄厚经济实力与广泛政治影响的公众人物。南方浸礼会任命的牧师帕特·罗伯逊，就以此从一个经济拮据的业余宗教电视布道者发展成为“基督教电视网”（CBN）的拥有者，这一机构是美国四大宗教传媒公司之一。他不仅成为亿万富翁，而且还在1988年作为总统候选人参加了竞选。

美国“电子教会”的兴起只是基督教传教布道方式发生巨大变革的一个缩影。如今，在西方社会，随着科学技术的日新月异与信息时代的来临，互联网又为基督教的“电子教会”提供了更便捷的渠道与更广阔的空间。电子教会的出现对传统教会来说是一个巨大的冲击，它不仅满足了现代生活节奏加快的社会人群的宗教信仰需要，也满足了现代社会信徒群体对丰富多彩生活的需要。这一现象从一个方面揭示了基督教对社会现代化的适应性。尽管如此，“电子教会”没有也不可能彻底解决现代基督教的信仰危机，在今后的历史发展中，它仍将受到现代西方文明发展之内在矛盾的有力挑战。

参考书

Alexis Carrel, Man, *The Unknown*, London: HARPER & BROTHERS, 1935.

Stanley G. Pagne, *A History of Facism, 1914-1945*, Boston, MA: The University of Wisconsin Press, 1995.

Jackson W. Spielvogel, *Western Civilization: A Brief History*, the Ninth Edition, Boston MA: Wadsworth Cengage Learning, 2016.

John Merriman, *A History of Modern Europe*, The Third Edition, New York & London: W. W. Norton& Co., 2009.

Kenneth Mills, William B. Taylor, Sandra Lauderdale Graham, *Colonial Latin America: A Documentary History*, Wilmington DE: Scholarly Sources, 2003.

Dennis Laumann, *Colonial Africa, 1884-1994*, The Second Edition, Oxford: Oxford University Press, 2013.

H. L. 韦斯林：《欧洲殖民帝国：1815—1919》，夏岩等译，中国社会科学出版社，2012。

D. W. 弗姆：《当代美洲神学》，赵月瑟译，四川人民出版社，1990。

高岱、郑家馨：《殖民主义史》(总论卷)，北京大学出版社，2003。

妮古拉·查尔顿、梅雷迪恩·麦克阿德尔：《极简 20 世纪史》，王芳，马冬梅译，中信出版集团，2019。

Keneth O. Morgan：《20 世纪英国：帝国与遗产》，宋云峰译，外语教学与研究出版社，2008。

约翰·赫斯特：《你一定爱读的极简欧洲史》(增订版)，席玉苹译，广西师范大学出版社，2019。

加布里埃尔·杰克逊：《文明与野蛮：20 世纪欧洲史》，余昌楷，李佳译，东方出版社，2010。

沃尔特·拉克尔：《法西斯主义：过去、现代、未来》，张峰译，北京出版社，2000。

奥斯瓦尔德·斯宾格勒：《西方的没落》，齐世荣，田农，林传鼎等译，商务印书馆，1963。

周国平：《尼采：在世纪的转折点上》，译林出版社，2012。

傅乐安主编：《当代天主教》，东方出版社，1996。

雷雨田：《上帝与美国人：基督教与美国社会》，上海人民出版社，1994。

第九章
当代西方文明遭遇的挑战与前景

第一节 “西方阵营”的重构与美国

一、美苏“冷战”对峙与争霸

在西方世界全面分裂的基础上爆发的第二次世界大战，全面改变了旧的西方主导下的国际力量格局。在德、意、日法西斯国家战败的同时，战争也使英、法等欧洲列强沦为二流国家，美国和苏联作为新兴世界超级大国开始崛起，世界进入美苏两极对峙的雅尔塔体系。1945 年 10 月，联合国建立，它以维护国际和平、尊重各国的自决权与促进国际合作与友好关系为宗旨，但美苏争霸的身影一直在其中显现。

二战后，美国的工农业生产、黄金储备、海外贸易、科学技术、文化影响力、教育水平等都居世界之巅。凭借其在二战中积蓄的重大影响与超强综合国力，美国策划了重构西方阵营、称霸世界的国际政治蓝图，包括“四大警察”制度、国际货币体系、联合国机制等。由此，战后美国致力于拓展由其控制的国际政治、经济与安全新秩序，与以苏联为代表的新兴力量发生矛盾与冲突。

十月革命后，经过多年发展，苏联建成较强的社会主义工业体系，在二战中发挥了关键作用，在战后成为非西方阵营唯一可与美国抗衡的大国。不过，战后苏联的战略目标相对有限，即确保苏联的世界大国地位，进而将苏联与东欧各国连成整体，防止德国东山再起。但美国认定苏联外交与安全战略富有侵略性，违背战时协议，对世界和平构成危害。1946 年初，美国驻苏临时代办凯南向美国国务院发出“长电报”，提出对苏遏制政策，实施政治包围、经济封锁、军事竞争、文化渗透、意识形态对抗，应对来自以苏联为首的非西方阵营的“挑战”。同时，英国前首相丘吉尔在美国富尔顿发表演说，指责苏联与东欧是警察国家，在苏东集团与西方接壤处形成一道“铁幕”。以此为契机，美国对苏联采取全面遏制的主导方针。

1947 年初，美国推出“杜鲁门主义”，承诺向世界所有民主与自由国家提供援助与保护。6 月，美国推出“马歇尔计划”，向欧洲提供大规模经济援助，帮助欧洲实现重建与复兴。“杜鲁门主义”和“马歇尔计划”全面启动了美国的冷战政策，加速以美国为首的资本主义“西方阵营”的形成。针对美国的冷战与霸权政策，苏联与东欧各国采取反制措施。1947 年夏，苏联与东欧各国订立“莫洛托夫计划”，加强双方的经济与贸易关系。9 月，苏联与匈牙利等九国共同成立“共产党与工人党情报局”，强化相互间的情报信息交流。1949 年 1 月，苏联与东欧各国建立“经互会”，期以通过经济与技术合作实现稳固的政治联盟，“苏东阵营”由此形成。针对这种情况，1949 年 4 月，美国、加拿大以及欧洲 10 国签订《北大西洋公约》，成立“北大西洋公约组织”，进一步强化了美国与欧洲国家的政治与军事联盟关系。5 月，美、英、法三国在德国西部占领区的基础上建立联邦德国。10 月，苏联在德国东部占领区建立民主德国。德国正式分裂为两个国家，分别被纳入资本主义阵营与社会主义阵营。

以美国为首的“西方阵营”和以苏联为首的“苏东阵营”，还利用当时国际形势的新变化拓展势力。二战结束后，美国就在亚太地区构建政治与军事联盟体系，与菲律宾、韩国、泰国、日本、中国台湾等国家或地区签订了一系列双方安全保障条约，持续强化其在亚太的政治与军事存在。美国还与澳大利亚、新西兰建立澳新美组织，组织东南亚条约组织等，积极推进其亚太地区的霸权。在新中国建立后不久，1950 年 2 月，中、苏两国签订同盟条约，社会主义阵营进一步扩大。

1950 年 6 月，朝鲜战争爆发，后因美国等国的卷入，战争规模持续扩大。以朝鲜战争为标志，美国全面调整其冷战政策，它既要在欧洲遏制苏联，又要在亚洲遏制新中国，其冷战政策由此进入一个新阶段。在美国竭力倡导下，希腊、土耳其在 1952 年加入北约，联邦德国在 1954 年 10 月正式加入北约，北约规模也持续扩大。1955 年 5 月，苏联与东欧各国建立“华沙条约组织”，强化了“苏东阵营”的政治、军事联盟。

在美、苏的冷战对峙中，双方除去制度、文化以及意识形态的竞争外，更在全球战略设想、欧洲安全秩序、亚太区域秩序等方面展开角逐，隐含着双方争夺世界霸权的较量。相对而言，美国霸权政策更加明显，力图通过在全世界推行联盟政策，将欧洲各国、亚太地区各个国家或地区等纳入其影响与控制之下。苏联的霸权政策相对隐蔽，而且相对有限，在冷战早期更多体现在东欧地区、社会主义阵营内部，在冷战后期则更多扩展到世界其他地区。从20世纪60年代起，美苏冷战扩展至世界各个角落，由此严重加剧了国际紧张局势。

二、美国军事-政治体制："军工复合体"

二战后，美国成为世界首屈一指的超级大国，各项经济指标雄踞世界之首，其工业生产总值占全世界一半以上，黄金储备占四分之三，海外贸易占三分之一，并拥有最先进的科技、高等教育与医疗卫生系统，国民生活水平也达到前所未有的高度。同时，美国以其强大的政治、军事与文化实力对"西方阵营"与全世界都有极其重大的影响。

作为超级大国的美国，其综合国力之所以达到无以复加的程度，在很大程度上得益于军事垄断资本与国家权力的高度结合，由此推动了军事工业高速发展，并在国民经济体系中扮演支柱性角色，致使国民经济出现偏执化发展，即国家权力始终向军队、军事产业以及军事资本高度倾斜，国家自然、人力、社会资源过度集中于军事领域。为保持军队的强大战斗力，军队向政府提出大额军火订单，通过政府向国会提出预算，由国会批准并拨付相应款项；国会拨款的前提是政府部门、军工企业、装备设计机构等对议员展开游说，包括军工企业对议员选举提供支持。"军工复合体"建立一个由军队、军工企业、国家权力等相关利益方组成的利益共同体，集中体现了军事垄断资本主义的弊端，反映了美国军事-政治体制的内在缺陷。它不仅造成军事垄断资本对国家政治的干预，而且也必然使美国走上穷兵黩武的发展道路。

"军工复合体"的弊端也引起美国政界的关注。在第二任期的告别演说中，美国总统艾森豪威尔向美国政治与社会精英发出警告，强调这一军事-政治体制的影响遍及美国联邦政府与议会，甚至深入美国每个州、每座城市的权力结构，对国家政治与经济生活产生不利影响，需要进行改革。然而，美国推行世界霸权的战略，使得这一体制长期延续。

三、反主流文化浪潮与社会抗议运动在美国的涌动

二战后，特别是到了20世纪60年代，美国进入社会、文化与意识形态变化的关键期。一方面，种族歧视、对外战争所引发的社会矛盾日益凸显与尖锐。另一方面，大规模机械化生产与过度消费，导致人与自然、人与社会的关系发生变化。由此，反主流文化浪潮逐渐涌动。

反主流文化浪潮聚焦于政治、社会、文化、教育以及学术等领域，批评传统价值观念与意识形态，否定主流文化所坚守的各种理念，例如勤俭生活、积极工作、

贡献社会、服务上帝、注重家庭、克制欲望、平等自由等。同时，这一浪潮还倡导和平，反对战争；提倡各种反叛行为，包括性爱自由、同性恋自由、吸食毒品、嬉皮士生活、宣传自由主义主张、和平抗议等，抵制传统社会的政治正确。在学术界，新左派知识分子提出政治主张：反对越战，要求美军撤出越南；反对种族歧视，赋予黑人以普遍公民权利；实现普遍的社会民主，反对寡头垄断；倡导广泛的政治自由和大众参与，反对精英人物操弄政治等。在反主流文化浪潮的激荡下，各种社会抗议运动接踵而至。

在这一时期，反对种族歧视运动的持续高涨堪称典型。种族歧视在美国由来已久，一直成为美国的社会顽疾。20 世纪 50 年代，美国种族歧视之风更是愈演愈烈。南方各州都按《吉姆·克罗法案》实行种族隔离，规定公共设施一律按不同种族隔离使用，例如学校、餐厅、旅馆、医院、运动场所、体育馆、公共交通工具等，甚至包括厕所在内。黑人只能生活在固定区域，只能使用固定餐馆、理发馆、俱乐部，甚至在公共汽车上，黑人只能坐在后部固定座位而不能前排就坐。

针对严重的种族歧视，许多民主人士奋起抵制，甚至最高法院、政府等机构亦采取措施遏制这一顽疾的蔓延。1954 年，最高法院裁决堪萨斯州托皮卡教育局禁止黑人布朗受教育一案，宣布公立学校实施种族隔离违宪，但许多南方州拒不执行这一裁决。1955 年，在阿拉巴马州蒙哥马利市，黑人罗莎·帕克斯夫人拒绝为白人男子让座，为此被罚款和监禁。该事件引发黑人抗议，在黑人牧师马丁·路德·金领导下，50 000 名黑人发起公交抗议，迫使公交公司取消汽车隔离规定。1957 年，阿肯色州小石城学校实行种族隔离，9 名黑人学生无法正常就读当地学校，最终由艾森豪威尔总统动用国民警卫队护送入校。同年，艾森豪威尔签署《民权法案》，赋予黑人平等选举权。

以马丁·路德·金为代表的黑人抗议活动，演变为有组织、有理论、有规模的民权运动，在各地产生重大影响。1957 年 1 月，美国南方各州黑人运动领导人成立“南方基督教领袖会议”，统一协调南方各州黑人运动的步调，确定民权运动将采取非暴力斗争，反对种族歧视，废除种族隔离制度。1958 年，在“南方基督教领袖会议”部署下，南方各州 21 座城市黑人发起集会、游行示威，要求种族平等。南方黑人抗议运动的蓬勃发展，不可阻挡地扩展到北方各州。

1960 年 2 月，北卡罗来纳州格林斯伯格市 4 名黑人学生在餐馆就餐遭拒，得到大规模声援。黑人学生在全国各大餐馆静坐示威，最终迫使 200 多座城市宣布取消餐馆的种族隔离规定。1961 年 5 月，美国种族平等大会发起“自由乘客运动”，抗议在公共交通工具、跨地域旅行中实施种族隔离。1963 年 3 月，马丁·路德·金在伯明翰市领导黑人游行示威，迫使当局取消种族隔离规定。8 月 28 日，25 万人齐聚华盛顿，举行大规模示威游行。马丁·路德·金发表《我有一个梦想》的演说，成为民权运动的重要文件。

为了化解各地抗议运动带来的社会动荡，约翰逊总统在1964年签署《民权法案》，规定黑人不应由于肤色、血液、民族而遭受就业歧视。1965年，约翰逊又签署《民权法案》，禁止黑人因受教育程度而使选举权受歧视。1968年，约翰逊再度签署《民权法案》，规定黑人拥有平等住房机会等。通过上述法案，黑人获得就业、住房、选举、就餐、出行等平等权利。然而，由于“白人至上”之种族优越观念的根深蒂固，美国种族歧视问题至今也未能根本消除。

反战运动则是美国社会抗议运动的又一典型，是美国在世界上穷兵黩武战略在国内结出的苦果。从20世纪60年代起，从肯尼迪政府“特种战争”到约翰逊政府全面战争，美国对越南进行全面军事侵略，但始终无法让越南屈服。侵越战争使美国深陷泥潭，损失惨重，影响了国内经济的发展，由此引发美国社会各界的强烈不满，各种左翼与进步团体、知识分子、青年学生等纷纷采取行动，反对并抵制战争。他们拒绝服兵役，公开焚烧征兵证，在校园展开抗议活动；大量新闻记者、摄影师以及编辑等纷纷行动起来，用摄影机、照相机、报纸、杂志等，全面揭露越南战场真相，清除军方散布的谎言，批判美军在战争中的肆意杀戮行为，质疑越南战争的正当性与战略意义。同时，大规模抗议运动相继出现。1965年，25 000名青年学生在华盛顿举行大规模游行。1966年，各种青年学生团体联合起来，共同发起大规模示威、静坐、辩论以及游行，将课堂、教室、校园以及城市公共区域等变成抗议越战的大舞台。1967年，旧金山和纽约同时爆发“停止越战春天动员大会”，参加这一全国反战运动的社会各界人士达40万人。10月，反战群众发起进军五角大楼行动，与前来镇压的军队形成对峙。1969年5月22日，从纽约到加利福尼亚，青年学生发起占领校园运动，要求参与学校管理，抗议政府的战争罪行等。

反战运动持续深入，最终迫使美国政府不得不改变战争政策。先是约翰逊总统宣布不再参加下届总统选举，之后是尼克松政府宣布与越南政府展开和平谈判。1973年，美国最终宣布撤出驻越军队，越南战争正式结束。

年轻一代掀起的“嬉皮士运动”，则是美国社会抗议运动的又一典型。这一运动以大学生群体为主。他们对各种社会丑恶现象深感失望，反对精英把持的主流文化，反对极度的物质享受追求，反对将技术视为社会进步的唯一标准。同时，他们对社会右翼化与保守化深感忧虑，不满政府穷兵黩武而发动越战。他们身着奇装异服，男士留长发和长须，女士穿超短裙，远离现实生活，群居偏僻之所，生活简单，追求返璞归真，平时抽大麻、听爵士乐、跳摇摆舞，支持同性恋，赞同非婚姻同居，主张群居生活，反对各种陈规陋俗，反对传统和礼教等。

作为“嬉皮士运动”的延伸，1969年8月，许多年轻人在纽约州北部伍德斯托克小镇举行“反战、民主、博爱、和平”音乐会。全美各地近50多万青年参加这次盛会，众多知名摇滚乐队与音乐人都参与其中。各乐队轮番上台献艺，歌手则竞相表演，整个人群狂欢作乐，唱歌跳舞，肆意释放感情，以此发泄对政府、社会、越战的不满。“伍德斯托克音乐节”号称“和平与音乐乌托邦”，表达了年轻人对社会现实的愤懑与抗议，为美国社会抗议运动增添了一道宏大而奇特的景观。

四、美国的生态主义与环保运动

20 世纪 60—70 年代，随着经济快速发展与过度生活消费，美国环境生态遭到破坏的问题日益严重，生态主义的思想取向逐渐勃发。这一取向并非单纯强调保护自然环境，同时也将之与美国的政治、经济与社会发展联系起来。

1962 年，美国生物学家瑞秋·卡森所发表的《寂静的春天》一著，堪称生态主义的思想结晶。以该著所提出的化学污染问题为标志，美国社会各界就人与环境关系展开讨论，从政治、道德、生态、哲学以及经济等角度分析环境污染对人类的影响，达成普遍共识。

美国生态主义强调，现代世界已陷入全球生态危机，人类从大自然过度索取生活与生产资料，打破了人与自然平衡，破坏了人类生存环境，人类已转向持续扩大生产与环境恶化的恶性循环，酸雨、大气污染、土壤毒化与流失、水体污染、垃圾遍地、饮用水短缺、大气臭氧层破坏等现象，都是人类破坏自然的结果。人类如不改变这一状态，只能导致人类与环境走向毁灭。为了遏制生态危机，人类必须建立人、人类社会以及自然和谐共处的绿色社会；工业资本主义的价值观与发展机制只能满足人类短期需要，只会损害自然；纯物质化的消费主义思想是不负责任的短期行为，并未充分考虑未来；人类必须建立一种后消费主义与后物质主义观念，尽可能压制物质生活需求，以极简主义方式代替物质主义，以非物欲化态度代替过度消费态度。只有这样，人类才能真正实现长远发展。生态主义还强调，后工业化社会不应简单照搬工业化模式，应采取可持续发展模式，反对单纯追求经济增长指数、GDP 数量、工业主导经济的发展模式，应强调科技的作用，以科学逻辑与方法统筹人类生存、经济发展、环境保护等问题，以质量型发展模式代替数量型发展模式，以优质、健康的幸福观代替物资主导型幸福观。

在生态主义的催生下，美国掀起了大规模环保运动，参与者既有在生态理论上卓有贡献的知识分子，也有热心参与的普通民众，还有主导美国环境保护政策的官僚机构。而众多身体力行的非营利环保组织则成为这一运动的主力军。另外，环保运动的参与者们还著书立说，提出各种保护主张；针对各种环境问题展开调查，对污染型企业展开监督；向政府提出建议书，为政府制定环保政策提供依据；敦促国会展开环保听证会，敦促各选区议员推动相关环保立法。此外，还展开大规模游行示威，调动社会舆论，向政府机构施压。

在生态主义与环保运动的影响下，美国政府也对之逐渐重视。20 世纪 60—70 年代，国会通过一系列环境保护立法，建立环保法律体系。例如 1963 年《清洁空气法》、1965 年《水质量法》、1967 年《空气质量控制法》、1969 年《国家环境政策法案》、1970 年《清洁空气法》、1972 年《清洁水法》《噪声控制法》《海岸管理法》《联邦杀虫剂、杀真菌剂和灭鼠剂法》、1973 年《濒临灭绝物种法》、1974 年《安全饮水法》、1976 年《联邦土地管理法》《国家森林管理法》《物资保护与恢复法》《有毒物质控制法》等。这些法案涉及人类生产与环境相关的所有领域，最终形成环保法律体系，实现了对生态保护的全面覆盖。不仅如此，从肯尼迪到尼克松，美国历届政府也都成为环保运动的积极推动者。1970 年，尼克松政府成立环境保护署，负责统筹环保问题，包括政府拨款、项目设置、法律执行、各机构协调等。该机构成为世界最早处置环境问题的专门机构，推动了环保运动持续深入。

美国开启的生态主义与环保运动，在国际社会产生了巨大影响，推动联合国召开人类环境会议，发布《人类环境宣言》，有力促进世界各地生态保护活动的展开。

第二节　欧洲与日本的发展及其问题

一、从“经济计划化”到“撒切尔主义”的英国

二战后，遭到重大损失的英国百废待兴，经济的重建、英镑的国际地位、帝国海外贸易、帝国殖民体系等，都成为英国政府迫切需要解决的重大问题。

英国保守党在战后全国大选中失利，工党取而代之，以艾德礼为首相的工党内阁宣告建立。面对经济困局，英国政府采取特殊措施，希冀借助政府与国家渠道，在不放弃市场经济的前提下战胜困难。由此，工党政府推行“经济计划化”政策，强调政府适度介入经济生活，既保持经济有序发展，又避免经济丧失活力。这一治国方针并非工党政府创举，而是以凯恩斯主义理论作为思想支撑，以 20 世纪 30 年代政府干预经济行动为先导。

基于上述方针，工党政府采取一系列措施。首先，暂不终止战时经济管制措施，而是根据实际需要，逐步减少经济管制。政府统一监管海内外投资，确保资本留在国内，为经济恢复积蓄资金。政府还有效监管工业原材料，以便确保国家产业链有效运转、产能稳定和较高就业率。其次，为强化在经济中的主导作用，工党政府还推行主干产业、企业大规模国有化，包括银行、邮电、铁路、公路、民航、发电、煤矿、船舶制造、煤气制造、码头等，进而制定统一发展计划，整合产业链，优化资源配置，整合消费与市场关系，确保这些产业、企业在战后经济重建中发挥重要作用。最后，为强化对国民收入、消费与再分配的制约，政府加强征收与统一管理国家税收，确保有充足经费投入基础设施与科技研究。同时，政府通过利用企业收益、分红以及利税等获得稳定收入，将之作为定向投资，投入私营部门不愿涉足的

领域。此外，政府通过货币信贷调节，保持稳定的财政政策，推动投资与消费的发展及其平衡。

工党政府的“经济计划化”政策，有助于解决战后英国经济重建的大问题。这一经济发展模式并未随着工党政府下台而终结，而是为历届政府继承，成为英国克服经济困难的标准举措。此后，为激发经济活力，英国政府也连续推行重大产业私有化，通过国有化与私有化转换，探索经济发展的最佳路径。

20 世纪 50—70 年代，英国经济发展进入滞涨期，出现所谓的“英国病”：主要经济发展指标下降或陷入停顿，劳动生产率较低，民众实际收入增长较慢，国家经济发展缺乏后劲，通货膨胀与经济萧条并存，社会供给与需求失衡，在国际经济事务中的影响力下降。为了根治“英国病”，英国历届政府采取了许多措施，例如收紧银根，控制市场价格，提高雇员薪资等，试图重新建立消费与供给的平衡，但收效甚微。

1979 年，保守党在英国大选中获胜，撒切尔组阁。保守党政府开始抛弃凯恩斯主义指导，转而采取货币主义政策。通过货币供应量的调整与变化，控制国家经济发展。在以这一策略为核心主旨的撒切尔主义指导下，保守党政府大规模改革英国的经济结构与发展模式。

撒切尔主义涉及面较广，但重点是改变国家对经济的干预，强调恢复市场资本主义固有的效率、市场以及供需关系。鉴于国有企业效率低下，撒切尔政府大规模推进私有化，将国有企业以股票方式出售给私人，政府和个人共同拥有企业所有权、共同参与企业管理等。从宏观调控出发，在原则上控制货币发行量，维持银行信贷利率，减少政府的财政与金融监管，确保金融市场与国家财政自由发挥作用。同时，改革原有税制，大幅降低企业与个人征税起点和税率，建立企业与个人新型关系，保证企业生产效率，推动公平竞争。此外大规模减少公共开支、社会福利与公共服务投资，提高政府投资效率。

撒切尔主义在其他方面也有所表现。在政治上，重建政府在国家中的权威地位，以强硬姿态对待工人罢工，强力限制并规范工会的权力。在社会与意识形态上，提倡传统文化与道德，宣传家庭观念、社会责任、爱国主义以及民族认同等理念，加强社会各阶层团结协作。撒切尔政府甚至劳师远征，为争夺马尔维纳斯群岛与阿根廷开战，以战争唤醒民众的爱国主义、帝国情结、团结友爱精神。

撒切尔主义缓解了“英国病”带来的困扰，促进了经济的复苏与发展，提高了政府工作效率。但撒切尔主义也加剧了社会不公平，促使英国贫富分化与对立进一步加深，英国积存已久的许多问题实际上并未解决。

二、“半总统制”下的法国新政治

由于西线战役主要在法国境内展开，二战给法国的损害更加严重。不仅如此，法国在战争中一度战败，也让法国背上沉重的心理负担，民族自尊心饱受打击。由此，法国政坛与社会长期陷入分裂和争端中无力自拔。

战争暴露了法国资本主义发展的诸多弊端。政治上，由于法国奉行多党制民主政治，导致议会权力过大，政府倒换频繁，政党为各自利益而相互杯葛，国家始终难以形成强大的统一权威与稳固的基本国策与战略。经济上，法国虽是发达国家，但经济结构并不合理，产业布局失衡，金融业、轻工业、娱乐业以及服务业发达，基础工业较薄弱，农业也以小农生产方式为主。在文化与意识形态上，法国极度崇尚个人自由，提倡社会民主，由此其左翼和右翼、激进与保守、先进与落后观念的交汇碰撞，助推了社会的动荡。在此情况下，法国综合国力急剧下降，在欧洲的影响逐渐削弱。同时，法国的殖民体系也濒临崩溃。印支半岛爆发民族解放运动，迫使法国于 1954 年 7 月退出这一地区。同年，阿尔及利亚爆发民族独立运动也迫使法国妥协，最终赢得独立。

法国的严重积弊深为社会各界所痛恨。一俟战争结束，法国政界有识之士遂开始酝酿改革。1958 年 6 月，戴高乐出任法兰西第四共和国总理。国民议会授权戴高乐起草共和国新宪法。新宪法强调总统为国家元首，超越党派争论，不介入政党纠葛与纷争。新宪法同时强调，政府不应只对议会负责，还应对总统负责。9 月，国民议会通过新宪法，法兰西第五共和国宣告成立，戴高乐担任首任总统。

法国新政治体制不同以往。改革后，法国虽保留了多党制，但实行多党制集团化，以此改变多党制的弊端。例如，第五共和国在大选中采取“两轮投票制度”，即多数政党首先要在各选区选举产生代表各自政党的各级议员，然后再由各级议员组成选举团，通过政党联合方式推选总统。1962 年，戴高乐通过公民投票再次修改宪法，决定国民以单记名多数票决方式，在左翼和右翼候选人之间直接选举产生总统。这种特殊的选举制度既保留了多党制的政治民主特色，又确保了国家权力保持必要的集中。

法国此时的“半总统制”既不同于以往的议会共和政制，亦不同于美国的总统政制。“半总统制”强调总统在国家政治中的主导地位。总统掌握国家最高军事指挥、外交、司法审批、主持内阁会议、签署立法等权力，并有权任命或罢免总理、解散国民议会、举行国民公投。总统也可在特殊情况下绕过议会，直接发起国民公投，以此决定国家重大决策。总统还可在国家面临重大危机的情况下行使非常权力，包括罢黜政府、解散议会等，可不经议会同意颁布紧急命令，宣布国家进入紧急状态，接管一切国家权力。

法国议会也采取两院制，包括国民议会和参议院，其中，国民议会采取直选制，由国民直接选举产生；参议院采取间接选举制，由国民选举产生选举人团，再由选举人团推举代表组成。议会负责审议政府的财政预算，决定财政拨款的批准；议会也掌握国家立法权，讨论、审核、批准政府的立法草案，但这一立法权程序上受到总统的掣肘。总统可以根据需要对议会通过的各项法案实施延搁权，要求议会对不认可的法案重新展开审议。议会还对政府负有监督之责，可以对政府提出不信任案，或者对政府实施弹劾，以此防范政府渎职和乱政。

法国总理作为共和国政府首脑，由占据议会多数议席的政党推举产生，由总统任命。总理既向议会负责，也对总统负责。总理负责提出内阁成员名单，但最终需总统批准任命。总理还须对总统签署的各种文件、协议、法令等副署，以此保持政府行政权力的统一和完整。总理和总统共同分享国家的行政权力，实行行政双头制，即总统负责国家大政方针，总理负责国家具体行政事务；总统主要关注外交与国防，总理主要关注内政与经济。

“半总统制”改变了过去多党民主政治的诸多弊端，避免了政党纷争导致国家政治权力的过于分散，进而充分凝聚政党政治共识，形成左翼和右翼共治的政治格局，即总统与总理分别来自左翼或右翼政党，避免了欧美国家政党政治中通常难免的左右翼相互拆台、权力掣肘的政治死循环，最大限度维持了政局稳定。

法国的“半总统制”及其议会权力有限制度，充分体现了资产阶级三权分立架构的民主精神，总统是国家最高元首，掌握国家大权，但受到议会和总理的牵制。议会拥有立法、财政、监督等权力，但要受总统的牵制。总理是政府首脑，但同时受总统和议会的制约等。通过这一体制，国家政治权力在行政、立法以及司法层面相对平衡与制约，推动法国形成较稳定长久的国家发展方针与战略。

法国新的政治体制经受了严峻考验。1962 年，戴高乐以国民直选方式当选总统，但遭到议会罢黜，但戴高乐毫不妥协，他解散议会，以国民公投方式修改总统选举程序。1965 年，戴高乐再度以多数票当选总统。1969 年，戴高乐因学生和工人举行大规模游行示威，最终宣布辞职。但他亲手设计的“半总统制”仍旧延续，得到社会各界的认可与支持，在法国现代民主政治与经济发展中持续发挥作用。

三、“市场计划经济”与联邦德国经济奇迹

德国发动的法西斯战争给世界和平以及各国人民带来巨大灾难，但它自身也难免成为战争的受害者。在二战中，德国人员伤亡巨大，经济濒临崩溃。战争结束后，盟国旋即对德国惩处，对其实施分区占领与管制，并确定其战争赔偿原则。

联邦德国与民主德国形成后，虽同属德意志民族，但却分属资本主义与社会主义两大阵营，地处东西方两大集团展开政治、军事以及经济竞争与对峙的最前沿，成为欧洲冷战的中心。

联邦德国成立后，美、英等国出于冷战需要，竭力向其提供经济援助，将其纳入“马歇尔计划”，在“第一次柏林危机”中更是向其提供经济援助，在西柏林开辟空中通道，不计成本提供各种生活物资。由此，联邦德国在冷战中逐渐站稳脚跟，

与美、英等国建立同盟关系，希冀以此获得政治支持与军事保护以及经济、贸易领域的密切合作，为社会重建创立有利环境。

为尽快推动经济恢复，阿登纳政府采取针对性极强的政策，设计了一套独特的经济发展方略，为联邦德国社会重建开启道路。由此，联邦德国采取“市场计划经济”发展模式，这不同于传统资本主义模式或者社会主义计划经济模式，而是兼具两者优长，既保持市场经济的灵活性，又保持计划经济的有序性，集中资源、资本、人力等优势，避免不必要的竞争与浪费，确保国民经济得到最优化发展。

联邦德国的“市场计划经济”具有深厚的思想与实践基础，前者得益于新自由主义学派与弗莱堡经济学派，后者得益于艾哈德在担任西占区经济委员会主席时所采取的经济与货币改革，以及对1929—1933年经济大危机教训的借鉴。阿登纳政府认定，自由资本主义模式有无法逾越的弊端，过度经济自由极易造成消费与供给失衡，必须统筹经济发展，使之保持有序且集约化发展。因此，“市场计划经济”并非联邦德国为应对经济困难的权宜之计，而是探索理想资本主义发展模式的有效尝试。

“市场计划经济”强调四个基本原则。一是经济发展的自由原则。即市场经济是国家经济发展繁荣的基础，国家的必要计划与宏观调控，只能是手段而不是目的。必须确保自由竞争机制，为经济发展提供永久动力。二是主张经济的中间道路。既不会采取苏俄计划经济体制，也不会沿袭传统市场经济体制，而是将两种体制的优点结合在一起，促使经济得到有序和自由发展。三是强调利益均衡原则。经济发展目标不追求简单的生产利润与片面繁荣，而是谋求社会普遍发展。通过经济协调，使各阶层都能得到照顾，推动社会和谐与稳定。四是强调经济社会的道德原则。既要在经济发展中建立完善的社会福利制度，也要培养并不断提高个人道德水准，使每个人都有进取心，而不是坐享福利。国家要确保企业遵纪守法，既要按照法律的标准追求企业利润，又要按照道德标准兼顾社会与国家需求，承担相应的社会责任。

为确保“市场计划经济”实施，联邦德国颁布一系列法律法规，持续规范市场经济，推动国有经济，促进政府在宏观经济的主导作用。由此，20世纪40—70年代，联邦德国经济一直表现强劲。联邦德国经济较高的增长率，超过同时期其他欧美国家；GDP与人均GDP均居欧美世界前列，失业率始终维持在较低水平，通货膨胀率亦保持较低水平，工资增长幅度远超其他国家。另外，联邦德国高科技生产水平、工业生产潜力、国民经济结构等均居世界前列，产业结构链相较欧美各国更完整，基础设施建设水平更高，其铁路、高速公路、航空等领域均表现出色。即使20世纪70年代后，联邦德国经济发展速度有所放缓，但在欧美世界仍然具有较大优势。“经济奇迹”也促成联邦德国建立了完善的社会福利制度，确保了有效的社会稳定与公平。正因为如此，尽管联邦德国政府持续更迭，但卓有成效的“市场计划经济”仍旧是不同党派、政府以及民众的共识，为历届政府所恪守。

造就联邦德国“经济奇迹”的因素有很多，例如欧洲经济一体化、相对有利的国际大环境、战后世界廉价能源供应等，但始终保持正确的经济战略，将“市场计划经济”贯彻始终，则是这一奇迹产生并延续的关键。

四、日本经济奇迹与“失去的十年”

作为二战的又一元凶，日本的侵略给亚洲-太平洋各个国家与地区带来痛苦与灾难，但同样也使日本人民成为战争的受害者。二战结束后，日本工农业生产几近崩溃，海外贸易陷入停顿。美国对日本实施单独占领和管制，但冷战却促使美国积极扶植日本，对日提供军事保护，将其变成美国在远东地区实施霸权的桥头堡。为此，美国与日本签订《日美共同防御援助协定》，建立日美安保体系，开始向日本提供大规模军事与经济援助，支持日本社会重建。

在美国的干预下，日本在保留天皇制的同时，建立了代议制民主政治体制。以吉田茂为首的自由党政府实行资本主义选举制、议会制、政党制与内阁制，全面推进法律体系建设，废除旧的国家权力基础，尤其废止了封建势力、军部势力、财阀势力对政权的渗透。美军占领当局和吉田茂政府还释放多名战犯，为战犯减刑，以此推动社会和解，建立所谓的“全民社会”。

为实现经济恢复，美军占领当局和吉田茂政府采取许多经济立法与行政措施。首先是改变财阀经济为主导的经济发展模式，去除财阀对国民经济的控制，改变财阀集团的家族等级管理制度。通过《排除经济力量过度集中法》《禁止垄断法》，将日本垄断财团分割为规模适中的中小型企业，引入现代企业管理制度与经营理念，实现资本与企业管理经营分离。通过相关劳工立法，保证劳动者工作条件、待遇以及权益。美国此举意在弥补日本经济短板，推动其产业经济转向现代化经济。同时，实施农村土地改革，以《农地改革法》为依据，建立“基本农田制度”，改变封建土地所有制，消灭地主与农地剥削制度。通过大规模征购土地，将农村共有土地、无主土地、不在籍地主土地以低价出售给无地农民，大力发展自耕农和半自耕农，使之成为农村经济主力。改变代表封建土地所有制经营方式的地租，调整为固定的货币税，以此推动农村经济资本主义化，为日本工业经济提供资本、劳动力以及生产原材料。此外，推行文化意识形态的改革，消除日本皇国史观，代之以近代化观念，推动美国文化、价值观以及意识形态的传播，将美国的民主、自由、平等观念以及生活方式、宗教观念等持续灌输于社会各界。

通过上述举措，日本建构起现代国民经济体系，为日本经济奇迹做出贡献。20世纪40—80年代，日本经济高速发展。1955—1965年，日本经济年均增长率超过10%，居世界之冠。20世纪80年代，日本经济总量位居世界第二，工业技术、高精尖科技、整体产业结构、资本力量与影响、人均国民收入等均居世界前列。

日本经济奇迹离不开相对有利的国际环境、美国的安全保护、科技成果大规模引进、高质量的学校教育及其持续稳定的政治权力交接。随着 20 世纪 80 年代国际政治、经济与安全环境变化，日本经济增长速度放缓，经济高速发展所积聚的问题逐渐暴露，经济泡沫持续放大，随时有破裂之虞。

事实上，日本经济增长在 20 世纪 70 年代后期就已放缓。随着海湾国家的石油提价，日本经济成本持续上涨，其经济与金融长期自我封闭与管制的弱点急剧放大。随着“亚洲四小龙”的崛起，日本出口导向型经济面临越来越大的竞争压力，亟待转型。更重要的是，日本在国际贸易中始终处于出超地位，美日贸易逆差尤其巨大。美国与欧洲国家不愿与在市场、金融、贸易等领域都采取自我保护的日本展开竞争，日本金融管制政策与低利率政策屡遭欧美各国诟病。

在美国主导下，1985 年，美、英、法、德、日等国财长与央行行长在纽约举行会议，签订《广场协议》。根据协议，美元实施贬值，日元被迫升值，在 3 年时间内，日元对美元的比价升值一倍，此举导致日本金融膨胀加速。日元升值直接严重影响到日本海外贸易，而过度投资则使资产膨胀，地产经济陷入危机，日本经济随之泡沫破灭。

面对经济下行压力，为了推动企业对外出口，减轻企业债务，防止资本外流，日本政府在宏观调控政策上实施紧缩货币政策，多次提高央行补贴率，持续推动低利率，不断增加货币供应量等。这些举措使日本经济不得不实行硬着陆，其股票市场、房地产市场以及海外贸易陷入衰落。从 1990 年开始，日本股市全面崩溃，由此开始了长达 10 多年的熊市。1991 年，日本不动产市场走向崩溃，全国房价大幅下跌。日本不得不贱卖海外投资，以便收拢资本。例如，三菱公司购买的洛克菲勒大厦，最终不得不以原收购价一半的价格让美国人收回。由此，日本进入一个经济发展停滞、社会矛盾丛生的低迷时代。

五、“从摇篮到坟墓”的国家福利政策与“福利陷阱”

福利制度是 19 世纪后半期欧美垄断资本主义发展的产物，既是垄断集团为缓和社会矛盾而采取的改良举措，也是工人阶级为维护自身权益、争取社会进步而斗争的结果。福利政策最先为德国俾斯麦政府推行，此后德国历届政府加以继承，欧美其他国家也逐渐仿效，成为欧美各国社会改良与进步的一个重要标志。随着时间的推移，欧美福利政策的深度和广度持续扩大，从个别领域走向全社会领域，从单一的保险型福利政策走向综合型社会福利体系建设。

二战是欧美各国福利政策拓展的一个里程碑。战争给欧洲造成巨大损失，大部分国家生活用品短缺，人民生活水平低下。为了解决社会矛盾，恢复国家正常生活，战后欧美各国推出一整套福利政策，其范围涉及职业、住房、教育、失业、出行、食物等，救助对象不限于病者、残者、老者与失业者等，几乎包括所有国民的一生。

同时，战后盛行的民主社会主义思潮，使得各国都希望借助国家福利政策，来彰显自由、民主、公正、平等的价值。

在欧洲，战后国家福利政策的实施以英国为先导，早在二战期间，英国就成立贝弗里奇领导的跨部门委员会，调查保险与社会服务，最终提出《贝弗里奇报告》，就积存已久的社会问题提出社会保障制度改革措施。战争结束后，工党政府随即着手国家福利体系建设，1946 年通过《国民保险法》《国民卫生服务法》等，同时多次修改《住房法》。通过这些立法，英国建立较完整的“从摇篮到坟墓”的现代社会福利体系，其社会举措走在西欧各国前列，由此成为福利国家。

继英国之后，西欧与北欧各国都陆续推出名目繁多、种类齐全的福利政策，从照顾鳏寡孤独，到照顾老人、小孩、妇女日常生活，几乎无所不包。北欧各国甚至提出福利社会主义政策，福利水平之高、内容之丰富、涉及面之广，堪称福利国家之最。北欧各国的国民幸福指数、政治廉洁等均首屈一指。

与欧洲相比，美国福利政策更注重宏观调控。从杜鲁门政府“公平施政政策”，到肯尼迪政府“新边疆政策”，再到约翰逊政府“伟大社会”施政纲领，美国逐步建立了一整套完整的国家福利政策，并将政府税收、大众福利、劳动力就业、收入再分配等连在一起。基于资本主义经济高速发展与社会财富的巨大积聚，美国社会福利政策较欧洲更开放，影响也更重大。

战后欧美各国推行的福利国家政策，除对国民基本生活提供福利保障外，还着眼于实现充分社会就业，解决人口的贫困与社会财富分配不公等问题。尽管福利政策可以缓解社会矛盾，缩小贫富差距，弱化社会阶层的对立与冲突，但却不可能改变其滋生社会弊端的资本主义制度，由此难以从根本上改变欧美各国固有的社会矛盾与阶级差别。同时，福利政策也滋生和孕育了许多矛盾。

20 世纪 80 年代，欧美福利政策遇到严重危机。在世界经济危机的冲击下，美欧各国经济增长停滞，大量人口失业，通货严重膨胀；此外，各国还普遍面临人口老化、产业空心化以及家庭观念变化等问题。所有这些，都使欧美各国福利政策显得捉襟见肘，力不能支。过度的社会福利开支，挤占了政府大部分财政支出，使各国财政负担沉重，寅吃卯粮，不得不减少用于社会再生产、科技创新的投入。同时，国家福利政策削弱了自由竞争机制的自我调节作用，降低了民众的工作热情，国民坐享福利而不思进取。鉴于福利开支已成为亟须解决的发展难题，欧美各国纷纷减少公共开支，提高保险率，减少单纯救济。但这些措施不足以彻底解决问题，因为福利制度已趋向固化，许多措施无法真正落实。

事实上，经过数十年变化，“从摇篮到坟墓”的一揽子福利已失去了国家福利政策的本意，欧美各国均陷入“福利陷阱”无法自拔。同时，“福利”也成为政治权力争夺的宣传。在政府选举中，各国候选人都会向选民大肆许诺各种福利，每届政府由此都不断增加福利内容。然而，福利叠加也造成政府财政负担加重，无法在施政中有所作为。由此而形成一个福利死结，即政府只能增加而不能减少福利，但政府却难以通过施政而进一步积累财富以确保福利实施。

国家福利政策还造成新的社会差别与阶层对立。社会上层对政府消耗如此多财政用于社会福利持保留意见，中产阶级因为政府将其辛苦劳作的收益用于养活不劳而获者而普遍不满，下层选民则认定社会财富为少数人据有，既不愿现有福利有任何损失，更想竭力扩大福利。所有这些，都不可避免地造成政党政治无效运转，政府施政效率低下，经济停滞不前，社会缺乏稳定。

六、欧洲一体化

二战对欧洲旧的政治运行模式、经济发展思路、社会进步理念等提出质疑。战后欧洲百废待兴，各国痛定思痛，都在思考如何避免再次发生战祸，建立长治久安的欧洲经济秩序，有效化解各国历史仇怨与现实矛盾。由此，需要探索实现欧洲一体化之新构想的新道路。

事实上，欧洲一体化自有其深厚的思想基础与实践经验。在启蒙运动时期，圣·皮埃尔、康德、伏尔泰等思想家曾提出欧洲联合思想，旨在共同文化与意识形态的基础上推动欧洲联合。一战后，欧洲国家与民间都曾尝试过欧洲的联合。为此，奥地利贵族卡勒吉伯爵曾发起泛欧主义运动，低地国家与魏玛共和国在一战后也曾尝试局部联合，建立关税联盟和邮政联盟。二战促使欧洲联合的渴求更迫切，而反法西斯联盟更是为欧洲联合提供了重要基础。

欧洲一体化首先从经济领域联合。被誉为“欧洲之父”的法国政治家让·莫内，则是战后欧洲联合的首倡者与推动者。他在二战期间担任英法战争协调委员会主席，战后初期又担任法国物资委员会主席。这些经历，使他倡导以煤炭和钢铁作为欧洲一体化的起点，以这两种现代工业的血液将欧洲各国经济彻底连接在一起。这一宏大而又切实的构想，得到欧洲多国的积极支持。

1950 年，法国外长舒曼发表《舒曼宣言》，提出建立煤钢共同体的“舒曼计划”。即以法国、德国煤钢产业为基础，联合其他国家，建立超国家统一管理机构，统一减免关税。该计划得到各国支持，法国、联邦德国、意大利、低地三国在 1951 年订立《欧洲煤钢联营条约》，建立“煤钢联盟共同体”。1952 年 8 月，煤钢共同体又设立“煤钢联营委员会”、“煤钢共同体部长理事会”、共同体法院、共同体议会等，在制度上确保煤钢联营稳步向前推进。

煤钢共同体一经建立，六国的煤钢生产、销售、贸易、关税、标准等均取得成功，促进了各方在煤炭与铁矿石采掘、合金冶炼等领域的合作，有力推动了欧洲一体化进程。六国旋即以煤钢共同体为蓝本，策划扩大经济联合范围，推动共同市场建设与原子能联合，借此秉承并扩大欧洲一体化趋向，确保一体化进程能够找到新的支点。

1955 年，西欧六国外长在意大利墨西拿召开会议，商讨进一步扩大煤钢联营，提出建立“欧洲经济共同体”与“欧洲原子能共同体”的倡议，决定成立以比利时外长斯巴克为主席的专门委员会，研究扩大一体化联合的路径、方法以及程序。该委员会隶属于煤钢联营高级机构，负责向其提供可行性研究报告。在该委员会研究报告的基础上，六国于 1957 年在意大利罗马签署《欧洲经济共同体条约》，成立欧洲经济共同体，同时成立欧洲原子能共同体。由此，欧洲一体化进程进一步发展。

作为欧洲一体化的新起点，欧洲经济共同体与原子能共同体同样按照三权分立原则设立高级机构、部长理事会、议会机构以及法院。欧洲经济共同体取消了成员国之间的关税与限额要求，建立了统一市场。此外，还设定四大目标：关税自由、人员自由、资本自由、服务自由。原子能共同体则提出六国在原子能技术、核裂变材料、核安全标准、核能等方面展开公平有序的开发与利用。

为了推动欧洲一体化的进程，六国外长于 1965 年在布鲁塞尔召开会议，签署《欧洲共同体条约》，将煤钢共同体、欧洲经济共同体与原子能共同体合并，成立欧洲共同体。三个共同体的权力、司法、议会等机构也随之合并，成立统一的共同体权力机构，包括共同体理事会、共同体委员会、欧洲议会、欧洲法院等，负责履行欧共体所有职能。1977 年，欧洲共同体成立欧洲审计院，负责欧共体财政、税收、账目等专项管理。至此，欧洲一体化进入欧共体时代，一体化进程取得巨大成功。

欧共体创建后，在推动一体化进程中发挥了重要作用，其经济总量远超其他经济合作组织，其影响也远超一般性机构之上。正因为如此，1973 年，英国、爱尔兰、丹麦三国加入欧共体，1981 年，希腊加入欧共体，1986 年，西班牙、葡萄牙两国加入欧共体。到 20 世纪 80 年代中期，欧共体拥有 12 个成员国，俨然成为欧美资本主义世界三大支柱之一，和美国、日本并行比肩。

然而，欧共体的运作并非一帆风顺，也曾出现长期停滞的状况。欧共体在邮政、铁路、公路以及航空等领域始终裹足不前，在农业领域也遇到阻力，经济发达国家因缴纳的共同农业基金数量多、收获小而严重不满，经济落后国家因得到的基金数量不足而怨恨丛生。在欧共体权力机构的设置中，欧洲委员会究竟采取多数表决制还是全体表决制，引起法、德两国的分歧，法国甚至因为自身诉求无法得到满足而拒绝出席欧共体农业会议，时间长达 6 个月，制造了“空椅子危机”。

一直到 1985 年 12 月，欧共体通过《欧洲单一法令》，欧洲一体化才开始重启，并以此为契机进入发展快车道。1991 年，欧共体成员国在荷兰马斯特里赫特签订《欧洲联盟条约》，又称《马斯特里赫特条约》，一体化进入欧盟时代，确立了政治联盟、经济与货币联盟的目标。1997 年，欧盟各国外长签署《阿姆斯特丹条约》，为进一步扩大欧盟奠定了法律基础，为欧盟共同安全与外交指明了方向。由此，欧洲一体化突破经济联盟的限制，向政治、外交与安全联盟迈进。

第三节　世界格局的新形势与西方文明前景

一、非西方世界的变动与全球多极化

近代尤其是二战以来，在西方文明的冲击下，非西方世界的国家和地区也日渐崛起，有的国家更通过改革走上了独特的现代化道路，全球多极化的格局日益凸显，对美苏冷战对峙与西方“单边主义”主宰世界的国际政治秩序，形成前所未有的挑战。

二战后，亚非拉国家普遍赢得民族独立地位，其国际政治与经济地位不断提高，相互联系普遍加强，例如，持续推动亚非国家合作，反对新老殖民主义和霸权主义，以“不结盟运动”抵制美苏冷战的消极影响；为改变国际经济旧秩序而发起南南合作，组成“77国集团”，推动发展中国家经济联合；启动南北对话，推动发展中国家与发达国家展开对话，形成国际体系中的“第三世界”，与美苏两国、西欧和日本比肩而立，甚至相互竞争；在联合国中相互支持，维护与践行联合国的宗旨，抵制美苏对国际局势的操控。无疑，这种局面对扩大亚非拉国家的影响、促进国际格局多极化的趋势发挥了重要作用。

苏东阵营的解体引发了国际政治格局的巨大变动。为了解决“斯大林模式”对苏联社会主义建设的影响，苏联领导人相继推行一系列改革。在戈尔巴乔夫当政期间，苏联及东欧各国在改革中迷失了方向，完全按照欧美国家开具的方案实施政治、经济与社会制度转轨，包括推行多党制、议会民主制、公民社会、市场经济、私有制等。最终，苏东阵营解体，国际共产主义运动遭遇了严重的挫折。由此，美苏两极冷战对峙的格局宣告终结。

在当代国际政治格局中，中国的崛起最为引人瞩目。1949年，新中国成立，在社会主义建设上既取得了长足进步，也有历史教训。1978年，中国共产党确定了改革开放的基本方针，为中国特色社会主义现代化开启了广阔而光明的前景。中国坚持和完善公有制为主体、多种所有制经济共同发展，按劳分配为主体、多种分配方式并存，社会主义市场经济体制等基本经济制度。同时，中国逐渐推进社会主义民主制度与法治建设，促进社会主义精神文明与文化事业建设，取得了前所未有的巨大成功。中国逐渐从边缘走向国际经济舞台的中央，在反对霸权主义、维护世界和平的事业中，扮演着举足轻重的角色。

非西方世界的变动，推动了全球多极化趋势的日益形塑。无论是在西方还是非西方世界，越来越多的国际行为体持续发挥作用，各种国际或区域组织与区域性大国在国际社会不断提出自身的利益诉求，争夺对国际事务的决策权、话语权与参与权，在相互协商、妥协中展开不同程度的合作。由此，欧美大国推行的单边主义与霸权主义遭到严重的挑战与削弱。

二、全球化趋势与西方文明的前景

伴随着国际政治格局多极化的趋势，经济全球化的趋势也逐渐发端与滋长，其引发的诸多问题不仅对于西方，而且对于全世界都深有影响。

全球化在 20 世纪 80 年代中期率先发端于欧美各国，即通过世界范围内生产要素的合理配置，推动实现各国资源、资本、产品、科技在全球范围内自然流动，最大限度实现经济高效与集约化发展。全球化有力推动了资本、商品、劳动力与科学技术在全球范围的流动、促进全世界尤其是非西方世界的经济发展。同时，全球化也在世界范围内形成空前的跨文化互动，推动不同文明在碰撞与交融中相互理解。但全球化趋势所导致的诸多问题，也对包括西方文明在内的世界文明的健康发展构成严重威胁。

作为全球化的开启者，欧美发达国家在全球化进程中将大量低端产业迁往发展中国家，尤其是高能耗、高污染以及低产值产业，让发展中国家充当世界初级工业品、农产品、工业原材料等的出口地，而欧美各国则占据全球产业链上游，掌控全球工业生产、商业贸易、金融财政等控制权，制定全球商业与贸易规则，把握全球经济与贸易方向，制定全球工农业、商业、服务业、财政、贸易以及技术标准，负责提供高端制造、资本、技术、服务以及管理。全球化将欧美各国与发展中国家连在一起，形成一个体系完整、分工细致的产业、贸易以及金融链条。

在全球化进程中，欧美各国充分利用资本、技术、管理、服务等优势，轻易获得经济发展带来的各种好处，利用其经济与金融霸权获取贸易、商业、财政、金融利益。然而，全球化也对欧美国家产生了巨大压力，制造业转移导致了产业的空心化与经济低速发展或持续滞涨，对国际经济与贸易的垄断地位不断弱化，对国际经济、贸易、财政以及货币政策的影响力持续下降，面临被新兴经济体超越的尴尬局面。

自 20 世纪 90 年代起，全球化所导致的全球性问题日益凸显。在全球化进程中，在欧美率先启动的先进科技推动现代工业生产发展，体现了过度攫取自然资源换取经济发展的特征。欧美工业文明及其传播在创造巨量财富、推动社会发展的同时，也带来越来越严重的环境污染与生态危机，包括水污染、空气污染、土壤酸化、草地退化、森林破坏、酸雨、温室效应、流行疾病、物种减少与消失等。对此，欧美各国虽然也采取了诸多措施，但时常对此缺乏应有的警醒。2001 年，美国政府为一己之私而退出《京都议定书》，2020 年，美国正式退出《巴黎协定》，堪称典型的一例。同时，世界人口呈爆炸性增长，对土地、水、能源以及非能源矿产等资源的需求不断加大，更加剧了全球性的生态危机。20 世纪 70 年代，罗马俱乐部发表题为《发展的极限》的研究报告。该报告提出，全球人口爆炸式增长，可用于粮食生产的可耕地面积正在减少，不可再生资源的消费持续攀升，环境污染加大，工业化的连带效应频频显现。如不及时解决世界资源日趋紧张问题，现有生态环境将持续恶化，导致人类难以生存的悲剧。

随着全球化的拓展，世界各国还遭遇许多非传统安全威胁，例如恐怖主义、网络攻击、流行病传播、金融安全、跨国家犯罪、难民危机等。鉴于全球化使传统的国家主权原则被严重削弱，许多安全危机与威胁已跨越民族、国家、种族、疆域等界限，具有很大的国际连带效应。这些问题不少是西方所造成的，例如，欧美国家为了一己私利，在国际反恐行动中长期奉行双重标准，选择性对付恐怖组织与暴恐行为，致使恐怖主义难以根绝。而难民问题之所以愈演愈烈，也与欧美国家开启的阿富汗战争、伊拉克战争、利比亚战争、叙利亚内战，以及它们在北非、中亚、阿拉伯半岛主使的"颜色革命"等密切关联，正是这些地区的政治动荡与民族冲突，成为难民问题长期存在的主要原因。

全球化将世界置于空前复杂的境地，实际上也对包括欧美各国在内的世界所有国家提出了严峻挑战。全球化正在使民族国家的传统安全防线变得越来越脆弱，尤其使世界工业体系、金融体系、贸易体系、货币体系、卫生医疗体系、社会保障体系等变得更加脆弱。任何一个国家或区域出现政治动荡、军事冲突、经济危机、财政困难、金融灾难、流行疫病等，都会对其他国家或地区产生伤害，进而对国际社会造成重大伤害，最终给世界发展增添了严重的不确定性。

面对全球化给西方乃至全世界带来的严峻挑战，欧美世界并未给予高度关注。相反，欧美各国不愿放弃已有的优势与霸权，拒绝承认国际经济力量新格局，甚至以既定的政治与意识形态偏见看待国际贸易、科技交流以及国际危机处置，力图固化国际经济关系中原有的不合理的秩序与规则。事实上，在世界多极化的趋势下，不仅单凭欧美的单边主义、霸权主义难以应对这一挑战，而且欧美国家也不具备单独解决上述问题的能力。

在全球化的进程中，自近代以来一直处于发展潮头的西方文明，既遭遇前所未有的严重危机，也面临着划时代的历史抉择。在新的世界形势下，为了开拓西方文明发展的前景，欧美国家理应放弃"西方文明优越论"、"西方文明中心论"的心态与观念，正视自身存在的严重缺陷与问题，积极调整与优化现代化的路径，为西方文明的健康发展提供有力保障。同时，欧美国家必须顺应世界多极化的趋势，正视非西方世界的存在与其他类型文明的现有优势与发展潜力，放弃独霸与主宰世界的企图，与世界其他国家和地区实现平等、互利的合作，在多元文明的交流与互鉴中实现共荣，齐力促进"人类命运共同体"的建构。这是当代西方文明克服自身困境、获得健康发展的唯一路径，舍此别无他途。

参考书

Joe Scarborough, *Saving Freedom: Truman, the Cold War, and the Fight for the Future of Europe*, London and New York: Harper Collins Publishers Ltd, 2020.

Vijay Prashad, *The Darker Nations: A People's History of the Third World*, London and New York: The New Press, 2007.

Mark Hamilton, *The Neo-Tech World*, Nevada: Integrated Management, 2022.

尤利·德沃伊斯特：《欧洲一体化进程：欧盟决策与对外关系》，门镜译，中国人民大学出版社，2007。

特里·H. 安德森：《美国平权运动史》，启蒙编译所译，上海社会科学院出版社，2017。

梅尔文·P. 莱弗勒：《权力优势：国家安全、杜鲁门政府与冷战》，孙建中译，商务印书馆，2019。

蕾切尔·卡森：《寂静的春天》，吕瑞兰，李长生译，上海译文出版社，2007。

弗朗西斯·福山：《我们的后人类未来：生物技术革命的后果》，黄立志译，广西师范大学出版社，2017。

弗朗西斯·福山：《历史的终结与最后的人》，陈高华译，广西师范大学出版社，2014。

保罗·皮尔逊：《拆散福利国家：里根、撒切尔与紧缩政治学》，舒绍福译，吉林出版集团，2007。

都留重人：《日本经济奇迹的终结》，李雯雯译，于杰校译，四川人民出版社，2020。

J. 唐纳德·休斯：《世界环境史：人类在地球环境中的角色转换》，赵长凤，王宁，张爱萍译，电子工业出版社，2014。

塞缪尔·亨廷顿：《文明的冲突与世界秩序的重建》（修订版），周琪译，新华出版社，2010。

塞缪尔·亨廷顿：《变化社会中的政治秩序》，王冠华，刘为译，上海人民出版社，2015。

王逸舟：《恐怖主义溯源：中国人的视角》，社会科学文献出版社，2010。

后　记

作为集体编撰的成果，这部《西方文明史》系中国人民大学“十三五”本科规划教材之一。本书的导论、第三章、第四章以及第八章第五节由孟广林撰写，第一章、第二章由王大庆撰写，第五章至第九章（除第八章第五节外）由许海云撰写。全书由孟广林统稿修订。

在编撰的过程中，我们在承担学校“世界文明史”通识课的基础上，结合各自的研究领域与课程进行各章的撰写，同时也吸纳了国外以及国内相关教材的某些成果。因教学与研究工作繁重，编写工作时断时续，经过数年的努力，至今终于杀青付梓。学术界对文明史的概念、范畴的认知不尽相同，相关的理论、方法也多有争论，这就给教材章节安排与内容书写增加了不小难度。同时，我们的水平有限，加之时间仓促，这也使得教材很难尽如人意，也难免存在缺失与错漏。在此，我们恳请学界同仁与广大读者多予批评指正，以便今后对之加以完善与修订。

本教材的问世得到了中国人民大学教务处、中国人民大学历史学院、中国人民大学出版社的热忱支持。王琬莹编辑为促进教材的进度做了诸多努力，夏贵根编辑和王宇编辑为教材的校订付出良多。在此，我们一并致以衷心感谢。当然，教材本身的问题概由我们负责。

孟广林

2021 年 3 月 28 日